中国新闻传播学
自主知识体系建设工程

| 当代中国新闻理论研究 |

新闻精神论
（新修版）

On Journalistic Spirits

杨保军◎著

中国人民大学出版社
·北京·

本书系中国人民大学科学研究基金项目
"当代中国新闻理论研究"
（批准号：18XNLG06）成果

总　序

2022年4月25日，习近平总书记来到中国人民大学考察调研时指出，加快构建中国特色哲学社会科学，归根结底是建构中国自主的知识体系。没有知识体系这个内涵，三大体系就如无本之木。习总书记的这一重要论述，为中国特色新闻传播学学科体系、学术体系、话语体系建设指明了方向。当前，面向新时代的使命任务、面向新媒体的变革、面向全球化背景下人类文明交往的新形势，新闻传播学科面临转型升级的迫切要求，需要在回答中国之问、世界之问、人民之问、时代之问中实现学科的系统性重组与结构性再造，新闻传播学的知识体系也需要以此来锚定坐标、厘清内涵外延。

中国人民大学新闻学院是中国共产党亲手创办的第一所高等新闻教育机构，是新闻传播学科"双一流"建设单位，主动布局和积极开展自主知识体系建设是我们应有的使命担当。为此，学院开展了"中国新闻传播学自主知识体系建设工程"重大攻关行动，组建了十六个科研创新团队，以有组织科研的形式开展专项工作，寄望以此产生一批重大基础性、原创性系列成果，这些成果将在中国人民大学出版社的支持下陆续出版。

中国新闻传播学自主知识体系建设，首先要解决这一体系的逻辑性问题。这需要回到学科发展的历史纵深处，从元问题出发，厘清基本逻辑。在过去的一百多年中，报纸、杂志、广播、电视、通讯社等风起云涌，推动了以大众传播为主体的职业新闻传播事业的迅猛发展。这种实践层面的动向也必然会反映到理论层面，催生和促进新闻传播学的发展。如果从1918年北京大学新闻学研究会成立算起，新闻学在中国的发展逾百年，传播学全面进入中国学界的视野已超过四十年，从1997年正式成为一级学科，新闻传播学在我国的发展则有二十多年。在长期的发展过程中，新闻传播学形成了以史、论、业务三大板块为支柱的知识图谱，并在各专门领域垂直深耕，形成了蔚为壮观的学科阵列。应该说，已有的发展为构建中国新闻传播学自主知识体系提供了良好的基础，但离自主知识体系的要求尚存在不小的差距。主要表现在：长期跑马圈地扩张而以添砖加瓦方式累积形成的知识碎片如何成为有逻辑的知识图谱？主要面向大众传播而形成的知识概念何以适应新媒体时代传媒业结构性变革的新要求？多源流汇聚、面向多学科开放而形成的知识框架如何彰显本学科的主体性？马克思主义新闻观作为"中国特色"的灵魂如何全面融通进入知识体系？这些问题的解决必须超越各种表层因素，从元问题出发并以其作为逻辑起点展开整个知识体系的构建。新闻传播学的一个重要特质就是关注"对话与沟通"及由此对"共识与秩序"的促成，进而推进人类文明和文化的理解与融合。在今天的社会语境下，对于新闻传播学的这一本质意义的认识是重建学科逻辑的关键。在当今的新兴技术革命中，新闻活动从职业语境走向社会化语境，立足于职业新闻活动的新闻学也必须实现根本性转换，将目光投向更广阔的人类传播实践，将新闻学建立在作为人之存在方式、与人之生活世界紧密相连的"新闻"基础之上，建立在新闻、人、事实和生活世界之间相互交错的深厚土壤中。

中国新闻传播学自主知识体系建设，必须要处理好中国特色与世界普遍意义的关系问题。中国的历史、中国的新闻传播实践赋予知识概念以特殊含义，如何将这种"中国特色"阐述清楚，是新闻传播学理论首先要解决的问题。"中国特色"强调对中国问题、中国历史传统和现实特征的观照，但这绝不是自我封闭的目光向内，而是要处理好中国经验与世界理论的关系。建构自主的知识体系应该是一个对话的过程。马克思主义基本原理同中国具体实际相结合、同中华优秀传统文化相结合的过程，是吸收、转化、融入的过程，从学术上讲，实际上是马克思主义与中国传统对话、与中国现实对话的过程。建构自主的知识体系应该关切、关怀人类共同的问题和命运，这就要以产出中国知识、提供全球方案、彰显世界意义为目的，在古今中西的十字路口展开对照和对话。换言之，我们构建自主的知识体系不是自说自话，而是要通过知识创新彰显中国贡献，使中国的新闻传播学屹立于世界学术之林，这是一个艰难而复杂的进程。如果以此为目标做战术层面进一步细分的话，自主知识体系的构建大体可以分为三个向度：

其一，能够与世界同行开展实质有效的深层对话。

这部分主要是指那些具有特别鲜明的中国特色、短期内难以达成共识的内容，比如中国新闻学，从概念到理论逻辑均与西方学术话语有着较大的差异和分歧。对于这部分内容，我们至少在短期内可以以能够开展实质有效的对话为目标，不一定能够达成共识，但至少应努力做到和而不同。这需要我们首先建立一套系统的、在学术上能够逻辑自洽的中国新闻学理论体系。作为中国新闻学的灵魂，马克思主义新闻观不能成为被表面尊崇实则割裂的"特区""飞地"，而应"脱虚向实"，真正贯穿本学科的知识图谱。这就需要将马列关于新闻传播的经典论述与中国共产党从其领导下的百年新闻事业中不断总结提炼的新闻理论相结合，与中国历史传统特别是优秀传统文化相结合。当前，特别要立足于马克思主义新闻观与新时代中国新闻传播事业，加强对习近平文化思想、习近平关于新闻舆论工作重要论述的系统性理论阐释，全面梳理互联网环境下新闻实践的基本理念、原则、方式方法，充实和完善新闻学的本体论、认识论、方法论，构建较为系统完整的知识地图。这既是中国新闻学理论链条的最新一环，也将实现理论创新的层级跨越。

其二，能够与世界同行开展实质有效的交流合作。

这部分主要是指那些与西方学术话语有相通之处、面临共同的问题和挑战的内容，比如一直面临着基础理论创新乏力的传播学，我们可以在实质有效的合作交流中共同发展，做出中国贡献，形成中国学派。要实现这一愿景，中国的传播学必须坚持问题导向，立足中国现实问题，开展基础理论研究和应用对策研究：一方面，扎根中国大地，形成具有中国特色、世界意义的原创性理论；另一方面，面向中国实践，形成一套有解释力的观念体系。从国家加强国际传播能力建设的重大使命任务出发，当前尤其要加强国际传播基础理论建设，尽快构建中国的国际传播理论体系，推动与国际同行的学术交流和对话，加强国际学术话语权。

其三，能够为世界同行做出实质有效的独特贡献。

这部分主要是指那些新兴领域或者中国具有独特资源的领域，我们与世界同行基本处于同一起跑线，甚至有些还有一定的先发可能，要把握历史主动、抓住难得的机遇期。当前中国社会正处于转型期，呈现出大量西方社会较少见到的现象，这给中国新闻传播学研究在理论建构上做出世界贡献提供了机会。同时，要利用好中国在新媒体方面的技术优势和实践优势，提早布局、快速产生重大成果，为未来传播的新时代实现中国新闻传播学科建设的"弯道超车"创造条件。比如，目前各种人工智能技术已被广泛运用到新闻领域乃至整个传媒产业，带来了智媒化发展的大趋向，我们需要通过跨学科的视野梳理智能传播的基本架构以及知识体系，并在此基础上深入探究智能传播中的焦点问题：智能化媒体应用趋势、规律与影响，人工智能时代的算法，智能环境中的人与人机关系等。

自主知识体系建设是新闻传播学科在新的历史阶段开展"双一流"建设的重要历史机遇。如果说第一轮"双一流"建设是在筑基与蓄力，那么从第二轮"双一流"建设开始，我们的重要任务就是真正开启面向全球场域、建设世界一流，全面提升学科的国际对话能力，实现从一般性国际交往到知识创造、从理论互动到以学科的力量介入全球行动、从场景型合作到平台构建的"转向和超越"。在走出建设中国特色、世界一流大学新路的过程中，自主知识体系建设将起到至关重要的赋能作用，通过知识创新实现中国经验与世界贡献的有机融通，为中国的新闻传播学科屹立于世界学术之林夯实基础。这当然不是一所学院所能胜任的事情，需要整个学科共同体的努力。2023年11月4日，中国人民大学新闻学院联合国内四十多所兄弟高校新闻传播学院共同发起成立"中国新闻传播学自主知识体系联盟"并发布倡议，希望以学科的集体力量和智慧推进这一重大行动，我们有理由期待未来更多高质量相关成果的推出。

新时代给新闻传播学科的发展赋予了无限动能与想象空间，这是我们的幸运，也是我们的责任。我们坚信，中国新闻传播学自主知识体系构建要锚定的基点，在于"以中国为根本，以世界为面向"，要充分了解、辩证看待世界，在广泛吸收人类文明优秀成果的基础上，回到本学科、本领域事业发展的历史和现状，回到中国的历史和优秀文化传统，以中国问题、中国现实为观照来构建自主知识体系，为推动中国更好地走向世界服务，为构建人类命运共同体做出贡献。

是为序。

2023年11月16日
于中国人民大学明德新闻楼

写在前面的话

"新闻十论"的来龙去脉

"新闻十论"就要集纳成十卷本出版了,这对我来说,是对过去20多年来新闻学研究的一个主要总结,估计也是最重要的总结了。至于我关于其他领域一些问题的思考和研究,还得等待另外的机会进行总结。

"新闻十论"就要以新的"完整"的面貌与读者见面了,不再是过去的零散样式,想象到那像模像样的十卷,不仅感到欣慰,内心还有点兴奋和激动。对于一个研究者或思想者来说,能给社会、他人的最大贡献莫过于自己的著述了。这自然也是作为研究者、思想者精神生命中最具意义的部分。

关于"新闻十论"写作的来龙去脉,没有多少生动鲜活的故事,也没有什么摇摆不定的曲折起伏,就像一个研究者或思想者的生活一样,四季流转、朴素平淡。但毕竟是20多年才做成的一件事,总得给读者交代一下大致的过程和相关的情况。

当初写第一论《新闻事实论》时,我只是个"大龄"的博士研究生。1998年9月,我36岁,来到中国人民大学新闻学院跟随童兵教授读博士,面试时就大致确定攻读博士期间主要研究"新闻事实"问题。

2001年10月,新华出版社出版了我的博士学位论文《新闻事实论》。写作《新闻事实论》时,没想着要写那么多论,但出版后,就有了新的写作计划,当时只是想写"新闻三论",即除了《新闻事实论》之外,再写《新闻价值论》和《新闻自由论》两论。

我的导师童兵先生在给《新闻事实论》写的序言中,做出了这样一个判断："'三部曲'搞成了，是对中国新闻传播学基础研究的一个贡献。"这大大鼓舞了我的士气，也增强了我做基础研究的信心。

写"十论"的想法产生于2001年年底，当时《新闻事实论》已经出版，我开始着手写《新闻价值论》了。写作过程中，我产生了一个想法，那就是能否在全国范围内找一些年富力强的学者，就新闻基础理论问题做个系列研究，三五年内撰写出版一批专著，为新闻理论研究做一些铺垫性的工作，也可以从根本上回击"新闻无学"的喧嚣。我当时博士毕业留到中国人民大学新闻学院任教不到一年，没有这样的组织号召能力，于是就把自己的想法告诉了童兵先生，渴望童先生通过自己的影响力组建一个团队来做这件事情（童先生当时担任国务院学位委员会新闻传播学学科评议组组长）。童先生说他先联系一下看看如何。大概过了半年多，童先生从上海来北京（童先生2001年年底从中国人民大学新闻学院调往复旦大学新闻学院工作）开会，我去看望先生，谈及前说组建写作团队一事，先生说找过一些人，但大都"面露难色"，此事不好做，随后话锋一转对我说："你若情愿，就一个人慢慢做吧。"我也没敢答应，此事就此搁浅了。

契机出现于2003年。当年，我出版了《新闻价值论》，《新闻自由论》两三万字的写作大纲也基本完成，想着再用两三年时间，写完《新闻自由论》，"三部曲"就结束了，然后再做其他问题的研究。记得是11月前后，有一天晚上快11点了（具体日子已经记不清了），有人给我家里打来电话，我拿起电话刚想问是谁，对方不紧不慢，"笑眯眯"地说（那语调、声气让人完全可以想象出来）："祝贺你，保军，你这个小老鼠掉到大米缸里啦，你的论文《新闻事实论》入围全国百篇优秀博士学位论文啦！"电话是方汉奇先生打来的。听到这样的好消息我当然高兴。老人家又鼓励了我几句，我表达了深深的感谢，并告诉方先生我自己会继续努力，好好做学问。

获得全国百篇优秀博士学位论文奖不仅名声听起来不错，而且还是件比较实惠的事情,可以申报特别科研资助基金。我申报了"新闻理论基础系列专论"研究的课题,承诺写三部专著——《新闻本体论》《新闻真实论》《新闻道德论》。这一下子等于自己把自己给逼上梁山了。但也正是从此开始,我正式规划"新闻十论"的写作。

"十论"具体写哪"十论",其间有过精心筹划,也有过犹豫、选择和调整,现在的"十论",与最初的设想还是不完全一致的,比如,《新闻自由论》转换成了《新闻精神论》,当初想写的《新闻文化论》也最终变成了《新闻观念论》,而想写的《新闻媒介论》最终没有写。但说老实话,转换、调整的根本原因是《新闻自由论》和《新闻文化论》太难写了,自己的积淀、功力远远不足,只好选择自己相对有能力驾驭的题目,那些难啃的硬骨头留给"铜牙铁齿"的硬汉们吧。

如果从1999年《新闻事实论》的写作算起,到2019年《新闻规律论》画上句号为止,"新闻十论"整整用了20年时间。这个时间,说长不长,说短不短,但它用去了我整个的中年时代。回头望去,就如我在《新闻规律论》后记中说的,二十多年过去了,我由青年、中年开始进入老年,黑发变成了"二毛"、白发,但当年的愿望也由头脑中的想象一步一步变成了摆在面前的文本,思想变成了可触可摸的感性事实,说实话,也是相当欣慰的。做了一件自己想做的事,并且在自己的能力、水平范围内做完了、做成了,也算给自己有个交代了。

不过,不管是起初设想的"三部曲",还是最终写成的"十论",这些著作只是对既往劳动心血的奖赏,一经面世,便是过去时了,对自己其实也就不那么重要了。至于这些著作对学术研究的意义和价值,对相关社会实践的作用和影响,就不是我自己能够评判的事情,只能留给他人和历史。我想做的是眼下与未来的新事情,继续自己的观察分析、读书思考、写作出版,争取对新闻学研究做出一些新的贡献。当然,我也会抽出一些时间，整理自己其他方面积累的一些文字，并争取出版面世的机会。

"新闻十论"能以十卷本聚合在一起的方式与读者见面，必须感谢中国人民大学。2018年4月，"新闻十论"以"当代中国新闻理论研究"课题方式，列入中国人民大学重大规划项目。有了项目资金的资助，出版也就可以变成现实了。

2019年，"新闻十论"的最后一论《新闻规律论》由中国人民大学出版社出版后，我便着手整理过往出版的"九论"——其中，《新闻事实论》于2001年由新华出版社出版，随后的《新闻价值论》（2003）、《新闻真实论》（2006）、《新闻活动论》（2006）、《新闻精神论》（2007）、《新闻本体论》（2008）、《新闻道德论》（2010）皆由中国人民大学出版社出版，2014年《新闻观念论》由复旦大学出版社出版，2016年《新闻主体论》由人民日报出版社出版。这些专著，除了新近出版的《新闻规律论》《新闻主体论》和《新闻观念论》，其他在市场上已经见不到了。有些朋友曾向我"索要"其中的一些书，我手头也没有。

尽管"十论"的结构方式、写作风格是统一的，大部分著作的篇幅差别不是很大，但有几本之间还是有一定差异的，比如作为博士学位论文的《新闻事实论》只有16万字左右，而2014年出版的《新闻观念论》超出70万字，面对这种情况，或增或减都是不大合适的，保留历史原貌可能是最好的办法。因而，这次集纳出版时，我并没有为了薄厚统一"好看"去做什么再加工的事情。顺其自然，薄就薄点，厚就厚些。

根据出版社编辑建议，"新闻十论"集纳出版之际，我专门撰写了《中国新闻学基础理论研究》，从一定意义上说，这本书是"十论"的"总论"，也是对"新闻十论"的总结。为了方便读者的阅读，我把原来分散在各单行本著作中的"前言"或"导论"集纳在一起，构成了该书的第二编。需要说明的是，有几本当初没有写类似"前言"或"导论"的文字，或者是写得过于简单，比如《新闻价值论》《新闻真实论》，为了形成一个比较完整的结构，我特意为这几本书补写了相当于"导论"的文字。由于是补写，就不可能回到当初的写作状态，但我尽可能以原来的文本为根据，去呈现原来著作的内容，类似于内容介绍，而不是站在现在的角度展开阐释。每一本书的"导论"，如果原来有题目，我就保留原来的，如果没有，我便从原作中找一句代表性的话作为题目；同时，为了阅读方便，我也特意提炼了各部分的小标题。总的来说，一个大原则就是尽可能完整保留原作的面貌，不用"后见"改变"前见"。

"总论"《中国新闻学基础理论研究》与"十论"合在一起，总字数超出400万字。

"新闻十论"在过往十几年中，得到了新闻学界的普遍肯定。一些学者撰写了评价文章，给予不少溢美之词；有些专著被一些新闻传播学院列为研究生、博士生必读书目或参考书目。"十论"中的多半著作获得了不同类型、层级的奖项，比如，《新闻事实论》获得了全国百篇优秀博士学位论文奖，《新闻价值论》《新闻活动论》《新闻道德论》《新闻观念论》分别获得了第四届、第五届、第六届、第八届中国高校人文社会科学研究优秀成果奖三等奖、二等奖、三等奖、一等奖，《新闻观念论》还获得了第七届吴玉章人文社会科学优秀奖，《新闻规律论》获得了北京市第十六届哲学社会科学优秀成果奖二等奖，《新闻精神论》《新闻规律论》等也曾获得中国人民大学优秀科研成果奖。但这些著作到底价值几何，获奖并不能完全说明问题，还是要交给未来的时间去说话。

伴随"新闻十论"的出版，我还撰写了数量不少的研究论文，这些论文大都是围绕"十论"主题的后续研究成果，可以说是相关主题研究的不断扩展和深化。如果借着本次出版机会把这些论文作为附录编辑在相关著作后面一起出版，也许有利于读者更好地了解我的研究进展情况，但这将使"新闻十论"显得过于庞大或"膨胀",同时也会给编辑工作带来更多的繁重劳动。出于这些考虑,我放弃了编辑"附录"的想法,等将来有了机会,我再专门编辑出版相关研究论文。但这里需要稍微多说几句的是,"新闻十论"中的每一本著作都有其历史性,这也决定了它们对相关主题的研究成果不可能完全反映当下的实际情况。尽管"新闻十论"专注于基础问题,所得出的研究结论具有一定的稳定性和长久性,但对日新月异的新闻领域来说,这些著作中的一些见解、观点、看法还是需要补充、调整和修正的,我们需要根据新的现象、新的事实、新的发展做出持续的探索。新闻研究的本体对象在持续变化,新闻认识论、价值论、方法论等当然也要跟着变化。

由于"新闻十论"的写作前前后后长达约20年,每一本书的写作,都有当时的时代背景、环境特点,都是当时自己认识水平、思想水平和学术水平、表达水平的产物。因而,本次集纳出版时,出于对历史的尊重,也是对自己的尊重,更重要的是对读者的尊重,基本保持了每本书当年出版时的文字原貌。但在这次集纳出版时,按照中国人民大学出版社最新出版编辑规范的要求,调整、订正了注释方式以及参考文献的排列方式,对发现了的写作上或编辑上的个别明显问题,当然都做了必要的修正。

还需要特别说明的是,尽管"新闻十论"的每一论都是围绕某一个核心问题(范畴、概念、观念)展开论述,但这些核心问题之间有着内在的关系,自然也会存在共同的或交叉性的问题。因而,在论述过程中,一些内容就难免必要的重复。在"十论"集纳出版时,如果把这样的文字删掉,可能会影响相关论述的完整性。因此,为了使每一论都能自成体系、保持完整,我保留了各本著作出版时的原貌。

"新闻十论"不是一次性规划的作品,而是在研究、写作中逐步构想、形成的一个具有内在统一性的系列。"十论"中的每一论都是对一个新闻理论基础概念、基本观念的成体系的研究，完全可以独立成篇。而它们组合在一起，就初步形成了对新闻理论基础概念、基本观念的系统化研究。可以说，"新闻十论"为整体的新闻理论体系构建做出了初步的但确实重要的铺垫工作。

正是因为"新闻十论"不是先做整体策划，之后逐步写作，而是写了几本后才有的规划，因而，"十论"之间并没有形成明晰的先后或历史逻辑关系。但现在要集纳在一起出版，为了方便读者阅读，我把作为"总论"的《中国新闻学基础理论研究》一并纳入考虑，主要依据内容构成特点，将"总论"与"十论"分成几个单元，并按照内容之间大致的逻辑关系做了个排序：

（1）《中国新闻学基础理论研究》（总论）

（2）《新闻活动论》

（3）《新闻主体论》，《新闻本体论》《新闻事实论》

（4）《新闻精神论》《新闻道德论》《新闻观念论》，《新闻真实论》《新闻价值论》

（5）《新闻规律论》

这五个单元之间的关系，图示如下：

这五个单元之间的关系，可以大致这样理解：第一，《中国新闻学基础理论研究》是"新闻十论"提纲挈领的总介绍，具有统领的也是"导论"性质的地位与作用。第二，《新闻活动论》是"新闻十论"逻辑上的一个总纲，设定了"新闻十论"的宏观范围或问题领域。第三，新闻活动是人的活动，是人与人之间以交流新闻信息为主、为基础的活动，因而，人与新闻的关系问题是新闻活动的总关系，也是新闻学的总问题，这样，《新闻活动论》大致就可分为《新闻主体论》与《新闻事实论》《新闻本体论》两个单元：《新闻主体论》重点讨论的是新闻活动中的"人"的问题

```
                    中国新闻学基础理论研究（总论）
                                ↑
    ┌─────────────────────────────────────────────────┐
    │                         ┌─────────┐             │
    │         ┌─────────┐  →  │ 新闻精神论 │             │
    │         │         │     ├─────────┤             │
    │    →    │ 新闻主体论 │     │ 新闻道德论 │   →         │
    │  新     │         │     ├─────────┤       新      │
    │  闻     └─────────┘     │ 新闻观念论 │       闻      │
    │  活       ↓  ↑          └─────────┘       规      │
    │  动     ┌────┬────┐                       律      │
    │  论  →  │新闻│新闻│     ┌─────────┐        论      │
    │        │本体│事实│  →  │ 新闻真实论 │   →         │
    │        │论  │论  │     ├─────────┤             │
    │        └────┴────┘     │ 新闻价值论 │             │
    │                         └─────────┘             │
    └─────────────────────────────────────────────────┘
```

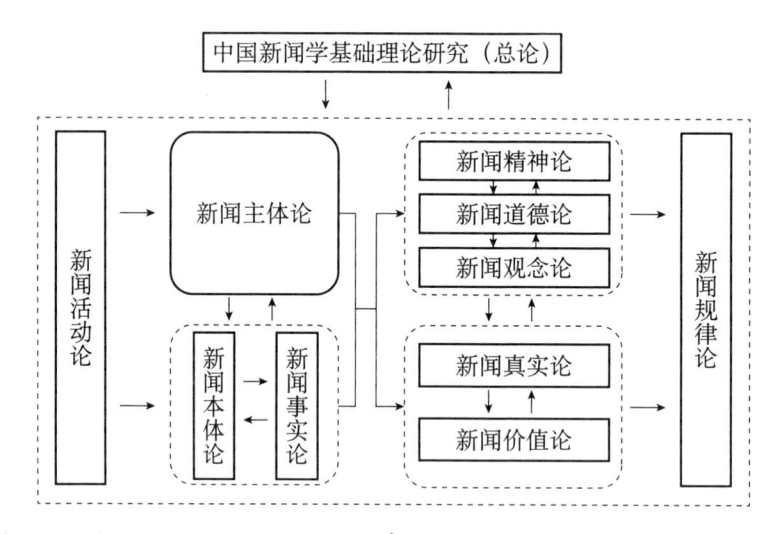

或"新闻活动主体"的问题；《新闻事实论》《新闻本体论》重点讨论的是"事实"问题、"新闻"问题，而"事实与新闻的关系问题"构成了新闻理论的基本问题。第四个单元可以看作第三单元的逻辑延伸：《新闻精神论》《新闻道德论》《新闻观念论》主要是关于"新闻活动主体""精神世界"的讨论，《新闻真实论》《新闻价值论》是在新闻认识论、新闻价值论视野中关于新闻与事实、新闻与主体价值关系的讨论。这两个小单元之间的关系，依然可以看作关于"人与新闻关系总问题"的进一步延伸。第五个单元是在规律层面上对新闻活动内在关系的揭示，也可以看作在前述各个单元基础上的总结。

需要再次说明的是，上面关于"新闻十论"逻辑关系的梳理，只是写作完成后对"十论"内在基本关系的一个反思性认识，并不是一开始的"顶层设计"。事实上，要建构比较完整的新闻基础理论研究大厦，不是这"十论"能够完成的，诸如关于新闻媒介、新闻语言（符号）、新闻技术、新闻制度、新闻文化等都需要以专论的方式展开系统深入的研究，这自然是一个长期的过程，也不是某一个人或几个人可以完成的任务，而是需要整个新闻学界展开持续的研究和探索。

致 谢

对于一个读书人、教书人、写书人来说，出版几本书是分内的事情，也是生命、生活过程的自然呈现，没有什么过多值得说的东西，但在自己的背后，却有许许多多要感谢的人，要感谢的单位，也有许许多多想说的事。这里不可能大篇幅展开叙说，但有些话还是要留下历史性文字的，一定要让它们成为美好的记忆。

读书、思考、研究、写作需要时间，需要安宁、清净，但自己有了时间，有了安宁、清净，有些人就得为你忙起来、跑起来。人们容易看到台前的人，很难看见幕后的人，但没有幕后人的辛劳，台前的人是表演不好的。

我从1998年读博开始，应该说正式步入了自己独立自主的思想探索、学术人生。经过几十年的慢慢前行，现在有一些被称作"成果"的文字放在那里。回头去看，这一路走来，在自己成长的道路上，需要感谢的人实在太多。我在已经出版的每一本著作的后记中，都有真真切切的记录，也一再表达了自己真诚的感谢，我愿在"新闻十论"出版之际，再次表达对他们的深深谢意。

感谢我的硕士生导师郭云鹏、赵馥洁、王陆元、伍步云诸位先生，是他们将我带进了学术的殿堂，让我初步懂得了学问的真谛、思想的珍贵，给我涂抹上了学术人生的底色。他们中有的已经驾鹤西去，但影响却深深留在了我的身上和心里。

感谢我的博士生导师童兵先生,是他指点我、引导我迈上了学术的台阶,开始了真正的攀登。如今他虽已年过八十,但依然与时俱进、笔耕不辍,活跃在中国新闻研究、新闻教育教学的前沿阵地,是我学习的榜样。感谢我的师母林涵教授,她敏锐智慧、性格耿直,无论在学术上还是在生活中都给我以特别的启示。导师和师母塑造了传奇式的"林中童话",成为我们晚辈经常阅读、传说、交流的美好故事。

感谢我的博士后合作导师曹璐教授,她是那种充满母爱式的导师,温和宽容,不管学术指导还是生活交流,总是一副慈祥的样子,让人感到放松和温暖。在跟从曹老师的学习过程中,我不仅得到了学术的滋养,也学到和体会到了一些如何与学生、与晚辈、与他人交往的真经。

感谢我的著作的出版者、编辑者,我的论文的审阅者、刊发者,是他们把我一步步扶上了学术的阶梯,帮助我不断向上攀爬,能够看到更高、更远的风景。感谢新华出版社的王纪林女士,中国人民大学出版社的司马兰女士、陈泽春女士、李学伟先生、王宏霞女士,复旦大学出版社的姜华先生,人民日报出版社的梁雪云女士,还有众多学术刊物的编辑们。他们中的一些人可能已经不在原出版单位工作了,但不管他们是退休了,还是另有高就,我都会一直记得他们,感谢他们。

感谢新闻传播学界的前辈学者刘建明教授、罗以澄教授、董广安教授、杨秀国教授、白贵教授……他们在我的学术道路上,以各种方式关注过我、帮助过我、提携过我,对我的学术工作、研究成果予以鼓励和肯定;感谢所有关心过我、帮助过我的同行朋友们,恕我不再一一列名。

感谢所有帮助过我、支持过我的朋友们。我要特别感谢樊九龄、朱达仁、李东升、栾肇东、党朝晖、郑瑜、杨武、李刚、刘吉发、任莉娟、贾玉峰……你们在我人生道路的一些关键节点上给予我不同方式的重要帮助,使我充满信心,克服了各种各样的困难,向着自己的目标前进。

感谢我所有的学生，包括我教过的中学生、本科生、研究生、博士生，是你们与我一起塑造、构建了我人生的主要场景，描绘了我人生的主要画面。与和你们一起成长相比，"新闻十论"不过是"副产品"，当然也是我与你们一起学习、共同进步的"正产品"。你们中的每个人，都以各自的方式在为社会服务的同时展开自己的生活、成就自己的人生，很多人都已成长为不同领域的佼佼者，这使我感到相当欣慰。你们中的一些人也常常与我联系、交谈，这使我获得了另一种特别美好的感受。

一个人的人生，不是一个人单独行走的过程，更不是独自默默绽开，而是所有相关者共同绘制、编织的结果。记得马克思说过这样的话，一个人的发展取决于和他直接或间接交往的其他一切人的发展。是的，我们是交往、交流中的存在，所有交往、交流中的人都是我们得以成长的不同助力者。在我们的人生道路上，会不断得到"贵人"相助，这是幸运的事、快乐的事、幸福的事。凡是以各种方式帮助过、支持过我的人，都会永远留在我美好的记忆之中，会成为我不时"念叨"的人……

感谢我的母校渭南师范学院（原来的渭南师专），我在那里读的是大专，学的是物理专业，但正是在那里，我阅读了大量的文学艺术作品和人文社会科学著作，奠定了后来成长的基础。

感谢我的母校西北政法大学（原来的西北政法学院），我在那里读的是硕士研究生，学的是哲学专业，方向是哲学认识论。正是在那里，我开始真正研读哲学史上、思想史上的一些经典著作，真正开始以学术的方式、独立自主的方式思考一些有意义、有价值的问题。

感谢我的母校中国人民大学，我在这里读的是博士研究生，学的是新闻学专业，专注于新闻基础理论研究，2001年毕业后留校任教。正是从步入中国人民大学新闻学院开始，我进入了新闻专业研究领域，开启了具有自身特点和风格的学术研究活动,并逐步形成了自己对研究领域比较系统成型的看法,"新闻十论"便是我在中国人民大学新闻学院20多年来学习、教学、科研工作成绩的重要组成部分。

感谢中国人民大学新闻学院的所有同事们,我们一起创造了一个学术环境宽松、人际关系和谐的学院,在这里我感到了难得的温暖和美好。20多年来,我得到了前辈老师们学术上的指点、扶持和提携,感谢甘惜分先生、方汉奇先生、郑兴东先生、何梓华先生……。20多年来,我在这里得到了更多老师在教学、科研、生活方面的关心和关照,感谢涂光晋老师、陈力丹老师、张征老师、倪宁老师、郭庆光老师、喻国明老师……。我还要特别感谢在我遇到特殊困难时安慰我帮助我的陈绚老师(她不幸英年早逝)、钟新老师、彭兰老师、赵永华老师、王润泽老师、赵云泽老师……

感谢我曾经工作过的陕西省耀县(今铜川市耀州区)柳林中学(它坐落在深山里,背靠大山,面临小河,如今它已不在了,变成了山中一座像模像样的宾馆),感谢我曾经工作过的西安市第六十六中学,感谢我曾经工作过的陕西日报社。在这些不同的地方、不同的工作岗位上,我能以不同的视野、不同的方式并在不同层次上经验中国社会、了解中国社会、理解中国社会。特别是在陕西日报社近八年的新闻工作中,我真正开始了解中国新闻、经验中国新闻、实践中国新闻、理解中国新闻,并初步思考和研究中国新闻。陕西日报社的工作经历,是我最终走上新闻研究之路的"动力源"。我看到的事实、我亲历的实践、我遇到的问题与困惑,促使我踏上了新闻研究的征程,从一个新闻一线的工作者转变成了一个新闻理论研究者。

在"新闻十论"出版之际,我要再次特别感谢我所在的中国人民大学,正是学校经费的支持,才使"新闻十论"以这样"风光"的形式与读者见面。在此，我要特意感谢中国人民大学科研处的侯新立老师，他不仅为"新闻十论"的出版协调各种关系，还对我如何安排"新闻十论"的结构提出了很好的建议。我要特别感谢我所在的新闻学院前任执行院长胡百精教授（现在为团中央书记处书记），现任院长周勇教授，主管科研工作的副院长王润泽教授。他们为了"新闻十论"的出版，专门与我商谈并在不同场合推介"新闻十论"以扩大它的影响，让我感到特别的欣慰。

我要特别感谢中国人民大学出版社，特别感谢人文分社，感谢人文分社的总编辑翟江虹女士，为了"新闻十论"的顺利出版，她上下左右协调各种关系，不辞劳苦、到处奔波，不厌其烦地回答我的各种问题，耐心细致地指导我如何按照相关规范修订、编辑书稿，组织编辑力量保证出版工作顺利进行。我要特别感谢"新闻十论"的责任编辑田淑香、李颜、汤慧芸、黄超、徐德霞、陈希。

我要特别感谢中国人民大学新闻学院十多位博士研究生，他们组成了一个工作团队，帮助我解决书稿编辑中的技术问题，他们是樊攀（他是这个博士生团队的组织者、协调者）、杜辉、王敏、刘泽溪、孙新、潘璐、张博、曾林浩、刘少白、余跃洪、李静、吴洁等，感谢他们帮助我调整、订正注释和参考文献的编排方式，感谢他们帮我查阅一些文献的新版表述，有些文献经斟酌还要保留旧版表述，这都是琐细繁杂、劳心费力又很费时的工作，要是没有他们的倾力相助，"新闻十论"的出版速度就会大大放慢。需要特别感谢的是我的博士生樊攀和刘泽溪两位，在校订书稿的过程中，他们随时都在帮助我解决遇到的各种技术问题。

"新闻十论"的出版，让我再次深切感受到一个学者的成长，一个研究者和思想者的学术成果的传播，绝不仅仅是一个学者、研究者、思想者自己可以单打独斗的事情，而是需要各种组织、机构的支持，需要个人的努力和别人的帮助。其实，所有的精神产品都不可能是某一个人独立的产品，而是一些组织、一些机构、一些人共同努力的结果。

最后，我要特别感谢自己的亲人们。感谢我的父母、岳父母，老人家们其实并不完全知道我整天为什么要读那么多书、要写那么多文字，但他们似乎都知道我在做"大事"。因而，每每与他们通话或见面时，总是要我做好自己的事，不要太挂念他们。天底下的父母，最爱的就是他们的孩子，孩子们好了，他们就觉得一切都好了。感谢我的兄弟姐妹，他们大都在父母身边或离得比较近，在赡养、关照父母的事情上付出了更多的辛劳。每次通电话，他们也总是让我放心，老人们有他们照顾。其实，我总感问心有愧，没有抽出更多的时间看望父母、陪伴父母。

对于她来说，"感谢"一词就过于轻淡了，即使给前面加上各种各样的修饰词，也增加不了任何分量。语言的能量其实太有限了，只能表达能表达的，却表达不了不能表达的，而那些不能表达的、难以表达的，才往往是最深沉的东西。

我从学物理转到学哲学，从学哲学转到学法律，再转到学新闻，这一转再转，需要读书，需要思考，需要时间，需要安静……我从这个学校的中学老师转成那个学校的中学老师，又从中学老师转成研究生，又从研究生转成新闻工作者，又从新闻工作者转成博士研究生，又从博士研究生转成大学教师，这一转再转，越来越需要时间，越来越需要读书、思考、写作，越来越需要更多比较安静的时间……

给我时间的，让我安心的，有许多人，但所有的其他人，都不能胜过她，所有的其他人，都不能代替她，因为所有的其他人，都不是她。她是唯一的。她就是那个平凡得不能再平凡、朴素得不能再朴素的人——我的爱人——成茹。不需要说她为我、为父母、为孩子、为兄弟姐妹、为亲朋好友、为我的老师、为我的学生做了什么，因为太多、太琐细、太婆婆妈妈，我说不完，更说不过来，但所有这一切却是我行走的背景，而没有背景又哪来的前景呢？谢谢你，成茹，辛苦了！

杨保军

2023 年 10 月 9 日

于北京世纪城

目 录

前言 /001

第一章 新闻精神解析

一、难解的"精神"之谜 /002

二、新闻精神的界定 /011

三、新闻精神的特征分析 /033

四、两种关系中的新闻精神 /042

第二章 新闻精神的构成（上）
——求实为本的科学精神

一、崇尚理性，求实为本 /053

二、尊重事实，反对虚假 /081

三、合理怀疑，坚持证实 /106

第三章 新闻精神的构成（中）
——正义至上的人文精神

一、追求公正是新闻传播的基本理念 /115

二、公正报道的实现 /128

三、维护正义是新闻传播的至上追求 /170

第四章　新闻精神的构成（下）
——和谐为美的自由精神

一、新闻认识——实现认知自由的途径 /183

二、新闻传收——实现政治自由的重要途径 /191

三、和谐为美的精神境界 /205

第五章　新闻精神的作用

一、新闻业健康发展的精神源泉 /225

二、塑造职业新闻人的无形之手 /236

三、新闻精神的社会作用 /251

第六章　新闻精神的实现

一、新闻精神的历史建构 /262

二、新闻精神主体的塑造 /269

三、新闻精神的具体实现 /289

主要参考书目 /331

后记 /340

前　言

求实为本、正义至上、和谐为美

一

新闻精神论，就是把新闻活动作为人类精神活动之一种的精神现象学、精神现象论；新闻精神论是关于新闻精神的理论或学说，至少是关于新闻精神的比较系统的观点和看法。它把新闻精神作为历史的、变动的、发展的客观精神，作为研究对象，它的主要内容是分析新闻精神的本质内涵、基本构成，探讨新闻精神的作用、塑造培养机制与方法以及新闻精神实现的主要途径，当然，还有其他一系列相关的问题（领域）。

新闻精神论的学术追求或者理论目的（意义）在于弄清研究内容关涉的诸多问题，揭示是什么样的基本精神理念支配着新闻活动的展开，进而揭示应该是一种什么样的精神理念去支配新闻活动的进行；新闻精神论的实践目的（价值）在于为新闻传播业的良性发展、新闻活动主体精神素质的培养和提高提供一些可能具有一定启发意义的思想。

新闻精神论，顾名思义，是一种"论说"，是一种理论研究，既不是历史研究，也不是实务研究。它的重点不是追寻历史上展现的新闻精神现象，而是探求现实的新闻精神是什么；它不仅着眼于现实的新闻精神，还展望未来必须具有什么样的新闻精神；它关注的主要是中国问题，但也不忘西方参照系的存在和作用；它以观念分析方法为核心，史实与现实只是参照物和反思的对象，并不是要重点陈述的对象。我是以思想者的姿态——而不是以历史经验事实为主要陈述对象的史学者或者以直接为当下具体行为服务的实践观念设计者的姿态——处置这一研究课题的。我只能考察我所能想到的问题，但这一定不是新闻精神论应该研究的全部问题。其实，新闻精神论关涉的问题没有一个严格的边界，也很难划定这个边界。因此，新闻精神论在这里只是"我的"新闻精神论。

任何一种科学研究，不管它是哪种类型的科学研究，都有自己着重的或者特殊的致思取向。我没有把新闻精神论主要作为新闻实践的指导手册去写，但这并不是说手册式研究不重要，也不是说我不重视手册式研究。事实上，在这项研究中，我始终针对现实中存在的各种问题进行理论思考，因为在我看来，与经验事实不相干的理论思考、逻辑推理，不是纯粹的学术，而是完全的无用。任何正确的理论思考、逻辑抽象、概念分析，都很难完全离开经验事实根据。因而，我只是想利用这项研究首先主要阐释清楚相关的理论问题，因为这是手册式研究与设计的逻辑前提。

二

寻找新闻精神，可以把新闻传播实践当作考察的对象、解剖的文本，从中探求贯穿其中的精神命脉；可以把既有的关于新闻活动、新闻业的各种描述材料、反思性的材料（表现为新闻史、新闻业务和新闻理论研究成果等)作为对象,进行再认识和再反思,从中发掘人们对新闻业内在观念、精神的认知和评价①;可以从新闻活动、新闻业的本性出发,运用逻辑分析方法,揭示其应有的精神和理想。这些是我用来考察、探究新闻精神的基本方法。但说老实话,它们主要是我自觉到的方法,并不是运用好了的方法。在不同的具体问题上,这些方法的运用既是综合的,又是有所侧重的。相对来说,基于本性的逻辑分析更多一些(这既是我的长处,也是我的短处)。因此,新闻精神论在我这里主要是一种新闻哲学,可以说属于新闻伦理哲学。这样的基本定位要求我特别注重逻辑论证,而不是讲一大堆优秀新闻人物的故事。我提出了一些新鲜的看法,但很少,可我做的论证会对读者有更多的启发。②

一种活动的内在精神,依赖于该活动的基本追求和目标,即一种活动要做什么,从本性上规定了这种活动应该具有什么样的精神。但在历史的展开过程中,基本的精神会表现出丰富多彩的形式。一种活动如果偏离了它应有的活动目标,支持它运行的精神就一定不是这种活动内在的精神。如果人们把新闻活动主要当作文学活动、当作科学研究活动、当作宣传活动、当作公关广告活动等等,而偏偏不是当作新闻活动,那么,即使这些活动是在新闻活动名义下进行的,也会背离新闻活动的精神。

现实的新闻活动是否在应有的正轨上运行,并不是没有疑问的问题,而是需要考察、分析、研究的问题。新闻活动成为一种什么样的活动,才能叫作新闻活动,其实并没有得到自觉的、很好的回答。因此,现实的新闻活动是否具备新闻精神,是不是在新闻精神的支配下进行的活动,是需

---

① 马克斯·韦伯正是通过对本杰明·富兰克林写的《给一个年轻商人的忠告》《给愿意发财致富的人们的一些必要提示》的分析,揭示了典型的资本主义精神。(韦伯. 新教伦理与资本主义精神[M]. 于晓,陈维纲,等译. 西安:陕西师范大学出版社,2006:12-14.)

② 这正是哲学论证的突出特点之一,"论证的过程甚至比论证的结论更重要"。(肯尼. 牛津西方哲学史[M]. 韩东晖,译. 北京:中国人民大学出版社,2006:2.)

要我们以求实精神进行批判质疑的。那种想当然地把现实的新闻活动看成是最好的新闻活动的观点,恰好背离了新闻精神自身的诉求。

新闻传播作为一种社会存在,有其自身历史形成的客观目的性。新闻传播业是人类目的性活动的创造物,它成为一种社会存在,当然有其自身的追求,有其期望实现的社会作用。"如果一个存在不能实现其预期效果,那么这一存在实际上就否定了自身。"① 如果新闻传播业实现不了自己的价值目标,也就等于背离了自己的精神。因此,如果有人诚心不想让新闻业实现它自身的目标,也就等于诚心不想让新闻业成为新闻业,而是成为别的什么东西。而不管因为什么原因,只要事情到了这个地步,新闻精神也就必然地被扭曲了。

三

接着需要说明的是,新闻精神本身并不是一种理论或者学说。新闻精神是新闻传播业的命脉,是新闻媒体的灵魂。我认为新闻精神本身在最终的意义上说,就是新闻活动主体特别是职业新闻活动主体的内在品格和工作气质,就是新闻活动主体特别是职业新闻活动主体以至整个社会公众关于新闻业、关于新闻传播的理想和信念。它们体现在新闻活动主体特别是职业新闻活动主体外在的、可观察的新闻行为之中,凝结在新闻活动主体创制的丰富多彩的新闻作品之中,也深藏在每一位新闻活动主体的动机与需要之中,同样也会体现在一定社会的媒介制度或者新闻制度之中。

---

① 赵汀阳.论可能生活:修订版[M].北京:中国人民大学出版社,2004:87.

新闻精神的核心或者总的精神是为社会公众服务，为公共利益[①]服务，为人民服务，其背后深藏的乃是一种公共精神、一种民主意识和民主精神。理解不了或者不愿理解这一点的人，永远不可能理解新闻精神的本质和精髓。之所以要为人民服务，那是因为人民是世界的主人，是人民创造了这个世界，创造了自己的历史，他们应该是这个世界的主人。尽管社会公众、公共利益、人民等类似概念的内涵并不好把握，边界也并不那么清楚确定，在理论上要说得使人人信服也不那么容易，但在实际经验中，人们似乎都懂得这些概念在说什么、在强调什么。简单点说，为社会公众服务，就是为生活在一定社会中的所有人服务，只要她或者他是在合法的服务范围之内、合乎道义的服务范围之内，就有权利和充分的理由分享新闻媒介提供的新闻信息、新闻意见和其他信息服务。

新闻活动主体主要不是通过他们的精神哲学，而是通过他们的实践哲学、行动哲学，来展示新闻精神的真实意义与实际追求。因而，新闻精神说到底主要是一种实践精神，是在实践中成长、在实践中塑造、在实践中实现的精神。新闻精神的主要内容包括：求实为本的科学精神、正义至上的人文精神与和谐为美的自由精神。[②] 新闻精神论关于新闻精神的理论思考，最终目的不是仅仅从理论上弄清新闻精神内涵的诸多问题，更重要的是提高新闻实践活动的水平。

---

① 所谓公共利益，是指不特定的社会成员所享有的利益。中国人民大学的王利明教授认为，公共利益的最大特点在于，它是一个与诚实信用、公序良俗等相类似的框架性概念，具有高度的抽象性和概括性。公共利益的内涵与外延都是无法明确描述的，这不仅是因为公共利益的内容具有宽泛性，更因为公共利益本身就是一个开放的、发展的概念。公共利益类型繁多，常常与国家政策和不同时期的社会需要紧密联系，并且随着社会的发展而不断发展。（王利明. 公共利益是否就等于"大家的利益"[N]. 解放日报，2006-09-04.）

② 清华大学新闻传播学院的刘建明教授指出，新闻精神可以概括为这样五条：求实精神、公共服务精神、忠于真理的精神、自由精神和人文精神。我认为他提供了新的、比较明晰的概括新闻精神的角度。在我的论述中，实质上是把公共服务精神作为总的精神，把求实为本的科学精神、正义至上的人文精神与和谐为美的自由精神作为总精神的具体体现或者具体内容。

新闻传播业、新闻媒体、新闻工作者到底是否为公众提供了优良的服务，其实也不是什么神秘的、无法回答的问题。学者们、研究者们要以学问的方式论证回答，以免被人批评是断论。普通公众则可以通过经验、体会的方式做出自己的感觉性的回答，这种回答未必不准确。一家饭店、宾馆服务质量如何，学者们要用各种各样的指标去衡量和评价，老百姓只要吃上一两顿饭、睡上一两晚觉就知道如何了。因而，我们每个人都可以提出这样一些看起来并不是很难回答的问题：新闻媒体给信息接收者生产了什么？给广告商、赞助商生产了什么？给它们自己生产了什么？在回答这些问题的过程中，人们不仅可以看到新闻媒体的功能，也可以大致发现新闻媒体与受众、与广告商等的关系。通过对这些问题的回答，人们也就基本上可以看清，现实的新闻媒体是不是在为社会公众服务、为公共利益服务、为人民服务。实践是检验传播效果的唯一标准，这个实践就是我们每个人的实践、每个普通社会成员的实践。尽管单个人的经验不能完全说明新闻媒体的整体状况，但个人总可以直接体会到新闻媒体的服务质量和水平，总可以感受到它是在为谁服务。

四

一定的新闻精神观念，其实就是反映、体现一定主体的新闻意识形态。这样的意识形态一旦稳定地确立，就会成为一种强大的精神动力、精神指南，以马克思所说的精神回流的反作用方式，指导和激励人们维护或者改变现存的新闻传播状态。因此，建构、倡导什么样的新闻精神观念，并不是新闻思想领域的文字游戏或者概念魔方，它对现实和未来新闻传播业的发展，对新闻职业队伍的培养、塑造和建设都有着十分重要的影响。用"没有伟大的理论，就没有伟大的行动"这句话指说新闻精神观念与新闻传播实践之间的关系,我想并不夸张。

观察、学习、研究、体悟新闻精神的过程,其实就是培养新闻精神情怀、确立新闻价值观念、建构新闻职业理想的过程。缺乏新闻精神的人,能够进行新闻活动,但没有资格从事新闻活动,特别是没有资格从事职业化、专业化的新闻活动。为公众服务的新闻活动在今天必须以专业精神去支配。没有新闻精神,就没有了新闻活动的主心骨;没有新闻精神,新闻活动就没有了灵魂。当一个职业新闻工作者没有或者失去了新闻精神,就等于没有了新闻人的灵魂,失去了精神支柱,丢掉了自律的武器。新闻精神是一个人是不是"新闻人"的最重要的标志,是一种精神符号和精神标识。新闻职业对于新闻人来说,不仅是一种职业,也是一种事业——为社会公众服务的事业。整个新闻传播业不仅是一种产业,也是一定社会的一种事业,是整个人类的一种特殊事业。

新闻精神是由新闻活动主体创造的,但反过来说,新闻精神也可以创造新闻活动主体。这正像人创造了环境,环境也在创造人;人创造了文化,文化也在创造人。新闻精神在现实世界中的存在,并不是我们在理论研究中抽象出来的一种客观精神,它就存在于、变化于、发展于新闻业的演变中、新闻媒体的运作中、新闻活动者的新闻行为中,就存在于多少有点令人难以把握的媒介环境中、社会环境中。它真真切切,却又缥缥缈缈。人人都能感受得到,特别是那些愿意感受、体验、学习、理解、内化、实践它的人,是完全可以成为新的新闻活动主体的。

面对现实,为全体社会公众服务显然具有一定的理想主义色彩,并不具备完全的现实性。但新闻精神本身就包含着理想的因素、信仰的成分,包含着对新闻活动主体的美好希望和召唤,并不只是现实的镜像。一种精神,就像一种理论,一旦没有了一定的理想性,没有了对现实的超越性,也就没有了批判力、召唤力,也就不能激励人们为追求的目标努力奋斗。

我们更应该注意的问题是，怎样的社会环境、怎样的媒介制度、怎样的运作方式，才更有利于新闻精神的实现。中国的批评家们指责西方资本主义社会媒介制度是为富人服务的制度，西方社会的批评家们指责中国的有些新闻只是宣传，并且当人们发现双方的互相指责都有一定的事实根据时，这恰好说明人类今天可能还没有创造出足以使新闻活动充分实现新闻精神的完美制度，还没有创造出真正能为社会公众平等而共同服务的良好新闻运行机制。因而，我以为，制度层面的探讨，体制层面的分析，仍然是我们面临的宏大和重要的问题。自觉的进步和改造才是实质性的进步和改造。今天的世界仍然需要宏大叙事，纯粹实证化的、细枝末节的分析并不能从理论上解决根本性的问题。

五

说老实话，在思考、研究、写作过程中，我更多的是遇到了各种问题，而不是痛快地解决了问题；我更多的是提出了问题，而不是回避了问题。我对有些问题的思考、给出的阐释，也许具有一定的启发意义。在全书不同地方提出的不同问题也许能够激发读者的兴趣和好奇心，引起新的思考和探索。我对一些问题的阐释可能是比较清楚的，大致做到了我所说的"想得通，说得清，写得好"，但有些问题仍然是模糊的，自己还没有想得十分通达，因而，也就难以一下子说得很清楚、写得很明白。可是，我也相信，有些问题，只有一遍又一遍地去思考、去说、去写作，才能弄得明白；有些问题，确实到了需要说服自己的时候，才会真正明白问题的实质是什么；有些问题，只有到了能够说服自己的时候，才会真正清楚自己到底想说什么、说了什么。阅读、思考、写作有时是一个奇怪的过程，并不像盖房子、建大楼，先有一张规划好的图纸，然后按部就班施工就是了，而是始终具有探险的味道，不知道前面是什么，也不知道会遇到什么、能够发现什么。一切预制好的思想是不存在的，至少我的体会是这样，有一些奇妙的思想是在写作过程中突然"蹦"出来的，有些则是逻辑性地生发出来的。因此，不要期望自己能够把该说的问题都说到，把所说的问题说周全，这是一个永远的过程。对任何问题的观察和思考，我们知道都存在着不同的角度、不同的层面，但我们不可能试探和应用所有的角度、所有的层面，只要在自己选定的角度上、层面上进展得足够深入和广阔，就可以聊以自慰了。每个人的智力和精力都是非常有限的，若是把力所能及的事情做好了，也就不错了。

杨保军

2006 年 12 月 6 日

第一章　新闻精神解析

合乎理性的准则只能从事物的本性（在这里就是自由）中取得。

——马克思

我们必须在讨论的过程中……做出最完善的概念表述，并把这种概念表述作为这种讨论的最重要的结果。

——马克斯·韦伯

我们的报纸名字叫作"人民日报"，意思就是说它是人民的公共的武器，公共的财产。人民群众是它的主人。

——胡乔木

一部新闻精神论，首先需要对新闻精神本身的实质做出说明，对其内涵进行解析，对其特点加以阐释，然后才能展开相关的其他论述。新闻精神像其他任何一种具体精神一样，人们总是能够或明显或隐约地感受得到，但又总是琢磨不透，把握不住，这一方面增加了人们探求它的难度，另一方面也增加了探求它的魅力。

一、难解的"精神"之谜

一般是个别的方法。为了把新闻精神的内涵实质阐释清楚，我们必须首先对"精神"的一般含义加以必要的说明。按照通常的理解，物质是世界看得见的一半，精神则是世界无形的另一半。无形的精神，构成了无限神秘的世界，激发着人类的遐想和反思。我们不可能对精神世界展开系统、深入、细致的阐释，只是在与新闻精神论相关的意义上讨论一些相关的问题，目的是为我们理解新闻精神的含义做一些必要的逻辑铺垫。

（一）精神的一般理解

精神的含义是非常丰富的，人们也在不同的意义上使用精神这一概念。与精神概念具有同等意义的概念很多。在不同学科范围、不同学术视野中，不同交流、叙述语境中，精神概念的含义纷繁复杂。而在日常生活中，精神概念的含义就更加多样和广泛。所有这些，都增加了确切理解精神概念的难度。我们不可能把精神概念的所有可能意义在此一一进行罗列和解析（说老实话，这既是办不到的，也是没有必要的），只能把一些最基本的、最主要的，特别是与我们讨论新闻精神论题可能相关的一些含义做一番简要的说明和探析。

1. 与物质等概念相对等的精神概念

精神概念是哲学思维中运用得非常广泛，同时也非常重要的一个基本概念或范畴。在关于世界本质（包括人的本质）的最为普遍、一般的哲学思维中，精神概念与意识、主观等概念常常在同等意义上使用。在描述和反映世界的本质、人的本质及其构成时，精神概念是最具普遍性的一个概念，是最高层次的概念之一。比如，在传统的二元论世界观中，人们通常将世界在逻辑上一分为二——物质世界和意识世界，也可以说成物质世界和精神世界；人们既可以说客观世界和主观世界，也可以说客观世界与精神世界。这些类似语境中的精神概念，是与物质和客观相对应的概念，特指人的物质性大脑的非物质性产物——意识、思维及其心理活动。精神概念的这一哲学含义，限定了精神概念的基本性质与基本意义范围。

与物质概念相对等的精神概念，主要是对与物质现象相对应的精神现象的描述和反映，是事实性的描述和反映，通常不包含价值判断的意义。当我们说人类既有物质需要，又有精神需要（甚至说只有人类才具有精神需要）时，或者说人类是精神动物时，并没有价值上的赞赏或贬低，只是对一定客观事实的描述和反映。这与人们在社会生活领域对精神概念的理解与应用具有相当的差别。

哲学原理意义上的精神概念，界定了精神范畴所指对象的非物质性，限定了精神活动的直接作用范围。非物质性或者观念性，是精神对象最根本的性质，也是人们理解所有不同具体精神概念含义和所有具体精神表现样式的前提。但需要立即说明的是，精神范畴所指对象的非物质性、观念性，并不意味着精神不能外化为物质产品。事实上，通过一定的中介手段和实践活动，人们的精神活动可以生成以物化方式存在的精神产品和物质产品，因而，精神生产成为与物质生产相对应的另一种生产方式。特殊的物质可以产生意识和精神，同样，精神通过一定的中介也可以转化为物质的具体表现形式。这是我们讨论精神问题的意义根据。如果人类的各种精神不能通过一定的中介转化成感性的成果，如果精神对人类行为不具有一定的先导作用，那么探究精神的意义将大打折扣。事实上，人类关于自身研究的最大困难，主要不是生理性的肉体，而是难以把握的精神世界。

2. 与"文化内核"等同意义上的精神概念

人类就是文化过程的产物，人类的一切似乎都与文化有关。至今人们关于文化的定义到底有多少，或许没有几个人能够完全说得准确。[①] 1952年，美国的两位人类学家克罗伯（Alfred Kroeber）和克拉克洪（Clyde Kluckhohn）出版了一本名为《文化：概念和定义批判分析》（Culture: A Critical Review of Concepts and Definitions）的书，被今天的文化研究者视为经典，其中统计出的文化定义就有160多种。我并不想纠缠在文化的繁杂定义之中，我只想选择几条共识程度比较高的定义，作为这里讨论相关问题的基础或者参照。

1982年在墨西哥城举行的第二次世界文化政策大会上，联合国教科文组织成员国这样定义了文化："文化在今天应被视为一个社会和社会集团的精神和物质、知识和情感的所有与众不同显著特色的集合总体，除了艺术和文学，它还包括生活方式、人权、价值体系、传统以及信仰。"[②] 我国文化学者方汉文先生综合了各种文化见解后，进行了这样的概括："文化是人类社会具有独立特性的综合体系，它主要包括社会生产与生活方式、社会组织形态和精神意识形态三个大的层次。这三个大的层次是互相联系的，它也就必然是人类的行为与精神活动的总体。"[③] 这两个定义在本质上是差不多的，前者更多地描述了文化的外延范围，但对文化的层次结构反映得不是十分清晰，后者则不仅描述了文化的范围及内涵，还比较清晰地揭示了文化的基本层次结构及其相互关系。这两个关于文化的界定，基本上可以帮助我们把握当今人们对文化的基本理解。

如果把上面的定义说得更简单一些，就可以把文化分为三个层面：一是器物层面（物质形态文化），二是制度层面（组织、制度形态文化），三

[①] 有文化研究者在其撰写的一部文化研究著作的开始两行中说："什么是文化的定义？这似乎是一个你不说我还明白，你一说我就开始糊涂的话题。"（陆扬，王毅. 文化研究导论[M]. 上海：复旦大学出版社，2006：1.）
[②] 陆扬，王毅. 文化研究导论[M]. 上海：复旦大学出版社，2006：12.
[③] 方汉文. 西方文化概论[M]. 北京：中国人民大学出版社，2006：10.

是观念层面（精神意识形态文化）。这三个文化层面合一，就是最为广义的文化内涵。其中，观念层面被看成是一种文化现象的集中反映，而观念层面中的价值理想、价值追求等更是被看作一种文化现象的内核和灵魂，处于最为稳定的层次，它也是最为狭义的文化范围。通常人们关于文化的讨论，主要涉及的是精神意识形态文化。

在有关文化问题的讨论中，精神概念常被用来指称某种观念文化的内在价值理念或者文化内核。也就是说，人们常常把一种文化或者精神意识形态文化的价值（原则上包括所有的文化现象）内核称为这种文化的"精神"。美国著名学者亨廷顿说："文化若是无所不包，就什么也说明不了。因此，我们是从纯主观的角度界定文化的定义的，指一个社会中的价值观、态度、信念、取向以及人们普遍持有的见解。"[1]亨廷顿的定义也许在文化学者眼里并不是一个很周全的定义，因为他舍去了"无所不包"的其他内容。但我以为这一"纯主观"的文化定义可以看作对"精神"的文化学定义。这也基本上就是我所理解的新闻文化研究视野中的精神的意义。我也主要是在这样的意义上来界定我所理解的新闻精神的含义，即新闻精神就是一定社会特别是一定社会中的新闻界对新闻业、新闻传播的价值观，即新闻业、新闻传播应该追求什么目标的一种观念设定。当然，新闻精神作为一种实践精神的基本内容并不限于价值观念范围，还有为实现价值追求应秉持的其他理念和原则，对此，我将在后文中展开论述。

这里需要顺便说明的一点是，当人们用"精神"一词指称一种文化的内核或者灵魂时，或指称一种活动的基本观念时，其基本倾向是肯定的和赞赏的（包含着价值评价的因素）。这也正是人们通常使用精神概念时的文化心理。在文化视野中，人们主要把"精神"一词作为褒义词，而不是

---

[1] 亨廷顿，哈里森. 文化的重要作用：价值观如何影响人类进步[M]. 程克雄，译. 北京：新华出版社，2002：3.

中性词，更不是贬义词。比如，人们经常用中国精神、美国精神、法兰西精神、长征精神、延安精神、企业精神、雷锋精神等这样的词语，反映不同民族、国家或者一定群体甚至个人的深层价值理想、价值取向、价值信念（以及在这些理念支配下的实践方式等），而又把这些精神称为一个民族、一个国家、一个群体生存和发展的灵魂。

3. 作为社会实践观念的精神

人的物质性与精神性的统一，从根本上决定着人作为社会动物的任何活动，都受到精神力量的影响和作用，都有一定的精神追求。对人类来说，并不存在纯粹的物质活动。支配不同具体社会活动（包括职业活动和非职业活动）的精神，一旦被自觉地总结和反思，就成为名目繁多的各种具体精神（当然，即便没有被自觉地总结和反思，它们也在发挥作用）。它们从精神向度上标示着不同社会活动的稳定追求，比如，医务活动、教育活动、社会工作活动等都有自己的理想准则和精神追求，它们往往以一种比较抽象的总的精神观念指导着一定领域的社会活动或者实践活动。因而，一种精神其实就是一种比具体实践观念更加抽象、更加普遍的实践观念[①]，可以说是一定实践领域和社会生活领域总的、一般的实践观念，它是合规律性与合目的性统一后的产物，因而也是目的因与手段因相统一的产物。当然，这样的精神产物，并不是一经产生便永远不变，而是会随着相应实践领域、实践活动的变化而不断更新自身的内涵。新闻精神，以及与新闻精神密切相关的新闻道德规范等，都会随着新闻业的历史展开而出现新的变化。

在社会活动领域，人们把精神主要理解为一种实践精神，它贯穿于具

[①] 所谓实践观念，是指主体根据一定的理论理念和自己的实践目的以及环境条件建构的用来指导自己的实践行为的观念。关于实践观念的系统论述，有兴趣的读者可参阅下列文献：夏甄陶. 认识的主-客体相关原理 [M]. 武汉：湖北教育出版社，1996.

体的实践活动之中。如上所言，不同社会实践活动具有不同的总的精神理念、追求和信仰，从而形成了不同类型、不同样式的精神表现。某类实践精神或者说总的实践观念，总要体现在该类实践活动的具体实践观念之中，因此，我们可以说，任何具体的实践观念总是包含着一定的实践精神。比如，任何支配具体新闻实践活动的观念中总是包含着普遍的新闻精神要素。当一种具体的实践活动，缺乏或者不受相应的总的实践观念（实践精神）的支配时，它也就难以称得上是某类实践活动。我们所讨论的新闻精神，正是贯穿在新闻实践活动中的一种实践精神，一种指导和支配新闻实践活动的总的实践观念。

4. 日常精神概念的主要含义

精神概念是人们在日常的学习、工作、生活交流中普遍使用的一个概念。在各种具体的社会现象、社会活动中，在不同的社会语境、交流语境中，精神概念具有不同的含义，但日常使用的精神概念，与学术研究中使用的精神概念并无多大实质性的差别，而且，基本含义比较接近。因此，我从中选择最主要的一些含义加以说明，以便对精神概念有一个更加全面的了解。进而言之，这对我们理解新闻精神的含义也有一定的帮助。

首先，精神概念常被用来反映人们言行过程中的态度。当人们说一个人态度好或者不好时，描述的就是其言行的精神状态。所谓态度好，反映的是一个人（主体）具有积极、主动的言行方式，愿意为自己的言行承担责任，愿意为言行的目标做出努力；所谓态度不好，说明一个人（主体）缺乏积极主动的言行方式，不愿为自己的言行承担责任，不愿为自己的言行目标付出努力。因而，透过一个人学习、工作、生活的态度，就基本上可以考察、判断一个人是否具有一定的精神信念和精神理想。

人们还经常使用"精神"或者"精神状态"来反映人的心理状态。所谓精神（状态）好，反映的是一个人能够比较自如地驾驭和调控自己的心理状态，使其适应一定言行的环境和要求；所谓精神（状态）不好，反映的是一个人难以自如地调控自己的心理状态，不能或者很难适应一定的言行环境和要求。因而，一个人能否有效调控自己的精神状态，成为人们衡量其是否成熟、理智的重要标准，在日常生活中如此，在正式的职业工作中也是如此。

其次，精神概念用来指称内在精神状态的外在表现，指称一定事物显示出的优良气质，可以说是一定事物特别是人的内在品质的外在显现。例如："这人真精神！""这小狗真精神！"（拟人化的表达）此时，精神也就等同于精神面貌，精神概念反映、描述的是一种外在现象，是一种人们能够感觉或感受到的优良的气息、气质。可见，精神并不是虚无缥缈的东西，它可以透露出来，成为看得见、摸得着的事物。但需要人们注意的是，主体的内在品质与外在气质并不总是一对一的统一。精神面貌良好的主体并不一定具有良好的内在品质（人面兽心描述的正是这种现象），现象并不总是与本质一致。

最后，精神概念用来指称一定文本对象、一定活动对象的中心思想、宗旨或者主要意义，这是最常见的一种用法。比如，当人们说某一文件或者某次会议的主要精神是什么的时候，其实说的就是该文件、该会议的中心思想、宗旨或者主要意义。

（二）具体精神的构成要素

某种精神系统，尽管总是非感性的抽象存在，是一种精神客体，但无论其系统大小及复杂程度如何，我们都可以通过理性思维的"手术刀"和经验感受窥探并体会其内在的奥秘。如果把一种精神作为既成的客体对象，作为一个系统，就可以用解剖分析的方法，发现它的构成情况（比如要素、层次、结构及其相互关系等），把握它的基本内涵，从而增进人们对一种精神的了解和认知。在更普遍的理论意义上看，则可以为人们建构某种新的精神，完善某种形成中的精神，提供可资借鉴的理路。从实践意义上说，则可以为人们提供培养、塑造、发扬光大一种优良精神的着眼点和入手处。

作为一种实践观念，一种精神通常是由目的观念与手段观念共同构成的统一观念系统。构成一种精神最基本的要素或者要素组可以分为目的要素和手段要素。某种精神的目的和手段在直接表现上往往不是单一的，因而，构成目的的要素、构成手段的要素，可能是分别的几个元素而不是单一的元素。由不同要素构成的目的和手段本身也可能是多元的和多层次的。但多元目的、多层次目的构成的总目的是唯一的，而多种手段或者多层次手段构成的手段系统，也都是出于一个总的目的。这是一种精神作为统一的实践观念或者实践精神的内在要求。下面，我将从目的要素与手段要素的构成角度，对具体精神的要素构成进行分析和考察。

目的要素规定着一种精神的追求和理想、期望实现的目标，内含着建构这种精神之主体对一定事物坚定不移的信念，是精神主体价值理念的反映和体现。比如，"延安学"研究者把"延安精神"概括为：坚定正确的政治方向，解放思想实事求是的思想路线，全心全意为人民服务的根本宗旨，自力更生艰苦奋斗的创业精神。其中，"全心全意为人民服务"就是延安精神的目的要素，是延安精神的宗旨，它集中反映和体现了创造与继承发扬延安精神的主体的信念和理想，即延安精神主体从事革命活动、建设活动的根本目标。

为了使目的得以实现，必须拥有一定的手段保障，这是任何目的与手段之间的基本关系。因而，作为实践观念的某种精神系统，其目的因手段而存在，因而总是有与目的要素相应的手段要素。一种目的一旦失去了手段的保障，目的就变成了空中楼阁。比如，在上文所说的延安精神中，目的要素是"全心全意为人民服务",为了实现这一目标,延安精神有一系列的手段保障:"坚定正确的政治方向","解放思想实事求是的思想路线","自力更生艰苦奋斗的创业精神"。而这些手段,还属于总的比较抽象的手段,它们在延安精神的具体实践中,会转化为无数的实实在在的手段。

目的要素和手段要素的有机统一,构成了一种精神的基本内容。也就是说,一种精神的基本内容,其实就是目的要素与手段要素正确地、合理地结合或者统一。在实践中,则是二者之间能够形成有效的配合——目的是通过手段可以实现的目的,手段则是能够保证目的实现的手段。目的与手段的错位,将会导致一种精神内部的"精神分裂症"。

(三)精神的实质

精神现象贯穿在人类的所有活动中,是一个非常庞大而复杂的问题。若想对不同内容、不同形式、不同特征的精神现象有一些具体把握,就得进行必要的分类研究,但这是精神论或者意识论的任务,是我们这里难以进行的。我们需要做的是,在一般意义上说明一种精神到底有什么样的诉求,其实质是什么。

与物质概念对等意义上的精神,如前所说,其实质是指人类的意识现象,它本质上是对物质的直接反映和间接反映。凡是意识都是某种意识到的存在。这属于哲学问题,我们没有必要在此展开论述。

就实践观念意义上的精神来说,无论是什么类型的精神,最终都只有一类精神,那就是人的精神、主体的精神。所谓实践观念意义上的精神,就是一种实践精神,是一种做事的精神,是人或主体做事的态度、做事的方式和做事的追求。这就是实践精神的实质意义。在抽象层面上,所有具体精神的结构方式都是大致相同的。

精神本质上只能是属于人的东西,唯有人才能拥有某种精神、言说某种精神。能够创造精神的永远是人，因为人才有真正自觉的价值追求。不管哪种类型的精神，以及同一类型中的不管哪一种具体精神，从根本上说，都是人作为主体通过丰富多彩的实践活动创造的（这里的实践活动是广义的实践活动，包括认知实践活动）。在实践唯物主义的视野中，实践是主体的本体性存在方式，是主体本性最为根本的来源。因而，只要有新的实践活动特别是创造性的实践活动，就会有新的精神被不断地创造出来，只要某种实践活动的内容和形式在不断探索和更新，与其相应的精神在内涵与表现形式上就会不断地以新的面貌出现。

二、新闻精神的界定

界定一个概念，一是为了反映论述对象的本质和核心特征，二是为了限定一定的论题范围或者边界。要想比较准确地界定新闻精神的内涵，实在是件不容易的事情。[①] 我试图在上面关于"精神"一般分析的基础上，再从以下几个方面进行考察，以使读者对多少有些飘忽不定的"新闻精神"有一个比较具体的把握。

（一）新闻精神主体

新闻精神是"谁"的精神，即新闻精神的主体是谁，什么样的主体应该拥有新闻精神，什么样的主体是新闻精神的最终承担者和体现者，这是

---

① 马克斯·韦伯在其名著《新教伦理与资本主义精神》中这样写道："要想给任何这一类的东西（即'什么什么精神'一类的东西。在韦伯的著作中，具体是指与'资本主义精神'相类似的概念。——引者注）下一个定义，那就总会碰到某些困难，这些困难是这类考察本身的性质所决定的。"韦伯指出："我们必须在讨论的过程中对我们这里所谓的资本主义精神做出最完善的概念表述，并把这种概念表述作为这种讨论的最重要的结果，这对于我们所感兴趣的观点来说，是最适宜的做法。"他的论述对我思考新闻精神问题具有不少方法论意义上的启示。（韦伯. 新教伦理与资本主义精神 [M]. 于晓，陈维纲，等译. 西安：陕西师范大学出版社，2006：11.）

讨论新闻精神面对的基本问题之一。

新闻精神一旦产生，并且以比较完整的形态出现，就能够以波普尔所说的"世界3"[①]的形式相对独立地存在，成为新闻传播业以至整个社会的精神财富。然而新闻精神的落实，在新闻实践活动中要发生实际的效用，则必须通过一定的主体中介，即既要有具有新闻精神的人，还要有能够实践新闻精神的人，这样的人、这样的主体中介也就是我们所要寻求的新闻精神主体。

对新闻精神主体的界定可以从狭义和广义两个方面考虑。所谓狭义，就是把新闻精神理解为纯粹的新闻职业精神或新闻专业精神，然后界定其主体；所谓广义，就是把新闻精神理解为社会精神的一种，然后界定其主体承担者。由于一定精神的落实，最终要通过个体的人来实现，因此，下面的讨论，主要针对个体主体，而非群体主体或者组织主体。但个体总是存在于一定的群体或者组织之中，因而，个体精神一定意义上就是群体精神或者组织精神。

1. 狭义新闻精神主体

如果把新闻精神主要理解为新闻职业精神或者新闻专业精神，那么，新闻精神主体就是职业新闻活动者或者专业新闻工作者。因而，只要弄清楚哪些人是职业新闻活动者（在本书中，新闻活动者、工作者、从业者，我会交替使用），新闻精神主体也就可以明确界定了。

一般来说，社会所认定的职业新闻活动者或专业人员，就是我在多本著作中所说的、在新闻机构中工作的"本位主体"[②]，即直接从事新闻传

[①] "世界3"是20世纪著名的西方哲学家卡尔·波普尔提出的概念。他说："如果我们称'事物'即物理客体的世界为第一世界，称主观经验的世界为第二世界，则可以把自在陈述的世界称为第三世界。"波普尔把第三世界又称为"世界3"。（波普尔. 波普尔思想自述 [M]. 赵月瑟，译. 上海：上海译文出版社，1988：255.）

[②] 杨保军. 新闻理论教程 [M]. 北京：中国人民大学出版社，2005；杨保军. 新闻活动论 [M]. 北京：中国人民大学出版社，2006.

播业务工作的人员。但本位主体的构成也不是单一的，还可以分为以记者、编辑为代表的核心主体，以一般技术人员、辅助人员为代表的非核心主体。① 严格说来，本位主体指的主要是核心主体，他们是新闻信息作品化的专业人员，而非核心人员是将新闻作品产品化的人员。② 因而，核心主体是真正的新闻专业人员，而非核心主体也可能是专业人员，但主要不是新闻性质的专业人员。但在一般意义上，我们可以笼统地说，本位主体是新闻专业人员，他们是新闻精神得以体现、实现的当然主体。

但在任何新闻媒体机构中，其人员构成并不是单一的本位主体，而是具有一定的层级结构，在本位主体之上，还有我所说的作为新闻媒体所有者和经营管理者的"高位主体"。③ 高位主体是不是当然的新闻精神主体，是需要仔细辨析的。

作为新闻媒体所有者和经营管理者的高位主体，从理论上说并不直接参与新闻传播活动，因此，他们也就不是当然的职业新闻活动者，也就不是作为职业精神之新闻精神的主体担当者。但是，如果我们正视新闻媒体新闻传播活动的实际运作状况，就会看到这样的事实：在几乎所有的新闻媒体中，媒体所有者和经营管理者都会也都在实质上介入和影响着本位主体的新闻传播活动。也就是说，新闻媒体中的高位主体实际上常常充当着本位主体的角色，并且高位主体往往是以不当的方式充当着这样的角色，

---

① 杨保军．新闻活动论 [M]．北京：中国人民大学出版社，2006：122．

② 所谓新闻信息作品化，是指通过思维加工和符号再现的方式，将采选来的新闻信息加工成可以传播的新闻文本，这主要是一个精神劳动的过程；所谓新闻信息产品化，是指通过一定的物质手段，将已经可以传播的新闻文本进一步制作成可以向收受主体直接出售或者免费提供的新闻产品，这主要是一个体力劳动的过程，当然包含一定的精神劳动。（杨保军．新闻理论教程 [M]．北京：中国人民大学出版社，2005：52．）

③ 关于高位主体中所有者与经营管理者之间的关系以及其他的详细阐释，可参阅下列文献：杨保军．新闻活动论 [M]．北京：中国人民大学出版社，2006：101-154．

他们实际上在控制、干扰着本位主体的新闻专业活动，也在一定程度上限制着本位主体在媒体内部的新闻自由。① 正是由于高位主体参与新闻传播活动的直接性，我把高位主体也当作新闻传播主体来讨论，而不只是作为新闻媒体的所有者、经营管理者来对待。② 但同时，正是因为高位主体并不直接是本位主体，因而我也不把他们认定为职业化的、专业化的新闻活动者。

在本位主体与高位主体之间，本位主体更多的是把新闻媒体看作专业性的新闻组织，而高位主体更多的是把新闻媒体看作企业性的媒介组织或者其他组织。③ "新闻组织是以及时采集、传播大众需要的新闻为己任，甚至为此不惜成本"，而"媒介组织则需要经济头脑，要有投入产出的比较，利润是其注目的中心"。也就是说，高位主体的参与和介入，很可能破坏或至少可以说影响了新闻专业精神的实现。果真如此，高位主体就不可能成为新闻精神的主体承担者，他们在客观上或者说事实上就不是新闻精神主体，他们是不以新闻专业精神进行新闻活动的"媒介工作者"，他们是"媒介人"，但不是"新闻人"。④

---

① 所谓内部新闻自由，即媒介机构内部的新闻活动者相对于媒体所有者的自主权和决策权，主要包括两个方面的内容：一个是新闻活动者在其专业工作范围内的自主权；二是产业民主概念在大众传媒业运用后的产物，即媒介从业人员作为劳动者所要求的自主权利，主要包括新闻活动者在人事、薪资福利和媒介经营等方面的共同决定权。

② 杨保军. 新闻理论教程 [M]. 北京：中国人民大学出版社，2005：62-87.

③ 我这里所说的其他组织，是指新闻媒体所有者并不把新闻媒体当作新闻组织，也不当作获取利润的经济性的媒介组织，而是看作某种思想中心、宣传组织或者别的什么非新闻性的组织。把新闻媒体当作经济性组织、政治性组织或者其他非新闻性的组织，在逻辑上是一回事，都是把新闻传播当作实现自身利益的手段，差别是有的把新闻传播当作实现经济利益的手段，有的当作实现政治利益的手段，有的当作实现其他利益的手段。新闻媒体所有者到底会在内心里把新闻媒体当作什么样的组织机构，取决于多种条件，需要具体问题具体分析。但就现实情况来看，私有化的新闻媒体更多的是把新闻媒体当作企业性的组织，而公有化的新闻媒体更多的是把新闻媒体当作政治性的组织。当然，这只是一个十分粗略的说明。

④ 因而，"新闻人"（职业新闻活动者）和"媒介人"（在媒体机构中工作的人）是两个不同的概念，具有不同的内涵。在媒体机构中工作的人，有些是新闻专业人员，有些虽也是专业人员，但不是新闻专业人员。不管理论上还是在实践上，都需要对他们进行区别对待。

高位主体与本位主体之间的冲突和矛盾，其实也是新闻媒体双重属性（事业属性和产业属性）之间的冲突和矛盾。新闻媒体的运行过程，往往就是在二者的矛盾中求得平衡。因而，高位主体有时是纯粹的高位主体，只是为了自己的媒体的利益，偶尔也是纯粹的专业化的本位主体，但更多的时候是双重主体的混合物。我们也不得不在这样的意义上理解高位主体作为新闻精神主体的角色，即在"是"与"应该"的双重意义上把握高位主体角色的实质。

可事实并不是如此简单。在任何一家新闻媒体机构内部，新闻活动事实上都是由高位主体和本位主体共同决定的[①]，并且，他们的利益在更多的时候是一致的。差别在于高位主体更多地决定着媒体的总体传播方针和传播价值取向，决定着一些大是大非问题，决定着一些重大新闻事件的报道方式；而本位主体则更多地决定着媒体的常态新闻报道、日常新闻报道。正因为这样，从道德应然的角度说，新闻媒体机构内部的双重主体——高位主体和本位主体——都应该成为新闻精神主体，都应该按照新闻精神的要求从事新闻传播活动，正如一些学者所说："自律（指新闻自律。——引者注）不仅是对记者而言，还应该指出，那些直接影响出版和发行的人，他们也负同样的责任，如编辑和媒介老板们。"[②] "如果遵守新闻伦理职业道德仅仅是记者个人的事情，那么它的可行性就等于零，还需要媒介公司（广播或报纸）尊重媒介本身的职业水准和坚持专业精神。"[③] 显然，这主要是对高位主体提出的要求。

作为形式上的"新闻人"和事实上的"媒介人"的高位主体[④]，注定

[①] 关于高位主体和本位主体在新闻活动中的基本关系，可参阅下列文献：杨保军．新闻理论教程［M］．北京：中国人民大学出版社，2005：62-87．

[②] 陈力丹．自由与责任：国际社会新闻自律研究［M］．开封：河南大学出版社，2006：11．

[③] 同②34．

[④] 在有些媒体体制中，高位主体与本位主体是一体化的，新闻人和媒介人的角色由同样的主体担当。但这两种角色在逻辑上仍然是可分的，二者之间的关系在逻辑上也是清晰的。（杨保军．新闻活动论［M］．北京：中国人民大学出版社，2006：129-130．）

永远处于一种困境，需要不断进行选择和决断。因此，高位主体尽管可以被认定为传播主体，但不能被认定为职业化的新闻活动者。在现实操作中，高位主体不可能不顾及自己的双重身份，走向极端的高位主体大多是形式上的，而非实质上的。这里需要注意的问题是，高位主体并不是天然的新闻精神背离者。相反，在大多数情况下，他们会更倾向于按照新闻精神的要求介入新闻活动，这样更有利于作为新闻资产所有者、经营管理者的利益的实现，因为经验事实一再证明（理论逻辑上则更好证明），不能做好新闻传播的媒体，缺乏为公众服务的专业精神，新闻媒体是很难赢得经济利益或者其他社会利益的。只是在媒体利益和公共利益不可调和的情况下，高位主体才有可能冒着损害公共利益的危险追求自己的私利。这时，他们也就成了事实上的新闻精神的背离者。

2. 广义新闻精神主体

如果把新闻精神理解为诸多社会精神中的一种，那么，新闻精神的主体就是全体社会成员，即新闻精神主体就是所有参与新闻活动的人。或者准确点说，当人们参与新闻活动时，应该以新闻精神的内在要求对待自己的新闻活动。但这样的界定和描述未免宽泛、空洞，因而，需要对其内涵做出具体的分析。

我在《新闻活动论》中，曾经把新闻活动者分为四类：新闻源主体（新闻信源主体）、新闻传播主体、新闻收受主体、新闻控制主体。[1] 既然他们都是一定意义上的新闻活动者，从逻辑上说，他们就应该都是新闻精神的主体承担者。在上文中，我们从新闻职业角度对新闻传播主体与新闻精神主体的关系做了简要阐释，下面将从参与新闻活动的主体角度阐述新闻源主体、新闻收受主体、新闻控制主体与新闻精神主体的关系。至于非

---

[1] 杨保军. 新闻活动论 [M]. 北京：中国人民大学出版社，2006：101-154.

职业化、非专业化新闻传播者与新闻精神主体之间的关系，我将在后面单列一个小问题进行专门的说明。

首先需要说明的是，新闻源主体、新闻收受主体、新闻控制主体不同于新闻传播主体，他们不是职业新闻活动者或新闻专业人员，因此，他们不是新闻职业精神、专业精神的承担者，人们不能把他们作为职业新闻活动者那样去期待和要求。因而，此处只是讨论他们与新闻精神作为一种社会精神之间的关系，尽管新闻精神与新闻职业精神、专业精神在内容上并没有本质的区别。[①]

（1）作为新闻精神主体的新闻源主体。

新闻源主体，简单地说，就是在完整的新闻传播过程中，充当新闻信息拥有者和提供者的主体，这种主体可以是个体，也可以是群体和组织性的主体（但我们主要在个体意义上加以讨论，因为组织行为最终要通过个体行为来实现）。不管新闻源主体与新闻传播主体、新闻收受主体、新闻控制主体是一种什么样的具体关系，它在现实的新闻传播过程中都直接影响和制约着新闻报道的结果。[②]"信源的确是新闻生产控制体系的一个组成部分"，这一点是自明的，毋庸置疑。因此，新闻源主体在介入和参与新闻活动时，持有什么样的态度和方式，就是至关重要的，而不是无足轻重的。

[①] 关于新闻精神与新闻职业精神、专业精神的关系，我在下文将做简要的说明。
[②] 一般来说，新闻源主体主要和新闻传播主体发生直接的关系，与其他新闻活动主体是一种间接的关系。新闻源主体和新闻传播主体之间的关系大致可以概括、描述为三种基本模式：第一，相对独立型，指新闻源主体与新闻传播主体各自充当自己独立的角色，没有合作性或者竞争性的相互作用和影响，特别是指新闻传播主体具有独立的、不受新闻源主体左右的新闻选择权利和能力。第二，有限互动型，指新闻源主体与新闻传播主体在信息提供和信息获取过程中，出于一些共同的利益或者相互的矛盾，形成一定范围和一定程度的相互影响关系。第三，利益合谋型，指新闻源主体和新闻传播主体为了共同的利益——相对公共利益而言属于不正当利益——而策划制造所谓的新闻事实，进而促成相关的报道。关于新闻源主体的系统论述，可参阅下列文献：杨保军. 新闻活动论 [M]. 北京：中国人民大学出版社，2006：101-154. 当然，关于新闻源主体的有些问题，我还将在著作《新闻活动主体论》中进行深入细致的讨论。

我以为，作为新闻源主体，在参与新闻活动的时候，要有一定的新闻意识①，即要比较明晰地意识到自己所提供的信息有可能成为公开传播的新闻，可能会有成千上万的收受者受到自己所提供的信息的作用和影响。作为新闻源主体，事实上充当着公共利益服务人的角色，所以应该在道德上自觉到公共责任、社会责任。如果这种责任意识成为接受新闻采访或主动提供新闻信息时的自觉精神，这样的精神就可以被称为新闻精神——作为新闻源主体的新闻精神。

从应然的角度讲，不管是一定的组织还是个人，如果其拥有的新闻信息与社会公共利益相关（是否相关，在实践上必须通过一定的法律法规进行界定），并且不属于国家法律禁止公开传播的信息，那么，他们都有向新闻媒体告知（准确讲是向社会告知）新闻信息的义务，而不能以"无可奉告"的方式拒绝记者的采访。由公民通过一定法律程序授权的社会组织，则必须向社会真实告知与公共利益相关的信息。如今的社会是越来越依赖信息交流的社会，信息公开是保障公民知情权的基础，也是保障社会正常运行的基本条件。信息公开，并不是要公开公民拥有的与社会公共利益无关或没有什么重要关系的私人信息，而是指有关社会组织，特别是政府组织、政党组织要向社会及时公布公共信息（如今，组织拥有的公共信息主要是通过新闻发言人向社会公布的），以及个人拥有的与公共利益相关的信息。

在新闻传收活动中充当新闻源主体的组织或个人，承担着真实告知新闻信息的一般道德义务。作为一个社会的公民，应该遵守社会公德，以诚

---

① 新闻源主体能否以新闻意识对待自己的源主体角色，与新闻传播者的提醒具有相当大的关系。并不是所有充当新闻源主体的主体都具有基本的新闻素养。记者在采访一定的新闻源主体时，有义务向采访对象说明自己的身份，并有职责告知采访对象要对自己所提供的信息承担道德上的或者法律上的责任。当然，并不是面对所有的新闻源主体都需要这样去做。但这作为一条原则，是记者任何时候都应该遵守的。

实的品质对待新闻记者的采访,至少不对新闻媒体(社会公众)讲假话。新闻源主体若以有意欺骗的手段对待新闻媒体,不仅应该承担道德责任,一定条件下还要承担法律责任。一般社会主体一旦充当了新闻源主体,就意味着他直接介入或参与了新闻传播活动,这时,他就理应承担道德责任和法律责任,他就理应按照新闻精神的基本要求约束自己的新闻行为。

新闻源主体告知真实的新闻信息,是公正对待其他社会成员的义务,也是自己获得相应对待的前提条件,即任何其他社会成员在充当新闻源主体时,也应该向你(通过新闻媒体)告知真实的有关事实信息。这既是一种道德权利,也是一种法律权利。只有在别人能够对新闻媒体讲真话、告实情的情况下,你才有可能通过新闻媒体的报道得到获得真实信息的好处。如果你在充当新闻源主体时不讲真话、不告实情,那么对别人显然是不公正、不道德的。因此,作为社会成员的每一个公民都有讲真话、告实情的道德义务。这样做是应该的,是实现和保持社会公正所必需的,是维护新闻传播正常运行应有的一种基本姿态和精神。

(2)作为新闻精神主体的新闻收受主体。

新闻收受主体,就是新闻的获取者、新闻的消费者。新闻收受构成了新闻活动两极[①]中的一极,因而,可以说,新闻收受主体是所有新闻活动主体中非常重要的主体。就收受主体的构成来说,"从理论逻辑上讲,所有现实地生活着的人都可以是或可以成为新闻传播的收受主体"[②]。

从新闻传播活动的根源上看,收受主体的新闻需要是新闻传播和交流活动的根本动力,也是新闻传播活动存在的意义基础。从新闻活动的实际

[①] 所谓两极,一极是传播活动(传播者),另一极是收受活动(收受者)。这是对一次新闻活动周期最简单也是最简要的描述。但事实上,新闻活动系统是由多类主体参加的多极性、多层次性的开放活动系统。

[②] 杨保军. 新闻活动论[M]. 北京:中国人民大学出版社,2006:131.

展开过程来看，收受主体是新闻活动积极的、必不可少的参与者，任何一次新闻传播活动的有效完成，都离不开收受主体的直接参与，因而"接收者同样是新闻的生产者"①。收受主体以怎样的态度和方式对待新闻传播主体创制的新闻文本（新闻报道），都会直接影响到新闻传播的效果。收受主体还是传播过程中反馈信息的主要来源主体，也是监督新闻媒体、新闻传播主体传播行为的重要主体。

新闻收受主体在新闻活动过程中如此多样而重要的角色，说明其在新闻传播过程中承担着一定的道德责任②，说明新闻收受主体的整体素质和水平、媒介素养和新闻素养的水平、整体的新闻需求质量等，将直接影响到一定社会新闻活动的整体面貌和景象。因此，新闻收受主体是否具有新闻精神，能否成为新闻精神主体，就是非常重要的问题。

新闻收受者应该成为新闻精神主体，基于这样几条主要的理由：其一，新闻收受主体能否向新闻媒体提出合理的新闻信息需求、表现出合理新闻需求的整体倾向，对于新闻媒体能否建构专业精神具有重要的制导作用；其二，新闻收受主体能否积极接近新闻媒介、比较充分地利用新闻媒介，实现自己的新闻自由权利，对于整个新闻业的专业化发展具有基础性的作用和影响；其三，新闻收受主体能否有效监督职业新闻活动者、新闻专业人员的新闻职业行为，对于新闻活动者专业精神的建构具有强大的舆论力量。因此，从广义上说，新闻收受者也可以充当新闻精神主体。

另外，一种精神，特别是一种优良的精神，总是具有作用于社会和影响社会的广泛性和普遍性，而不是限于一定的活动领域，限于一定的专业人员或特定主体的身上。当人用一定的精神鼓舞、激励、约束自己的言行

---

① 黄旦. 新闻传播学：修订版 [M]. 杭州：浙江大学出版社，1997：225.
② 事实上，有学者认为，作为收受者，在传播过程中应该承担一定的道德责任，比如收受者对传播者及其传播内容要进行"理性的怀疑"（reasoned skepticism）和"适当的反馈"（appropriate feedback）。（拉森. 说服：接受与责任：第10版影印版 [M]. 北京：北京大学出版社，2004：30.）

时，他就成为这种精神的主体。我以为，新闻精神也是这样一种具有社会性的优良精神。因此，最具社会广泛性的新闻收受主体，理应成为新闻精神主体。

（3）作为新闻精神主体的新闻控制主体。

新闻控制是指新闻传播系统外的力量对新闻传播活动的限制和约束。新闻控制主体，是指那些通过一定方式，限制、约束新闻传播内容和新闻传播方式的社会主体，大致可以分为两类：一是国家以法律形式确立的控制者（实际上就是国家主体），这可以说是"标准"的、合法的新闻控制主体；二是那些法律没有赋予其控制权力，却对新闻传播主体新闻报道活动实际实施控制行为的控制者，这类控制者可以被看作"准"新闻控制主体。我们这里主要针对"标准"的控制主体讨论其与新闻精神主体的关系。

"就像社会对其他社会组织、社会部门进行控制一样，社会也无可置疑地要求把新闻事业纳入总的轨道中去。"[①] 新闻传播业在社会大系统中具有独特地位，对整个社会的变革发展有着重要的作用，它的运行秩序如何，对社会系统有着不可低估的影响，因此对它的控制也就显得尤为重要。而新闻传播业与其他社会子系统的相互依赖性，特别是新闻传播业相对于政治系统、经济系统的被支配性，决定了它受控制的必然性。还有，新闻传播业自身的健康发展，特别是新闻自由的合理运用与实现，要求必须进行一定的新闻控制，因为"没有自由的传播是不正常的，同样，传播如果失去适当的有益的控制也是不可想象的"[②]。

可见，新闻控制是必要的、有根据的，但并不是所有的新闻控制都是天然合理的、正当的和应该的，有些控制本身可能就是邪恶的、不正当

[①] 黄旦.新闻传播学：修订版[M].杭州：浙江大学出版社，1997：87.
[②] 同[①]85.

的、不应该的，对这样的新闻控制应该进行约束和限制。新闻控制者如果能够按照新闻业的发展规律、按照新闻传播的客观规律管理和控制新闻活动，就必然能够促进新闻业的发展和新闻传播的有效展开。这样的控制主体，就可以说是具有新闻精神的主体。

具体说来，新闻控制，作为对新闻传播活动的一种支配、管理和"干涉"，作为对新闻自由的一种约束和限制，应该也必须有其自身的限度或界限。《公民权利和政治权利国际公约》（International Covenant on Civil and Political Rights，我国政府已于1998年10月签署了该公约，本公约目前仅适用于香港和澳门）第19条写道："人人有权持有主张，不受干涉"，但是"自由发表意见的权利"的行使"带有特殊的义务和责任，因此得受某些限制，但这些限制只应由法律规定并为下列条件所必需：（甲）尊重他人的权利或名誉；（乙）保障国家安全或公共秩序，或公共卫生或道德"。这里有一个很重要的思想就是，对新闻自由的控制是必要的，但必须在一定的限度内进行控制，超过一定的限度，新闻控制本身就会变成不合理的。新闻自由是有界限的，新闻控制也是有界限的。超越这种界限的控制，就是不符合新闻精神的控制，这样的控制主体也就不是新闻精神主体。

判断某种新闻控制的限度合理与否，关键要看这种控制是否符合新闻传播业发展的实际情况，我认为，真正的"应该"正是"是"的必然，"是"所要求的就是最本质的要求，就是应该性的要求，"合乎理性的准则只能从事物的本性（在这里就是自由）中取得"[①]，应该并不总是理想的、等待未来去实现的东西，它就是当下应该去实现的东西。因而只有那些有利于新闻传播业在一定历史条件下持续稳定发展的控制才是合理的控制；

[①] 马克思，恩格斯. 马克思恩格斯全集：第1卷 [M]. 2版. 北京：人民出版社，1995：177.

只有那些符合新闻传播规律、符合新闻传播业的发展和运作规律的控制才是合理的控制；只有那些有利于新闻传播合理秩序的形成，即有利于规范行为的维持与扩展，而对失范行为又能够形成有效遏制和消除的控制才是合理的控制。新闻控制的实质是对新闻自由的约束和限制，因此，一种控制是否合理，在最本质的层面上要看它是否有利于新闻自由度的不断提高、新闻自由范围的不断扩大、新闻自由水平的不断提升，是否有利于既有法律自由（新闻自由）的实现。同时，合理适度的新闻控制能够对滥用媒介权力、滥用新闻自由的现象做出限制。这里依赖的应该主要是制度化的控制方法，而非凭借主观意志可以随意更改的方法。新闻传播业必定是整个社会大系统的一个子系统，因此，新闻控制的合理性，还要从宏观的社会层面上去评价，要看在某种控制下的新闻传播业是否有利于整个社会的稳定与进步，是否有利于人们新闻需求的满足、知情权的实现。

新闻控制主体所要努力的，就是使自身成为合理的控制者，或者说把控制限制在合理的范围内、界限内，力求成为具有新闻精神的控制主体。

3. 作为新闻精神主体的个体传播者

在新的传播时代，新闻传播主体在新的环境条件下社会化、大众化或者说泛化和个体化，人人都是传播者的时代在新的时代背景下正在成为现实。[①] 这样的现实提出的要求是，任何人在向社会公众传播新闻信息或者发表新闻意见时，都应该像职业传播者一样，按照新闻的要求传播新闻、评论新闻（事件），这至少是一种道义上的要求。因此，新闻精神不仅仅

[①] 新闻传播产生至今，人人都可以充当新闻传播者了。但在当代，每个人可以充当向社会公众传播新闻的角色，这在网络时代诞生之前是不可能的事情。

是一种职业精神，还应该成为一种社会精神。新闻精神的主体不能仅仅限于职业传播者，也应该包括参与新闻传播活动的普通社会人员。联合国新闻自由小组委员会制定的《国际新闻道德信条》中就说："发表任何信息或评论的人，应对其所发表的内容负完全的责任——除非在发表时已明白并否认这种责任。"[1] 当然，新闻精神作为一种准则时，它对职业人员、专业人员和非职业人员、非专业人员的要求是不完全一样的。

个人媒体的兴起（网络等技术为其提供了现实的支持），使个人不再像传统媒体时代和前传统媒体时代那样[2]，只能充当人际传播中的传收角色，而是能够实际成为具有大众传播媒介角色的新闻传播者。新技术已经使传播者超越了原生态的、自然的人际传播中的传者特征，具有了准职业化新闻传播者形式上的诸多特点。在这样的传播背景、传播生态结构中，社会化、大众化（泛众化）了的个体新闻传播者，到处生根发芽、开花结果，因而，他们能否以新闻观念对待新闻、传播新闻，能否以新闻的方式处理新闻、报道新闻（对于新闻评论，道理也一样），并不是顺其自然的小事，因为每个人在充当大众化的新闻传播者角色时，他所采集、编辑、制作、传输出去的新闻信息（包括其他信息），其作用和影响的范围都不再是个别的家庭成员、亲戚朋友、同事同学等狭小的人际圈子，而是社会公众。这就是说，网络等新技术提供的自由传播环境，使每个人都有了更多现实的和潜在的使自己公共化的机会[3]，以及使自己成为一定职业角

---

[1] 陈桂兰. 新闻职业道德教程［M］. 上海：复旦大学出版社，1997.
[2] 人们已经习惯于把报纸、广播和电视多种媒体共在的时代，以及单一的报业时代称为传统媒体时代。根据这样的习惯，我们可以把传统媒体时代之前的时代称为前传统媒体时代，而把网络传播兴起之后的时代称为后传统媒体时代。需要注意的是，这些说法还不具备严格的学术意义。要在学术上做出这样的划分，还需要认真的研究。
[3] 在传统媒体时代，普通人进入公共领域的机会事实上是很少的，即使是在今天这样的后传统媒体时代，能够使自己公共化的人仍然主要属于社会中的精英群体、活跃分子。但与传统媒体时代不同的是，越来越多的普通人可以通过网络等新的传播渠道迅速将自己公共化，将有意义的议题公共化。在这一意义上，网络媒介平台成了新的不可代替的公共平台、公众化平台。

色、专业人士的机会。因而也就意味着每个人，特别是那些想通过网络或者其他渠道（特别是可以公共化的渠道）向社会提供新闻信息（这里不讨论其他信息的传播问题）的人，必须承担起更多的公共责任、社会责任。

就我们讨论的新闻精神问题来说，试图通过网络或其他渠道向社会传播新闻信息的任何个人，尽管他可能不是职业新闻活动者、不是新闻专业人士，但当他确信自己是在向社会公众提供新闻信息时，我以为他就应该遵循基本的新闻传播原则。也就是说，只要充当新闻传播者，就应该用新闻精神支配和约束自己的新闻传播行为，使自己成为新闻精神主体，这是道义上的要求和责任。这种要求并不是对人们言论出版自由的限制，而是一种道义上的提醒和约束。每一类信息都有其自身的规定性，人们只有按照不同类别信息的规定性或者特点去传播、去收受，才能比较准确地传播信息、理解信息。"信不信由你"的传播态度，是道德上不负责任的态度。如果超出某种限度，还可能要承担一定的法律责任。

这里又使人想到整个社会的媒介素养、新闻素养问题。我们所处的时代是信息时代、网络时代、传播时代，生活在这样的时代的人们，必须具有基本的时代素养。如此，才能合理使用身边的各种媒介，既对自己负责，又对社会负责、对公众负责。说具体一些，懂得新闻是什么，懂得如何传播新闻、如何收受新闻，是我们应该甚至是必须具备的素质，这正如懂得计算机是什么、懂得如何使用计算机是时代的要求一样，否则就很难顺利地在社会上生存。

（二）新闻精神客体

客体是与主体相对立的概念。新闻精神客体指的主要不是新闻精神主体的直接活动对象①，而是指能够比较直接体现新闻精神的对象。正是在这样的新闻精神客体中，人们才能实际观察到新闻精神的表现。那么，这样的新闻精神客体究竟是怎样构成的？

人们可以在不同层次上观察新闻精神的表现。可以通过整个新闻传播业的运作，在宏观层面上观察新闻精神的表现；可以通过具体的新闻传播媒体的新闻活动，在中观层面上观察新闻精神的表现；可以通过具体的以本位主体为核心的新闻主体的新闻活动，在微观层面上观察新闻精神的表现。由于新闻精神最终总是要落实在新闻活动者特别是职业新闻活动者的新闻活动中，因此，我将主要在微观层面上讨论新闻精神客体问题。②

如上所言，新闻精神体现在新闻业的运作中，体现在新闻传播过程中，从最终的意义上说，则体现在新闻活动中，体现在所有新闻活动者一个个具体的新闻行为中。新闻精神观念似乎是抽象的、不可捉摸的，但它的外在表现是形象的、具体的、可以观察把握的。因此，我们应该把新闻活动者的"新闻行为"界定为新闻精神客体。③ 这意味着，新闻活动者的新闻行为，特别是职业新闻活动者的新闻传播行为是新闻精神的表现性载体。

---

① 不同新闻活动主体拥有不同的直接的具体活动对象。新闻源主体拥有的新闻信息是其直接的认识对象，新闻传播主体的直接认识对象是新闻事实，新闻收受主体的直接认识对象是新闻文本（作品），新闻控制主体的直接活动对象是新闻传播主体的新闻报道行为。四类新闻活动主体的活动对象实质上是一致的、统一的，都是新闻内容。新闻源主体拥有的新闻信息是潜在的新闻传播内容，新闻传播主体传送的信息是传播态新闻内容，新闻收受主体实际收受的是自己理解了的新闻内容，新闻控制主体控制的实质对象是新闻报道的内容。因此，不管是什么类型的新闻活动主体，他们的活动对象本质上都是统一的。（杨保军.新闻活动论［M］.北京：中国人民大学出版社，2006：177.）

② 对于行业主体、媒介主体（媒体）与其行业行为、媒介行为之间的关系，本著不进行专门的讨论。但如何在组织层面上展开这种论述，是值得探讨的问题。

③ 新闻精神主体是新闻精神的载体，要认识和把握新闻精神的实际表现，就得把新闻精神主体作为客体对象，这是完全正确的。因而，从认识论意义上，新闻活动者既是新闻精神主体也是新闻精神客体。但这种认识过于模糊、笼统，不够精细，人们只能通过活动主体的实际行为、实际表现才能比较准确地判断他们的精神状态。因此，把新闻活动者的新闻行为确定为新闻精神客体是更为准确的认定，这也有利于人们对新闻精神的认知和把握。

对于人来说，行为是受意识、思想支配而呈现的外在表现①，指人从事一定活动时的外在展开过程，其中主要包括活动的方式和活动的结果。新闻行为是指新闻活动者从事新闻活动时所展现出的活动过程、活动方式和活动结果。人们可以通过对新闻活动者新闻活动过程的考察、对结果的分析，认知、评价新闻活动者的新闻活动水平和质量，从而能够直接或间接地认识、评价新闻活动者的基本动机，探究其支配新闻活动的价值取向、主要观念、理想追求，即新闻精神的状态。当然，这里所说的新闻行为，主要是指新闻活动者长期的新闻活动行为，偶然的一两次新闻行为，很难全面反映新闻活动主体实际所持有的新闻精神信念。人们只有通过对一个新闻活动者的报道行为进行长期的观察和分析，才能准确揭示和评价他的新闻精神素质，揭示和评价他实际怀有的、坚信的新闻精神理念。同样，人们只有通过对一家新闻媒体、一支新闻工作队伍的新闻行为进行长期的、整体的观察分析，才能比较准确地揭示和评价这家新闻媒体或这支新闻工作队伍的新闻理念、新闻追求、新闻理想，才能揭示、评价这家新闻媒体或这支新闻工作队伍整体的新闻职业道德表现和水平。对于一定范围、一定时期、一定社会的整个新闻传播业来说，道理也是一样的。只有通过对整个新闻从业队伍的新闻传播行为进行实证观察和分析，才能真正判定其实际拥有的新闻精神观念、新闻职业观念、新闻专业观念到底是什么，整个新闻业到底在追求什么，到底在为哪些人服务。

新闻行为是一个内涵十分丰富的范畴，需要做出进一步的说明。对于职业化的新闻活动者来说，新闻行为包括其职业活动中的所有行为，比如采访行为、写作行为、编辑行为、制作行为、播出行为等。正是在这些具体的职业行为中，显示着新闻活动者的社会责任感，显示着新闻活动者是

---

① 行为本身有狭义和广义之分：狭义的行为仅指人的外在的、可被观察的活动，广义的行为则包括产生一定外在活动的心理和思想意识活动。行为通常被分为个体行为、群体行为和组织行为。

否诚实、勇敢、正直、智慧、勤奋、坚韧等，显示着新闻活动者是否注重新闻伦理，是否能够按照新闻职业道德规范的要求和新闻专业精神的诉求支配、指导自己的活动。因此，一个新闻活动者是否具有新闻精神，是非常具体的，是可观察、可检验、可评价的。说明这些其实并不十分重要，真正重要的是，新闻行为的具体性及可检查性，要求新闻行业、新闻媒体在制定新闻职业道德规范①时，不能只是制定一些原则性的要求，而是要针对整个新闻传播过程的不同环节以及不同环节新闻行为的突出特征，制定一些明确的、细节性的行为规则。可以做什么，不可以做什么，应该努力做什么，哪些做法是普遍的、绝对的、不可超越的，哪些做法是情境性的、随机性的、可以自行掌握的，都应该有具体的要求。有位学者讲得很精到："价值观越具体，在指导行为上越有用。"② 只有将新闻职业道德规范制定得更具体，才有可能在一些人还没有达到充分的自律水平时，还没有足够的德性时，比较有效地指导其行为、约束其行为，如此，也才能把新闻精神落到实处。

就非职业化的新闻活动者来说，他们在参与和介入新闻传收过程或对新闻活动进行控制时，在充当各种各样的新闻活动主体角色时，是否能够按照新闻精神的基本要求支配自己的行为，人们也只能通过观察、分析他们的相关行为做出判断。新闻源主体、新闻收受主体是否在相关的活动中承担了道义上的责任，只有他们的行为过程和行为结果能够说明问题。新闻控制主体则比较特殊一些，不同的新闻控制主体，承担着不同的责任，

---

① 新闻职业道德规范，按照通俗的语言说，就是贯彻落实新闻精神的基本手段和措施。
② 多戈夫，洛温伯格，哈林顿.社会工作伦理：实务工作指南［M］.隋玉杰，译.北京：中国人民大学出版社，2005：19.需要顺便说明的是，任何规范，不管制定得如何细致周到，都不可能为所有的行为提供标准模式或者答案，规范再具体，也不是针对每一种个别的行为设定的。因此，规范仍然是具有一定灵活性的东西，需要行为者在实践中学习、理解和把握。对规范的遵守，就是实践规范。

有些是法律层面的，有些是政策层面的，有些是纪律检查层面的。新闻控制主体在新闻控制过程中的法律行为、政策行为、纪律行为，一方面反映了相关法律（政策、纪律等）的合理程度，另一方面则反映了执法（政策、纪律等）者的精神和水平。因而，他们的法律行为、政策行为、纪律行为，一方面可以从他们所从事的专业角度进行评价，另一方面则可以从他们的行为是否体现了新闻精神的内在要求去评价。这也正是我们可以把新闻控制行为作为新闻精神客体对象的根据。

新闻精神是在新闻行为中表现的，但新闻精神的成果却既可以通过新闻行为的过程表现，也可以凝结在新闻行为所创造或者形成的结果之中。并且，对于普通大众来说，他们更多的是通过对新闻行为的结果（成果）——新闻作品——来感受、认知、评价新闻活动者的新闻精神的（其实对于专门的研究者来说往往也是如此）。人们主要通过解读（视、听、读）新闻作品、新闻报道的方式，去观察、发现、想象记者的采访过程，去感受记者、编辑和其他人员所付出的劳动。但作为研究者，必须指出的是，新闻行为过程和行为结果有时并不是完全一致的，它们之间的关系就像道德哲学中讨论的"手段"和"目的"的关系。有些新闻报道从结果上看是好的，但也许记者在获取新闻信息的过程中采用了不正当的甚至是违法的手段；有些新闻报道从结果上看似乎平淡无奇，但记者在获取新闻信息的过程中可能付出了艰辛的劳动。其中的道理无须再多说了，我想说明的无非是，当人们评价新闻活动者的新闻精神表现时，要从完整的新闻行为出发，而不是只注重某一个环节，这样，才能比较准确地认知和评价新闻活动者的精神状态。

对其他新闻活动者来说，同样可以通过对他们在参与、介入新闻活动的过程中形成的各种活动结果的分析、评价来说明他们实际的新闻精神状态和水平。如果新闻源主体提供的新闻信息是虚假的，就必然会导致虚假的新闻报道，那么应该对这种虚假新闻承担道德责任的就不仅仅是新闻记者，还应该有新闻源主体；如果新闻收受主体在新闻收受过程中故意歪曲新闻报道的内容，尽管谁也不能限制和约束这种行为，但是从道义上讲，由于新闻传播效果如何不只依赖于传播者，同样与收受者密切相关，因此，"受众在信息接收和评价中实际也担负着一定的社会道义责任，也具有一定的社会道德准则"①，这样的社会道德要求与新闻精神的诉求是完全一致的；如果新闻控制主体对新闻传播活动的控制限制了合理的新闻权利，那就不仅影响了正常的新闻传播活动，也影响了收受者知情权的实现，因此为这样的控制行为承担道德责任、法律责任是必须的。可见，人们可以通过行为结果去认识和评价新闻活动者的新闻精神状态和水平，即新闻行为结果是新闻精神客体的有机构成部分。

（三）新闻精神的所指

经过上面的各种考察和解析，我们可以从逻辑上给新闻精神一个大致的界定：所谓新闻精神，是指新闻活动者（主要是职业新闻活动者）对待新闻传播业的态度、从事新闻工作的基本理念以及通过新闻传播所要实现的追求和理想。但需要立即说明的是，这一界定只是描述了新闻精神的内容架构，并没有反映新闻精神的具体内容，因而它还不能全面反映新闻精神的内涵。

一种精神总是源于一种活动的追求，即一种活动为了实现它的基本目的，会在活动过程中形成主导活动的观念和价值取向。新闻活动是人类诞生以来就自然产生的一种活动，在其历史展开过程中，新闻活动的基本目的越来越明确，那就是反映事实世界的最新变动状况，形成人们之间的事

---

① 陈汝东. 传播伦理学［M］. 北京：北京大学出版社，2006：128.

实信息交流与分享，为社会生活的良性运行提供信息上的保障。新闻活动的目的不是天生的，是在这种活动的历史演变过程中历史地形成的，是人类目的性活动的结果。① 一旦人类赋予一定活动以一定的稳定目的，实现这种目的便成了这种活动的天职。当社会发展到有专门人员从事这样的活动时，这种天职就转变成了专门成员的天职——必须承担的责任，而其他成员的责任转变成了一种道义上的责任。这大概正是我们今天对专业人员和参与人员做出不同要求的逻辑根据。

当新闻活动发展成制度化的、事业化的活动方式，成为一个社会行业，成为一种专业时，新闻机构或新闻媒体组织便负有为所有人提供新闻信息服务、新闻意见服务还有其他一些服务的社会职责或义务。当这样的目标成为基本目标、社会共识后②，新闻活动的内在精神也就基本确立了，这就是为社会公众服务。在西方，人们把新闻媒体当作社会公器已经是人所共知的事实，无须多论；在中国，把新闻媒体当作社会公器，当作人民的公共平台，也不是什么新鲜的观点。请看看胡乔木在1956年7月1日为《人民日报》改版而写的社论："报纸是社会的言论机关"，"我们的报纸名字叫作'人民日报'，意思就是说它是人民的公共的武器，公共的财产。人民群众是它的主人"③。改革开放以来，新闻媒体被进一步定性为党（中国共产党）、政府和人民的耳目喉舌，新闻传播业的基本方针是"为人民服务，为社会主义服务"，而且社会主义是人民的社会主义，因而为人民服务和为社会主义服务是统一的。这样，说新闻媒体是社会公器，

---

① 同样，人们对一种活动本性的认识也是一个历史的过程，因而，一些曾经被当作新闻活动的活动、一些正在被当作新闻活动的活动，其实并不是新闻活动。
② 人类新闻业发展到今天，为社会公众服务，为人民服务，为公共利益服务，已经成为共识。至于是否实现了这样的目标，那是另一个问题。人们达成共识的东西很多，确定为公共目标的东西也很多，但要把它们都变成现实，往往是一个长久的甚至是与人类永远同在的问题。
③ 胡乔木. 致读者[N]. 人民日报，1956-07-01.

"是人民的公共的武器，公共的财产"，至少在理论上是准确的。作为公共武器的新闻媒体，毫无疑问应该具有公共精神、具有为社会公众服务的精神，并且应该把这样的精神看得至高无上。

为社会公众服务，为公共利益服务，是新闻精神内含的目标要素，它不是通过一次两次或者十次八次具体的新闻行为就可以完成的，它是新闻活动永远追求的目标、永远渴望和为之奋斗的境界。新闻传播业、新闻媒体、新闻活动主体，不可能在某个时刻有条件宣布完成了这一目标。为社会公众服务，为公共利益服务，说到底，在我看来，就是通过新闻手段为每个人快乐而幸福地生活、工作、学习创造条件。或者直接说，就是为每个人快乐而幸福地生活服务。具有新闻精神的新闻活动其实就是能够为社会公众创造美好生活条件（主要是和谐的信息环境）的新闻活动。

为了实现为社会公众服务的目标，新闻传播活动在其历史的演变发展过程中，形成了一些基本的原则和理念，它们构成了新闻精神的具体内容。如果我们把两方面，即为社会公众服务的总目标和为总目标的实现而制定的具体原则与观念结合起来，那就构成了新闻精神的基本内涵，也就是新闻精神的实质所指。

我们对新闻精神的内在结构可以做这样的描述：为社会公众服务（或为公共利益服务、为人民服务）是其总的目标，贯穿的基本精神是公共精神和民主精神。对于职业的新闻活动者来说，这种精神既可以被叫作新闻职业精神，也可以被称为新闻专业精神；但对于非职业新闻活动者来说，则可以直接将其称为公共精神。① 为了实现新闻活动的总目标，作为新闻精神之总精神的公共精神，在新闻实践活动中具体表现为三个大的方面：一是求实为本的科学精神，二是正义至上的人文精神，三是和谐为美的自

---

① 可以看出，新闻精神与新闻职业精神或者专业精神并不能完全等同，但新闻精神包含着新闻职业精神，对此，后文将专门阐释。

由精神。总精神集中反映了新闻精神的价值层面，而三个方面的表现则主要反映了总精神得以实现的具体精神要求。这样，在新闻精神系统中，构成了目标与手段的统一，也可以说是价值观与方法论的统一。当然，在每一条具体的精神内部，亦有其自身的目标与方法，对此，我将在后面几章中进行专门的论述。

一种精神能否真正在实践中发挥作用、得以落实，不仅取决于其价值目标是否合理与崇高，更取决于能否发现、创造实现目标的科学的、合理的方法（手段）。没有前者，一种精神就失去了追求和理想，也就没有了路标，没有了灯塔，没有了召唤力；没有后者，精神理想将变成空想，实际追求将变成空中楼阁。因此，两方面的统一是一种精神能够发挥作用的前提。但在目标合理的前提下，关键是实现目标的途径与方法，所以我将主要对三种具体的新闻精神进行深入细致的阐释（见第二、三、四章）。而对新闻精神的全面理解，则是整部著作的任务。

三、新闻精神的特征分析

通过上文对新闻精神的界定，我们基本上明确了新闻精神的所指及其实质。但是，作为一个观念系统的新闻精神其实是相当复杂的，不是通过一个相对简单的概念内涵分析就能全面把握的。为了进一步理解新闻精神的内涵，为后文关于新闻精神内容的讨论奠定基础，下面我来分析一下新闻精神的主要特征。

（一）作为精神存在的内在性

新闻精神的内在性，是说新闻精神最为现实的存在方式乃是一种主体性、主观性或心理性的无形存在，是一种主体精神、主观精神，而不是外在于主体的客观精神。新闻精神的内在性决定了人们不能像直接感知一般事物那样去感知它的存在,然而,这并不是说新闻精神是神秘的、无法把握的。我们可以在考察、分析、研究新闻精神时,把它作为客观精神进行逻辑考察和解剖。

新闻精神的内在性,还体现在它发挥作用的方式上。新闻精神是通过影响新闻活动主体的内在意识、主观动机、主观性需要的方式来影响其新闻行为的,这是一个由内向外的作用方式,而不是相反。新闻精神是新闻活动主体特别是职业新闻活动主体拥有的内在精神信念和精神品质,这种信念和品质只有在一定的活动中,才能通过相关的言语和实践行为表现出来。内在性所固有的隐蔽性,使人们无法直接评价新闻活动主体的新闻精神状态,只能以新闻行为为中介,发现和评价主体的新闻精神水平。

新闻精神的内在性,说明一个新闻活动者是否能够按照新闻精神办事,是否能够成为一个事实上的新闻精神主体,关键在于他是否自律,是否能够进行自我约束。这就是说,自律将成为塑造新闻精神、实现新闻精神的核心途径(第六章将专门论述这一问题)。对于职业化、专业化的新闻活动者尤其如此。越是能够自律,越是无须他律。

作为观念性的存在,新闻精神存在于人们的意识之中,但新闻精神由内向外的作用方式,则使新闻精神既可以通过实践行为得到强化和培养,也可以通过新闻实践过程和结果得到检验和证明。

(二)作为价值理念的稳定性

新闻精神作为新闻活动的动力和灵魂,作为新闻精神文化的内核,在本性上是稳定的。一种活动、一种现象的应有精神是什么,往往是内在规定的、必然的,需要人们在不断的活动过程中、不断的实践中、不断的自觉反思中去观察和认知。在一定意义上说，这是一个发现的过程，当然也是一个建构、创造的过程。发现性说明，只有合乎新闻传播本性和新闻传播内在规律的精神才是科学的新闻精神；建构性则提醒人们，应该努力创造合乎社会公众共同利益的新闻精神。

新闻活动一旦被人类在历史的演变进化中塑造成一种人与人之间的对事实世界最新变动信息的交流活动，并通过这样的活动追求人与人之间的精神交往，追求社会的透明运行，则其应有的精神便是内在的、稳定的，是要为这些最基本的目标服务的。

新闻现象有其自身的本性和特点，新闻活动有其自身的规律和属性，新闻业有其自身的演变动力和机制，沃尔特·李普曼（Walter Lippmann）就表达过这样甚为精到的见解："报业并非某些人发明的，也不是在任何人有意识的倡议下产生的。它是在一个世代的演进下，经过不断的尝试和错误而慢慢形成的。"这正好说明，新闻业有其内在的、必然的甚至是某种先验意义上的追求和目标，有其自身的发展变化规律和趋势。这种规律和趋势以一种客观的力量，不断调整和矫正着新闻活动者的活动观念和活动方式，要求从事新闻活动的主体必须按照新闻活动、新闻传播业的客观要求发挥主观能动性。我以为，那种符合新闻活动、新闻业规律性要求的活动观念是稳定的，这样的观念其实就是新闻精神的基础。新闻精神作为实践观念正是建立在对新闻活动规律正确反映的理论观念基础之上的。

新闻精神的稳定性，并不是对新闻精神的宿命性认知，只是说新闻精神的根基在于准确反映新闻活动的基本规律。而新闻活动规律本质上属于主体活动规律[①]，是合目的性的规律，尽管也是客观规律，但不是纯粹的

---

① 关于新闻活动规律的论述，有兴趣的读者可参阅下列文献：杨保军．新闻理论教程［M］．北京：中国人民大学出版社，2005：240-251；杨保军．新闻活动论［M］．北京：中国人民大学出版社，2006：393-418.

自然规律。

人类新闻活动、新闻传播业的良性运行，要求活动主体必须按照新闻规律办事，把"应该"性的目标建立在"是"的基础之上，把价值诉求建立在对事实的正确认识之上。规律是稳定的，因而价值诉求的总方向也应该是稳定的。新闻精神是新闻活动主体对新闻活动应该如何的最集中的表达和体现，新闻精神本身的合理性，是以承认新闻规律的客观性为前提的。因而，规律的稳定性决定了新闻精神的稳定性。

（三）观念要素的非单一性

任何一种存在于现实社会中的新闻精神观念系统，都并非由单一性质的观念要素构成的，而是由多种观念要素、意识形态要素"博弈"生成的。这些不同的观念要素、意识形态要素之间既有统一性，也有冲突性和矛盾性。因而，新闻精神在现实社会中的表现是复杂的，可能并不像理论上想象得那么纯正。

比如，在现实中，新闻传播观念往往是政治宣传观念、商业主义观念与新闻专业观念的混合体。对于职业新闻活动者来说，如何处理这三者之间的关系是一个大问题。当一些人把新闻传播业习惯性地称为新闻宣传事业时，当整个社会要求所有的新闻媒体都要把社会效益和经济效益有机统一时，当新闻管理部门以及新闻媒体自身要求新闻传播必须努力做到各方满意时，他们所追求的新闻精神观念系统内部其实就充满了矛盾。因为，他们所期望的各种各样的统一、所期待的方方面面的满意，在现实中，在实践中，并不像理论阐释那么容易。即使是在纯粹的逻辑范围内，要将这样一些追求目标巧妙地组合在一起，并论证出来，让人心悦诚服，也是对智慧的极大考验。新闻精神观念构成要素的复杂性，影响着人们对新闻精神的清晰理解。

当然，这种现象并不仅仅存在于我们所创造的、倡导的新闻精神观念中，也存在于其他的新闻精神观念系统中。比如，美国自由主义新闻精神观念所追求的新闻专业精神，同样受到各种新闻观念的挑战，专业精神也是在不断地建构与解构中向前演进的。自由主义新闻精神观念系统其实也不是在单一的古典自由主义观念支配下形成的，而是在历史的演变过程中不断吸纳现代自由主义观念以及其他观念因素逐步形成的。但需要我们注意的是，不同社会制度下的新闻业、新闻媒体、新闻活动者以至整个社会，会以不同方式处理新闻精神观念系统中不同要素的关系。这些都是研究者们能够看到的明显的事实。

（四）作为社会精神现象的几个特性

新闻活动是人类活动的一种形式，具体的新闻活动总是发生在一定的时空中，发生在一定的社会时空范围和社会环境中。从一般意义上讲，新闻活动依赖于社会提供的各种条件；从特殊意义上说，新闻活动依赖于每一具体社会形态提供的各种具体条件。同样，新闻精神也是众多社会精神现象中的一种具体形式，与具体的新闻活动样式相适应。因而，新闻精神必然具备社会精神普遍具有的特点，这些特点大致可以概括为三个方面。

第一，历史性。如上文所说，新闻精神是内在的、稳定的，是新闻活动规律的内在诉求，但新闻精神是在现实世界的运动过程中形成的，是在人类的新闻传播现象中形成的，是在现代新闻传播业的演进过程中逐步形成的，因而，作为一种社会精神，它必然表现出它的历史性，在不同的历史阶段显示出不同的具体面貌，可以说新闻精神是一种具有历史开放性的精神，正如有些学者所说的那样："考虑到新闻业飞速发展和社会价值观的不断变化，新闻职业道德准则（新闻职业道德准则实质上是新闻精神的规范性体现）则应该成为一种与时俱进、不断完善发展的体系，而不是一系列僵硬的教条。"①

但必须指出的是，随着人类新闻活动的演变和发展，新闻精神会不断回归到它应有的精神追求上。这并不是说新闻精神是天定的、先在的，而是说新闻活动如果有其自身的规定性，有其基本的目标追求，它就必然具有其内在的基本精神，这种精神在新闻活动的历史展开过程中，会不断显示出来、明了起来，通过传播活动的历史步伐塑造出来。新闻传播演变发展的历史，在一定意义上也是新闻精神成长的历史。

第二，社会性。新闻活动是社会现象，因而新闻精神是一种社会精神，这是显而易见的道理，没有必要做更多的阐释。需要认真说明的问题是：新闻精神社会性的内涵是什么？我是在如下的意义上理解新闻精神的社会性的。

首先，新闻精神有其自身的个性特点和核心内容，但并不是一种孤立的精神形态，并不是与其他社会精神没有关系的精神现象。不同社会精神之间具有融通性，不同优良精神之间在本性上是相通的。其次，作为一种精神，新闻精神与其他一些具体的精神形态、精神样式具有基本相同的实质性内容。最后，新闻精神的作用和影响，也像其他一些具体的精神一样，并不限于各自的活动范围和活动者，其实际作用和影响具有广泛性和社会性，即作为一种精神，其作用和影响可以波及社会生活的各个领域和各个方面。

第三，民族性。新闻活动是人类的活动，因而必然具有人类的共同特点，但新闻活动的存在又是具体的、民族的，发生、演变、发展于不同的地域环境、文化环境、历史环境、社会环境中。这些具体环境对新闻活动

---

① 陈力丹. 自由与责任：国际社会新闻自律研究 [M]. 开封：河南大学出版社，2006：5.

的濡染，使得新闻活动在不同的社会中表现出各种各样的具体样式，其精神追求同样也具有一些不同的色彩。或者说，在大致一样的新闻精神理念下，存在着众多不同的精神实质及具体表现。这是事实，我们不能无视这种客观现象而抽象地理解新闻精神，不然，我们也就不能理解具体新闻活动方式之间的差异。

新闻精神生成于具体的社会环境中，天然地与具体环境相适应。我们可以说，新闻精神如其他社会精神一样，总是拥有不同的文化根源，具有不同的民族文化特征。新闻文化有其自身的传统，通过新闻实践的历史、文本记录的方式传承下来，新闻文化有其当下的最新特点，这些东西集聚融合在一起，便构成了一定社会范围的新闻文化景象。新闻文化的这种时空特征，决定了新闻精神的民族性或国家性（当然也决定了新闻精神的历史性或时代性），诚如一批欧洲学者和新闻工作者在对东南欧几个国家调查后所写的报告中所说："不存在一种所有媒体适用的自律模式（新闻自律的本质就是用新闻精神来进行自我约束。——引者注）。各个国家应该根据记者所处的不同政治、文化和经济环境制定适合自己国情的自律版本。""不存在放之各国、各种类型媒介而皆准的自律规范，但是在不同国度、不同媒介之间存在相似的规律，这些规律是我们应该观察到和学习的。"[1]

新闻精神的差异与冲突，本质上是不同国家政治意识形态的差异与冲突，文化观念、文化传统之间的差异与冲突，其背后则是国家利益、民族利益的矛盾与冲突。在世界经济系统中占主导地位的西方发达国家，早已在全球范围内开始了"经济基础决定上层建筑"的宏大而长远的工程。这不禁使人想起马克思在170多年前就讲过的一段话："统治阶级的思想在

---

[1] 陈力丹. 自由与责任：国际社会新闻自律研究 [M]. 开封：河南大学出版社，2006：6，2.

每一时代都是占统治地位的思想。这就是说，一个阶级是社会上占统治地位的**物质**力量，同时也是社会上占统治地位的**精神**力量。支配着物质生产资料的阶级，同时也支配着精神生产资料，因此，那些没有精神生产资料的人的思想，一般地是隶属于这个阶级的。"[1] 如果我们大胆地将这段话中蕴含的观念和方法论推及当今世界，就会立即发现，在经济全球化浪潮中处于明显优势地位的西方国家，特别是美国，同样怀着强烈的欲望，要把它的意识形态、价值观念、精神产品推向全球，其中自然少不了冲锋陷阵的新闻观念。它要把西方世界所建构的媒体与政府之间的关系模式传播到整个世界。而这在许多新兴的民族国家看来是不可接受的。它们有自己的传统、自己的文化、自己的国情，它们要确立自己独特的新闻观念，建立适应它们自身需要的媒体与政府、与企业、与受众的关系。因此，人们看到的现实是：不同国家之间的新闻价值观、媒介功能观，从文字表述到精神实质都有很大的差别，甚至是根本对立的。

我想进一步说明的是，不同国家、民族有其进行新闻活动的不同文化传统与文化现实，拥有不同的文化框架，特别是新闻文化框架。因而，体现新闻活动灵魂的新闻精神具有一定的差异性是必然的，是可以理解的事情。国家性、民族性是新闻精神必然具有的客观属性。试图以殖民主义的方式、文化霸权（信息霸权或者新闻霸权）主义的方式去建构全球一元化的新闻精神观念，特别是价值层面的一元化观念几乎是不可能的。比较实际、有效并且合理的做法是学习古希腊哲学家柏拉图的理念说。人类拥有一个共同的新闻精神理念，不同民族、国家依据自己的实际，转化出各自特殊的新闻精神观念。转化过程中也许损坏了甚至破坏了普遍的理念，但这是人类做所有事情都必须付出的代价。人类是在试错的过程中进步的，

---

[1] 马克思，恩格斯. 马克思恩格斯文集：第1卷 [M]. 北京：人民出版社，2009：550.

是在曲折的路径上接近目标的。但在做事之前，他们往往认为既定的路径是最好的。人类的智慧限定了预知的限度。承认民族性、国家性，并不是说现存的都是合理的。应该有什么样的新闻精神，需要不同现实政治框架、经济框架和文化框架中的人们不断探索（比如，我在本书中所阐释的新闻精神，就是我作为一个中国学者、研究者对新闻精神的思考），而不能由外来力量根据自身利益强加。

（五）作为具体精神的专业性或职业性

尽管新闻精神是一种社会精神，但它主要是一种职业精神、专业精神，因而集中体现在新闻活动领域，集中体现在新闻活动者特别是职业新闻活动者的职业新闻行为之中，具有强烈的职业性和专业性。

作为职业性或者专业性的精神，新闻精神主要反映的是职业新闻活动主体的职业理想、职业价值追求以及实现职业理想的基本原则和方法。作为职业精神，它对职业活动者的要求是必须的，对非职业新闻活动者的要求只是道义上的。也就是说，拥有起码的新闻精神是一个人成为职业新闻活动者的必要主体条件、精神条件。一个人如果在观念层次上都不信仰新闻精神，不坚持新闻理想，很难想象他在新闻实践中会成为一个敢于和能够为公共利益奋斗、牺牲的人。新闻精神是一个人成为职业新闻活动者的精神支柱。这是新闻精神职业性、专业性最重要的意义所在。

新闻精神的职业性，意味着它的来源主要是职业性或者准职业性的新闻实践，它的塑造和成长主要依赖于新闻业自身的发达和职业新闻活动者自身的良好表现，而它对社会的意义和价值同样主要依赖于新闻业和新闻活动者自己的追求。

作为一种职业精神，它要求新闻界、新闻活动者要首先承担起改造自身精神面貌的责任，不要动不动就把新闻职业道德衰落和败坏的责任推卸到社会环境的负面影响上,推卸到政治体制的限制和约束上,推卸到社会道德的整体滑坡上。那种总是从外在环境寻找新闻精神失落原因的态度,对新闻精神作为职业精神的塑造和改善不会有什么好处。

作为职业精神的新闻精神,是一种开放的精神,不是封闭的精神,它既可以从各种社会优良精神中吸取精华,滋养自身的成长,也可以将自身的优良精神播撒向社会、发扬光大,推动社会的道德进步。

四、两种关系中的新闻精神

在有关新闻精神的研究中,人们论述得更多的问题是新闻职业精神、新闻专业精神和新闻职业道德等,我却提出了一个与这些概念具有一定差异的"新闻精神"。为了进一步理解新闻精神的内涵,很有必要对它们之间的联系与区别加以简要的解释。

(一)新闻精神与新闻职业(专业)精神

新闻精神最集中地体现在新闻职业活动、新闻专业活动中,因此,新闻精神的核心与精髓一定是专业精神,这种精神就是为公众服务的精神,这是所有专业的共同精神实质。我们不能因为现实社会没有完美实现专业精神,就否认专业精神的合理性。现实社会中,人与人的客观差别、主观不同,使得人们不可能平等地享受专业服务,但作为一种专业,应该始终坚守为社会公众服务的宗旨和精神。

新闻精神论讨论的仍然主要是新闻职业精神、新闻专业精神,但新闻精神与新闻职业(专业)精神毕竟不是一回事。新闻精神论扩展了(也许是泛化了)讨论的范围,主要表现在它扩展了新闻精神主体和客体的范围,即它不再限于仅仅讨论职业新闻活动者的职业精神或者专业精神,它把新闻活动中所有主体都包容进来，在伦理和道德意义上讨论了非职业新闻活动者在参与和介入新闻活动时应该具有的精神。[①]

从职业角度出发，新闻精神是一种职业精神、专业精神，其实就是一套观念系统，是关于新闻业应该追求什么、应该怎样追求的观念系统，因而既是价值观念，又是方法论的原则，最终主要通过新闻活动者的新闻行为去实现。

"职业"与"专业"在我们的语境中，实质上说的是一回事，只是视角有所不同罢了。职业是从职业社会学角度对一种工作的认定，更多的是一种社会分工意义上的概念，实质指的是个人在社会中所从事的作为主要生活来源的工作。专业则是从专业社会学角度出发对社会分工的一种认定。[②] 因而，从社会学角度看，职业和专业的本质是一致的，但专业是从职业工作内容、特征出发，对职业的更加具体的说明，即一定的社会职业总是要求从业者必须具备一定的专业素质（诸如专业知识、专业技能、专业化的工作态度等）。就新闻职业来说，其内容就是以采写编评制播等为主的业务工作，这些工作要求相应的知识、技能和工作态度与原

[①] 需要说明的是，这背后当然反映了我的价值底牌，反映了我的一个基本观念：任何或者所有参与和介入新闻传播活动的主体，面向社会公众进行新闻传播活动的个体和群体（组织），在道德上都应该具备新闻精神，即具备对公众负责的精神。

[②] 关于"专业"概念，主要有两种解释。一种是教育学的解释，认为专业就是指高等教育培养学生的各个专门领域（教育大辞典编纂委员会.教育大辞典：第3卷 [M]. 上海：上海教育出版社，1991：26)，或是高等学校的一个系里或中等专业学校里根据科学分工或生产部门的分工把学业分成的门类（中国社会科学院语言研究所词典编辑室.现代汉语词典：第7版 [M]. 北京：商务印书馆，2016：1719)，又或者专业是指高等学校根据社会分工需要和学科体系的内在逻辑而划分的学科门类（教育部人事司.高等教育学：修订版 [M]. 北京：高等教育出版社，1999：202)，或者所谓专业，就是指高等学校中"课程的一种组织形式"（潘懋元，王伟廉.高等教育学 [M]. 福州：福建教育出版社，1995：128)。这些定义之间既有共同的东西，又有不同的内容，不同学者之间还存在着各种争论，但它们都属于高等教育学需要讨论的问题，我在此就不多言了。另一种是专业社会学的解释，所谓专业，也称为专业性职业（professional occupation)，专业性职业具有一个共性，即每一个专业都有一个科学的知识体系。我这里所谓的专业，主要指的就是专业性职业，但作为专业性职业，它不只是有一个科学的知识体系，还有别的要求。

则。因而，人们一般对职业与专业不加区分，对新闻职业精神和新闻专业精神也在同等意义上使用。①

当人们把所从事的活动、工作、职业视为专业（profession）时，这就意味着他对其从事的活动、工作、职业有一种特殊的态度。② 这种态度就是专业态度，内含着一种特殊的精神，这就是专业精神。专业精神的根本内涵是：为一种职业承担职责，承担"天职"，即承担一种职业按其本性应该承担的义务。③ 职业是人们最主要的具有本体意义的生存方式，也是人们担当社会角色、社会责任最主要的途径之一。人们通过职业担当工作，履行自己作为社会成员的职责。而完美履行职责，自然需要认真对待职责的态度和精神，需要遵循一定的规范、运用一定的知识和技能。这就是说，职责的履行，既需要恪守职业精神诉求的规范，又需要有相应的能力。这二者合在一起，大致就是我们所说的职业（专业）精神。

新闻职业精神或者专业精神是以新闻职业诞生为前提的。新闻职业最初的存在形式就是在报刊机构中工作的记者、编辑人员。美国学者认为，新闻报道成为一种职业是19世纪后期的事情。④ 新闻职业诞生后，与其相

---

① 陈力丹. 解析中国新闻传播学 [M]. 上海：上海交通大学出版社，2006：136.
② 专业指的是一个人对待其职业的特殊态度，不论这个职业是什么样的职业。（韦伯. 新教伦理与资本主义精神 [M]. 于晓，陈维纲，等译. 西安：陕西师范大学出版社，2006：122.）
③ 这段话是在马克斯·韦伯有关论述的启发下写作的。韦伯说，一个人对天职负有责任，乃是资产阶级文化的社会伦理中最具代表性的东西，而且在某种意义上说，它是资产阶级文化的根基。它是对一种职业活动内容的义务，是每个人都应该感受到而且确实感受到了的义务。（韦伯. 新教伦理与资本主义精神 [M]. 于晓，陈维纲，等译. 西安：陕西师范大学出版社，2006：16.）
④ 新闻报道成为一种职业，也是以人们在整体上具备新闻意识为基本前提的。有学者说："关于传播信息中的一类——新闻，能够从一般信息传播中分离出来，仅是最近几百年的事情。"（陈力丹. 世界新闻传播史 [M]. 上海：上海交通大学出版社，2002：1.）而明确的、普遍的新闻意识，是与西方近代报纸相伴而生的，直到19世纪三四十年代大众化、商业化的报纸真正勃兴起来，人们才将新闻信息与意见信息、广告信息等自觉地加以区分，与其他信息相分离的新闻传播观念才得以逐步形成和确立，人们对什么应该是新闻、什么不应该是新闻才有了比较稳定的标准。（杨保军. 新闻理论教程 [M]. 北京：中国人民大学出版社，2005：90.）美国学者迈克尔·舒德森（Michael Schudson）说："新闻大致是19世纪30年代的产物，记者是19世纪80年代到19世纪90年代的社会创造。"新闻报道由此成为一种职业。

应的职业要求也就开始出现。在美国，后来成为整个新闻业用来指导和要求新闻传播的一些基本准则，如诚实、公正、准确和真实，把事实和评论分开，早在19世纪80年代出版的教科书中就已经明确提出了。这些要求，"作为一种职业理想，在各报纸中以不同的方式加以强调和灌输"。因而，可以大致地说，新闻职业精神或者专业精神诞生在19世纪的最后几十年。而随着新闻业（早期主要是报业）独立性的不断增强，新闻工作的职业化程度越来越高，专业水平也越来越高，新闻职业精神或者专业精神也就越加成形。

新闻专业精神是以对专业精神的理解为逻辑前提的。美国学者威伦斯凯（Harold L. Wilensky）认为，一个职业转变成一个专业，需要经过五个阶段：第一，开始努力成为专职或全日制的职业；第二，建立起训练学校；第三，形成专业协会；第四，赢得法律支持以能自主掌管自己的工作；第五，专业协会公布正式的道德准则。格林伍德（Greenwood）则认为一个职业成为一个专业应该具备五个特点：拥有自己的理论体系，具有权威性，得到社会的认可，有专门的伦理守则，具备专业文化。①我国一位研究者在转述美国印第安纳大学一位学者的观点时，将专业精神（其实是成为专业人员的各种条件）概括为这样几条：（1）每一专业皆要求其所属会员在从事专业活动时，必须运用较高级的心理，应用分析、比较、综合、评价、想象与创造等；（2）专业者须接受相当长时期的专业教育；（3）专业者应订立会员入会资格，促进会员的知识不断更新，与时俱进；（4）专业者应结成组织，并以高度自治方式提高事业水平，改进服务，促进自律；（5）专业者以服务社会为重，谋利营生为次；（6）专业者应有道德规范，以约束其成员之行为和操守；（7）专业者应视专业为终生

---

① 多戈夫，洛温伯格，哈林顿. 社会工作伦理：实务工作指南 [M]. 隋玉杰，译. 北京：中国人民大学出版社，2005：1.

事业。①

依据以上提供的标准，新闻职业在今天成为专业工作是不成问题的，新闻活动者成为专业工作者也没有什么问题。专业理念包含的内核就是专业精神，二者是完全一致的，如果换个说法，我们可以把专业精神概括成这样几条：第一，相对独立自主的精神；第二，追求合理、适度新闻自由的精神；第三，通过新闻为主的手段，为公众服务，为社会服务；第四，按照职业道德从事新闻活动的精神。清华大学的刘建明教授指出，新闻专业精神从本质上至少包含三方面的理念："一是，新闻传媒的使命和社会责任高于一切；二是，新闻记者的正义理性是报道行为的宗旨；三是，他律与自律是记者自我节制的动力"，新闻传播者"以专业知识为力量，以全心全意服务大众为目标，以献身真理为崇高理想"。②

新闻专业理念从产生到现在，其间既有建构也有消解，在西方社会已经历了一个多世纪，但"它深深地扎根于文化中（整个西方文化。——引者注），尽管它也不再对自己的身份继续充满自信"。就目前来看，这种深扎在文化之中的专业情结，"仍然是新闻媒介组织的基本氛围"。对于中国新闻界来说，专业理念不敢说是个新鲜观念，但至少可以说是最近这些年来才被关注的问题。③ 至于专业理念的新闻实践，那种在当代中国文化环境中的新闻专业精神实践，我想还是一个很困难的问题。中国新闻界基本上还处于新闻专业理念的边缘或者启蒙阶段。如何在中国环境中建构新闻专业理念，实践新闻专业的理想，还是处于初步探索的问题。那些认为自己已经较好地实践了新闻专业精神的人，大概对新闻专业精神还没有多少

---

① 李建新. 中国新闻教育史论 [M]. 北京：新华出版社，2003：387-388.
② 刘建明. 新闻学前沿：新闻学关注的11个焦点 [M]. 北京：清华大学出版社，2005：224.
③ 新闻专业理念之所以在最近这些年才成为中国新闻界关注的热点问题，主要根源在于新闻传播业的产业化，其大背景则是中国经济的市场化道路以及政治民主化的不断进步。关于新闻专业理念在中国的历史与表现，我将在第六章"新闻精神的实现"中再做一些说明。

真正的理解。①

（二）新闻精神与新闻（职业）道德（规范）

新闻道德是新闻学与道德哲学（即伦理学）嫁接而成的一个概念。新闻道德是普遍社会道德体系中的一种，是新闻职业道德的简称，因而它属于职业道德的范畴。职业道德与职业特点密切相关，"是道德的一般原则通过职业特点的具体体现"②，"职业道德除社会道德中共通的要求之外，还包括基于职业专门逻辑的特殊道德要求，因而区别于大众的生活逻辑，具有鲜明的职业特点，有着许多大众道德不能涵盖的内容"③。因此，新闻道德反映的就是在新闻传播活动中体现出来的各种道德原则、观念、规范等的总和。复旦大学的黄瑚教授说："所谓新闻职业道德，是从事新闻信息传播活动的人们，在长期的职业实践中形成的调整相互关系的行为规范的总和。"④

简单点说，新闻道德规范就是新闻活动者在从事新闻活动时应该遵守的一套道德规范。在谈到新闻道德规范时，必然会论及新闻伦理。因而，有必要对新闻伦理与新闻道德规范的关系加以简要的说明。在我眼里，新

---

① 在中国语境中研究新闻职业精神，最好称其为新闻精神，而非新闻专业精神。停留在概念范围内的研究有时是很可笑的事情。
② 蓝鸿文.新闻伦理学简明教程[M].北京：中国人民大学出版社，2001：4.
③ 黄瑚.新闻法规与职业道德教程[M].上海：复旦大学出版社，2003：217. 关于一般社会道德与职业道德的关系，我想在此谈一点原则性的看法：在一般社会道德与职业道德之间，社会道德占有优先的地位，也就是说，职业道德不能与社会道德冲突。任何一种专业目的不仅是专业的，也是社会的，并且最终是为了社会的，为了人们的美好生活，为了人们的快乐幸福，"没有哪个专业能够让自己订立的伦理守则大大践踏社会一般的伦理标准"（多戈夫，洛温伯格，哈林顿.社会工作伦理：实务工作指南[M].隋玉杰，译.北京：中国人民大学出版社，2005：22）。专业或者职业道德水平只能比一般社会道德要求更高，而不是更低。职业名义下的丑恶行径是不可饶恕的罪恶。职业没有赋予一个人可以背离社会道德的权利。为了公共利益，为了启示别人，为了警告社会，这些都不能成为蔑视社会道德的借口。道德困境中的抉择是可以理解的，但必须有能够让人们理解的理由和根据，而不是行为者自己的解释或者辩解。
④ 黄瑚.新闻法规与职业道德教程[M].上海：复旦大学出版社，2003：220.

闻职业道德规范是一套规定新闻行为界限的准则，新闻伦理（关系）是道德规范所针对的对象，它表现在新闻行为关涉的各种关系之中。新闻伦理学或者新闻道德哲学则是以道德规范和伦理关系作为研究对象的，其核心目的或者任务是探究哪些新闻行为中的关系属于新闻伦理关系，探究新闻道德（伦理）规范正当性、合理性的根据和理由。诚如何怀宏先生所说："伦理学就是人们对于行为规范或者说正当性的反省。"[①] 伦理学的核心在于说明行为上的正确与错误，阐释其根据和理由。"伦理学的工作不是要伦理学家模拟政治家、牧师或教师去宣布一套规范或者为这种规范做出理论上的'辩解'。建立实际可行的伦理规范完全是一件因时因地而进行的境遇性技术处理，是非常具体的社会政治活动，所以不属于伦理学。伦理学的任务是解决伦理规范的基础和根据问题，也就是判定规范的合法性的问题，它关心的是对于任何一种可行的伦理规范普遍有效的价值原则。"[②] 这些关于一般伦理学的见解对于新闻伦理学或者新闻道德哲学也是完全适用的。

　　新闻道德贯穿在所有的新闻行为之中，任何新闻活动者（包括非职业的新闻活动者）时时刻刻都面对新闻伦理、新闻道德问题。在特殊情况下，职业新闻人可能不运用某条道德规范，但这并不等于不运用道德规范，因为这时可能在运用其他道德规范。[③] 这就是说，约束同一新闻行为的职业道德准则或者规范不是一两条，可能是好多条，它们之间是相容的、不矛盾的，但有着不同的层级和侧重。这时到底应该首先遵守哪条规范，或者说哪条规范具有优先性和相对重要的决定作用，这是需要具体问

---

① 何怀宏. 底线伦理 [M]. 沈阳：辽宁人民出版社，1998：14.
② 赵汀阳. 论可能生活：修订版 [M]. 北京：中国人民大学出版社，2004：91.
③ 美国学者迪格斯（B. J. Diggs）对此有很好的论断，他指出，在特殊情况下不运用某个原则与认为每个情形下都没有什么原则是有重要区别的。（多戈夫，洛温伯格，哈林顿. 社会工作伦理：实务工作指南 [M]. 隋玉杰，译. 北京：中国人民大学出版社，2005：40.）

题具体分析的。麦基弗（Robert Morrison MacIver）说得很到位："伦理不能归纳成一系列不能违背的规定或指令，能放之四海而皆准，而不去考虑具体情况、不计后果、不理解要达到的终极目标。"① 凡是涉及伦理问题、道德问题时，对于一个讲道德、拥有德性的人来说，遵守道德规范是绝对的、必然的，但如何遵守道德规范则是相对的、灵活的。我们必须明白，正是由于遵守道德规范的方式的相对性和灵活性，道德行为主体自己认为道德的行为，在众人眼中却可能成为不道德的②，这也是造成道德选择问题、道德困境的重要原因。

在新闻实践中，处理职业道德问题的难度不在于是否应该遵守某条道德规范，而在于如何处理好不同道德规范之间的顺序或者关系（这需要专门的新闻道德哲学进行讨论），如何把握遵循道德规范的技术或技艺。在实践中，有些道德困境是难以"逃脱"的。只要采取一种行为，就必然会放弃另一种或者其他所有可能的行为。这种情形下的选择，是不得已的选择，是必然损害某种价值（物）的选择。因而，此种情境下的关键问题是如何选择，即选择的技术、策略问题。良好的选择技术、策略是我们在制定了新闻职业伦理原则、道德规范之后，真正应该系统、深入、细致研究的问题（只是逻辑上的先后），它对新闻活动主体处理新闻职业道德困境问题有着直接的指导作用，这也是我所说的"手册式"研究（参见前言）的主要目标。

作为理论研究者我们应该明白，新闻活动者在新闻实践中特别是在新

---

① 多戈夫，洛温伯格，哈林顿. 社会工作伦理：实务工作指南[M]. 隋玉杰，译. 北京：中国人民大学出版社，2005：38.
② 比如，一些记者认为自己的采访行为是道德的，但社会公众却认为是不道德的。人们都在讲道德，为什么却出现了不同的结论？这里的问题已经不是讲不讲道德的问题，而是如何讲道德的问题——哪种道德更重要，或者说哪种行为方式更道德。一旦有了更道德的选择，其他选择就变成了不道德的选择。

闻行为处于某种伦理道德困境时，一般不会用伦理学或者道德哲学原理、新闻伦理道德知识去直接解决问题。他们直接使用的是比较明确具体的可以操作的职业道德规范，更多的时候则是自己作为一个人的道德直觉。因而，只有当我们的理论研究最终能够落实到规范层面时，才能更好地发挥实践作用。① 但同时还要说明的是，道德行为选择有时确实是很困难的，人们不可能为每一种可能的困境列出菜单式的解决办法。即使是具体的职业道德规范、行为规则，也总是具有一定的概括性。因此，在把握了基本的规范之后，在把握了不同规范的先后顺序之后，实践中还在很大程度上依赖于记者、编辑的道德认知和道德实践经验。理论永远不可能解决所有实践问题，但我们不能因此而说理论是没有意义的。

就新闻职业道德规范、准则本身来说，制定科学合理的道德规范、行为准则，以及实施这些规范、准则的方法和机制，有时比教育人们遵守规范更重要。社会学家们经过实验证明，恶行不一定出自恶人、不道德的人，某种强有力的社会运行机制可能使有道德的人、善良的人在道德的名义下做出丑事和恶行。有些记者可能正是在"忠于人民利益"的名义下，并且是在其自身确实认为自己"忠于人民利益"的情形下，实施了背离人民利益的职业新闻行为。人们看到，在很多国家，不管是在新闻史上，还是在当下的现实中，一旦新闻写作中的撒谎行为被某种社会机制认为是有利于人民利益的，有利于社会建设的，就会有一些反思能力不足、缺乏质疑精神的记者，就会有一些专业意识不够强大的记者，自觉地而不是被迫地去撒谎，并且还会有扬扬自得的"立功"感觉，把自己的撒谎行为认作具有崇高职业道德的行为，认作"美丽的谎言"。因此，合理的职业道德

---

① 我打算在这部《新闻精神论》之后，对新闻职业道德问题进行一次手册式的研究，构成《新闻精神论》的姊妹篇。事实上，这一打算已经列入我主持的高等学校全国优秀博士学位论文作者专项资金资助项目"理论新闻学系列专论研究"的研究计划。

规范及其实施机制，是新闻道德在宏观层面上必须解决的重大问题。怎样的职业道德规范才是科学的、合理的，怎样的实施机制才是科学的、合理的、有良效的，仍是急需深入研究的问题，也正是新闻伦理学、新闻道德哲学关注的核心。①

如前所说，新闻精神主要是价值观系统，而新闻职业道德是规范或者准则系统。新闻职业道德是新闻精神的具体体现，因而，它们在本质上是一致的。新闻精神是一种道德理念的表达，新闻道德规范则是把理念具体化为一系列的具体规范。新闻精神，对于新闻活动者，特别是职业新闻活动者来说，是伦理性的要求，这使我想起了马克斯·韦伯对资本主义精神的论述，他把富兰克林当年写给年轻商人的忠告②看作具有"伦理色彩的劝世格言"，而这些格言就是资本主义精神具有伦理色彩的体现，就是反映资本主义精神的一种典型道德规范。新闻精神更抽象一些，新闻道德规范则是具体的准则。诚如当代社会学界首屈一指的人物安东尼·吉登斯（Anthony Giddens）所言："价值观是抽象思想，而准则是人们必须遵守的原则或惯例。"③ 因而，对于新闻活动者的新闻行为而言，新闻精神更多的是观念的指导作用，新闻道德规范更多的则是直接的约束作用。

---

① 顺便说一句，在我看来，新闻伦理学或者新闻道德哲学的关键乃是进行哲学性的反思和批判，为合理、合法的新闻道德或者伦理规范寻求可靠的根据和理由，从而为制定良好的规范、修正那些不良的相关规范提供理论依据。
② 韦伯. 新教伦理与资本主义精神［M］. 于晓，陈维纲，等译. 西安：陕西师范大学出版社，2006：12-14.
③ 陆扬，王毅. 文化研究导论［M］. 上海：复旦大学出版社，2006：57.

第二章　新闻精神的构成（上）
——求实为本的科学精神

真实性不应当依它该为谁服务而变化。

——列宁

我必须面对着无情而不以人意为转移的事实铸成每一个句子。

——威廉·詹姆斯

"以事物为准"而不是以观点为准。观点是廉价的，谁都有观点，而事实不为观点所动。无立场既剥夺自己的立场也剥夺别人的立场，而以事物为准。

——赵汀阳

新闻精神的具体构成无疑是新闻精神论的核心。我们关于新闻精神构成的分析，是从"事实"和"应该"两个层面进行的，即这些精神既是历史与现实新闻活动中已经形成或者表现出来的精神，也是按照新闻传播规律内在诉求应该具备和追求的精神。合规律的精神追求，才是合法的精神追求、正当的精神追求。由于"新闻精神的构成"内容多而重要,所以我将把它们分成三章,进行比较深入、细致的讨论。本章先来论述作为科学精神的新闻精神,它是新闻活动作为认识活动的基本精神。

一、崇尚理性,求实为本

新闻活动是人类认识事实世界的一种基本方式,它的直接目的在于反映和报道事实世界中有意义的最新变动情况,或者说,"新闻活动的目的就是向人们提供所需要的公开而准确的信息"[1]。在必要时,还要以新闻评论的方式说明事实世界一些最新变动的缘由和意义,表达职业新闻活动者和社会公众对有关事实、事件的真实看法。为了把一般事实世界中的新闻事实公之于众,求真、求实便是最基本的要求,也是最根本的要求。求真、求实的要求,正是科学精神的根本。因此,新闻精神首先是一种科学精神。[2]

(一) 求实为本的核心原则——真实原则

新闻传播活动是监测环境、守望社会的活动,它的天职首先是真实、客观、全面地反映事实世界的最新变动状况。这种天职是在人类新闻活动中历史地形成的,并不是任何个人主观设定的。新闻报道从事实出发反映

---

[1] 这是美国新闻学者科瓦奇(Bill Kovach)和罗森斯蒂尔(Tom Rosenstiel)在他们所著的《新闻的要素》(The Elements of Journalism)中表达的基本看法。(罗以澄,秦志希.新闻与传播评论:2005年卷[M].武汉:武汉出版社,2006:2.)

[2] 在求真、求实上,新闻精神与科学精神是一致的,但在求真、求实的方法和目标上二者是有很大差别的。我们强调的是求真、求实过程中的精神和态度,而不是作为结果的相似性,因为它们在结果上不是一回事。新闻的求真、求实在于揭示具体新闻事实、事件的真实面目,科学的目的是认清对象的本质,揭示同类或者类似对象的共同特征和运行规律。新闻的基本思维原则是个别就是个别,科学的基本思维原则是通过个别来揭示一般。

事实、说明事实,结论仍然是事实(真实的判断)。因而,贯穿在新闻传播活动中的最基本的精神首先是科学的求真精神、求实精神。这种精神在新闻传播中体现为一条根本的原则——真实原则。[①] 因而,对新闻真实本身的认知,乃是把握作为科学精神之新闻精神的前提或者说基础。

1. 真实原则的基本诉求——事实性真实

新闻真实最基本的诉求是事实性真实。新闻本质上是一种事实信息,新闻传播者的本职是传播事实信息。在传播状态中,新闻(报道)是对新闻事实的反映,是对新闻事实信息的传播,是对新闻事态变化的符号再现。新闻把客观事实作为本源,把对事实本身面目的呈现作为第一目标,把与事实对象的完全符合作为自己的理想追求。因此,事实性真实是新闻真实最基本的、首要的特性。可以说,新闻的事实性本身就是新闻真实性的另一种说法[②],二者没有根本的区别。

(1) 事实性真实的含义。

正像"事实"是与"非事实"对应存在的一样,事实性也是与非事实性相对应的一个概念。新闻都是对事实的反映,而不是对非事实的反映。这里我引用我国学者王海明的界定,来简要说明事实与非事实的含义。

---

① 美国新闻学者科瓦奇和罗森斯蒂尔在他们所著的"对新闻专业学生和新闻工作者都影响至深"的《新闻的要素》中,列出了九条关于新闻传播的原则和要求。其中第一条写道:"尊重事实是新闻报道的首要原则。"其他八条是:坚持对公众负责;核实事实;报道者独立于被报道事物之外;独立地监督权力;营造公共批评和讨论的领域;努力提供重要、有趣和贴近大众的新闻;保持新闻报道的广泛性和均衡性;新闻工作者要具备正义感和道德感。(罗以澄,秦志希. 新闻与传播评论: 2005年卷 [M]. 武汉: 武汉出版社, 2006: 2-3.)

② "事实"这个术语,在中文中有两种最基本的含义:一是指事情真相;二是指事情的确实存在。在欧美文化中,"事实"一词的主要意思是在现实中"被做过"或"被完成"了的事情或事件。可见,事实性与真实性是一致的,真实性的本质就是事实性。(舒炜光. 科学认识论 [M]. 长春: 吉林人民出版社, 1990: 18.)但这里需要说明的是,事实与真相并不完全等同。在新闻学视野中,事实相对的是虚构,真相相对的是假象。假象也是事实,因为它确实存在,但假象之所以是假象,就是因为它不是真相,即它没有反映事物、事实的本来面目。真相也是事实,而真相之所以被叫作真相,就是因为它反映了事物、事实的本来面目,真相和本质是一致的。关于新闻学视野中的真相真实与假象真实,可参阅下列文献:杨保军. 新闻真实论 [M]. 北京: 中国人民大学出版社, 2006: 43-97.

"所谓事实，不言而喻，就是在思想意识之外实际存在的事物，是不依赖思想意识而存在的事物；非事实则是仅仅存在于思想、意识之中而在思想、意识之外并不存在的事物，是实际上不存在而只存在于思想中的事物。"①

所谓新闻真实是事实性的真实，就是说新闻（报道）从原则上或内在要求上排除所有非事实性的表达，一切非事实性的信息在本质上都不是新闻信息，不应看作新闻的有机组成部分。② 由于新闻是对真实存在的事实的报道，这就从本体上决定了事实性真实是新闻真实最重要、最突出的特性。事实性真实主要表现在以下几个方面：

第一，事实性真实首先是说新闻报道的对象是实际存在的（事实性也就是实存性或者实在性）。事实性真实拒绝一切虚构性信息。关于一定事实的虚构信息，是想象的产物。由想象建构的想象物，是一种影像，并不是实际的存在物，并不构成事实的实际组成部分，因而不能作为事态信息进行报道。至于纯粹想象、虚构的东西，更不应该成为新闻报道的对象。在中国新闻传播史中曾经出现的、现在仍然不时出来在新闻媒介上表演一番的"合理想象"③，对于新闻真实的事实性来说，也是一个怪胎，没有存

---

① 王海明. 伦理学原理 [M]. 北京：北京大学出版社，2001：34. 另外，我以为王海明先生对事实的分类很有启发意义，他将"事物"分为"事实"和"非事实"，将"事实"分为"主体事实"和"客体事实"，又将"客体事实"分为"价值事实"（即价值）和"非价值事实"（即狭义的事实或"是"）。有兴趣的读者可参阅《伦理学原理》第 34～36 页。

② 新闻本质上是一种事实信息，但在新闻实践中形成的新闻报道或者说新闻文本并非仅仅包含事实信息。一般来说，新闻文本事实上包含三种信息：事实信息、传播者的情感信息和意见信息。关于新闻文本的信息构成，以及如何看待不同信息及它们之间的关系，可参阅下列文献：杨保军. 新闻理论教程 [M]. 北京：中国人民大学出版社，2005：221-223.

③ 按照甘惜分先生的说法，"合理想象"论主张"事件和人物的细节不可能都一一采访周到，记者写稿时可以根据自己的生活经验对细节作合理的想象，写进稿件中去"（甘惜分. 新闻理论基础 [M]. 北京：中国人民大学出版社，1982：119）。合理想象的另外一种典型表现是，作者根据自己的生活经验，根据新闻人物当时所处的环境，推断、猜测新闻人物的心理活动，并把推断、猜测的结果作为实际发生的事实写入新闻作品中。但实际上，"我们永远不能直接地、实际地感知别人心里在想什么"（刘永富. 胡塞尔现象学·海德格尔本是学引论：从所知学的角度重新解读胡塞尔和海德格尔 [M]. 西安：西北大学出版社，2000：141）。

在的合理根据。马克思、恩格斯所说的"根据事实来描写事实"而不是"根据**希望**来描写事实"、要"完全立足于事实"来报道事实的新闻原则①，强调的正是新闻的事实性真实，新闻必须完全立足事实、引用事实，并以事实为根据进行判断，得出的结论仍然是明显的事实（即具有真理性的判断）。②

第二，事实性真实避免在新闻报道中进行价值评价。新闻真实的事实性，要求传播者尽力避免根据自己的价值标准在新闻中有意地、自觉地评价有关新闻事实，特别要避免表达作者的价值意愿和情感。事实真实与价值好坏也许有着内在的关联，但对新闻报道来说，传播主体重在揭示事实之真实面目，不在于评价事实之好坏。我们虽然不否认价值评价的客观性，但价值评价确实具有强烈的主观性。新闻如果变成传播者主观意愿的表达，也就失去了新闻的意义。那种通过所谓"高超"的技巧，有意在新闻中渗透传播者的情感和倾向的行为，是不符合新闻真实性的内在精神的。"在新闻中增加倾向性的高超技巧通常被称为'毒药'"③，因为它干扰了人们对事实信息的正常理解。然而，一些人至今仍然把"用事实说话"、表达"无形意见"看成是新闻写作的规律，实在是没有理解新闻真实的基本要求④，也没有理解新闻传播的内在规律。

第三，事实性真实排除在新闻报道中进行意见渗透。新闻不仅要避免传播者对事实的价值评价，也要排除传播者对事实的"灼见"。⑤新闻记述

---

① 马克思，恩格斯.马克思恩格斯全集：第1卷[M].北京：人民出版社，1956：191；马克思，恩格斯.马克思恩格斯全集：第42卷[M].北京：人民出版社，1979：413.
② 马克思，恩格斯.马克思恩格斯全集：第42卷[M].北京：人民出版社，1979：413.
③ 弗林特.报纸的良知：新闻事业的原则和问题案例讲义[M].萧严，译.北京：中国人民大学出版社，2005：52.
④ 大量的新闻理论著作、新闻业务著作，都在极力向人们传授如何在新闻中巧妙地表达倾向，如何通过新闻标题来表达情感、发表意见。我以为这是严重的误导。将新闻与倾向、意见严格区分开来，是产生好新闻的基本保证。
⑤ 新闻需要传播者对新闻事实的客观"真知"，但却排除传播者对新闻事实的主观"灼见"。一些记者喜欢在新闻报道中或明或暗地表达高见，这对受众准确理解事实真相并不是一件好事。

的是传播者耳闻目睹的事实是什么,而不是传播者认为、以为、推理、猜测的事实是什么。新闻如果超越自己的本分,就有可能弄巧成拙、误导社会。新闻收受者对新闻报道最感兴趣的、最注重的是事实真实和描写准确。传播者的首要职责是以新闻的方式对待新闻,竭尽全力认清事实的真相,然后清晰、准确地陈述或再现。能以朴素的风格将新闻事实的本来面目原原本本、实实在在地呈现出来,就是漂亮的、高超的新闻写作。新闻对收受者的引导功能,最好通过事态信息自身的内涵去实现,而不是通过传播主体在新闻中的自作聪明、自作多情来实现。"对于读者来说,事实本身是最重要的,事实的原貌是最重要的。记者的主观感受和舞文弄墨都不是他们在索取信息时需要的东西。"[1] 传播主体的意见与智慧,作为"信息人"的深刻洞见和前瞻观点,最好放在专门的意见阵地(比如新闻评论)中去表达,避免在新闻中画蛇添足。传播主体在新闻中发表"灼见",极有可能干扰人们对事态信息本身的准确认知和理解,从而损害新闻的真实性或事实性。有学者指出:"今天的美国主流新闻界认为,新闻是属于公众的公共财富,新闻栏只提供事实,不掺杂媒介的私家观点;报社和公众意见则可通过社论版和社论对页加以表达。""在新闻报道领域,主导原则是号称'发展于美国,奉献于世界'的客观性。"[2] 并且,近些年来,美国新闻界的新闻报道很大程度上回归追求准确客观的传统。事实上,美国新闻自由委员会在《一个自由而负责的新闻界》中早就写道:"与报道的准确性同样重要的是,要分清事实就是事实,观点就是观点,并尽可能将两者剥离。从记者的文件夹到复写台、排版台或社论部,最后到印刷好的成品,这一点要一以贯之。"[3]

---

[1] 高钢. 新闻写作精要 [M]. 北京:首都经济贸易大学出版社,2005:100.
[2] 弗林特. 报纸的良知:新闻事业的原则和问题案例讲义 [M]. 萧严,译. 北京:中国人民大学出版社,2005:译序.
[3] 美国新闻自由委员会. 一个自由而负责的新闻界 [M]. 展江,王征,王涛,译. 北京:中国人民大学出版社,2004:12.

如果新闻媒体将事实信息与对事实的意见或者其他什么信息搅和在一起，那就是新闻媒体或者传播者非专业化的不当表现。

第四，事实性真实不赞赏作者在新闻作品中有意的审美表现。事实本身的美的属性乃是事实属性的一部分，可以通过对事实本身的记述、再现来反映。如果传播者情不自禁地在新闻作品中表达自己对新闻事件、新闻人物或其他新闻现象的审美感受，也许合乎人之常情，但并不合乎新闻传播的内在要求。新闻语言（符号）的对象是新闻事实，目标指向是收受新闻的人，而非传播者的自我情态、意态表达。新闻中对事实的记述和再现是记述、再现给收受者的，这一基本要求是不能含混的。不然，就有可能把新闻真实的事实性要求转化成其他要求，从而失去新闻传播"让事实说话"的基本目的。①

（2）事实性真实的特点。

首先，事实性真实的首要特点是具体性，即新闻真实是具体的真实，不是抽象的真实。凡是新闻事实都是具体的事实，都是发生、存在于一定时空中的事实，是人们通过不同方式可以感觉、知觉、表象、想象或直接经验的事实，因而，每则对具体新闻事实做出报道的新闻，其真实性都是具体事实的真实，不是不可捉摸的抽象真实。②

---

① 根据新闻传播的实际情况，我把新闻传播说话的方式通俗地概括为三种类型：一是"让事实说话"，指以新闻为本位的传播观念，真实、客观地再现事实面目。二是"用事实说话"，指以宣传为本位的传播观念，把新闻（事实）当作宣传的手段。但这并不是说宣传本身是天然邪恶的，宣传也有正当性与非正当性的区别。三是"为事实说话"，指以社会正义为本位的传播观念，不仅客观报道新闻事实，并且勇敢地揭露社会丑恶、维护公共利益，特别是能够为社会弱势群体服务。"让事实说话"是所有新闻媒体必须承担的天职；"用事实说话"是任何媒体都具有的传播意图；"为事实说话"是每一媒体都应该拥有的境界。关于为事实说话，后面还有比较详细的论述。

② 1945年12月13日，延安《解放日报》发表了题为《从五个W说起》的文章，其中有一段谈到新闻的具体性，实质上也是真实的具体性，讲得朴素透彻。转录于此处，供读者参考："抽象的、笼统的话头，只能给人以模糊的概念，只有事实，具体确切的事实，才能予读者经久不磨的印象，真正生动地教育读者，新闻报道的具体化和形象化，是和确切、翔实不可分的。愈是具体、确切，感人愈深，说服力愈大。往往千百篇一般性的报道，效果还顶不上一件具体确切的实地记录，其道理也就在这里。"（中共中央宣传部新闻局，中国社会科学院新闻研究所. 真实：新闻的生命 [M]. 北京：中国新闻出版社，1986：91.）

其次，事实性真实是唯一的真实。当新闻事实一定时，新闻事实的本真状态（即新闻事实本来的客观面目）便是唯一的。因而，针对一个确定的新闻事实，如果出现两种对立的报道，至少必有其一是虚假的。[1] 我在博士论文《新闻事实论》中曾经写道："我们能够创造一种新的事实，人在自然、社会中的实践交往，就是一个不断创造新的事实的过程。但人不能改变一个既有的事实，改变后的事实乃是新的事实，已不是原来的事实。因此，事实一旦产生，便具有其相对的不变性。恩格斯说过，'事实本身……不管我们喜欢与否，……照样要继续存在下去'[2]。金岳霖先生在他的《知识论》中也说：'事实是我们拿它没有办法的。所谓修改事实，只是使得将来与现在或以往异趣而已。'[3] 我们可以在知识形式中改变一个事实的内容，但不能把经过改变的事实还当作原来的事实。也正因为人在把握客观事实的过程中，有可能在认识中改变事实的本来面目，所以对事实的判断、陈述才有真和假的问题。认识的真假问题，不是事实的'责任'，而是认识者的问题。"[4] 也就是说，"如果事实不变，而关于它的报道的信息改变了，即关于它的真值变化了，那只能从认识主体上找原因，而不能说，关于它的报道的真值改变了，事实就相应地改变了"[5]。

再次，事实性真实是易于检验、确证的真实。新闻事实大多是可以直接经验的事实，因而新闻真实也是易于证明证实的真实。如果新闻中陈

---

[1] 如果不同报道反映的是同一新闻事实的不同侧面、不同部分或片段、不同事项，则各个新闻可能是同真的、同假的或有真有假的。这些不同报道在真假问题上不具有可比关系。如果不同报道反映的是同一新闻事实的同一侧面、同一部分，却形成了事实上的对立报道，这时，至多只有一种报道可能是真实的。

[2] 马克思，恩格斯. 马克思恩格斯文集：第10卷 [M]. 北京：人民出版社，2009：625.
[3] 金岳霖. 知识论 [M]. 北京：商务印书馆，1983：784.
[4] 杨保军. 新闻事实论 [M]. 北京：新华出版社，2001：8.
[5] 弓肇祥. 真理理论：对西方真理理论历史地批判地考察 [M]. 北京：社会科学文献出版社，1999：19.

述、再现的事实要素、事项及其相互关系是模糊的、模棱两可的，通过任何方法都难以确切地证明证实，那么，尽管我们不能断言新闻一定是虚假的，但至少可以说，这样的新闻是拙劣的，其真实性是可疑的。因为作为事实性真实，新闻真实的基本要求就是达到准确，"达不到准确，你就是没有得到任何新闻"①，"如果没有精确性，就不能称之为新闻，只能算是虚构"②。美国著名报人普利策"准确、准确、再准确"的至理名言，正是对新闻真实的呼唤。我国新闻学家徐宝璜先生也说过："新闻者，确实者也，凡不确实者，均非真正新闻。"③

最后，新闻真实的事实性，意味着这种真实是公共的、独立的，而非私人的、为某些人而存在的，即传播者认为真实的事实，其他人通过与记者类似的活动（如果愿意的话），从原则上也可以证明证实。这有点类似于科学认识中的实验，一种认识只有在可为重复的实验所证实的条件下，其真实性、真理性才是可靠的。由于新闻文本（作品）中每一判断（陈述）都是有事实根据的，都是从可以清楚明白确证的事实中引出的，因而对所有的人都应该是一样的。列宁说："真实性不应当依它该为谁服务而变化。"④ 如果新闻作品中描述的东西，只是记者私人的感觉和心理感受，那就很难得到证明，很难让人相信新闻的事实性。对于那些一去不复返的事实的真实性，我们只能依赖传播者的真诚和职业精神去相信。

2. 真实原则的精神内核——事实为本

追求真实、揭示真相，是新闻传播的基本品性和目标，在这种品性和

---

① 施瓦茨.如何成为顶级记者[M].曹俊，王蕊，译.北京：中央编译出版社，2003：18-19.
② 同①20.
③ 黄天鹏.新闻学论文集[M].上海：光华书局，1930：2.
④ 列宁文稿：第10卷[M].北京：人民出版社，1979：457-458.

目标中蕴含的新闻精神内核,就是事实为本。正像科学精神一样,在最终的意义上,只相信事实,不相信任何其他东西。[①] 缺乏事实根据的任何判断,都只属于假设的领域,还不能作为科学真理。中国科学院有位院士这样说:"作为大众传媒的工具——媒体,应该是与科学研究相通的,实事求是,报道的真实性,始终是媒体的灵魂。一个好的记者和好的编辑与科研工作者一样是老老实实地调查研究分析,得出真实的结论,而绝不能不顾事实,哗众取宠。"[②] 那么,作为科学精神的新闻精神,又是如何理解事实为本的呢?

所谓事实为本,首先是说"事实在先,新闻在后"。没有事实就没有新闻,有什么样的事实才有什么样的新闻。事实决定新闻,而不是相反。这可以说是新闻在本体论(存在论)与认识论上的基本的、不可变更的关系,或者说是不同新闻形态之间的基本关系。[③] 作为新闻本体的事实(新闻事实)如果没有相对(传播态)新闻的先在性,新闻将不再是新闻。这是辩证唯物主义者在新闻本源观上的基本态度,也是一种科学的态度。将新闻理解为对客观事实的报道已经成为全球化的共识和常识,大概正是在这一意义上,有人认为再翻来覆去讨论"新闻是什么"这样的问题实在是

---

① 以科学的姿态或态度去报道事实,有其历史的根源。据美国新闻学者迈克尔·舒德森考证,19世纪90年代及其后的记者,或者受过科学训练,或者推崇科学。受这种浸透于社会方方面面的科学主义的熏陶,记者们认为自己与科学家相差无几,其任务是要比以前人更勇敢、更清楚、更真实地揭示经济和政治事实。当时的记者们确信,像科学那样去报道描述事实,就等于反映并透视了社会真相。英国现实主义作家查尔斯·狄更斯在1854年发表的小说《艰难时世》中的一段话,也能够从一个方面说明当时人们对新闻报道真实性的看法。他借小说人物之口说:"现在,我需要的是,事实⋯⋯唯有事实才是生活中所需要的、根除一切无中生有的东西。只有依靠事实,才能形成理性动物所拥有的思维见解:别的任何东西对此无所帮助⋯⋯坚持事实吧,先生!"(哈克特,赵月枝. 维系民主?:西方政治与新闻客观性 [M]. 沈荟,周雨,译. 北京:清华大学出版社,2005:19.)
② 陈汝东. 传播伦理学 [M]. 北京:北京大学出版社,2006:137.
③ 我曾经根据新闻传播的完整过程,将新闻形态分为三种:新闻的本源态——新闻事实;新闻的传播态——媒介新闻;新闻的理解态——收受新闻。有兴趣的读者可参阅下列文献:杨保军. 新闻形态论 [J]. 国际新闻界,2004(4):61-65;杨保军. 新闻理论教程 [M]. 北京:中国人民大学出版社,2005:88-106.

浪费时间。①

事实为本，意味着事实是新闻得以存在的绝对根据。"如果没有某种绝对的根据，任何事情就都没有了严肃性，都有可能随随便便被颠覆。"②新闻本源论上的任何相对主义，都只能使整个新闻理论大厦陷入泥潭。如果没有客观事实这种绝对根据，新闻就不会成为严肃的事物，而会成为儿戏。人们批评、厌恶的各种新闻丑恶现象，一定是在某种程度上、某种意义上背离了事实为本的新闻原则。只要有新闻媒体、有新闻传播者不把事实作为新闻的绝对根据，就会有五花八门的、怪诞离奇的新闻传播现象产生。通过新闻报道、新闻手段玩弄的所有阴谋，不管是政治阴谋、商业阴谋还是其他什么阴谋，最终其实都是对事实的玩弄——对新闻事实的玩弄，对事实为本所诉求的科学精神的玩弄。因而，事实为本，更进一步的要求是，具有新闻性、新闻价值的事实，才能成为新闻之本。③

新闻媒体为了各种利益目的（但自身的利益一定是诉求的核心），有意创造出具有一定新闻价值的事实，然后再自行进行报道，这是新闻界相当普遍的现象（常常是在新闻策划的名义下进行）。对这样的"事实在先，新闻在后"如何理解，这种做法是否正当合法，是人们争论的一个热点问题。④ 这种

---

① 陈力丹. 解析中国新闻传播学 [M]. 上海：上海交通大学出版社，2006：13-14. 在我看来，"新闻是什么"是永远值得讨论的问题，它本身是一个内涵非常丰富的问题，不只是个简单的定义问题。尽管"新闻本质上是一种事实信息"具有理论逻辑上的永恒性或者绝对性，但到底什么样的事实信息能够成为新闻，在不同的环境下存在着不同的理解，这是不可否认的新闻文化事实。每当人们能够对"新闻是什么"做出时代性的新的阐释时，往往也就意味着一个新的新闻传播时代到来。有兴趣的读者可参阅下列文献：杨保军. 新闻理论教程 [M]. 北京：中国人民大学出版社，2005：98-102.
② 赵汀阳. 论可能生活：修订版 [M]. 北京：中国人民大学出版社，2004：99.
③ 关于什么样的事实才能被认定为新闻事实，可参阅下列文献：杨保军. 新闻事实论 [M]. 北京：新华出版社，2001：2-25；杨保军. 新闻价值论 [M]. 北京：中国人民大学出版社，2003.
④ 至于新闻媒体之外的机构、组织、团体或者个人，有意策划创造一些新闻事件，以吸引新闻媒体的注意力，实现自身的利益追求，如果其行为展开在法律和社会道德认可的范围内，当然是合理的。他们所创造的事实是公关性质的新闻事实。

现象在直接性上并没有违背事实的先在性,因为新闻报道总是在事实之后发生或者出现。本媒体报道本媒体创造的新闻事实,合法性(指合乎法律规范)应该不成问题。这样,问题的关键就在于这种做法是否合乎新闻职业精神。从理论上说,新闻媒体的动机如果是为了公共利益,并且实现了预期的效果,那么人们只能在事后认可媒体的行为;而新闻媒体的动机如果是为了自身利益,其创造新闻事实的行为则是不能被认可的,因为它从一开始就背离了新闻精神(为社会公众服务)的基本诉求。本媒体报道本媒体创造的新闻事实,最大的困境在于,媒体报道的客观性、公正性会受到人们的质疑。自己为自己切蛋糕,并且自己先吃蛋糕,其程序上的合法性、公正性是不可靠的。因此,社会公众有理由对新闻媒体的这种新闻行为的正义性持更多的怀疑。

事实为本,就是尊重事实,坚持事实的至上性。它意味着其他一切都在事实之下,只能服从事实。在事实面前,所有的权威、权力、意识形态、观念、信念、意见、看法、倾向、立场等,都要(也应该)失去意义。事实本身是什么,不能依赖所有这些东西而决定,只能依赖事实本身而决定。这里的关键其实可以概括成一句话:事实为本,就是要求新闻呈现事实本身,而不是用任何利益视角去呈现事实(对事实本身的呈现可以说是无立场的呈现)。一定利益视角中的事实,只能是这种利益诉求愿意看到的事实。即使是公共利益视角,那也只能选择事实,但选定事实,就不能改变事实,不能改变事实的本来面目。这既是道义精神上的要求,也是新闻精神作为科学精神的内在诉求。当新闻成为如此利益视角中的新闻时,其真实性的可靠性就是令人怀疑的。虚假新闻、失实新闻的非认识论原因,一概可以概括为某种私利作祟。顺便说一句,对于虚假新闻、失实新闻,只有个别认识论上的原因在道义上是可以接受的,非认识论的原因大多是不可接受的。但我们必须立即指出,现实发生的新闻报道都是在一定利益视角下的报道。利益视角的不可避免性，正是所有新闻真实都具有有限性的重要原因之一。① 既然人们能够自觉到各种利益视角有可能影响到新闻的真实性、公正性，那么，就应该自觉避免这种影响，而不是强化这种负面影响。科学能够发现真理，新闻能够揭示真相，这不仅是信念，也是事实。

新闻报道首先需要做的是把新闻事实本身说清楚，而不是用传播者或者其他主体的情感化语言解释事实，也不是用传播者自以为是的看法分析事实。分析与评价新闻事实原则上属于评论，不属于新闻。中国人民大学新闻学院的喻国明教授说："新闻是什么？新闻是对事实的报道。新闻不是评论。发现事实、描摹事实永远是第一位的。"② 新闻属于事实信息范畴，评论属于意见、情感信息范畴。这是理解事实为本时必须认识到的基本问题。

事实为本的另一关键问题是，事实是检验（证实或者证伪）新闻真实性的唯一标准、至上标准、终极标准、绝对标准。除此之外，任何东西都不能充当检验新闻真实性的标准。实事新闻直接通过事实证实其真实性，话语新闻的真实性③，其最终的证实也只能依赖事实，而不是任何权威的话语。说话本身是事实，但作为新闻的话语所包含的事实信息的真实性只能通过事实最终证明。以事实为准、为根本，很有点像赵汀阳先生所说的

---

① 关于新闻真实的有限性以及其他特征，可参阅下列文献：杨保军. 新闻真实论 [M]. 北京：中国人民大学出版社，2006：98 - 152.

② 喻国明. 喻国明自选集：别无选择：一个传媒学人的理论告白 [M]. 上海：复旦大学出版社，2004：389.

③ "话语新闻"，即新闻陈述的、再现的只是某人所说的某些"话语"，至于这些"话语"描述的事实是否真实存在，从新闻中无法得知；另一种是"实事新闻"，即新闻陈述、再现的事实在客观世界中实实在在地存在着。当然，绝大多数新闻报道，都属于我们所说的"话语新闻"与"实事新闻"的混合体或统一体。因此，只要我们把话语新闻和实事新闻的真实性阐释清楚了，也就在逻辑上解决了混合或统一新闻的真实问题。（杨保军. 新闻真实论 [M]. 北京：中国人民大学出版社，2006：89.）

"无立场原则",即要求"'以事物为准'而不是以观点为准。观点是廉价的,谁都有观点,而事实不为观点所动。无立场既剥夺自己的立场也剥夺别人的立场,而以事物为准"①。新闻媒体和新闻传播者不可能没有倾向和立场,但用自己的立场和倾向有意改变事实的本来面目乃是非法的、不正当的,不符合新闻真实性的要求。

不同的新闻媒体、新闻活动主体自然拥有自己的新闻观、新闻价值观,但任何以新闻观、新闻价值观为借口,背离新闻传播自身的目的性——追求事实真相的行为,都是不正当的表现。需要说明的是,事实为本,并不是说在现实的新闻传播中,什么样的事实都可以通过新闻媒介通道报道传播,而是说,在合理的内容界限内,事实是至上的。事实上,在现实社会中,由于新闻传播系统只是社会大系统的一个子系统,它的运作必然要受到社会大系统的制约和约束,它的传播内容必然要受到各种社会条件的限制。因而,以什么样的新闻事实为本,把什么样的新闻事实作为报道的核心对象,可能才是问题的真正焦点或症结所在。而这样的问题,并不是作为科学精神的新闻精神能够解决的。

(二)求实为本的两大观念与方法——客观与全面

科学精神不是抽象的,而是具体的,它在科学研究中,会表现为一定的规范和原则。美国社会学家默顿(Robert King Merton)就说,科学的精神气质是有感情情调的一套约束科学家的价值和规范的综合。这些规范用命令、禁止、偏爱、赞同的形式来表示。② 同样,求实、求真为本的科学精神,体现在新闻活动中,亦表现为一定的原则、观念和方法,最基本的观念和方法就是客观与全面。

---

① 赵汀阳. 论可能生活:修订版 [M]. 北京:中国人民大学出版社,2004:76.
② 王大珩,于光远. 论科学精神 [M]. 北京:中央编译出版社,2001:32.

1. 客观理念与客观方法

客观原则是人类新闻传播发展史上的一笔财富，是新闻传播中最引人注目的一条原则。有学者这样总结道："新闻自由为西方媒介组织独立提供了政治基础"，客观性则是"西方媒介专业化的一个标志"。在我看来，正是新闻媒介的专业化，才标志着新闻活动拥有了自己相对独立的新闻精神。更加准确点说，正是新闻媒介的专业化，才比较明确地形成了现代新闻传播业的精神内核。

客观报道理念、方法是19世纪30年代之后的产物[①]，"在美国和英国广泛地被赞为20世纪前25年中对于新闻学的独特贡献"[②]。尽管从它被提出的时候起，人们就以各种方式对它进行批评、发难，对它进行修正、改造，然而，"客观报道的理想并未被取而代之，相反地，每经一次痛苦的洗礼，它的权威就更加巩固"[③]。即使经常遭到讥讽冷嘲，客观性仍具有不可替代的地位：它是一个基准尺度，以它为衡量新闻业其他方法的标准。它仍然是新闻记者专业精神和职业身份感的一个部分，是传媒受众的期望，而且部分地鉴于此原因，它还是传媒所有者获得社会合法性的依据。[④] 到今天，它已经基本成为世界新闻传播界普遍认同的一种新闻传播理念、一种新闻职业道德精神、一种对待新闻报道的基本态度，也可以说是一条普遍运用的确保新闻真实性实现的最重要的报道

---

① 多数学者把19世纪30年代出现的便士报（The Penny Press）作为探究客观性的源头。有美国学者经过考证指出，第一次给"客观报道"做出明确界定的是1924年出版的克劳福德（N. A. Crawford）的《新闻伦理学》（*The Ethics of Journalism*）。舒德森等人认为，"客观性"被确立为一种实践或理想是20世纪20年代之后的事情。

② 斯拉姆，等. 报刊的四种理论 [M]. 中国人民大学新闻系，译. 北京：新华出版社，1980：70. 2008年中国人民大学出版社再次推出本书中译本，书名改为《传媒的四种理论》。

③ 舒德森. 探索新闻：美国报业社会史 [M]. 何颖怡，译. 台北：台湾远流出版公司，1993：12-13.

④ 哈克特，赵月枝. 维系民主？：西方政治与新闻客观性 [M]. 沈荟，周雨，译. 北京：清华大学出版社，2005：16.

方法。① 这是事实，是赞成和反对新闻客观原则的人都必须面对和承认的事实。

从理论逻辑上说，客观概念本身就是一个极其复杂的概念，它在日常用语和学术研究中具有不同但又相关的含义：客观是相对于主体的客观，其实质意义是把一定主体之外存在的一切事物都称为客观事物，这时是把主体等同于主观；客观是相对于主观的客观，其实质意义是把人的精神、意识之外的所有事物都称为客观事物；客观的就是存在的，其实质意义是把一切存在的东西，不管是物质的还是精神的，都称为客观的，这时客观被等同于存在或有，对应的范畴是不存在或无。尽管新闻报道中的客观没有如此复杂，但要理解客观性还是需要全面理解客观本身的各种含义。

有人认为，在讨论新闻学中的客观原则时，过多论及客观在其他学科中的含义，是会偏离新闻学主题的。我以为这样的担心是大可不必的。客观性在新闻学中的含义不是固定不变的，人们在不同的历史时代、历史时期，总要对客观性的内涵做出一些新的阐释②，新的阐释的根源主要有两个：一个是新闻传播实践的变化、新闻传播观念的变化，这是最主要的；另一个恐怕就是其他领域、其他学科的启迪。其实，我们只有全面理解客观性的各种含义，才能比较准确地把握客观性的新闻学含义。更为重要的

---

① 客观报道理念与方法的产生，具有丰富的根源。首先，它是新闻传播业伴随社会政治、经济、文化、科学等同步发展的产物；其次，它的产生与发展还有一个自由主义的哲学基础；再次，便士报是客观原则发育的肥沃土壤；最后，通讯社，特别是美联社（成立于1846年）的诞生与发展，是客观报道原则得以确立的重要动力。对此有兴趣的读者，可参阅下列文献：杨保军. 新闻理论教程 [M]. 北京：中国人民大学出版社，2005：154-156. 有学者指出："作为一种特定历史条件下的新闻制度安排和新闻文化形式，新闻客观性与欧洲启蒙民主话语以及英、美、加拿大的早期劳工新闻和商业新闻之间都有着错综复杂的意识形态关系与组织结构上的历史渊源。"（哈克特，赵月枝. 维系民主？：西方政治与新闻客观性 [M]. 沈荟，周雨，译. 北京：清华大学出版社，2005：4.）

② 历史上新闻客观性的含义是什么，和我们从现在的传播实际出发，阐释新闻客观性的含义是什么、应该是什么，是两个既有联系又不完全相同的问题。学术思想史研究可以集中精力考察前一个问题，但对当下新闻实际进行研究则更应该关注第二个问题。仅仅用历史的尺度评判今天的研究是并不完全合理的。当然，以历史虚无主义的态度对待新闻客观性问题，也是错误的。

是，我们只有不断吸纳其他学科的知识和方法，才能对客观性应有的要求提出更好的建议。以还原主义的态度对待客观性的含义，对于人们理解客观性具有正本清源的意义，但固守原有的客观性含义不变，未必是明智的做法。一种原则、一种观念、一种方法总是会伴随其相应实践的变化而变化。

新闻传播中所讲的客观，从直接性上看，是指相对传播主体而言的客观，即存在于传播主体之外的一切事物对于传播主体都是客观的。因而，所谓新闻报道的客观性，就是指传播主体在报道自身之外的对象时，不能用自己的意识、意志、情感等改变对象的本来面目，即不能改变对象自身的内容，这既是对新闻传播者在认识论意义上的要求，也是对其在价值论意义上的要求。也就是说，客观性在直接性上似乎只是认识论的问题，但在其背后却存在着新闻职业、新闻专业的道德性诉求。这种客观性的具体内涵包括两个大的方面。①

一是作为新闻精神的客观理念，也可以称为客观精神。贝尔纳·瓦耶纳（Bernard Voyenne）说："无论在何处，对于事实的客观态度都是进行这一切活动（指新闻活动。——引者注）的基础；也就是说，要把观察者和被观察者、思想意识和客观世界、理想和现实区别开来。"② 显而易见，客观精神要求传播主体必须始终具有明确的自我意识和对象意识，在新闻报道中能够自觉地将对象与自身加以区分，进而要求传播主体在报道新闻事实时，一定要超越自己的爱好和兴趣，特别是要超越自己的利益需要，将新闻事实的实际面目反映出来。有学者指出，客观性的本质在于传播者的超然性，即"新闻工作者摒弃个人好恶，主观世界服务客观世界，而

---

① 美国学者舒德森认为，作为"报道的呈现方式"，新闻客观性概念的内涵至少包含着互有联系的三个层次：道德力量、一套关于报道及编辑的原则、新闻写作样式。
② 瓦耶纳. 当代新闻学 [M]. 丁雪英, 连燕堂, 译. 北京：新华出版社, 1986：34.

'没有权利从一群事实中，摒弃不符合我们的立场和观点的新闻'，力争以最充分的事实展现客观世界的完整面貌"[1]。可见，客观理念，作为一种新闻精神，作为一种职业（专业）理念，不仅是"事实第一"的"求实"性要求，在它背后更深层的是一种价值追求，即追求新闻报道的公正性，"客观性要求新闻工作者尽可能全身心地投入到新闻工作中去，并且以所了解之事实与自己的看法互相印证。简言之，作为主观性的反义词，客观性就是不断地努力摆脱自我，寻求他人，宁肯坚定不移地尊重事实，绝不随心所欲地屈从人意"[2]。

二是作为新闻报道操作规范的客观方法。在操作层次上，客观原则的核心是把事实与意见分开。[3] 客观原则作为一种再现新闻事实的方式，其最典型的特征是"以一种公正、超然以及不含成见的态度来报道新闻；反对在新闻中夹叙夹议，不能掺杂个人见解，只要把事实发生的时间、地点、人物、情况、原因交代清楚就行了"[4]。施拉姆（也译为斯拉姆）等人认为，它的基本原则是："单纯地记事；意见必须与新闻分开。"[5] "所谓客观性，就是依据事物的是非曲直如实报道事实。"[6] 具体说，客观报道在操作上有这样的规范：以倒金字塔方式在第一段简述基本事实，以五

---

[1] 埃默里 M，埃默里 E. 美国新闻史：大众传播媒介解释史：第 8 版 [M]. 展江，殷文，译. 北京：新华出版社，2001：866. 2004 年，中国人民大学出版社推出本书第 9 版的中译本。
[2] 瓦耶纳. 当代新闻学 [M]. 丁雪英，连燕堂，译. 北京：新华出版社，1986：36.
[3] 被誉为 "19 世纪最优秀的影响深远的" 新闻学教科书，同时也被认为是世界上第一本真正学院派风格的新闻学著作——《实用新闻学》的作者休曼在书中就已经指出，记者对任何事情的任何观点，任何政治的、信仰的和社会的偏见，尤其是个人情感，都应当避免，"新闻和社会分开" 是 "现代新闻业精神"。另：美国人休曼（E. L. Shuman）的《实用新闻学》出版于 1903 年，是他 1894 年出版的《新闻工作入门》(Steps into Journalism) 的修订版。早在 1913 年上海广学会就出版了中译本，1987 年 12 月，中国新闻出版社出版了《新闻文存》，其中收入了《实用新闻学》。
[4] 吴飞. 西方新闻报道方式变革的内在动力 [J]. 现代传播（中国传媒大学学报），1999（2）：6.
[5] 斯拉姆，等. 报刊的四种理论 [M]. 中国人民大学新闻系，译. 北京：新华出版社，1980：71.
[6] 阿特休尔. 权力的媒介 [M]. 黄煜，裘志康，译. 北京：华夏出版社，1989：148.

个 W 进行报道,以第三人称语气报道,引述当事人的话,强调可以证实的事实,不采取立场,至少表达新闻事实的两面。①

在客观理念与客观报道方法之间,只有具备客观理念,才能有客观报道方法。对此,清华大学的郭镇之教授有一句非常精到的话:"没有客观性的思想,就没有客观报道的方法。"② 客观性是指对象不以人的意识为转移的那种特性,不为人的意志、情感所左右的那种特性。新闻传播主体只有把事实固有的这些特性反映出来,才算达到了客观;如果试图借用新闻事实来表达传播者自己的意见、追求自己的利益,那么与客观原则的内在精神就相去甚远了。复旦大学的黄旦教授比较深入、全面、生动地阐释了客观理念与客观报道方法之间的关系,他说:"客观报道的规范是客观专业理念的必然要求,同样,客观专业理念需要通过具体的写作要求来实现。没有职业层面的'客观性'理念支持,写作层面的'客观性'就成了一种空洞、肤浅的技巧,像没有锚链和锚地的船舶,找不到自己的营地和归宿;缺少写作层面'客观性报道'的展现,职业层面的'客观性'理念,自然犹如干枯树根,无法枝繁叶茂,荫庇惠及整个新闻报道过程。"

坚持客观原则,对新闻传播有着特别重要的意义。简要概括,有这么几条:第一,坚持客观原则是实现新闻真实的基本途径。客观首先是以超然的实录方式将事实的本来面目记录下来,这是实现新闻真实的基础。但客观报道并不是"有闻必录",并不是"客观主义"③。客观主义是照镜子

---

① 埃默里 M,埃默里 E. 美国新闻史:大众传播媒介解释史:第 8 版 [M]. 展江,殷文,译. 北京:新华出版社,2001:865. 美国另一位学者在访问了 50 家报纸编辑对客观性的看法后,将客观性的含义归纳为这样六项:平衡与公正地呈现一个议题中各个方面的看法;正确与真实地报道;呈现所有主要的相关要点;将事实与意见分开,但将意见视为相关;将记者本身态度、意见或涉入的影响降至最低;避免偏颇、怨恨以及迂回的言论。
② 郭镇之."客观新闻学"[J]. 新闻与传播研究,1998(4):61.
③ 客观主义,指不分主次、不分本质与现象,把一大堆各不相属的现实加以罗列,以示其客观性。客观主义又被称为"自然主义""纯客观"。(甘惜分. 新闻学大辞典 [M]. 郑州:河南人民出版社,1993:28.)

式的直白全录，事无巨细，对事实的反映没有了应有的新闻价值选择，更没有了应有的其他选择界限或标准[①]。这种无视新闻价值选择标准的做法违反了新闻传播的基本规律，而随意超越正当社会界限的做法极有可能产生不良的报道。因而，客观主义不是新闻专业精神，而是背离了新闻专业精神，是媒体或传播者缺乏社会责任感的典型表现。第二，坚持客观原则是确保新闻报道可信和公正的核心手段。"在世界任何一个角落，报纸是靠金钱办的，但归根结底，报纸是靠信任生存的。没有了信任，新闻业将无法存在。"[②] 而"新闻事业的客观性是通向'合法'和'可信'的途径"[③]。客观原则以超越自我（传播主体）的态度和方式面对世界、面对事实，这种价值无涉的姿态和做法，是可信的基础、公正的保证。"客观性已经成为一种公认的语汇和普遍的模式。它代表了现代社会对新闻媒介的常识、期望，是人们构思、定义、安排、评价新闻文本、新闻实践和新闻机构的标准。"[④] 人们为什么不大信赖经过策划形成的新闻报道？为什么特别不信赖媒体对自己单独创造的事实、与他人"合谋"创造的事实的报道？其最主要的原因就是这种报道方式极易背离客观报道的原则，这种报道方式很大程度上失去了程序上的"合法性"、身份上的独立性。第三，坚持客观原则是充分实现收受主体知情权的保证。客观原则排除传播主体对客观事实的主观干涉，不以传播主体的私利隐瞒或遮蔽事实信息，而以自觉的意识、尽可能的公开性和透明度，力求把事实信息的原本状态呈现在收受者的面前，把判断、评价事实的机会和权利还给收受主体。如果提升到人类生活的整体层面，可以说，客观原则的价值在于它"通过扫除偏见而扩大精神交往的空间，通过公开地报道与公正地呈现而使人

---

① 比如内容选择上的法律界限、道德界限、政策界限、纪律界限等。
② 程晓鸿. 36 篇假新闻使《纽约时报》蒙羞[N]. 珠海特区报，2003-05-25.
③ 郭镇之."客观新闻学"[J]. 新闻与传播研究，1998 (4)：59.
④ 同③64.

拥有民主、自由、平等的理想和探求真相的理性精神，以及维持主体的社会性道德意识网"①。

在我看来，客观报道是可能的，但客观报道也是有限度的。新闻报道的客观性问题，要害是新闻传播主体在报道新闻事实时能否达到对新闻事实的客观反映，即能否反映出新闻事实那些不以人的主观意志为转移的属性和内容。依据马克思主义的认识论原理，客观再现新闻事实是可能的。人类的认识实践史表明，世界是可知的，存在于这个世界中的事物、事实、事件也是可知的，人类具有认识世界的能力。新闻传播活动，从认识论的角度看，就是以新闻方式认识世界的活动，因而它可以以自己的方式达到对自己认识对象的客观反映。不能因为认识离不开主体对客观对象的主观性把握，便说达到客观真理是不可能的；同样，不能因为再现新闻事实离不开传播主体的主观意识，就说传播主体不可能客观再现对象的本来面目。否则必然导致新闻认识上的怀疑论和不可知论。事实上，人们只有通过在实践基础上形成的能动的主观性才能达到对新闻事实的客观反映。正因为人具有明确的主观意识和对象意识，所以才能在思维中将客体和主体区别开来，才有可能将不属于对象自身的东西排除在报道之外，从而达到客观再现。"客观性是一切认识活动追求的目标……客观性是一切认识活动的根本要求……客观性是判别一切认识的真假的根本依据"②，"当我们深刻察觉到自己的主观时，我们便产生了追求客观方法的狂热"③。新闻传播作为一种特殊的认识活动，自然也不例外。不能因为新闻传播实践中一些新闻报道没有达到对新闻事实的客观反映，就否定客观原则本身，

---

① 单波. 重建新闻客观性原理 [J]. 现代传播（中国传媒大学学报），1999（1）：34.
② 周文彰. 狡黠的心灵：主体认识图式概论 [M]. 北京：中国人民大学出版社，1991：252 - 253.
③ 舒德森. 探索新闻：美国报业社会史 [M]. 何颖怡，译. 台北：台湾远流出版公司，1993：153.

或否认客观报道的可能性；同样，也不能因为一些新闻媒体、一些新闻传播者在客观原则的幌子下做了一些有悖于客观原则的报道，就把"罪恶"的根源归结到客观原则身上。否认客观报道的可能性，无异于给主观想象留下空间和借口。当一些人把新闻报道归结为主观任意的结果时，实际上是把新闻认识中主观的作用无限夸大了，否认了客观事实的约束力，也否认了新闻传播规律的客观力量。

但是，承认客观报道的可能性，并不等于说新闻报道可以与新闻事实达到天衣无缝、绝对符合的地步。有人从抽象的理想性出发，把客观性绝对化，认为新闻之中不包含丝毫的主观因素，即新闻报道与新闻事实的客观面目绝对符合，这显然带有神话、空想的性质。列宁曾经说过，认识是思维对客体的永远的、没有止境的接近。任何认识与客观对象的符合都不是绝对的，认识的客观性是历史的、具体的、相对的。[1] 新闻传播作为一种认识活动当然也要遵循这一普遍的认识规律。确立客观的有限性观念，是一种实事求是的态度，是科学的、符合新闻传播实际的态度。

需要特别指出的是，不能离开主观性来理解客观性，实际上，新闻报道中的客观性始终是相对主观性的客观性，是传播主体把握到的客观性，是传播主体认识水平范围内的客观性，是通过主观性实现的客观性，这正是客观性之有限性的主体根源。那种"把客观报道规定为科学的、精确的、非人性的、不带个人意见的描写，恰好是违反理性的"[2]，是不可理解的客观性。传播主体对新闻事实的认识不是大脑对新闻事实的机械复制或镜子式的反映，也不是新闻事实单独作用于传播主体大脑后留下的印记或印象，而是传播主体与新闻事实在一定认识环境中相互作用的结果，是经过一系列复杂的感觉、观察、思维、理解的结果，在这种结果中，必然

---

[1] 周文彰. 狡黠的心灵：主体认识图式概论 [M]. 北京：中国人民大学出版社，1991：263.
[2] 单波. 重建新闻客观性原理 [J]. 现代传播（中国传媒大学学报），1999（1）：30.

融进了传播主体的解释或理解，必然或强或弱地渗透着传播主体的情感和意志。"记者是客观报道者，但并不是冷酷的旁观者"①，记者是"冷眼热心"的人，他们会用心灵去感受、去领会人们的爱恶，去触及芸芸众生的脉搏。他们是以自己能动的主观性去反映客观事实的客观性的，如果没有这种主观性的参与，客观性本身也是不可理解的。正是因为主观性的介入和干预，才有了报道中的客观性问题，也才使本体论意义上的绝对客观性转化为认识论意义上的有限客观性。正是因为传播主体已经自觉到客观性的有限性，同时又意识到接近客观性的可能性，所以才会坚持客观原则的精神要求，去努力实现新闻传播的客观性。当然，主观能动性有积极与消极之分，有肯定与否定的差别，积极的、肯定的主观能动性能够促进对对象的准确把握；相反，消极的、否定的主观能动性可能干扰人们对对象的客观把握，甚至歪曲、捏造事实。

从新闻传播的实际出发，客观原则的限度，就是达到客观报道的规范要求（如上文所列诸条），即如果一则新闻报道达到了专业标准或规范，就被认为是客观的。专业标准和规范是专业领域的共识，是公有性的，而非私人性的，是历史经验的总结和概括，必然是一定认识水平的表现，是主观限度内的客观标准。无疑，客观报道的规范与标准也会随着新闻传播本身的发展而变化。

承认客观性的有限性，不是要放弃客观原则，也不是要降低客观原则的要求，它的目的是要科学理解客观性，充分认识达到客观性的艰难。如果放弃新闻传播的客观原则，对于现代新闻业来说，无异于放弃新闻传播本身。动摇新闻传播的客观原则，就等于动摇了新闻传播存在的根据，必将损害新闻精神，导致新闻失实，失去新闻传播特有的客观力量和社会影

---

① 张维义. 当代"老新闻"[M]. 北京：中国广播电视出版社，1994：128.

响力,从而难以真正满足收受主体的新闻信息需求,更不利于新闻传播媒介作为社会公共平台之形象的树立。因此,我基本赞成这样一种说法:"虽然到现在我们仍找不到一个可以成功挑战客观报道的新理念,但是我们可以找到一个新希望,那就是不以客观新闻为满足。"[1]

2. 全面理念与全面方法

全面是相对片面而言的一个概念,既是新闻报道的一种观念,也是新闻报道的基本方法。新闻传播的全面性,就是向社会公众提供全面的而不是片面的、整体的而不是零碎的、正确的而不是歪曲的事实、情况和意见。从一般意义上说,所谓全面就是从历时和共时两个向度上,"提供各方面的事实、情况、意见,不片面报道和隐匿事实"[2]。具体来说包含以下几个要点。

从新闻事实的构成角度看,"全面"大致有三个方面的含义或要求:一是针对个体事实报道的全面性;二是针对同类事实报道的全面性;三是针对一定时空范围内所有事实报道的全面性。第一种全面性能够落实在每一具体的新闻报道之中,是传播主体易于把握和相对比较容易做到的;后两种全面性首先是对新闻报道观念的要求,实质上就是要求以全面(整体)真实的新闻真实观指导和约束新闻报道活动,去对待同类事实和一定时空范围内的所有事实,不能以点代面、以局部代全部、以微观代宏观。对某一领域甚至社会的整体面貌的全面再现,关键在于呈现"实事"的总体结构,媒体对各方面情况反映的量度比例要与实际相符合,即全面再现的关键在于为收受者提供健全的而非片面的、整体的而非零碎的信息。因而在新闻报道过程中,所选择的报道对象、确定的报道内容,要力求能够

---

[1] 舒德森.探索新闻:美国报业社会史[M].何颖怡,译.台北:台湾远流出版公司,1993:195.
[2] 童兵.理论新闻传播学导论[M].北京:中国人民大学出版社,2000:84.

反映同类事实或一定时空范围内所有事实的整体情况，而不能以片面、孤立的方法去玩弄个别事实或现象。对此，列宁有过非常经典的论述，他说："在社会现象领域，没有哪种方法比胡乱抽出**一些个别**事实和玩弄实例更普遍、更站不住脚的了。挑选任何例子是毫不费劲的，但这没有任何意义，或者有纯粹消极的意义，因为问题完全在于，每一个别情况都有其具体的历史环境。如果从事实的**整体**上、从它们的**联系**中去掌握事实，那么，事实不仅是'顽强的东西'，而且是绝对确凿的证据。如果不是从整体上，不是从联系中去掌握事实，如果事实是零碎的和随意挑出来的，那么它们就只能是一种儿戏，或者连儿戏也不如。"① 胡耀邦则说得更具体："我们这样的大国，今天如果有谁专门搜集阴暗面，每天在报上登一百条，容易得很！如果把这一百条集中到一张报纸上，可以整整覆盖四个版面，搞成一幅彻头彻尾的阴暗图画。虽然其中每一条可能都是真实的，但如果谁要说这就是代表今天中国社会主义社会的整个画面，那就不真实了。当然，如果反过来硬说我们今天的社会，到处都是光明面，实在好得不得了，一点阴暗面也没有，一条缺点也没有，那也不真实。"② 看来，全面并不是容易做到的事情，新闻传播主体不仅要确保每一具体报道的全面性，更重要的是还要努力做到所有报道形成的总体报道，能够反映客观世界一定领域、一定时空范围的全面景象，达到个别全面与整体全面的统一，这才是理想状态的全面。但这样的全面也只能是新闻传播范围内的全面。

从新闻报道的时间性上看，全面性包含即时全面和历史全面两个基本方面。所有具体新闻报道的内在要求是及时快速，因而所谓即时全面，就是指具体新闻报道要反映事实在截稿时刻或某一确定报道时间点的整体面

---

① 列宁. 列宁全集：第28卷［M］. 2版（增订版）. 北京：人民出版社，2017：364.
② 中共中央文献研究室. 十二大以来重要文献选编：中［M］. 北京：人民出版社，1986：634.

貌；历史全面的核心含义是指新闻报道要反映新闻事实历时变化的全面性和完整性，新闻报道的对象从原则上说，都是过程性的存在，它的完整的、全面的面貌体现在整个过程之中，因此，新闻报道的全面性只能在对事实的历时反映过程中实现，人们只能在历时的事实变化和相应的历时报道过程中了解把握对象的整体面貌，对于那些相对比较复杂的新闻事实来说，这一点表现得尤为明显。

针对实际的新闻传播情况，全面性有两个需要特别强调的方面：一是全面必须包含对负面新闻事实的报道，"报喜不报忧"或"报忧不报喜"在全面性原则面前都是不对的，在现实的新闻传播中，人们看到，一些人只愿意记住好事，不愿意记住坏事，然而历史是由好事和坏事一起创造的、构成的。记住坏事是为了减少它，并创造更多的好事。记者的求实、求真，就是要以科学精神支配的新闻手段，尽可能把一个全面的事实世界记录下来，呈现在公众的面前，铭刻在历史的长卷之上。记者要像当代杰出历史学家埃里克·霍布斯鲍姆（Eric Hobsbawm）所说的历史学家那样，成为"一批专职的要记住那些他们的公民同胞希望忘却的事物的人"[1]。二是对于那些有争议的问题，集中表现在揭露性、批评性报道中，传播主体要特别注意顾及各方的情况和意见，要主动运用均衡或平衡报道的手法，把事实的整体状况再现出来。全面在一定程度上是公正的前提，片面则一定是不公正的。因此，能否全面报道事实特别是那些有争议的事实，不仅是求真、求实的问题，也是能否维护公正、正义的问题。

全面性原则的另一要求是，全面不能停留在对事实表面现象的全面罗列上，还应力求在条件允许的情况下，揭示事实的本质，达到一定的深刻程度，使人们对新闻事实本身本质的多面性和多层次性达到全面的认识和

---

[1] 方纳. 美国自由的故事 [M]. 王希, 译. 北京：商务印书馆, 2002：19.

了解。一些重大的新闻事件、重要的新闻事实，呈现出来的现象本身就是极其复杂的，要全面描述它的现实景象就不容易，透过现象层面的东西，全面反映或揭示它的本质就更加艰难了。因此，对新闻事件、事实本质的全面揭示和报道，是对传播主体高层次的要求，也是收受主体对传播主体的一种期望。因为处在信息社会的人们，获取现象信息的渠道是比较充分的，但要对现象信息背后的东西、现象信息所蕴含的各种意义做出比较全面的解释和理解，还是很困难的事情。这就需要传播主体充分利用自己先知先觉的优势，对现象信息做出全面的分析，在新闻的基础上为人们提供进一步的意见。对此，刘少奇曾有过精辟的论述，他说，不深刻不会全面，提不到理论高度，是无法全面的，只能是零碎的、现象的、无系统的。全面，就要综合，要总结，要提到政策、理论的高度。提不到理论高度，就不能认识事物的本质。理论的东西就要"透"，不光要说明现象、皮毛，还要说明内部的联系。[①]

全面报道的理念与方法对于新闻传播具有特殊的意义和价值。首先，全面提升了新闻传播的层次和境界，强化了新闻传播的理性精神，提高了对新闻媒体和新闻传播主体的要求。新闻传播要达到一点、一面、一事层次的真实、客观是比较容易的，但要实现全部、全局、全体的真实和客观是艰难的。全面报道的理念与方法，要求传播主体不能停留在低层次的真实、客观上，而是要"从事物总体，社会的总体联系中来考察、评判事实"[②]，不仅要达到"一时一事"的具体真实，而且要努力反映"全时全事"的整体状况，这显然是一种高层次的要求。全面作为新闻传播的理念和方法，要求传播主体必须自觉超越自己的利益需要、情感偏爱，克服偏

---

① 中共中央宣传部新闻局. 马克思主义新闻工作文献选读［M］. 北京：人民出版社，1990：224.
② 黄旦. 新闻传播学：修订版［M］. 杭州：浙江大学出版社，1997：253.

狭、孤立、固执、极端的思维取向，以实事求是的态度，科学求实的精神，辩证思维、系统思维的方法，宽阔的胸怀和开放的眼界，去对待每一报道对象，对待整个事实世界。其次，全面是实现真实、客观、公正的必然理念和方法。"要做到真实，就要全面，缺一面就不是真理。"[①] 德国哲学家尼采说："我们越是善于让更多的眼睛、各种各样的眼睛去看同一事物，我们关于此事物的'概念'，我们的'客观性'就越加全面。"[②] 片面的真实也是真实，但那是低层次的真实，相对事实整体来说是"残缺"的真实、局部的真实，这种真实极有可能误导人们片面理解某一事实，甚至片面对待整个事实世界。只有全面理念支配下的全面报道，才有可能达到全面的真实，实现新闻真实的最高境界。最后，全面报道理念是一条确保为社会和人们提供比较健全的新闻信息服务的理念。只有全面，才能为收受主体提供健全的新闻信息，只有健全的新闻信息，才能使人们真正了解某一新闻事实的整体面貌，了解生存、发展的环境变化，把握自然、社会的最新变动情况，从而有效调整自己的行为。进而言之，只有全面，才能确保达到新闻的事实真实（个体真实）和整体可信，孙旭培先生在《新闻学新论》中写道："新闻报道做到既真实，又全面，就能实现具体真实和整体可信的统一。"[③] 而只有真实可信的信息，人们才会将其真正作为决策的参考或依据，新闻传播的效果也才能得到真正的实现。

与客观报道一样，实现新闻报道的全面是可能的，但也是有限度的。首先，新闻报道的全面性是新闻眼光下的全面性，是全面报道理念和全面报道方法下的全面性，不是有闻必录、事无巨细的全面性的大杂烩。新闻

---

① 中共中央宣传部新闻局. 马克思主义新闻工作文献选读 [M]. 北京：人民出版社，1990：223.
② 王文章，侯样祥. 中国学者心中的科学·人文：科学卷 [M]. 昆明：云南教育出版社，2002：361.
③ 孙旭培. 新闻学新论 [M]. 北京：社科文献出版社，1993：218.

传播媒介对整个新闻事实世界的描述，对个别新闻事实的描述，都不可能达到与对象的绝对符合，总有一定的遗漏："我们试图用我们的网把世界的一切捕捉干净，但总会有从网眼中遗漏的。"① 新闻传播是有选择的传播，对于具体事实，它要选取有新闻价值的部分和侧面进行报道，而不是对所有的部分或侧面都要报道，全面理念在这里的要旨在于，以全面的态度和方法对待报道对象，避免形成不符合事实面目的片面报道；对于整个新闻报道来说，全面性的有限性是显而易见的，任何新闻传播媒介都不可能发现所有的新闻事实，也不可能把发现的新闻事实信息在有限的版面或时段中全部传播出去。因而，对于每一家具体的新闻传播媒体来说，它的全面性必然是有限的，有不可超越的界限。由不同新闻传播媒介在自觉或不自觉的合作与竞争中形成的全部报道，在整体上能够提高对某一新闻事实或整个新闻事实报道的全面性，这种信念既是基于以往新闻实践经验的判断，也是新闻传播有机运动的可能。其次，即使所有新闻传播媒体、传播主体主观上愿意实现新闻报道的全面性，即把全面真实作为自己的追求目标，然而传播主体认识能力的有限性、客观事实本身构成或变化的复杂性、新闻传播环境限制或宽松的程度等等，也都会对传播主体全面把握新闻事实形成各种影响。因而，全面只能是一种理想的状态，不可能是想当然的现实。

就现实的新闻传播来说，人们发现，在不少新闻报道活动中，甚至在整个新闻传播的价值取向上，一些新闻传播媒体本身就不愿意全面报道事情的真实面目，因而也不会去全面报道客观世界的最新变化。在这种态度和价值取向支配下的新闻传播，不可能为人们提供健全的新闻信息，全面性不仅是有限度的，而且失去了可能实现的主体根据。改变这种片面性的

---

① 黄小寒．"自然之书"读解：科学诠释学［M］．上海：上海译文出版社，2002：197．

方法，从根本上说要依赖历史的进步，依赖新闻传播制度的改变，依赖真正的新闻传播全面观念的确立。"要真正地认识事物，就必须把握住、研究清楚它的一切方面，一切联系和'中介'。我们永远也不会完全做到这一点，但是，全面性这一要求可以使我们防止犯错误和防止僵化。"[①] 全面性的有限性，说明了实现全面性的艰难，但不能因为艰难而退缩，要明知不可为而为之，全面的新闻传播理念和方法，可以帮助新闻传播主体提高全面的程度，向全面性接近。

二、尊重事实，反对虚假

美国哲学家威廉·詹姆斯（William James）曾经说过这样一句对新闻报道非常具有启发意义的话："我必须面对着无情而不以人意为转移的事实铸成每一个句子。"[②] 这其实就是说，我们在任何时候都要尊重事实，不能胡言乱语。尊重事实，让事实说话，才可能实现真实。求实为本的另一面就是反对虚假，反对虚假的前提也是尊重事实。科学精神把求真、求实置于核心，从根本上说，也就意味着它把反对虚假作为自己基本的要求。真实是新闻存在的根据，反对虚假新闻因而始终是新闻传播的内在要求，是新闻事业、新闻工作者必须具备的基本精神。

（一）虚假新闻的主要表现

要考察虚假新闻的主要表现，首先需要对虚假新闻的内涵做出分析。虚假新闻包括互有联系的两个大类：一是假新闻；二是失实新闻。

假新闻是在性质上相对（真实）新闻存在的一个概念，描述的是在形

[①] 列宁. 列宁选集：第4卷 [M]. 3版（修订版）. 北京：人民出版社，2012：419.
[②] 怀特海. 科学与近代世界 [M]. 何钦，译. 北京：商务印书馆，1959：3.

式上、姿态上完全具备新闻的特征,但实质上没有新闻本质特性(真实性)的"新闻"。假新闻是没有任何客观事实根源的"新闻",即假新闻依据的"新闻事实"是想象、臆造、捏造的产物,是通过想象思维虚构的"事实"。"在其'纯粹'的形式中,假新闻完全不包括一点事实。"① 因此,假新闻的根本特性是新闻事实源的虚假性。可以简单地说,以虚构出来的新闻事实为本源的"新闻"就是假新闻。

相对假新闻而言,失实新闻在性质上还属于新闻范畴,它是对一定新闻事实"残缺""偏离""片面"反映报道而成的新闻。正像"次品"相对"正品"那样,失实新闻是"劣质"新闻,但不是"假"新闻。简要地说,失实新闻,是指具有新闻事实根据,但没有全面、正确、恰当报道新闻事实而形成的新闻。因此,失实新闻不能与假新闻完全等同,它是虚假新闻中的一类。联合国教科文组织国家问题交流委员会认为:"从严格的措辞意义上说,新闻失实就是用不准确和不真实的报道代替确凿的事实;或是通过使用一些具有轻蔑意义的形容词和千篇一律的陈词滥调,将带有偏见的解释编入新闻报道之中。"② 如果新闻中的主要事实是捏造的,只有一些次要的事实细节是真实的,那么这样的新闻可以归类为假新闻。如果一篇新闻中的所有事实,都是捏造的、想象的,那毫无疑问只能归类为假新闻。可以说,假新闻是失实新闻的极端表现。

虚假新闻的现实表现其实是很复杂的,我们可以把它分为三个层面来说明。

第一,宏观层面的表现。所谓宏观层面的新闻虚假,是指一个国家的新闻传播,在一定的历史时空范围内,对这个国家的反映报道在整体上是

---

① 弗林特. 报纸的良知:新闻事业的原则和问题案例讲义 [M]. 萧严,译. 北京:中国人民大学出版社,2005:33.
② 麦克布赖德. 多种声音,一个世界 [M]. 中国对外翻译出版公司第二翻译室,译. 北京:中国对外翻译出版公司,1981:218.

虚假的，至少是大面积失实的。就是说，在一定历史时期，一个国家的新闻传媒在整体上没有反映出国家本来的、基本的面目。比如，社会秩序本来是比较混乱的，新闻报道却说成是秩序井然的；经济状况本来是走向了崩溃的边缘，新闻报道却描写成蒸蒸日上；政治生活本来是万马齐喑，新闻报道却说成是民主自由；人民的生活本来艰难困苦，新闻报道却说成丰衣足食；文学艺术本来单调乏味，新闻报道却说成百花齐放……如此种种，新闻传播已经在整体上背离了新闻传播的内在要求，塑造了一个虚假的世界、神话的世界。即使在新闻传播范围内，也没有把具有新闻价值的事实的真实面目呈现出来，人们无法通过新闻报道了解新闻事实世界和整个事实世界的真实面目。

宏观层面的整体虚假失实，是从新闻报道整体传播效应出发的一种判断和评价，并不是针对每条具体报道而言的。因此，宏观层面的整体虚假失实，并不意味着所有的具体报道都是虚假失实的。

宏观层面的虚假是一种制度性的虚假。我的意思是说，一定历史时期新闻传播宏观层面的虚假失实，是在一定新闻政策导向下的虚假失实，是在一定政治权力、政治意识形态或者其他意识形态扭曲、变形、干涉支配下的失实。在这种情形下，新闻政策仅仅是名义上的、符号上的新闻政策，实质上违反了新闻传播自身的规律性要求。可以想想，在一种并不符合新闻传播本性的政策支配下，新闻传播能够实现真实吗？一个国家的新闻媒体，如果试图以新闻方式真实反映它的整体真实面目，它的新闻政策首先必须合乎新闻传播的规律，否则就不可能实现宏观层面的新闻真实。

就新闻传播内部来说，宏观层面的虚假是一种新闻传播观念的虚假。就是说，它是在一种虚假的新闻传播观念指导下的虚假失实。其实质是，新闻传播改变了它本身的性质，它已经不再是新闻传播，已经脱离了新闻传播的正常轨道。它不再以反映最新的事实变动本身为己任，而是以反映事实变动为由去张扬某种政治观念或其他观念。新闻不再是新闻，而是纯粹的宣传或其他什么东西。马克思曾经说："**不真实的**思想必然地、不由自主地要捏造**不真实的**事实，即歪曲真相、制造谎言。"① 可以想象，在非新闻传播理念支配下的新闻传播中，要想实现新闻传播的真实，必然是荒唐可笑的。一个国家的新闻媒体，如果试图以新闻方式真实地反映事实的整体真实面目，那么它的新闻传播观念就必须是符合新闻传播本性的观念。②

第二，中观层面的表现。中观层面的新闻虚假是指个体新闻媒体新闻报道造成的整体性虚假。表现为两种可能：一是个体新闻媒体对自己设定的目标报道领域的报道在一定时期内整体上是失实的；二是个体新闻媒体所有的新闻报道在一定时期内整体上是失实的。结合新闻传播实际来看，中观层面的整体失实主要是指前一种情况，因为任何个体新闻媒体都会设定比较稳定的一个或几个目标报道领域（即通常所说的内容定位）。事实上，对于非目标报道领域，媒体本身也不会把整体真实作为自己的目标。

个体新闻媒体的整体失实，表现在新闻传播实际中，就是它所设定的目标收受者和其他收受者总体上不相信它所做的新闻报道（新闻本身的真实与否，并不依赖于人们的相信与否），也就是说，媒体已经失去了传播

---

① 马克思，恩格斯. 马克思恩格斯全集：第1卷 [M]. 2版. 北京：人民出版社，1995：415.
② 但多少带有一些反讽意味的是，很多国家的新闻史表明，这种宏观层面的虚假失实，却以历史记忆的方式反映了一个国家在一定历史时期新闻传播的真实面目——造假不实、背离新闻传播规律的真实面目，甚至是整个国家大致的真实面目。新闻本身虽然没有反映出当时的客观情况，但新闻传播行为（进行虚假报道的行为）本身却反映了自己的真实的历史面目。并且，新闻记录下了当时的现象真实。人们在他们所处的时代，也许由于"身在庐山不识庐山"的认知局限，无法透过现象看到自己时代的本质，很难甚至无法判断他们看到的现象到底是真相还是假象，但他们将真相、假象一并作为真相记录下来，这对于今天的人们显得异常珍贵。现在看来属于假象的东西（没有反映当年的真实情况）又恰好反映了当年的时代真相（反映了当年造假不实的真实情况）。当后世的人们以历史的眼光去审视当年的新闻报道时，它们便成了历史事实，记录着当年的荒唐。可见，只有经过历史的冲刷，一定时代的真实面目才能裸露在人们的面前。

的公信力。进一步讲，个体新闻媒体新闻报道的整体失实，在报道内容和方式上比较普遍的表现是：对自己设定的目标报道领域进行片面的反映。几乎所有新闻媒体都会宣称，它们要"真实、客观、公正、全面"地反映和报道它们自己设定的目标报道领域。但在实际的报道活动中，在各种可能因素的制约下，它们往往偏离它们宣称的原则和信念，形成一些片面的、刻板化的固定报道模式。一些媒体把一些地区、一些人群、一些领域设定为自己长期报道的对象，却仅仅报道这些地区、人群、领域的一面或几面，就是不报道全面，其结果是，人们难以真实了解这些地区、人群、领域的整体面目。这样的真实如果还是真实的话，至多是片面的真实，换一种说法就是整体上的不真实。在国际新闻传播领域，第三世界国家的人们常常抗议西方媒体的新闻报道"妖魔化"了第三世界国家及其人民的整体形象，其实抗议的是新闻媒体报道的片面性和不公正性，并不是具体报道的真实性。同样，国内一些人群、一些学者一再批评国内一些本地媒体对"外地人"进行了歧视性的报道，其实也是批评这些媒体没有全面地、公正地报道外地人的整体形象，并不是批评其具体报道的真实性。[①]

第三，微观层面的表现。宏观层面、中观层面的虚假现象，实质是相对新闻报道的整体真实而言的，因而，所谓微观层面的新闻虚假，是相对具体真实来说的。实际上，人们通常主要是在微观层面上讨论虚假新闻问题的。

宏观层面和中观层面的新闻虚假现象毕竟是比较少见的、非常态的现象，况且整体虚假主要是新闻传播在一定时期内的一种整体累积效应，相对来说比较宽泛、模糊，难以做出明确的判断，也难以做出立即的修正。

[①] 这种批评在情感上是可以理解的，但并不一定合理。因为一个媒体不可能把所有的领域都作为自己的目标报道领域，而关于非目标报道领域的报道，作为媒体只能关注一些非常态的新闻事件。媒体应该注意的是，不能只关注那些负面的，而根本不关注正面的非常态的事件。

而微观层面的具体失实不仅是常见的,也是易于识别的,一般情况下,是人们当下可以把握、修正的。相对宏观层面、中观层面整体虚假的累积性而言,微观层面的虚假,其表现方式具有具体性、直接性和即时性。具体性是说,微观层面的虚假针对的是具体的新闻报道,哪篇报道是真实的,哪篇报道是虚假不实的,有着一对一的明确对象。直接性是说,具体虚假会在一篇篇具体的新闻报道中直接表现出来,哪些陈述是真实的,哪些陈述是不准确的,哪些陈述是捏造的、虚构的,直接表现在具体的新闻作品之中,因而是确定的、清楚的。即时性是说,微观层面的虚假会很快在新闻传播过程中表现出来,那些虚假不实的所谓新闻一旦被媒体报道出来,很快就会露出狐狸的尾巴。但宏观层面、中观层面的整体性虚假,只有经过一定的时段甚至是一定的历史时期,人们才能发现它的虚假面目。人们往往长期处在新闻媒体塑造的虚假的新闻符号环境之中而不自知。

微观层面的虚假新闻表现五花八门,有人做了比较细致的分析,归纳出数种具体的表现形式。比如郑保卫先生就将虚假新闻的表现形式概括为十种:政治需要,公开造假;于己不利,隐匿真情;宣传典型,任意拔高;屈从压力,写昧心稿;唯利是图,编造新闻;粗枝大叶,调查不实;道听途说,捕风捉影;知识贫乏,不懂装懂;合理想象,添枝加叶;偷梁换柱,移花接木。[①] 就目前的新闻传播实际情况来看,虚假新闻的表现还有这样一些特点:其一,数量越来越大,范围越来越广。娱乐新闻、社会新闻、体育新闻以及与日常生活关系比较密切的商业新闻、科技新闻仍然是虚假失实报道的主要领域,并且有泛滥的趋势。同时,值得注意的是,一些严肃的国际新闻、政治新闻,也经常出现虚假报道的现象。其二,虚

---

① 郑保卫.当代新闻理论[M].北京:新华出版社,2003:274-278.

假新闻的造假技巧越来越高，隐蔽性越来越强。一些假新闻制造者的造假手段变得越来越"高明"，造出的假新闻越来越像真新闻，新闻的要素齐全，叙述朴实，合乎逻辑，令人一时难以识破。其三，传播速度越来越快，媒介通道越来越多，人际扩散势不可挡，以讹传讹疯狂猖獗。媒体之间的互动，大众传播与人际传播之间的互动，已经成为虚假新闻规模传播的主要原因。其四，造假的媒体越来越多，从大众媒体到精英媒体，从小媒体到大媒体都有造假的行为。一些所谓的主流媒体、权威媒体也有造假现象。更为严重的是，一些媒体的造假行为不只是个别记者或个别编辑不负责任的行为，而是媒体的一种组织行为。一些主流媒体、权威媒体的虚假新闻传播，造成的实际影响是巨大的，引起了人们的高度关注。人们不禁会问：连这些主流的、权威性的媒体都在造假，其他媒体刊播的新闻到底还有多少是真实的？[①] 其五，一些虚假新闻来得快，消失得也快，来源往往难以辨别，这使一些虚假新闻具有更大的迷惑性和欺骗性。当然，与此同时，现代传媒技术、传播手段的发达，使得虚假新闻的"寿命"缩短。媒体之间的激烈竞争，也成为虚假新闻能被迅速揭穿的重要动力。其六，导致虚假新闻不断滋生的原因越来越多，背景也越来越复杂。这也就意味着防治虚假新闻的难度越来越大，任务越来越艰巨。

根据我们对微观层面虚假新闻现象的分析，可以看出，宏观层面、中观层面的虚假是更为复杂的虚假现象；反过来说，实现新闻的整体真实，确实是相当艰难的事情。也许正因为如此，一些人认为，新闻传播只要达到具体真实就可以了。但新闻传播的历史告诉人们：如果从虚假新闻造成的可能影响来说，无论是对社会、受众，还是对新闻媒体、新闻传播者自

[①] 比如，具有全球影响、拥有百年历史的《纽约时报》，其记者布莱尔（Jayson Blair）在伊拉克战争期间，因虚构报道被辞退，最终其总编辑也不得不引咎辞职。[陈斌,贾亦凡,阿仁.2003年十大假新闻[J].新闻记者,2004（1）：21.]

身，整体虚假的危害性都更大，危害的时间更为长久。因此，实现新闻报道的整体真实，应该成为整个新闻传播业、每个具体的新闻媒体、每一位新闻从业者的追求目标。新闻传播需要确立具体真实与整体真实相统一的新闻真实观，需要确立全面报道目标报道领域的新闻观。新闻传播要实现整体真实是艰难的，但自觉追求整体真实是应该的，也是社会良性发展在事实上、实践上所要求的。至少，我们可以说，"坏事情才是好新闻"的新闻观，以及与此相应的新闻真实观，不符合中国的新闻传统，也不符合社会的普遍需求。

（二）虚假新闻的主要根源

产生虚假新闻的根源十分复杂，人们可以从不同的角度对产生虚假新闻的原因进行分析和归类。我这里主要根据上面对虚假新闻表现的考察，从这样几个方面来分析虚假新闻产生的原因：一是从比较宏观的层面探究虚假新闻产生的一般社会原因；二是从新闻传播自身的一些特点出发，分析产生虚假新闻特别是失实新闻难以避免的固有（专业）原因；三是以新闻传播的流程为基本参照，探析产生虚假新闻的管理原因；四是重点从传播主体各个方面的素质、素养出发，分析虚假新闻得以产生的主体原因。

1. 虚假新闻产生的社会原因

新闻传播是在一定的社会环境中进行的，传播内容的真实性必然会受到各种社会因素的影响和制约，政治因素、经济因素、文化因素、社会道德水平的降低、社会心理的波动起伏等，都有可能导致虚假新闻传播现象的产生。这里，我主要从社会道德、收受者社会心理需求变化两个方面说明虚假新闻产生的社会根源，其他因素的负面影响作用，我将在阐释新闻精神的实现问题时一并说明（参阅本书第六章相关内容）。

第一，虚假新闻产生的社会道德根源。虚假新闻在道德上的直接主体根源就是品质上的不诚实，也就是说，虚假新闻是道德上不诚实的产物。提供新闻的人、报道新闻的人、报道新闻的媒体，为什么会在道德上不诚实？其中一定有许多原因。从社会环境方面来说，社会整体道德水平的高低，道德风尚、社会风气的优劣良恶，一定是造成人们是否诚实的一个重要原因，因为人的社会化、人的社会活动只能在社会环境中进行。

从20世纪80年代中期开始，学界就在不断争论中国社会整体道德状况。有些人说"爬坡"了，即道德水平提高了；有人说"滑坡"了，即道德水平降低了；还有人"辩证"一番，得出不痛不痒的既有"爬坡"又有"滑坡"的妙言。至今还没有什么定论。人们的实际感受和基本判断是：我们的社会道德水平整体上在"滑坡"。[①]

如果上面的判断是基本正确的，那么，针对虚假新闻与社会道德之间的可能关系，我们就可以得出这样一个基本判断：社会道德水平的下降，是近些年来虚假新闻泛滥且屡禁不止的重要社会原因之一。新闻界的很多学者在探讨虚假新闻的社会原因时，将其主要归结为某些方面的社会风气不正。这种风气的不正，实质上就是社会道德水平的降低。可以想象，如果一个社会的诚实程度、诚信水平在降低，讲真话的氛围在淡化，就必然会对以"求实为本""真实为命"的新闻传播活动造成负面影响。新闻信息源存在于社会之中，大量的新闻信息要通过社会成员、党政组织机构、企业单位等来提供，如果其中一些道德水平下降了，那么他们向新闻记者、新闻机构提供的新闻信息可能就不那么可靠。有人早就做过这样的观察和论述："社会风气不正给新闻报道带来的损害，主要表现为临时把关

[①] 这里需要注意的是，说道德水平在下降、社会风气在恶化，并不等于说社会不讲道德了，也不等于说主流的道德风尚、社会风气是恶劣的。就当前的中国社会来说，人们有这样一个基本的判断：社会道德的主导状况是良好的，社会风气的主流是良性的。不然，这个社会就难以正常运转了。

人——当事人、目击者、知情者,尤其是掌握一些权力的知情者,向记者提供不准确不真实的情况,或者依仗权势对记者施加压力,使之不能真实地报道事实。"[1] 同样,社会道德环境也会熏染记者、编辑,如果他们受到不良风气的影响,经过他们之手的新闻的真实性就会大打折扣。

第二,虚假新闻产生的社会心理原因。虚假新闻之所以产生、传播、泛滥,我以为不只是造假者、传假者怀有恶意或怀有不可告人之目的所致,也不只是传播者或其他相关人员认识水平不高、道德素质较差所致,它还有一定的社会心理原因,有一定的社会心理需求方面的根源。如果没有某种社会心理一定程度上的支持,没有某种社会心理需求一定程度上的支持,虚假新闻现象是很难形成气候的,虚假新闻本身也是很难迅速传播扩散的。因此,从受众角度分析虚假新闻得以传播的原因,是必要的。

在市场经济条件下,新闻传播业的总体形势已经发生了很大的变化,总体社会环境与已往有很大的不同,由此导致了一系列的变化:新闻媒体的传播价值取向在变,利益追求在变,生存发展方式在变,生存状态也在变。所有的变化归结为一点,就是媒体要靠市场生存和发展。这也就意味着,满足新闻收受者的需求已经成为新闻传播的根本动力,成为新闻传播的出发点和归宿。新闻报道能否得到广大受众的认可,直接影响、决定着媒体的当下状态和未来命运。因此,相对新闻媒体及其从业者而言,新闻收受者可以看作是一种影响和制约新闻传播的巨大社会力量。

对于虚假新闻现象,经验事实告诉我们,绝大多数人持抵制、批评、拒斥的态度,这是社会心理的主流。也正因为这样,虚假新闻才不可能占据新闻传播的主流,它也不可能湮没真实的新闻报道。这也是我们讨论虚

---

[1] 蒋亚平,官健文,林荣强. 新闻失实论:上册[M]. 北京:中国新闻出版社,1986:167-168.

假新闻与社会心理关系的一个前提。但认可虚假新闻的心理支流也是存在的，并且危害是极大的。有了这样的支流，才使虚假新闻有了存活传播的根据和时空。收受者对待虚假新闻的心理态度和实际行为，会直接或间接地影响虚假新闻的制造与传播。一些虚假新闻，是社会心理需求促生的，是传播者在收受者需求的压力下制造、生产的；一些虚假新闻是迎合受众心理需求的结果，是传播者以异化方式保持与受众亲密关系的产物。有学者指出："记者编辑选择新闻的标准不是其社会价值和现实意义，而仅仅是为了满足受众的心理需求。随着受众兴趣逐渐转向社会新闻，即使记者编辑主观上有正确引导的意图，但往往也经不住精彩'事实'的诱惑。"[①]而当没有"精彩事实"不断出现时，造假的动机与行为便产生了，"特别是当生活的深层意义被高密度、快节奏的物质性内容填平之时，以真实、现在完成时态的面貌出现的有意思的虚假社会新闻，便为受众提供了一种精神上的刺激或松弛，赋予一种现实感很强的生活意义（无论是娱乐还是生活哲学）"[②]。当现实不再那么精彩时，虚构的景象便成为替代品。当现实的一些事物成为压力时，虚构这条小道便成了轻松的途径。激烈的市场竞争，使人们的生活压力、心理压力普遍明显增大，人们不想在少得可怜的空闲时间里，还去阅读思考严肃的新闻报道。"只要是轻松的，就是我需要的"，"是真是假，我不在乎"，这样的心理，一旦被一些"敏感"的记者嗅到，相应的"新闻"也就一篇一篇诞生了，这正是娱乐新闻、社会新闻、体育新闻中假新闻多的重要原因之一。

社会变革中出现的不健康心理、不合理需求成为制造、传播虚假新闻的重要心理基础。在社会变革中，人们的心理也在变化。物质环境、精神文化环境、社会生活环境变化了，人们的心理不可能不发生变化。在与社

---

① 陈力丹. 假新闻何以泛滥成灾？[J]. 新闻记者，2002（2）：22.
② 同①23.

会环境的互动中，人们会不断产生新的心理和新的需求，然而，新的心理并不都是健康的，新的需求并不都是合理的。在一定社会历史时期的剧烈变革中，甚至会促生一些畸形的社会心理。社会心理尽管寓于主体内部，是对一定社会客体的精神反映，但它可以表现、外化出来，成为一定的社会现象。心理是不可见的，但现象是可见的。可见的现象就会直接或间接影响他人的行为，这正是社会心理的实质。[①] 在新闻传收活动中，不少人对虚假新闻，特别是对那些相对来说对社会生活影响较小的虚假社会新闻、娱乐新闻等，往往不以为意，认为无所谓，不过是娱乐消遣而已，何必当真。在实际生活中，人们不难发现，一些人有时明知某条新闻是虚假新闻，也会津津有味、眉飞色舞地向他人传播。这种不反对甚至认可虚假新闻的心理态度及行为，在客观上无疑会助长制造、报道、传播虚假新闻的风气。收受者对待虚假新闻的心理态度和实际行为，必然会影响传播者的心理和行为，因为他们之间的关系是整个新闻传播活动中最紧密的一对关系。不可否认的是，一些媒体及其从业人员也会迎合一些受众不健康的心理，满足其不合理的需求，不仅出现了新闻传播中的媚俗现象，也导致了虚假新闻的泛滥。

2. 虚假新闻产生的固有原因

所谓虚假新闻产生的固有原因，就是从新闻传播业和新闻传播活动本身的特点出发，去探究导致新闻失实的原因。新闻传播自身的一些天然特点，往往是造成新闻失实的根源。

首先，由传播"及时性"造成的"合理失实"。人们普遍认为，新闻传播的及时性要求，是导致新闻失实最突出的一个固有原因。恩格斯早就

[①] 我国著名社会心理学家沙莲香认为："所谓社会心理，是人们在社会生活中自发产生，并互有影响的主体反应。""不是所有的心理活动都能成为社会心理，只有在社会成员间起影响作用的心理才是社会心理。"（沙莲香. 社会心理学 [M]. 北京：中国人民大学出版社，1987：34-35.）

讲过这样的话，他说："新闻事业使人浮光掠影，因为时间不足，就会习惯于匆忙地解决那些自己都知道还没有完全掌握的问题。"① 确实，在实际的新闻传播活动中，传播者经常要在极为有限的时间内完成一次具体的报道，他们难以对新闻事实进行全面、深入的了解。在这种情形下所做的报道，其真实性必然是有限的，甚至会出现失实的现象。"及时"与"真实"始终是新闻传播中的内在矛盾，传播者只能努力去解决，却永远不可避免或消除这对矛盾。

新闻传播的及时性甚至实时性特征，使得新闻报道必然出现一些只能通过后续报道加以修正的错误和失实现象，这既是为了保证"及时性"必须付出的代价，也是新闻收受者应该"忍受"的一种错误或失实。因而，我把这样的失实称为"合理失实"，它是收受者应该以宽容态度对待（传播者）的一种失实。同时，作为新闻的收受者，应该懂得新闻传播的这种特点，从而能够正确对待和理解一些在时间性上有特殊要求的新闻报道。如果真的想通过新闻报道来了解把握一些事实的整体情况，就得持续关注媒体对相关事实的报道。但对新闻传播者来说，则要把握好报道的时机，尽可能减少这类失实情况。

其次，客观条件限制造成的必然失实。一些新闻事实客观上的复杂性，采访条件的限制，都会增加新闻真实实现的难度，这也是新闻失实的一个内在原因。在尽可能短的时间内，在发挥空间极其有限的采写环境中，完全真实地报道复杂的新闻事件，几乎是不可能的。有时，即使有充分的时间做保障，也难以全面揭示新闻事实的真实面目。有些事实要素、片段、事项及其相互关系，无论传播者做出多大的主观努力，可能都仍然是解不开的谜，只能留给他人、留给将来。真实只能在过程中实现，失实

---

① 马克思，恩格斯. 马克思恩格斯全集：第37卷 [M]. 北京：人民出版社，1971：319.

也只能在过程中不断地去纠正。

最后，采访方式造成的"干涉失实"。新闻采访中很难完全避免的"霍桑效应"①，或由采访行为本身对事实正常状态造成的可能"干扰""干涉"效应，是导致新闻失实的一个重要原因。

采访行为对采访对象正常表现的干扰，是新闻采访中一种常见的、比较难以避免的现象。对此，我们的研究还没有给予足够的重视。新闻记者一旦进入采访，特别是对正在发生的事实、事件进行现场公开采访，就会影响甚至改变一些事实、事件的表现和进程。如果记者的采访行为受到采访对象的关注和重视，一些介入新闻事件、事实的人，常常会改变他们自然的、本来的行为状态，致使记者很难发现事情的真实面目或者本来面目。在记者的采访镜头前，一些被采访者、被观察者常常会戴上面具，他们的言行在一定程度上具有了表演的性质。因此，许多所谓的新闻事实，实质上是记者的采访行为促发、干扰而成的事实，它与没有采访干扰的自发的、自然状态的事实有一定的差别。在现实中，人们更会看到，有些所谓的新闻事实就是为采访而准备、为采访而精心创造的。尽管我们不能说受到采访行为干扰的事实就是不真实的事实，但采访行为本身一定会改变事实的自发状态，这是不争的事实。对这种"干扰效应"的自觉，对新闻记者如何运用采访技巧以保证采访的有效性、获取信息的真实性，具有重要的提醒作用。

3. 虚假新闻产生的管理原因

所谓管理，"是对一定组织所拥有的资源进行有效整合以达成组织既定目标与履行责任的动态创造活动"②。新闻机构是一种严格的组织，有

---

① 所谓霍桑效应，是指那些意识到自己正在被别人观察的个体具有改变自己行为的倾向。（风笑天. 社会学研究方法 [M]. 北京：中国人民大学出版社，2001：5, 38.）

② 张中华. 管理学通论 [M]. 北京：北京大学出版社，2005：3.

其自身的经济活动、行政活动、业务活动、人事活动等。如果组织、管理上不够严格，不按制度规范办事，就可能出现各种各样的问题。由于新闻报道是新闻媒体的核心工作，因此，我们可以说，确保新闻报道的真实性、防止虚假新闻出现，就是新闻媒体的核心管理目标，其他方面的管理工作，都应该为正常的、高效的新闻传播工作服务。在通常情况下，管理上的哪些漏洞容易导致虚假新闻出现呢？我们不可能把所有的情况一一列出，但以下几种可能是最主要的。

第一，确保真实报道的组织结构不健全或者是"全"而不"健"。"设计合理的组织结构是管理的基础，也是管理的必要条件。"[①] 具体讲，为了保证新闻报道的真实性，要求新闻媒体必须建立完备的新闻传播组织流程，使新闻传播从采访到最后的刊播都有严格的组织程序保障。应该说，新闻传播业发展到今天，如何从组织结构上、传播程序流程上保证新闻的真实性这一基本问题已经解决了。目前的主要问题是：一些新闻媒体的业务组织结构"全"而不"健"，不能发挥正常的作用。新闻稿件表面上经过了一道道组织关口的把关审查，但实质上只是在流水线上从头到尾"安然无恙"地跑了一趟，最后堂而皇之流向了社会公众。

第二，责任不明确。管理，本质上是对人的管理，人力资源是最重要的管理对象。管理，说到底就是利用各种措施和办法把组织成员合理地组织起来，有机地配置起来，去共同完成一定的任务，实现一定的目标。因而，进入组织的每一个人，都必须承担明确的任务和责任，这样，他才能成为名副其实的组织成员。一些新闻媒体，为了实现新闻的真实报道，建立了比较合理的新闻传播流程，流程的每一环节也安排了不同的人员，但他们的具体任务是什么、责任是什么，并不十分明确。当岗位责任不明确

[①] 郑杭生.社会学概论新修[M].3版.北京：中国人民大学出版社，2003：209.

时，就等于没有人为稿件的真实性负责，哪一个环节责任不明确，哪一个环节就会出问题，而不管哪个环节的哪个人出问题，最终都会影响新闻的真实性。

第三，人才使用不恰当。管理既是科学，也是艺术。管理者充分考量组织成员的不同能力、个性和特点，使其恰在其位，人尽其用，是实现管理目标、提高管理效率的根本所在。恰当的人在恰当的位置上才能产生恰当的结果。在一些（并不是全部）新闻媒体中，人们常常发现这样的人员安排方式：不大愿意在外跑的人做编辑，新来的大学生上夜班（做版面编辑），各部门不太想要的人做校对……试想，这样的安排科学吗？合理吗？能够保证工作质量吗？能够保证新闻的真实性吗？事实上，已经有大量的事例说明，不恰当的人员安排是造成新闻失实的一个重要原因。

第四，赏罚不明。科学的管理依赖的是科学的、合理的制度规范。管理要有效，必须依赖一定的、具体的、可操作的奖励与惩罚措施。没有赏罚的管理措施是乏力的、空泛的。赏罚不明，容易导致组织成员推脱所承担的责任，失去或淡化应有的责任感，对工作采取好坏都无所谓的态度。果真如此，经过这些人之手的稿件，其真实性就很难得到保证。

4. 虚假新闻产生的主体原因

尽管新闻传播业早已进入制度化、规模化、组织化、系统化的时代，但显而易见的事实是，新闻的采访、写作、编辑仍然是个体性为主的精神劳动。因此，新闻失实的成因主要应从新闻活动主体，特别是传播主体身上去寻找。"社会、新闻界双重环境对新闻失实的种种影响，最终要通过新闻工作者个人才能实现。""新闻工作者的职业道德、思想方法、采访作风、工作态度、知识水平、工作经验等，与新闻能否真实有密切关系。"[1]

---

[1] 蒋亚平，官健文，林荣强．新闻失实论：下册［M］．北京：中国新闻出版社，1986：251.

如果加以总结概括，可以把导致虚假新闻的主体原因归结为以下三个大的方面。

首先是新闻职业道德原因。新闻报道的质量首先依赖记者、编辑的"质量"。记者、编辑是新闻传播过程中最重要的"把关人"。"以德为本"的观念，是做一个合格的职业新闻活动者的基本观念。如果一个记者、一个编辑的职业道德理念出了问题，那么他作为职业新闻活动者的资格便从本质上失去了。一些职业新闻活动者不遵守职业道德规范成为虚假新闻产生、泛滥的根本原因。如前所述，实事求是，揭示事实真相，报道有意义的新闻，应该是也必须是最基本的职业精神。任何一个职业新闻活动者，如果没有这种基本精神，不具备基本的职业道德品质[①]，他就会在采访、写作、编辑等各种创制新闻作品的环节中，绞尽脑汁、挖空心思，"创造"出无数种防不胜防的方法和技巧，为自己谋名谋利，或者为他所代表的利益集团、为自己的媒体、为自己的亲朋好友等牟取不正当的利益。这样做的结果必然是：要么传播有偿新闻，要么制造虚假新闻、报道失实新闻。

其次是缺乏认真工作的态度和作风。新闻实践经验反反复复告诉人们，对于职业新闻活动者来说，造成虚假新闻报道的主要原因（第一位的原因）是一些记者、编辑缺乏认真的工作态度和扎实的工作作风。绝大多数新闻媒体刊播的虚假新闻都是由"粗心""忽视""以为""想来不会有错"之类的原因或想法导致的。如果把这些东西概括、凝结成一个短语，就是"不认真"。不认真，实质就是对自己的工作不负责任，就是缺乏新闻职业精神。从这一意义上说，工作态度不认真、作风不扎实，就是缺乏职业责任感或职业道义的表现。

[①] 我将在第六章相关部分专门讨论新闻活动主体实现新闻精神要求应有的基本品质。

最后是认识能力问题。在新闻报道中，对于职业新闻活动者来说，造成新闻失实的另一主要原因是缺乏必要的知识素养和足够的认识能力。新闻是对新闻事实认识结果的反映和报道。任何记者都只能报道自己认识到的东西。因此，记者的认识能力、知识储备将直接决定其报道的全面性、准确性和正确性。如果对事实不能达到正确的认识、真实的把握，无论如何妙笔生花，写成的新闻作品内容都不可能是真实的。对新闻事实的认知过程，从发现、选择到确定，再到符号化再现，每一环节都有可能由于认识能力的不足而失误出错。记者的发现能力、选择能力、写作能力等，都会直接影响作品内容的真实性和准确性，每一种能力的欠缺，都有可能影响新闻的真实报道。

对职业新闻活动者来说，以上所述是造成新闻失实的主要主体原因。如果说职业道德、工作作风问题按俗语所言属于态度问题，那认识能力就属于水平问题了。在新闻实践中，造成新闻失实的原因往往不是单一的，新闻失实往往是多种原因共同作用的产物。因此，对新闻活动者来说，全面提高自身素质需要终身的自觉努力。

（三）防治虚假新闻的方法

虚假新闻对社会、对新闻传播业自身及其背后的控制者和管理者、对社会公众及新闻活动者都有着巨大的危害性。[①] 因此，如何防治虚假新闻始终是整个社会特别是新闻界关注的重大问题，它直接关系到新闻界能否真正为社会公众提供有益的服务，能否真正维护社会公共利益，能否真正在新闻传播领域充分体现实事求是的科学精神。那么，如何有效防治虚假新闻现象呢？

---

① 关于虚假新闻危害性的详细阐释，有兴趣的读者可参阅下列文献：杨保军．新闻真实论［M］．北京：中国人民大学出版社，2006：207-313．

1. 营造良好的社会诚信环境

社会诚信环境对于以真实为生命的新闻传播来说，具有特别的意义和价值。新闻传播活动仅仅依靠新闻机构、职业新闻活动者是难以高效运行的，新闻媒体作为一种信息平台、意见论坛，确实是公共事物、社会公器，需要全社会的爱护和支持。如果我们确信媒体、记者获取新闻信息的核心渠道、常态途径，是存在于社会中的各种各样的新闻资源拥有者，那么，这些信源主体的素质高低，对于记者能够获取的新闻信息的质量就是至关重要的。新闻信源主体以离散的方式广泛存在于、变动于社会环境之中，因而，尽管每一个体性的新闻信源主体必然在认知能力、道德素养等方面存在着一定的差异，但从总体上说，一定社会环境的整体质量特别是社会整体的诚信程度，对于真实传播的实现有着整体的、普遍的、实质性的影响。

新闻报道的真假与支配它的意识形态的真假有着直接的联系。透过历史发展的轨迹，我们可以看到，一些政治制度以及由它所决定的新闻制度，把人们普遍塑造成战战兢兢的告知者、遮遮掩掩的表达者、滔滔不绝的多面人、地地道道的造假者，这既是一种制度的悲哀，也是整个社会的悲哀。在这样的社会环境中，设想新闻传播的真实是可笑的。在民主的社会里，人们才有普遍的讲真话、告实情的自由和勇气。在具有新闻和出版自由的社会中，新闻媒体和记者才能够以新闻的原则和方式将一些事情的真实面目揭露、呈现在公众的面前。尽管自由、民主不能保证所有的社会主体讲真话，但一个社会具备这样的政治、社会条件，一定有利于建设诚信的社会环境，一定有利于虚假新闻报道的减少。

一定社会的诚信，从直接现实上看，是政府的诚信、执政党（当然也包括非执政党）的诚信，是所有社会组织、机构、团体的诚信，是每个社会成员的诚信。只有构成社会环境的不同主体要素都诚信了，才有可能共同营造出一个诚信的社会环境。只有在这样诚信的社会环境中，构成社会环境的不同主体才会在面对新闻媒体、新闻记者的采访时讲真话，至少不讲假话或少讲假话。在污秽的环境中，讲卫生的人也会变得不讲卫生或很难讲卫生；在整洁的环境中，卫生习惯不好的人也会讲起卫生来。这正是环境的作用。人在改造环境，环境也在改造人。环境是一种氛围、一种气息，它似乎看不见、摸不着，但时时都可以感受得到，处处都在影响着人们的言行。

诚信的社会环境内含着诚实的信息环境，如上所说，它对于真实的新闻传播具有重要的作用。我们很难想象，一个空话、大话、套话、谎话、鬼话满天飞的社会，一个不讲诚信的社会，一个人们之间缺乏基本信任的社会，会有良好的、真实的新闻传播存在。任何一个社会中都会有"出淤泥而不染"者，都有敢讲真话、不怕杀头的人，但同样有大量的人会被恶劣的环境污染，改变自己纯真的心灵和面目，讲假话却不脸红，讲谎话而自鸣得意。防治虚假新闻需要人们普遍具有诚实的品格，因此，新闻界要和其他社会力量一起，共同营造、培养诚实的社会风气和环境，这对新闻的普遍真实有着规模化的、长远的影响。

2. 制定必要的法律规范

维护新闻信息秩序，需要社会建立一系列的制度规范，法律规范便是最重要的一种。新闻法律规范，一方面能够对新闻媒体及新闻活动者的合法行为予以支持、鼓励，调动新闻媒体及新闻活动者的积极性，对媒体及新闻活动者起到正面作用和影响；另一方面，对非法的、消极的新闻传播行为能够进行及时有效的纠正，维护新闻传播的正常秩序。

虚假新闻会给社会、媒体、相关的当事人以及广大的收受者造成不同程度的负面影响，有些会造成比较严重的危害，甚至构成新闻违法和新闻犯罪行为。因此，采用法律措施防范虚假新闻、惩处严重的虚假新闻传播行为是十分必要的。诚如一些学者已经指出的："只有将对虚假新闻的治理纳入法律的范畴，让有关责任人承担相应的法律责任，才能从根本上解决虚假新闻问题。"①

法律规范是人们必须遵守的规范，它的背后是国家机器。同样，作为法律的新闻法律规范，会以它特有的刚性约束力量，对限制和减少虚假新闻报道发挥不可替代的作用。世界上已有的新闻法规，都包括惩治虚假新闻的条款。在没有新闻法规的国家中，也会在其他法律中规定一些相关条款，惩治那些构成违法犯罪的虚假失实报道。中国现有的新闻法规，也包括防范、惩治虚假新闻的原则和条款，对那些故意制造传播虚假新闻的媒体、个人（包括非职业新闻活动者，主要是向媒体提供信息的新闻信源主体）予以约束和惩罚。新闻法规是保护新闻自由、保护真实报道的法律，反过来说，就是惩治滥用新闻自由、进行虚假失实报道的法律。

3. 充分发挥社会公众的监督作用

首先，利用社会舆论力量，通过社会公众监督新闻媒体、新闻活动者的新闻传播行为是非常必要的。英国当代著名经济学家肯·宾默尔说过这样一句话："一个社会仅仅有了监督者是不够的，问题是谁来监督监督者，答案是我们必须彼此监督。也就是说，在一个健康的社会里每个人的行为都必须是均衡的。"② 我们知道，新闻媒体所传播的内容、具有的价值追求，既不是天然正确的，也不是天然公正的，会因为各种各样的原因在新闻报道中产生错误、制造错误。有些错误是它们故意制造的，有些错误则

---

① 蓝鸿文.新闻伦理学简明教程 [M]. 北京：中国人民大学出版社，2001：81.
② 宾默尔.博弈论与社会契约：第1卷 [M]. 王小卫，钱勇，译.上海：上海财经大学出版社，2003：46. 近些年来，在中国有一个非常流行同时也非常严肃、重要的疑问："媒体监督社会，谁来监督媒体？"实质上询问的就是谁来监督监督者的问题。

是无意间产生的。但不管哪类错误，都会给社会带来一定的负面作用，都需要修正，需要媒体或者新闻活动者承担必要的社会责任。因此，指出这些错误是必要的，而能够指出错误的最庞大、最有力、最实际的人群就是广大的社会公众——作为新闻收受者的社会公众。

其次，社会公众监督媒体新闻报道真假虚实是可行的。其理由或根据是这样的：第一，社会公众拥有监督媒体的法律权利和道德权利。对媒体的监督是公众民主权利、新闻自由权利的延伸。第二，公开性是新闻传播的一个重要特征，公开就意味着新闻传播在原则上是可以被监督和能够被监督的社会行为。隐蔽的、不透明的、不公开的行为，人们是很难监督的。新闻报道的过程本质上是公开的，结果的真假虚实、正确错误也是公开的。因而，在常态情况下，社会公众可以在阳光之下识别、审视新闻报道的实际面目。第三，社会公众具有识别、判断真假新闻的基本能力。其一，新闻事实就发生在公众的身边或周围，总有人是新闻事实的创造者、当事人、知情者，充当着新闻来源（新闻信源主体）的角色，这就从原则上决定了社会公众只要愿意，就有充分的根据去识别、判断媒体新闻报道的真假虚实。其二，已往的新闻传播与收受经验告诉人们，社会公众是有能力判断新闻真假的。比如，近些年来中外一些重大假新闻、失实新闻的发现者，主要不是媒体自身，而是普通社会公众。其三，随着社会的整体进步，社会公众的素质，包括媒介素质都在不断提高，对新闻传播的特征和运作机制的了解程度也在提高，自己运用媒介特别是网络媒介的能力也在迅速提高，等等。从这几点可以看出，通过社会公众监督防治虚假新闻是一条有效的、可行的途径。

4. 实行行业及媒体的自我管理与相互监督

导致虚假新闻产生的原因尽管各种各样，但说到底，从直接性上看，内部原因是最根本的。大环境必须通过小环境才能最终影响具体的新闻报道活动。因此，就新闻界而言，应该主要从行业角度、媒体自身、新闻活动者自身出发寻求防治虚假新闻的办法。

第一，通过各种学习、教育手段，确立新闻必须真实的基本观念。确立新闻传播的专业理念，是防治虚假新闻必须具有的前提。"新闻事业最高的理想是反映和坚持真理，报道事件的真相，为人民的利益而呐喊。"[①]整个新闻界要从新闻传播的规律层面上认识到，没有真实，就没有新闻；要从新闻传播的伦理层面上认识到，没有诚实，就没有新闻。前者是"是"的要求，后者是道德的"应该"。只有在真实问题上确立这样的基本观念，才能从内在精神上确保新闻的真实。没有真实的观念，就不会有真实的新闻。但时至今日，确实还有一些媒体及其从业人员认为，社会新闻、娱乐新闻、趣味新闻等，假一点、错一点，想象一点，夸张一点，无伤大雅，是可以一笑而过的事情，何必那么一本正经、严肃认真；一些人认为把好人、正面典型写得"高、大、全"一点，把坏人、负面典型写得比实际上更坏一点，不会有什么问题；有人认为把国外的新闻写得离奇一点，把科技新闻写得玄乎一点，把法制新闻写得耸人听闻一点，把热点新闻炒作一下，"卖点"就会更亮一点。如此种种，过去有，现在仍然有。只要类似"一点、一下"的观念存在，虚假新闻就有活动的点点时空；只要类似"一点、一下"的观念不断滋长，真实新闻报道就会在"点点"渗透中漏洞越来越多、越来越大。虚假新闻是整个新闻行业长期面对的困境之一，因此，从整个行业范围以及构成行业的基础组织——新闻媒体出发，制定行业规范，提出防范措施、进行相互监督是十分必要的。

第二，制定行业规范，建立必要的行业内部组织。为了约束新闻传播活动中各种不正常的行为，确保新闻业的健康发展和新闻从业队伍的纯

[①] 刘建明. 新闻学前沿：新闻学关注的11个焦点[M]. 北京：清华大学出版社，2005：226.

洁，几乎所有国家的新闻行业，都根据本国新闻业的传统和实际，制定了不同范围、层级的职业（道德）规范。在这些规范中，有专门性的规范，比如专门防治虚假新闻的规范、专门防治有偿新闻的规范等；有综合性的规范，比如针对新闻工作中各种不良现象制定的综合性的规范；有针对整个新闻业的道德规范，比如，由各国有关组织机构制定的全国性的新闻职业道德规范、守则等；有针对不同新闻媒介形态领域的道德规范，比如，由报业协会、广播电视协会、网络传播协会等类似组织制定的一些职业道德规范等；有由几家或数家新闻媒体联合制定的有关职业道德的规范；有针对某一类新闻活动者的职业道德规范，比如针对新闻播音员、新闻节目主持人等制定的具体的职业道德规范；等等。但不管什么样的规范，都会有一个基本精神，那就是真实报道新闻。我们可以说，新闻行业制定的大大小小的无数规范，有一个稳定不变的总目标，即实现真实报道。

建立必要的行业内部组织，监督和处理行业内部出现的一些问题，是世界各国新闻界普遍采用的一种行业自我管理方式。其中，防治虚假新闻现象是行业内部组织的重要任务之一。比如，流行于西方一些国家的新闻评议会，就是一种评价新闻媒体及新闻活动者职业行为的专门性组织，它通常由新闻行业机构组织行业内相关人士组成。新闻评议会担当许多职责，但从防治虚假新闻的角度看，它的主要职责是受理收受者关于虚假新闻、失实新闻的投诉，进而评议相关新闻媒体及新闻活动者的新闻报道行为是否合理或恰当，形成一定的裁决意见或决议，要求并监督新闻媒体及其新闻活动者执行裁决意见。新闻评议组织还拥有一定的处罚权，可以对造成虚假新闻结果的当事人进行诸如警告、记过、罚款、开除（指开除其职业资格）等处罚。

第三，展开媒体间的相互监督。行业内（新闻业内）的相互监督、相互批评、相互揭露是防治虚假新闻的一个有效措施。同行（内行）更容易判断新闻的真假虚实，最容易看出新闻真实问题的破绽或漏洞。因而同行的善意指正或批评往往一针见血，更令人信服。来自同行的批评意见，自然是具有权威性的"专家"性的意见。因而，同行的批评往往是最值得严肃对待的批评。相互监督不仅能够促使每个媒体严格约束自己，认真对待每一次报道，更为重要的是，它有利于整个新闻行业良好风气的形成。如果一家媒体不断在新闻的真实性上出现问题，那么即使它的新闻传播速度快、独家新闻多，它的竞争力也会受到严重影响，社会影响力会不断减弱。当然，行业内部媒体间的相互监督，必须从善意出发，坚持以事实为根据。揭露、批评任何一家媒体的虚假新闻的报道，其本身也是一种非常具有吸引力和影响力的新闻报道。因此，监督本身必须坚持新闻传播的真实性原则。否则，正当的监督可能会演变成不同新闻媒体之间的相互攻击，甚至导致法律纠纷，如此，最终伤害的不仅是个别的媒体，也会损害整个行业的健康发展。

第四，从新闻媒体角度看，最重要的是制定并严格实施防治虚假新闻的规范或措施。这里所说的规范或措施，指的不是一般的新闻道德规范、自律守则，而是具体媒体制定的防治虚假新闻的具体的规范或措施。规矩是标准，是尺度，它划定了一定的行为界限，对人们的言行既是一种约束，又是一种实实在在的、具体的指导。防治虚假新闻的措施必须具体实在，具有相对比较严格的针对性和可操作性。媒体可以根据新闻传播的实际流程，针对每个环节、每道程序的特点，根据易于出现失实的各种问题，制定必须被严格遵守的具体措施[①]，这样，经过环环相扣的严密防范，也许不能保证彻底消灭虚假新闻，但一定会降低虚假新闻产生的概率。这里，我想特别强调一点：在各种防治虚假新闻的规范或措施中，必

---

① 比如，一些报社制定了比较严格的编辑规范或编辑手册，对如何处理编辑过程中发现的一些问题，特别是真实性问题，有着详细的、具体的处理方法。

须包括惩戒性的内容，并且在实际执行中不打折扣。也许我们无法完全说清为什么，但我们确实发现：一般情况下，没有人真正愿意自觉遵守没有惩戒措施的规范。当一种规范没有惩戒措施做最后的保障时，它便是无力的甚至是无效的规范。

5. 新闻活动者的自律

新闻传播的具体任务，最终总要落实到新闻活动者身上。不管是外部的制度，还是内部的管理约束，都只有在记者、编辑的具体工作中才能得到落实。这就意味着，只有新闻活动者能够真正自觉自愿地严格要求自己，真实报道才能真正实现，虚假新闻也才能得到有效防治。自觉自愿地按照各种规范约束自己的职业行为，就是"自律"，它是防治虚假新闻的根本途径之一。

自律的含义是用一定的规则来约束自我。新闻自律最基本的含义，是指新闻传播活动主体（主要是作为职业活动者的新闻传播者）用一定的准则或规范约束自己的新闻传播行为。新闻自律首先是为了使新闻传播者成为一个自律的人，也就是成为一个具有新闻道德素质或修养的从业者，这是新闻自律最直接的目的；其次，新闻自律只是一种手段，目的是让自律者能够做出符合新闻传播规律的新闻报道——真实的报道、有意义的报道。

三、合理怀疑，坚持证实

中国科学哲学专家刘大椿先生讲过这样一段话："真正的科学精神是：怀疑所谓既定权威的求实态度；对理性的真诚信仰，对知识的渴求，对可操作程序的执着；对真理的热爱和对一切弄虚作假行为的憎恶；对公正、普遍、创新等准则的遵循。可以毫不犹豫地说，它们是人类精神中最深层次的宝贵内涵，是与现代迷信做斗争的锐利武器。"① 这是对科学精神比较全面的阐释，可以看出他对合理怀疑的强调。依据新闻实践，可以说，新闻认识过程始终是一个怀疑报道对象真实性的过程，因而也是一个不断证实或者证伪事情真实面目的过程。这与科学研究追求真理的过程在本质上是相似的、一致的。因此，合理怀疑，坚持证实，是新闻精神作为科学精神必然具备的内容。

（一）证实的主要对象

新闻真实是认识论范围的真实。真实性的证实就是要证实新闻信息的真假虚实，因此，新闻证实的直接对象就是已经形成的对新闻信息或新闻事实的判断。证实的过程就是为这些判断寻求确定的事实根据的过程。新闻证实的对象可以通过对"前在证实"和"后在证实"的理解达到具体确切的把握。

前在证实，就是在新闻刊播之前对"潜在新闻"（还没有处于传播状态的新闻）的证实。前在证实的对象，包括每一则可能刊播的新闻。也就是说，所有的新闻，其真实性都要在刊播之前得到证实。前在证实因而是一种常态性的证实活动，贯穿在记者、编辑的日常工作中，贯穿在记者的每一次采访活动、每一篇稿件的写作中以及编辑对每一篇稿件的编辑中。后在证实，顾名思义，就是在新闻刊播之后对新闻进行的证实活动。后在证实的对象不是所有的新闻，而是被认为属于假新闻的新闻、属于失实新闻的新闻。因此，后在证实是一种比较特殊的证实。虚假新闻的危害性，要求新闻媒体在发现、认定虚假新闻之后，必须进行及时的更正，以降低虚假新闻的负面影响。

---

① 王文章，侯样祥. 中国学者心中的科学·人文：科学卷 [M]. 昆明：云南教育出版社，2002：137.

人们是通过检验句子（判断）的真实性来检验具体认识的真实性的。"思想观念通过句子表达出来之后，我们通过讨论句子的真假来讨论思想观念的真假，讨论认识的真假就是十分方便的事了。所以句子的真假其实是认识的真假、思想观念的真假。"① 不管是前在证实针对的新闻信息，还是后在证实针对的新闻信息，首先都必然表现为一定的判断，可以通过一定的语句陈述出来。② 当然，前在证实面对的新闻信息与后在证实面对的新闻信息具有一定的差别。对前在证实来说，记者的证实对象是全面的，即他要证实获取的所有信息的真实性；编辑的证实对象是部分性的，即主要是把新闻稿件中有疑问的新闻信息作为进一步证实的对象。对后在证实来说，面对的是假新闻或失实新闻，因而，为了确证新闻的虚假性，需要把新闻作品中包含的所有信息单元的真实性一一加以验证。如果新闻作品不是由故意造假、故意失实造成的，那么，后在证实面对的新闻作品中的新闻信息，一些信息的真实性可能已经经过相关记者、编辑在新闻刊播前的检验，只不过他们没有检验出相关信息的虚假性，因而，新闻刊播后的证实是一种重新验证，在原则上具有二次证实、检验的特点。

如上所言，新闻证实的直接对象就是传播者对新闻事实形成的判断。而判断依赖的是一定的事实，这样，如果我们做进一步的追问，就会发现：新闻真实证实的实质，是去证明一定的新闻事实是否真的存在（曾在或正在），是否真的如记者获取的新闻信息、编辑面对的新闻稿件以及新闻作品所反映的那样存在着。因此，新闻证实的间接对象或者延伸对象应该是新闻事实。也就是说，追根寻底，新闻真实证实工作最终要证明的

---

① 郭继海．真理符合论的困难及其解决［M］．北京：中国社会科学出版社，2003：52.
② 关于新闻事实或新闻信息的反映，形成或表现为一定的事实判断句。在新闻稿件或新闻作品中，这种事实判断句是直接存在的，构成新闻稿件或新闻作品的组成单元。在记者采访过程中，这种判断句存在于记者的大脑之中，构成记者获取新闻的组成单元。

是：新闻中将要报道的或已经报道的内容，是否具有事实根据。证实，正是寻求最终事实根据的过程。

(二) 证实的基本方法

如前所述，新闻事实是衡量新闻是否真实的唯一标准，与事实符合的新闻就是真实的，否则就是虚假的。如何运用事实标准具体衡量新闻的真实性，即通过什么样可行的、可操作的、有效的方法去实施证实活动，这才是新闻真实证实中的关键问题。证实新闻真实的方法可以分为两个层面：一是一般的证实途径；二是依据新闻传播过程的具体操作性方法。当然，这二者是密切相关的，具体方法可以说是对一般方法的实证化运用。因此，这里我仅从普遍层面来阐释新闻真实的证实方法。

证实新闻真实的一般途径主要有以下几种。

第一，逻辑分析证实法。逻辑分析通常是证实的"首先"方法。"当我们要检验一种认识的成立与否或认识内容的真假时，我们首先从事逻辑检验，即首先根据对认识的既定内容的分析来确定认识能否成立；如果仅凭对既定内容的分析，既无法确定成立，也无法确定不成立，那才需要通过对既定内容的实际确立来确定是否成立。"[1] 逻辑分析方法，主要是通过对各种信息之间逻辑关系的分析进行的，基本目的在于寻找逻辑上的破绽和漏洞，发现可能的事实错误。逻辑分析法的实质是把整体新闻[2]结构分成不同的自然信息单元或要素，然后再看不同信息单元、要素之间的关系是否合乎逻辑——叙事结构的逻辑（语法、语句结构的逻辑）、事物发展变化的一般逻辑、人们实践行为的一般逻辑。如果不合逻辑、不合常理，其新闻的真实性便是可疑的，有必要进行验证。

---

[1] 刘永富.真假论纲［M］.北京：中国社会科学出版社，2002：135.
[2] 整体新闻即完整的新闻稿件、新闻作品或者是相对比较完整的新闻信息单元。

对于记者来说，分析的主要对象是自己在采访中获取的关于同一新闻事实的各种不同信息，特别是相互矛盾的信息之间的逻辑关系，以及获取的每一相对独立的信息单元内部的信息要素之间的逻辑关系。对于编辑来说，分析的主要对象是新闻稿件，核心任务则是发现新闻叙事结构、叙事过程有无自相矛盾的地方，有无背离正常实践逻辑、生活逻辑的地方。

尽管逻辑分析手段是常用的、有效的发现新闻虚假信息的方法，但逻辑分析方法有其自身不能解决的问题，即逻辑分析没有最终证实新闻真实性的能力。逻辑分析法只是对新闻内容中各种可能逻辑关系的一种分析，是按照人们的言行常理进行的一种分析，它并没有把对新闻信息的叙述与新闻事实本身加以直接的对照，因而其结果的可靠性是有限的，是逻辑范围内的正确性。而逻辑上为真的判断，并不必然意味着事实的真实存在。一个新闻判断的真实性，最终是要通过事实证明的。编造虚假新闻、有意制造失实新闻的高手，往往会把新闻故事编造得滴水不漏、合情合理，整个叙述过程也会天衣无缝。但大前提——新闻事实本身是虚假的，如果不去实际考察事实如何，人们是难以发现"狐狸尾巴"的。还有，在使用逻辑分析方法时，传播者需要注意新闻本身的特点。众所周知，新闻事实的突出特点之一是它的"非常态"①，非常就是不同寻常，非常就会出乎意料，非常可能一反常态，非常往往背离一般的事理逻辑、生活常规。因此，运用逻辑分析方法证实一些事实时，一定要注意那些看起来不合生活逻辑的事实。对此，美国学者门彻有一段精辟的阐释，他说："虽然记者按逻辑行事，但他必须接受最不合情理的事实和观察结果。一次又一次，记者发现异常的事实与例外的观察结果，却因为过于非同寻常而将其置之

---

① 关于新闻事实的非常态，我在《新闻事实论》中有专门的论述，有兴趣的读者可参阅下列文献：杨保军. 新闻事实论[M]. 北京：新华出版社，2001：2-25.

一边，未做进一步调查。不管事件看起来多么古怪奇异，如果没有至少进行一次快速核查，记者不应该就此走开。"[1] 事实永远是第一位的，逻辑分析是第二位的。

第二，直接经验证实法。直接经验证实法，既是新闻采访的主要方法，也是证实新闻信息的主要方法，获取新闻信息与证实新闻信息在实践上是同一个过程，对记者来说尤为明显。需要注意的是，这里所说的直接经验，不仅包括记者的直接经验，也包括其他一些人[2]的直接经验。从新闻传播的角度看，这两种直接经验是不一样的。前者是职业目的支配下的直接经验，后者则可能只是自然发生的一种直接经验。因此，作为职业记者，应该以不同的态度对待这两种不同的直接经验。记者自身对新闻事件的直接经验，永远都是第一位的、最重要的获取新闻信息和证实新闻信息的方法。

直接经验证实的实质，就是直接倾听、直接观察：直接倾听新闻事实当事人、目击者、知情者的叙说，直接观察新闻事件的现场与变动状态。如果对某一事实信息有怀疑、不明确、难断定，最佳的确证方法，就是倾听作为新闻信息来源的人的叙说，观察作为新闻信息来源的人和物的实际变动。亲眼所见、亲耳所闻的东西，对记者来说，具有更高的可靠性，具有直接的真实性。然而，常态新闻采访大多属于事后采访，因此，记者获取新闻事实信息主要不是依赖自己的直接的现场倾听、现场观察、亲身体验，而是依赖对曾经直接经验过新闻事实的他人（新闻源主体）的访谈，间接获取关于新闻事实的信息。这些间接信息的真实性需要证实。记者需要证明，新闻信源主体的直接经验是真实的、可靠的。这就要求记者必须进行多信源的采访，寻求能够证实新闻信源主体直接经验的证据，通过对

---

[1] 门彻. 新闻报道与写作：第9版 [M]. 展江，译. 北京：华夏出版社，2003：308-309.
[2] 主要包括新闻事件的参与者、新闻事件的目击者以及其他直接的知情者。

有关资料的分析、对新闻事实"遗迹"的考察，以互证的方式，发掘可靠的新闻信息。① 在得不到证据、得不到互证的情况下，只能通过在新闻报道中交代不同信源说法的做法，将可能的事实情况摆在收受者的面前，这既是不得已的办法，也是一种负责任的新闻报道方式。

记者在采访、证实过程中应该特别警惕的是，不要以为自己看到的、听到的就一定是事情的真相，不要以为大家看到的、听到的就一定是事情的真相。一个人会犯的错误，大家也可能一起犯。你看到的、听到的，大家看到的、听到的也许是假象。② 并且，特别要反复强调的是，多数人看到的并不一定就是真相，记者不能因为好多人都说他们看到了某种事实，就自然以为某一事实是真实存在的。真实与否是不能以多数人的意见为标准的，正像一种认识是否正确、是不是真理，不能以大家同意为标准一样。

第三，权威证实法。权威，一般而言，是指一种使人信服的力量和威望。一个机构、一个组织、一个人能否成为"权威"，被人们当作权威，最为关键的是其有无令人信服的属性或特质。"可信"或值得"信赖"是权威的本质。而可信的基础就是权威所做的事、所讲的话一般来说是真实的、正确的。这正是权威可以作为证实新闻真实性或其他相关信息之真实性的根本。新闻机构不是天堂，不可能遍知天下事。新闻记者不是上帝，不可能洞察世间万物，他们是为社会、为民众"跑腿"的"公仆"，他们要向社会和民众传送、报道真实的信息，有时就必须求诸社会公认的权威机构和民众普遍信奉的权威人物。某种现象到底说明什么，某种传说到底是真是假，某一个人们普遍关心的数字到底是准是误，如此等等，在关键

---

① 在新闻写作中，有一条基本规则：新闻报道必须经过与所报道的事件或人物"无关的""独立的""两个以上的"来源证实，才能被认为"大致准确"，才能在新闻写作中引用。这条规则也叫作"三角定位法"，即"无关""独立""两个以上"都具备了，才能维护新闻的真实性。（刘明华，徐泓，张征. 新闻写作教程［M］. 北京：中国人民大学出版社，2002：28-29.）

② 假象不是虚幻的、不存在的，假象也客观地存在。

时刻，人们只相信权威，只有权威能够证实相关信息的真实性。在新闻实践中，寻求权威是普遍的、实用的证实方法。

所谓权威证实法，就是以权威所言作为新闻信息是否真实之直接标准的证实证明方法。权威证实，主要包括运用权威资料的证实方法、通过权威机构和权威人士的证实方法。一些新闻事实或它的有关构成部分是无法通过记者的直接倾听、直接观察证实的，编辑也难以通过对新闻稿件的逻辑分析证明相关内容的真实性。这时就需要权威机构的数据资料、文件、报告来证实，需要通过可信度极高的权威人士的说法来证实，通过公认的权威性的书籍、资料来证实。因为"被呈现事实、意见和论据的个人在相当程度上受到其提供者总体可信度的影响。若要对陈述的正确性做出评价，陈述的提供者必须为人们所知晓"[①]。媒体、记者的关键作用是当好权威信源与社会民众之间的桥梁，通过把权威信源展现在人们面前的方式，让人们相信有关新闻信息是真实的。

不同领域有不同的权威，不存在"全能冠军"式的权威机构和权威人物。在某一领域中是权威的机构、人物，在另一领域中可能只是一个普通的机构、人物。因此，新闻记者、编辑，若要通过权威证实方法证明新闻报道中相关信息的真实性、准确性，首先必须找准权威机构、权威人物。识别、判断权威的能力，本身就是记者的重要素质之一。那些"跑场表演"的媒体"专家"，"混个脸熟"的媒体知识分子，是难以充当权威信息源的，也是难以确证有关信息真实性和准确性的。作为新闻媒体或者记者、编辑，在通过权威资料、权威机构、权威人物证实新闻信息的真实性时，同样要保持警惕，权威资料、权威机构、权威人物的说法并不具备天然的正确性。应该注意，权威也会出错，权威也会制造虚假。

---

① 美国新闻自由委员会.一个自由而负责的新闻界[M].展江，王征，王涛，译.北京：中国人民大学出版社，2004：14.

第三章　新闻精神的构成（中）
——正义至上的人文精神

需要不神圣的手段的目的，就不是神圣的目的。

——马克思

什么是好报？说话公道；新闻可靠。拥护老百姓做主人，不为达官贵人跑龙套。什么是好报？比一比，就知道。卖报看报要自由，鼻子不让别人牵着走。

——陶行知

正义是社会制度的第一价值，正像真理是思想体系的首要价值一样……作为人类活动的首要价值，正义和真理是决不妥协的。

——罗尔斯

除了是党、政府、人民的耳目喉舌，新闻媒介还应该是社会公共平台，新闻传播应该为社会的公共利益服务，二者是有机统一的，这已经成为人们对新闻事业的一种基本理解和期待。基于经验事实，新闻传播不仅以科学精神追求事实，也以一种人文的精神追求价值。所有的新闻传播都是有意图的传播，都是为了某种利益的传播。这就关系到一个重大的问题，即新闻传播应该以什么作为基本的价值定位和追求目标，应该具有什么样的人文精神。

一、追求公正是新闻传播的基本理念

人文精神在新闻传播活动中的集中体现就是追求新闻报道①的公正性，其坚持的基本理念则是公正传播的观念。"作为新闻媒体，其基本的社会道义，同样是维护社会正义，揭露和鞭挞社会丑恶，推动社会的发展和进步。这是公众的社会道德期望，也是媒体存在和发展的社会道德基础。"② 然而，公正本身是一个十分复杂的概念，如何理解公正，如何理解作为新闻传播理念的公正，是我们首先面临的问题。

（一）新闻公正理念的实质

公正或正义，从古至今，都被人们看作"百德之总"，是"一种最高的价值观念"③。作为一种社会价值项目，公正在终极意义上，必然体现在主体间的关系之中。公正意味着透明、公开和公平，意味着民主、平等和自由（尽管公正价值与这些价值之间可能会有矛盾和冲突）。这种美好的景象、理想主义的东西，始终是人类追求的境界和目标。美国著名学者约翰·罗尔斯在其名著《正义论》中开宗明义地指出："正义是社会制度的第一价值，正像真理是思想体系的首要价值一样……作为人类活动的首

---

① 特别说明：这里运用的"新闻报道"概念，不仅指狭义的对新闻事实的报道，也包括对新闻事实的评论，即新闻评论。
② 陈汝东. 传播伦理学 [M]. 北京：北京大学出版社，2006：127.
③ 严存生. 论法与正义 [M]. 西安：陕西人民出版社，1997：172-176.

要价值，正义和真理是决不妥协的。"①

一般公正是指对事物的不同方面、不同意见都提供同等的待遇，即平等是公正最基本的含义。实际上，"平等是一项重要的正义原则"②。公正或正义，"它的实质就是平等"③，它所要求的就是"平等地对待同样的或基本上相同的情况"④。罗尔斯精辟地指出："正义否认了为了一些人分享更大利益而剥夺另一些人的自由是正常的。"⑤

公正或正义同样是人类新闻传播业追求的伟大理想。在当代社会，新闻传播业作为社会公共平台的地位与作用日益突显（当然也受到各种社会力量的挑战）。人们越来越期望通过新闻传播手段维护社会正义，实现社会公正，而这一切首先必须以新闻传播自身的公正为前提，以新闻传播主体自身的正义精神为支撑。保障新闻公正性的基础是：新闻传播是按照新闻传播规律进行的，是按照新闻传播原则展开的，即不管是在宏观层面还是在具体报道中，新闻本身是真实的、客观的和全面的，新闻传播本身是及时的、公开的。只有再现新闻事实自身的面目，达到"让事实说话"的要求，才能真正奠定新闻传播公正性或正义性的基础。⑥

新闻传播只有实现了它自身的目的，完成了它自己的使命，才能说它对自身是公正的，进而说它对社会是公正的。如果把公正落实在主体间的关系上，则可以说，只有新闻传播实现了它的目的和使命，人们才能说传播者与社会公众之间建立了一种公正的关系，或者说传播者公正地对待了

---

① 罗尔斯. 正义论 [M]. 何怀宏，何包钢，廖申白，译. 北京：中国社会科学出版社，1988：2.
② 吕世伦，文正邦. 法哲学论 [M]. 北京：中国人民大学出版社，1999：473.
③ 勒鲁. 论平等 [M]. 王允道，译. 北京：商务印书馆，1988：43.
④ 博登海默. 法理学：法律哲学和方法 [M]. 张智仁，译. 上海：上海人民出版社，1992：286.
⑤ 同①.
⑥ 自然，要实现这样的公正传播，需要诸多条件的保障，诸如公正的新闻制度（传播环境）、高素质的传播队伍等。

社会公众。

为了进一步理解新闻公正的含义,我将把作为关系属性(价值属性)的公正性作为分析对象,考察它在新闻传播业、新闻媒体和新闻传播工作者身上的不同表现。下面我将从三个层面来具体把握新闻公正性的含义。

第一,从新闻传播业的层面看,所谓新闻公正是说一定社会范围的新闻业能够在整体上坚守新闻专业理念,实践新闻专业精神,能够为社会公众服务,为人民服务,在监测环境、守望社会的过程中,能够比较平衡、平等、公平对待事实世界中不同类型、不同性质的新闻事实,使人们对事实世界中的新闻性变动能够形成比较全面的认知。或者说,以新闻传播业相对独立的品格,比较好地完成了自身的新闻使命,呈现了一个比较完整、真实的新闻事实世界。如果透过新闻符号世界,能使社会公众窥探到整个事实世界的基本情况,那将是更高的境界。[①] 一言以蔽之,能够实现行业目的的新闻业在逻辑上、事实上将一定是公正的新闻业。能够担当行业社会责任的新闻业,才是公正的新闻业。

如果人们对整个新闻传播业实践过程中运用的手段、达到的实际结果比较满意[②],就可以说新闻传播业在一定范围内和一定社会历史时期、阶段内实现了自身的目的,达到了新闻公正,维护了社会正义。当然,这并不是说评价新闻公正的方式是主观的,公众满意与否总要基于一定的客观效应,人们不会凭空说自己满意还是不满意,正像世界上不存在无缘无故的爱(恨)一样。不公正的新闻媒体,很有可能只是某种社会势力的眼睛,某种意识形态的喉舌,某种私利的追逐者,它只愿意或者只能看到和反映事实世界的某一个方面。英国著名报人约翰·德莱恩曾充满激情地指

---

① 关于事实世界与符号世界、新闻事实世界与新闻符号世界之间的关系,以及新闻事实世界与事实世界、新闻符号世界与符号世界的关系问题,可参阅下列文献:杨保军. 新闻理论教程 [M]. 北京:中国人民大学出版社,2005:405-422.

② 人们满意不满意,是可以通过实证研究加以大致证明的。

出:"新闻事业应以独立的精神执行其任务,以社会利益为前提,不与政治人物勾结,更不可牺牲其永恒的利益,而向任何政权低头。"① 只要背离新闻传播的内在目的,就不可能实现新闻公正。当今,第三世界国家的人们,之所以普遍斥责西方媒体关于第三世界国家的报道是不公正的,主要原因不是具体的报道不真实,而是整体报道不全面,在一定程度上扭曲了新闻传播的目的。当新闻传播业不能以比较平衡的眼光揭示完整事实世界的变动时,它的公正性就会受到人们的怀疑。当然,这样的道理对于任何一种具体的新闻传播业都是适用的。

第二,从新闻媒体层面来说,新闻公正主要表现在这样三个方面:其一,让事实说话,为社会公众呈现一个比较真实、全面的世界面貌(一定社会范围、一定历史时期),特别是一个比较真实、全面的最新变动中的世界面貌。如上所说,这是新闻传播是否公正的基础。如果新闻媒体连最基本的职责都不能完成,那么谈论公正性就是可笑的。其二,用事实说话,向社会公众表达真诚的意见,努力追求合理的、正确的看法,为社会公众提供应有的意见交流平台(关于意见或者新闻评论的公正性,后面还会有专门论述)。其三,为事实说话,能够以为公共利益服务的信心、智慧、责任和勇气,充分而正当地使用新闻自由权利,使社会弱势群体的生存状态得到应有的呈现,为他们提供应有的话语机会;善于和勇于使那些不易被人们觉察的,却与公共利益相关的重要事实、事件、现象特别是潜在的事物呈现出来(关于这一点,后文还有专门的论述)。让事实说话,用事实说话,为事实说话,这三个具体方面的分列只是逻辑上的分列,在新闻实践中,它们是共生的,同时存在于媒介之上。总之,社会公众通过新闻媒介获知了他们应该获知的信息、表达了他们想要表达的意见,才能

---

① 童兵. 比较新闻传播学[M]. 北京:中国人民大学出版社,2002:86.

说他们与新闻媒体之间的关系是一种公正的关系。

第三，从新闻传播工作者个体层面来说，新闻公正有几种表现：新闻传播工作者能够真实、客观、快捷地报道新闻，在有必要和有意愿时，能够真诚、智慧、宽容地表达自己的新闻见解；能够从内心到外在形式平等对待新闻报道中涉及的各方人事；从不利用新闻自由权利牟取任何私利，也不通过新闻自由权利和职业岗位之便为任何他人牟取不正当的利益。由职业身份承担或者实现的公正（公正关系）是一种职能性的公正（公正关系）。童兵先生在他的《理论新闻传播学导论》中写道，新闻传播公正性的科学含义主要包括："传播工作者负有社会责任和职业道义，保障公民享有平等地从媒介获得资讯、发表意见、进行申辩和反对他人观点的权利与机会，传播工作者不享有传播自己个人意见与片面事实，并以个人意见与片面事实压制他人意见与其他事实公开传播的特权与自由。"[1] 这一阐释主要着眼于新闻传播主体，揭示了新闻公正性的基本内涵。

记者或者编辑能否公正地对待新闻事实关涉的各方，处理的主要不是记者、编辑与相关当事人的人际关系，而是职业角色（行为）与相关当事人的关系。记者、编辑代表的其实不是他们自己，而是职业身份承担的职能。因而，新闻公正就转换成了社会公正、社会正义的问题。具体一点讲，公正落实到新闻报道活动中，其最典型的体现是传播主体在再现新闻事实时，能以"平等"的态度与方式对待新闻事实的"当事者"各方。对新闻传播来说，只有为构成新闻事实、事件的各方，特别是为争议各方提供平等利用媒介的机会，才能从手段上、形式上保证再现事实的全面性、客观性和公正性。公正对待新闻事实当事人的理据在于：不同的当事人拥有同等的道德权利和道德尊严，更实际一点讲，他们在法律面前是平等

---

[1] 童兵. 理论新闻传播学导论 [M]. 北京：中国人民大学出版社，2000：82.

的。其实，新闻正义在很大程度上正是通过公正报道实现的，公正报道就是不伤害并维护公民新闻自由权利的报道，就是确保公民平等利用新闻媒介的报道，确保公民独立性不受新闻传播不当干涉的报道。

新闻公正的这三个层面其实是贯通的。没有新闻传播工作者的公正，就没有新闻媒体的公正；没有新闻媒体的公正，就没有整个新闻传播业的公正。因此，新闻公正最重要的乃是职业新闻人的公正，这是新闻公正的主体根基，也是通过新闻传播手段实现社会公正、维护社会正义的根基。毫无疑问，拥有新闻精神的人，拥有新闻专业精神的人，永远都是新闻公正得以实现的根基，因而，新闻精神就是新闻公正性得以实现的精神根基。

（二）新闻公正性的评价

我主要针对职业新闻工作者的新闻行为讨论新闻公正性（新闻传播公正性）的评价问题。新闻传播主体是否在新闻传播活动中坚持了公正的原则，实现了新闻正义，维护了社会公正，是需要社会进行监督评判的，也是可以监督评判的。这既有利于新闻传播业的健康发展，也有利于新闻媒体社会功能的正当发挥，更有利于新闻职业工作者的成长。

关于新闻传播公正性的评价，核心是三大问题：其一，评价的主体实质上是谁，即什么样的主体才有足够的资格评判新闻传播的公正性[1]；其二，评价的标准是什么，即用什么样的原则和尺度评价新闻传播的公正

---

[1] 注意："评价主体"和"操作评价活动的主体"（作为认识者和研究者的主体）在逻辑上并不必然是同一的。作为操作评价活动的主体其实是评价主体的"工具"，其作用在于运用一定的方法准确反映评价主体的评价结果。顺便需要指出的是，如何评价新闻报道的公正性，本身就是值得研究的问题。我们已经看到，关于新闻传播的社会影响力、新闻媒体的社会公信力的评价问题，已经有学者通过实证研究提出了一些基本的评价标准和评价指标，这对我们思考新闻公正性评价问题具有直接的参考价值。

性；其三，评价的方法是什么，即如何操作评价的标准和过程，或者说如何反映评价主体的评价结果。此处我不可能对这些问题做出深入而全面的论述，它需要专门性的系统研究。这里，我只能非常粗略地谈一些原则性的看法。

价值评价不是本质上无主体的科学真理检验，认识正确性的检验标准是认识对象本身，方法是实践。新闻传播公正性评价本质上是一种价值评价，因而，首先需要认定合理的评价主体。谁来评价新闻传播的公正性，谁是合法的评判者？这几乎是一个自明的问题，答案当然是社会公众。因为新闻职业精神的根本诉求是维护公共利益，为社会公众服务。维护得如何，服务得如何，是否达到或者实现了新闻传播公正性的要求，只有被服务者是最明白的、最能直接经验感受的。新闻传播事实上如何，当然只有新闻传播本身的实际结果能够说明，所谓事实第一。然而，新闻传播的实际情况到底如何，只能通过广大社会公众（或者一定媒介的目标受众）对新闻传播的反映来表现，因而，他们必然是事实上的新闻传播公正性的评价者。当然，对新闻公正性的评价本身也需要公正。认定某一类主体是新闻传播公正性的评判者，并不是说公正性的评判是主观的，而是说评判的标准根源于评价主体客观的、合理的需要。因而，评判的标准是客观的，评价不能仅仅依赖于感觉经验，还要依赖于科学理性，即对新闻公正性的评价要有科学的原则和科学的方法。

新闻传播公正与否，不能由新闻媒体和传播者自己来评判，也不应该由官方（或新闻资产的控制者）或某种所谓的权威人士来评判（仅可作为参考意见）。如上所言，作为"大众"传播的新闻传播，其公正性的评价主体天然的就应该是作为新闻收受者的"大众"，或者是某一新闻媒体的目标收受者群体。任何人，只有当他是某一新闻媒体的收受者时，才有资格去评价其公正性，这里提供的更为直接的原因（根本原因如前所述）

是，目标收受者普遍拥有比较良好的、比较充分的进行公正性评价的信息基础。目标收受者之外的其他人很难成为评判新闻传播公正性的核心主体，因为他们对新闻传播的实际状况缺乏足够的了解。

这里仍需说明的问题是：在直接意义上，受众作为一定新闻传播公正性的评价者，其个体性的评价本身并不一定是公正的。只有通过一定科学合理的方法才能把受众群体对一定新闻传播的公正性评价反映出来。作为研究者，我们能够证明评价新闻传播公正性的主体实质上是社会公众，或者是一定的目标受众，但这并不意味着我们已经清楚如何科学合理地反映他们的评价结果。

用什么样的标准评判新闻传播的公正性，这是更为重要的问题。标准在一定意义上就是方法。如果确立了评价的标准，也就意味着从根本上解决了评价的方法问题。

新闻收受主体评判新闻传播公正性的尺度，依赖于收受主体作为评价者的正义观念或公正观念。就实际情况来说，这种尺度通常有两大类：一是利益尺度，具有伦理价值中的功利主义的性质，即看新闻传播是否维护了目标收受者中绝大多数人的利益，或扩展开来，看新闻传播是否有利于社会的普遍利益或绝大多数人的利益；二是平等或公平尺度，具有伦理价值中的道义论的性质，即看新闻传播是否给收受者提供了平等利用新闻媒体的实质性机会，从新闻媒体的角度确保了新闻自由的实现可能。

在实际的新闻传收活动中，人们评判传播公正性的直接标准大致包括两个方面：一是规律性标准，即看被评判的新闻传播是否遵循了新闻传播的基本规律和要求；二是规范性标准，即主要看新闻传播从内容到方式，是否合乎现实社会对新闻传播提出的一系列规范性要求。合法性、合政策性是对公正性最基本的评判，合德性是对公正性进一步的评判。

就某一具体的新闻报道来说,新闻事实的当事者是否能够平等地享有相关法律所规定的相关自由权利,是衡量新闻传播是否公正的重要尺度,也是传播者判断自己是否在新闻作品中公正再现了新闻事实的尺度。传播机构和传播者如果公正对待了新闻事实,公正对待了新闻事实的当事者,那也就是公正对待了社会公众。因为新闻传播维护了社会和公众普遍认可的正义观念、公正观念,合乎人们普遍认可的情理(道德伦理观念),满足了收受者获取新闻事实的知情权等,就是对收受者的一种公正对待。

公正性评价的实现方式,通常是自发的社会舆论方式。人们根据新闻媒体长期的新闻传播实践,或针对一些具体的新闻传播活动,以公众舆论的方式、天下自有公论的方式,形成对媒体的评价。一个公正的媒体就是好媒体,人民教育家陶行知先生对好报纸是这样评价的:"什么是好报?说话公道;新闻可靠。拥护老百姓做主人,不为达官贵人跑龙套。什么是好报?比一比,就知道。卖报看报要自由,鼻子不让别人牵着走。"[1] 人们对新闻传播公正性的评价还会以一定的行为方式表现出来,人们会用实际行动支持或抗议某种新闻传播行为。

以科学的、理性的方式评价新闻传播的公正性,无疑需要一套科学的、合理的指标,这正是需要我们展开实证研究的问题。

(三)公正理念与报道立场(倾向)

拥有一定的(政治的、经济的、文化的等)立场,表达一定的倾向,是新闻传播过程中不可否认的事实性存在。新闻传播的公正性与媒体或者传播者的立场、倾向到底是一种什么样的关系,可以说是人们一直关注的问题。

---

[1] 童兵.童兵自选集:新闻科学:观察与思考[M].上海:复旦大学出版社,2004:372.

新闻媒体能否公正报道新闻、评论新闻（发表意见），其实一直受到人们的怀疑。世界上不存在没有立场、没有倾向的新闻媒体。荷兰新闻学者梵·迪克认为："媒体从本质上说就不是一种中立的、懂常识的或者理性的社会事件的协调者，而是帮助重构预先制定的意识形态。"① 但有立场、有倾向不等于不公正。公正本身就是一种立场，就是一种倾向。我们首先承认公正的存在，如果连这个前提都不承认，讨论立场、倾向问题实质上就是无意义的。要求新闻媒体、新闻活动者（包括非职业新闻活动者）的新闻行为公正、立场正确，是一种伦理性的要求、道德性的要求。

新闻媒体是拥有自身利益的组织主体，新闻活动者同样是拥有一定个体利益追求的主体，这一客观事实决定了不管是作为组织的主体还是作为个人的主体，在新闻传播过程中都很难彻底避免自身利益对公共利益、社会利益的不正当影响，更不要说那些把媒介作为自身利益追求手段的媒体和传播主体了。这样的事实从根本上决定了新闻媒体、新闻传播者的立场、倾向，总是包含着或多或少的与公共利益相矛盾、相冲突的因素。因此，就现实的新闻传播而言，不公正的存在、表现是必然的，也是普遍的。从另一个方面说，追求公正性是媒体和传播者永恒的任务和职责。

这里需要特别说明的是，新闻媒体、新闻活动者，只要是在合法范围内，进一步讲在合乎职业道德要求的范围内去追求自己的利益都是正当的、合理的，也是公正的。公正性的核心在这里的要求不仅是不能损害公众的利益，同时还要为公共利益的实现提供与传播者同等的媒介机会。从理想原则出发，只有受法律保护的公众（包括个体和群体两种形式）都实际上拥有平等使用、接触媒介的权利，新闻传播的公正性才能完美地实

---

① 迪克. 作为话语的新闻 [M]. 曾庆香，译. 北京：华夏出版社，2003：13.

现。媒体性质、类型、数量的有限性在一定程度上限制了新闻传播公正性的实现，因而，创造一种什么样的新闻媒介生态、媒介环境仍然是我们面临的更为重要的问题。

与公正相对的是不公正，不公正的典型表现体现在新闻报道、新闻评论中，就是媒体或者传播者的偏爱和偏见。传播者[①]正是通过自己的偏爱和偏见来显示自己的立场、表达自己的倾向的。

新闻活动者个人的经历、生活背景、认知图式、价值观以及一定情境中的心境，特别是自己的实际利益状况等，都会影响他的职业行为的公正性。这种情况有时能够被行为主体自觉到，有时则自觉不到，因而有倾向往往成为新闻行为中的一种必然现象。但我指出这一点，并不是想支持新闻活动者个体因素的不正当影响，而是想提醒每一位新闻活动者，要时刻警惕自己的偏爱和偏见，不要自以为是、刚愎自用。这样，由个人倾向导致的不公正报道就可以减少一些，由个人倾向导致的不公正程度就可以降低一些。新闻报道之所以要经过道道编辑关口，而不是由某一个记者或者编辑说了算，其中也有道德上的考虑。因为一般说来（仅仅是一般而言），多道把关容易防止个人的偏爱和偏见，或者更实际一点说，可以形成各种倾向之间的对话和平衡，从而使报道更接近客观公正。理论研究有时只能指出事实是什么，并不能提出解决问题的有效办法。一些本体性的东西，人类可以意识到，但就是不能彻底地克服掉，至多是尽量地避免。新闻报道中的个人倾向性大致就属于这样的问题。但需要认真指出的是，作为职业新闻活动者，不能用自己的价值观代替新闻专业价值的追求，不能代替新闻精神的内在要求，这是基本原则。

职业新闻记者在面对一些特殊的采访情境时，极易使自己的新闻职业

---

① 作为组织主体的新闻机构、作为个体的职业新闻活动者和非职业新闻活动者。

行为走向道德与不道德两个端点。一些记者在采访对象处于危难境地时，选择报道对象利益至上的道德原则，先解除对象的困境，然后再力求履行自己的专业职责，充分体现了人文精神的关怀。但也有一些职业新闻记者，为了实现自己在职业上的价值而不顾报道对象面临的现实的或者可能的危险与困境，在所谓的职业使命名义下，选择了不恰当的行为方式。这显然是个人主义的新闻伦理观，缺少人文精神。因而，作为职业新闻人，实现自我价值要有界限，"没有界限和责任的自我实现能带来建设性行为，也能带来毁灭性行为"[1]。这个界限其实很清楚，就是人民的利益、公众的利益。公共利益就是行为选择的边界范围。当救助的需求远远超出了报道的需求时，前者就是首选。那种"明显且即刻的危险"[2]情境在大多数情况下凭借常识和人类的直觉与经验就可以判断。[3] 选择前一种作为社会道德人的行为，然后再努力完成作为职业人的职业行为，是"两全其美"的选择，也是最符合新闻精神的选择。

新闻评论是最能表达媒体立场和倾向的传播方式，当然也是最能表现新闻活动者[4]立场和倾向的传播方式，因为作为言论性文本的新闻评论，正如两位美国学者所言，"是一种试图影响人、改变人——改变人的价值观、行为和信仰的文本"[5]。因而，对于一家新闻媒体以及各种类型的新闻活动者来说，能否公正地对待社会，对待公众，对待有关新闻事实、事件以及新闻现象中关涉到的主体，通过其发表的新闻评论便可以看得

---

[1] 多戈夫，洛温伯格，哈林顿. 社会工作伦理：实务工作指南 [M]. 隋玉杰，译. 北京：中国人民大学出版社，2005：44.

[2] 这里我借用了美国霍姆斯（O. W. Holmes）大法官1919年提出的对言论进行法律约束的条件。

[3] 尽管这种直觉和经验难以成为制定伦理道德准则的最终根据。

[4] 包括非职业新闻活动者。有学者认为，非职业传播者主要参与的是意见传播——新闻评论。（马少华. 新闻评论 [M]. 长沙：中南大学出版社，2005：168.）这一判断是否准确，没有具体实证研究的支持，但我以为，在网络媒介日益普及的今天和将来，非职业新闻活动者对（新闻）事实信息的传播并不会比意见信息少。

[5] 马少华. 新闻评论 [M]. 长沙：中南大学出版社，2005：160.

一清二楚。也正因为如此,作为言论文本的新闻评论"不能不受到伦理的审视"①。事实上,早在1946年,日本新闻协会在其制定的《日本新闻伦理纲领》中就写道:"撰写评论,故意违反事实以党同伐异,实在违反优良的报业精神。""评论应为撰写个人信念的直率表现,而非阿谀取媚的言辞。更有甚者,撰写人在写评论时,应秉持服务公众的精神,成为那些没有机会发表意见的人的代言人。"②中国最早的报刊政论家之一王韬曾明确提出:"其立论一秉公平,其居心务期诚正。"③中国新闻学的开山祖徐宝璜说:"主持笔政者,应有洁白之胸怀,爱国之热心,公平之性情,听良心之驱使,作诚恳之文章,为众请命,或示人以途,总以国利民福为归,虽有所触忌,亦见义勇为,当仁不让。……发不问事实专偏袒一面之议论,是不明记者之责任者。"④中国新闻出版家、报刊评论家邹韬奋曾说:"撰述评论的人最重要的品性是要能严格大公无私,在言论方面尽管仁者见仁,智者见智,但动机要绝对纯洁,要绝对不肯夹杂私的爱憎私的利害在里面,要绝对秉着自己的良知说话,不受任何私人的指使威吓利诱,或迁就私人的情面而做违心的言论。我深信任何刊物的信用——也就是刊物的命脉——最重要的是这一点。"⑤

显而易见,新闻媒体或者新闻活动者(广义)在发表新闻评论(其实其他言论也一样)时,也应该像传播新闻一样承担道义上的责任。中国人民大学新闻学院的涂光晋教授写道:"如果说'客观公正'的报道是一种'确实的消息',那么,'持论公正'的评论就是一种'负责任的评论','持论公正'在作为中国历代文人立言标准的同时,更被视为受到西方自

---

① 马少华.新闻评论[M].长沙:中南大学出版社,2005:160.
② 周鸿书.新闻伦理学论纲[M].北京:新华出版社,1995:附录.
③ 陈建云.中外新闻学名著导读[M].杭州:浙江大学出版社,2005:4.
④ 松本君平,休曼,徐宝璜,等.新闻文存[M].北京:中国新闻出版社,1987:351-352.
⑤ 胡文龙.中国新闻评论发展研究[M].北京:中国人民大学出版社,2002:151.

由主义思想影响的中国近现代报人的言论主张，与今天新闻学术界与实务界大力倡导的新闻专业精神有着一脉相承的渊源关系。"[①] 一般说来，新闻评论可能产生两类伦理问题："其一是在论证的逻辑方面；其二是在事实的引述方面。"[②] 因而，新闻评论的公正性，最基本的要求就是发言者要用事实（新闻事实）说话，要合乎言论规则地说话。"论者的工作并不是把自己的观点强加于受众，而是向受众提供必要的信息，让他们自己做出决定"，"如果论据是伪造的或是被错误表述的，如果论者有意利用逻辑谬误，或者，采取任何其他行为和言论来干预他人做出理性的决定，那么，论者的行为就是不道德的"[③]。

二、公正报道的实现

公正报道理念，需要通过具体的公正报道方式来实现。那么，怎样的报道方式才是公正的报道方式？在我看来，这里关键的问题是如何选择报道内容和报道方法。其中，最为核心的问题乃是对报道内容的选择。因此，这里我将重点论述公正报道应该坚守的内容选择标准，简要论述获取报道内容（信息）和再现报道内容时应该注意的一些基本问题。

（一）公正报道的内容选择标准

新闻传播的公正原则，要求新闻传播主体向社会、向公众提供的传播内容是正当的、合理的。传播内容的正当性和合理性，要通过一定的标准来衡量。也就是说，新闻传播的公正与否，关键在于选择报道什么样的内

---

① 涂光晋. 时代之"声"：新时期中国新闻评论研究 [M]. 北京：中国人民大学出版社，2011：39.
② 马少华. 新闻评论 [M]. 长沙：中南大学出版社，2005：167.
③ 同②.

容。报道内容背后站着不同的人群，实质上代表着不同的利益，反映着不同的声音。从一般意义上来说，新闻媒体的每次内容选择，都既是一种事实选择，也是一种价值选择，每一次事实选择中都不可避免地包含着各种各样的价值判断和价值评价。那么，在报道内容的选择确定上，坚持什么样的基本准则，才能比较好地保证新闻传播的公正性呢？下面，我将提出我的几点看法。

1. 规律性标准

公正是一种价值，是一种应该追求的传播价值目标，但实现公正的前提是对"是"的正确认识和准确把握。新闻传播要实现公正，首先需要选择符合新闻传播规律的内容来反映和传播。新闻传播有其自身的规律，关于这一点，马克思有过非常精彩的论断，他说："要使报刊完成自己的使命，首先必须不从外部为它规定任何使命，必须承认它具有连植物也具有的那种通常为人们所承认的东西，即承认它具有自己的**内在规律**，这些规律是它所不应该而且也不可能任意摆脱的。"[1] 新闻传播规律属于"是"的要求，传播主体必须遵循。符合新闻本性的内容选择，才能形成真正的新闻传播，才有可能达到预期的传播效果。新闻传播规律体现在传播内容的确定上，主要表现为两种标准：新闻价值标准和新闻传播技术标准。

（1）新闻价值标准。

新闻价值标准是新闻传播主体发现、选择、确定新闻传播内容最基本的、稳定的标准。作为新闻传播的内容，首先必须具有新闻性、具有新闻价值，如果传播的内容没有新闻价值，传播就不再是新闻传播，也就失去了谈论新闻传播公正性的基础或者前提。

---

[1] 马克思，恩格斯. 马克思恩格斯全集：第1卷 [M]. 2版. 北京：人民出版社，1995：397.

新闻价值是新闻客体的属性、功能对新闻主体的效应。[①] 新闻价值描述的既不是主体的新闻需要，也不是新闻客体的新闻价值属性，而是对象的新闻属性和功能对主体的效应、作用和影响。当新闻客体的属性和功能对新闻主体的效应、作用和影响有利于主体的发展和完善时，新闻价值就是正新闻价值。在通常的理论研究和新闻实践中，人们所说的新闻价值是指正的新闻价值。相反，如果新闻客体的属性和功能对新闻主体的效应、作用和影响不利于主体的发展和完善，那么新闻价值就是负新闻价值。从理论上说，如果新闻客体的属性和功能对新闻主体的发展和完善没有利与不利的效应，那么新闻价值就是零价值。

在选择、确定新闻报道对象环节，针对的新闻价值客体是新闻事实。一件事实要成为新闻事实，通常需要具备一定的新闻价值属性或者包含一定的新闻价值要素。人们通常把新闻价值属性（要素）归结为五个方面，它们是时新性、重要性、显著性、接近性和趣味性。[②] 因此，把握五要素的内涵是理解新闻价值的重要途径。[③]

时新性，指客观事实发生时间相对现在的新近性。事实发生的时间，离现在时间较近或与现在时间重合（正在发生的事实），是事实能够成为新闻事实的重要时间前提，也是"时新性"中"时"的最基本的含义，也就是时间性。需要特别提醒的是，这里所讲的时间性，专指事实发生的时间性，并不指新闻信息传播的"及时性"（通常称为新闻的及时性）。及时性是指从事实发生到事实信息传播的时间距离，通常情况下，这一时距越

[①] 在新闻传播过程中，新闻价值主体和新闻价值客体都是双重的。双重主体是新闻传播主体和新闻收受主体，双重客体是新闻事实和新闻文本。（杨保军. 新闻价值论 [M]. 北京：中国人民大学出版社，2003.）

[②] 也有学者概括为有用性、相关性和趣味性。

[③] 下文对五要素内涵的阐释，来源于我的《新闻理论教程》第五章中的相关内容，但此处做了大大的简化，个别阐释也有所改变。（杨保军. 新闻理论教程 [M]. 北京：中国人民大学出版社，2005：107-142.）

短，越有利于事实新闻价值的实现。使事实成为新闻事实的时间性与新闻传播的及时性是两个内涵不同的概念，前者从时间上规定着一个事实能否成为新闻事实，后者则从时间上规定着新闻事实信息能否转化为真正的传播中的新闻文本。时新性的另一基本含义是一个事实所含内容对于传播者特别是收受者整体上的新鲜性。

"重要性是构成新闻价值的最重要因素"①，重要性的基本内涵包括这样几个方面：第一，事实影响人的多少。一个事实，影响的人越多越重要，影响的人越多越容易成为新闻事实。"凡同多数人利害相关，为多数人所关注的事实，被认为有社会意义，也就有重要性。"② 第二，事实对人和社会影响时间的长短。一个事实、一种现象对社会影响的时间越长，说明它越重要，就越容易被当作新闻事实。第三，事实影响空间范围的大小。一个事实影响的空间范围越大，就越是重要。第四，事实影响人们实际利益的程度。这是判断一个事实是否重要的主要尺度。事实的重要性是由事实对社会所产生的影响决定的。重要性主要是针对新闻事实内容的分量和重要程度而言的。一个事实越是影响到人们的利益，就越是重要，就越容易成为新闻事实。一个事实、一种现象的影响力，即影响的时间长度、空间范围、深刻程度等，取决于它与人们利益关系的大小。

作为新闻价值属性的显著性，是用来描述"新闻事实知名度，或新闻事实的显要度"③ 的一个概念。一个事实的知名度或显要度是由构成这个事实的各种要素的知名度和显要度决定的，因此事实构成要素的知名度或显要度就是事实显著性的基本内涵。其一，人物的显著性，是指创造或造成一定事实的人，与普通人相比，或者拥有较高的社会地位，或者在一定

---

① 郑兴东，陈仁凤，蔡雯. 报纸编辑学教程 [M]. 北京：中国人民大学出版社，2001：65.
② 童兵. 理论新闻传播学导论 [M]. 北京：中国人民大学出版社，2000：69.
③ 同②70.

领域内具有较高的知名度，或者具备某种特殊的才能，或者拥有特殊的权威性，或者具有一些非一般的特殊"素质"等。当新近或正在发生的事件或事实中有这样的人物时，这件事情就容易成为新闻事实。这样的事实之所以能成为新闻事实，主要的原因在于做事的人，而不在于事情本身。其二，事情的显著性，是指某件事情在客观的表现上不同于普通的事情，具有激发和吸引人们注意力的内在力量，而不管造成这件事情的主体是人还是物。其三，时间的显著性，是把时间用意义标准一分为二，把有些时间看作显著的、容易引起人们注意的时日，而把另一些时间看作一般的、人们在不知不觉中度过的时日。时间的显著性首先是因为人们赋予不同的时间以不同的意义，这是时间的显著性能够成为新闻价值属性的内在根据。时间的不同意义并不是纯粹主观的东西，而是在人类历史活动的客观发展过程中逐步形成的，比如各种各样的节日、纪念日、忌讳日等，都是人们在改造自然、改造社会和改造自己的过程中确立的。如果不同的时间被赋予不同的意义，那么，相似的事情发生在不同的时间，便会在一定程度上产生不同的效应。因此，事实发生在什么时间，往往成为衡量事实能否成为新闻事实的重要尺度。其四，空间的显著性，是指一定事实发生在特殊的空间。与时间的显著性相似，空间的显著性也是由人们赋予不同空间地点以不同的意义造成的，这是空间显著性得以形成的客观根据。在漫长的历史活动中，人们在不同的空间经历了不同的风雨，在不同的空间扮演过不同的角色，在不同的空间留下了不同的物质遗迹和精神记忆，一句话，人们活动过的所有空间，几乎都可以看作是具有一定意义的空间。在现实的活动中，人们在不同的空间建构起了不同的生存与发展的天地，与不同的空间建立起了不同的现实意义关系。有些地方和场所对一定的人群甚至整个社会都有着特别的意义。所以，相似的事件和现象，如果发生在不同的空间，对人们造成的影响就会有不小的差别。"一般来说，与新闻事件有特殊关系的地点，与群众关系特别密切的地点，往往能使事件具有更高的新闻价值。"①

接近性是指新闻事实与收受主体的各种"距离"关系。接近性的内涵大致包括这样几个方面：一是指事实产生或发生的空间与新闻传播指向空间的关系。一般来说，事实发生空间与传播指向的空间接近或重合，这样的事实就容易成为新闻事实。这实质上是说事实发生地离收受主体距离越近乃至重合，该事实就越易于成为他们心目中的新闻事实。相对于遥远地区的事物来说，人们更关心自己周围的事物，因为周围的事物"与他们的关系通常更为直接，更为迫切。人们应付环境、改造环境总是从近处开始的"②。所以，事实与新闻传播面对的收受者在空间距离上接近，便成为新闻事实重要的价值属性，"如果单就地点的远近这一个条件来说，距离越近，则新闻价值越高"③。二是指事实本身产生的作用和影响与人们利益的关联程度。一个事实的发生，总要或多或少与一些人的利益发生关系。某一事实一旦与人们的某种利益紧密相关，它就极易成为人们关注的对象，极易成为新闻事实。也就是说，与人们"利益距离"越小的事实越易于成为新闻事实，所以利益接近性也是新闻事实应有的价值属性。三是指新闻事实与人们在心理上、情感上的距离关系。某一事实，如果容易引起人们心理上、情感上的反应（不管什么性质的反应），那就说明它与人们在心理上具有接近性，心理距离小，这种事实自然会受到人们的关注，因而可以成为新闻事实。与人们心理上的接近性也是新闻事实重要的价值属性。

趣味性是指新闻事实应该成为人们感兴趣的客体或对象，即它能够激

---

① 郑兴东，陈仁风，蔡雯. 报纸编辑学教程 [M]. 北京：中国人民大学出版社，2001：69.
② 同①70.
③ 同①70.

发人们关注它的好奇心和兴趣。什么样的事实才能成为兴趣对象呢？能够使一个事实成为兴趣对象的根据主要有：第一，与人们利益的相关性。人们最感兴趣的首先是与他们的利益相关的对象，因为人们的利益"是人们一切社会活动的最深刻的根源和动力"[①]。第二，事实的非常态。事实的"非常态"是引起普遍兴趣的客观基础。非常态的事实，能够为人们的求知、求新、求异、求趣等新闻心理提供新经验，更易激起人们惊异和探索的好奇心理倾向，因而更易于成为人们感兴趣的事实。第三，事实的人情味。简单讲，人情味就是人的情感态度、情感倾向。富有人情味的事实容易激起人的感情，调动人们的同情心、爱憎感。所以，富有人情味的事实常常更易受到人们的关注。第四，事实的情趣性。充满情趣的事物本身就充满了吸引力，能给人们带来愉悦和欢快，人们自然愿意了解这样的事实。狭义的趣味性主要指后两点。

上面阐释的这些属性为什么能够成为确定新闻传播内容的标准？最根本的原因就是，具备这些属性的事实能够满足传播主体的新闻传播需要；更为重要的是，具备这些属性的事实能够满足收受主体的新闻信息需要。也就是说，只有具备这些属性的事实才能在新闻传播中产生真正的新闻传播效应。可见，新闻主体用来实际衡量事实是不是新闻事实的标准，从深层上看依然是自身客观的实际利益需要。这就是说，新闻主体的实际利益需要是其确定新闻传播内容的根本标准。在新闻传播活动中，这种实际利益需要的对象就是一些具备特殊属性的事实——新闻事实。因此，这些体现或反映了新闻主体实际利益需要的客观属性，便成了传播主体用来确定新闻传播内容的稳定的、规律性的标准。

需要进一步说明的是，对于新闻价值属性或者新闻价值要素的内涵，

---

① 张玉堂. 利益论：关于利益冲突与协调问题的研究 [M]. 武汉：武汉大学出版社，2001：1.

人们会随着新闻传播实践的最新发展变化而不断做出新的阐释。所有的新闻价值属性不仅具有绝对性的一面，也有相对性的一面。这种相对性不只是针对不同主体的相对性，还有历史的相对性。不同新闻价值要素（属性）之间的地位关系在变化，一些属性的地位在提升，另一些属性的地位却在下降。曾经被认为重要的某类新闻事实，可能并不被今天的人们看作是重要的新闻事实；反过来，曾经被认为不可能成为新闻事实的某类事实，则有可能被现在的人们看作是新闻事实，甚至成为备受关注的新闻事实。人们对新闻价值属性内涵的阐释变化，根源在于新闻传播实践的变化，在于新闻文化的变化，在于整个社会政治、经济、文化、技术等环境的变化，在于社会整体生活实际状况的变化。当物质世界发生剧烈变化后，人们的各种观念就会发生必然的变化。然而，就新闻领域来说，种种变化到底是新闻传播的进化，还是进化中包含着一定的退化因素，我认为需要做出认真的考察和分析。一些新的变化，并不必然意味着新闻价值观念的发展和进步，就像一些时髦的、流行的新观念，并不必然是正确的、有价值的观念一样。当今社会是一个过度娱乐化的社会，为消费而生存的生命越来越多，其在新闻传播中的典型表现就是社会新闻、体育新闻、娱乐新闻以及时事新闻娱乐化等的疯狂扩张。一些鸡毛蒜皮的小新闻、煽情新闻充斥着报纸的版面、广播电视的时段、网络的页面。新闻与娱乐不分、事实与意见模糊、文学与新闻同流等历史上被贬斥的现象重新泛滥。蕴含在其中的或深藏在这些现象背后的新闻价值观念到底是优良的观念、符合新闻本性的观念还是恰好相反，是有利于新闻传播业的良性发展还是相反，如此等等问题，都需要我们认真地思考和研究。历史有时是会走回头路的。不仅回头，而且倒退，也是历史曲折发展过程中常有的现象。存在的不一定是合理的，但总有它存在的根据和理由。问题是我们需要铲除一些现象的根源，而不是为它们的存在疯狂辩护。

(2) 新闻传播技术标准。

新闻传播内容的确定，与新闻传播媒介形态具有一定的关联性。任何媒介形态，都要依赖一定的传播技术支持，依赖于一定的传播符号系统。不同技术与符号系统的特点，对于传播内容都有一定的选择性。而技术的不断提升，传播符号系统的全能化，对于内容的限制越来越少，这无疑会影响到新闻传播的公正性。

当代新闻传播的主导方式是大众化的传播，它依赖的是大众传播媒介。人们看到，大众传播媒介的传播技术水平越来越高，要求人们必须按照传播技术的特征进行传播，也就是要求人们必须按照传播技术运作的规律进行传播。这里，首先碰到的问题是如何根据大众传播媒介的特征选择、确定新闻传播的内容。

按媒介介质特征和传播技术水平选择事实，这也可以称作选择事实的"工具尺度"，即要合乎"工具尺度"的要求，符合传播工具的客观属性。有什么样的传播工具才能进行什么样的传播，"媒介的技术依赖性是大众传播的基本特征之一"[1]，"随着光阴的流逝，新闻工作者越来越紧密地与他们借以表达自己呼声的技术手段融为一体"[2]。媒介介质性质差异是客观的，它们各有所长也各有所短，正如杰克·富勒所说："每种媒介都有自身的优势与劣势，它也会将这些强加在所携带的信息上。"[3] 布赖恩·斯托姆（Brian Storm）也说："我们让技术，技术的优点、缺点以及技术的结论决定了如何讲述新闻。"[4] 不同媒介虽然遵循共同的新闻传播规律，但又有自身的特殊所在，对同一新闻事实的报道，其选择的方法、侧重点

---

[1] 屠忠俊. 中国新闻业技术改造的总体态势（之八）[J]. 当代传播, 2000 (2): 15.
[2] 张穗华. 媒介的变迁 [M]. 北京: 中国对外翻译出版公司, 2002: 3.
[3] 富勒. 信息时代的新闻价值观 [M]. 展江, 译. 北京: 新华出版社, 1999: 244.
[4] 小唐尼, 凯泽. 美国人和他们的新闻 [M]. 党生翠, 金梅, 郭青, 译. 北京: 中信出版社, 2003: 236.

是有一定差别的。麦克卢汉在他的名作《人的延伸：媒介通论》中早就说过，传播媒介决定并限制了人类进行联系与活动的规模和模式。在他看来，媒介不过是人的延伸，印刷品是眼睛的延伸，广播是耳朵的延伸，电视是耳和眼的同时延伸。不同传播介质由于诉诸感官的不同、使用媒介语言符号系统的差别，在选择事实时必须合乎自身的特征。比如，同样是真实地报道一场高水平的足球比赛，电视可以进行现场直播，让人一览无遗；广播可以进行现场解说，声情并茂，但讲得再生动，也是百闻不如一见；报纸则无论如何使尽浑身解数，也只能是图文并茂，描写那些精彩的场面和最终的结果。

一定历史时期具有的传播手段和技术水平也是客观的，它对能够传播什么，特别是如何传播同样具有客观的制约性，传播者是不能任意超越的。这一点，只要稍微回头看一下人类的新闻传播历程，便可一目了然。因此，传播者在选择事实时，必须考虑所选择的对象是不是媒介能够准确反映的对象，是不是现有传播技术、传播手段可以驾驭的对象。传统媒体无论做出怎样的努力，也难以将数百页的新闻内幕及时地广布天下，而这对互联网来说，简直是易如反掌。传播手段的进步，有力地影响着传播的方式，也影响着对传播内容的选择。

传播技术不仅直接决定和影响着新闻传播的方式，也同样深刻地影响着新闻传播内容的选择，因而必然会影响到新闻传播的公正性。新的传播技术手段，至少在形式上使新闻传播变得更加自由和民主，人人可以成为新闻传播者在技术上已经变成现实，但这是否必然有利于新闻自由的实质性实现，是否必然有利于新闻传播公正性的实现，我以为还不能仓促地做出肯定的回答。公正价值不是工具性的，不是技术性的，而是人文性的，决定社会是否公正的恐怕根本不是技术和工具，而是某种合乎人性的制度和人类整体的品质。新闻公正性的实现，依赖于良好的新闻制度，依赖于优良的新闻精神。缺乏人文精神内涵的新闻精神，不可能使新闻传播的公正性成为现实。但同样需要说明的是，不断进步的传播技术会为新闻传播公正性的实现开辟新的道路。新的传播技术会不断增加人们交流分享新闻信息的渠道和机会，使公正性所追求的平等性在技术上有了更多的可能性。同时，不断更新的传播技术在客观上为人们提供了冲破限制新闻传播公正性的一些障碍，当社会公众欲知、应知的新闻信息无法被不正当地限制时，新闻传播公正性在客观上也就有了更多的实现机会。

2. 规范性标准

规范是对主体而言的活动准则，"从广义上说，它规定主体'应当'如何"①。在现实的新闻传播活动中，传播主体不只是根据新闻传播规律做出内容的选择，还要根据传播环境的实际情况进行选择，也就是说，还要根据一定社会提供的政治、经济、文化等具体的条件确定新闻传播的内容。这是因为社会整体的政治、经济、文化制度，通过一定的法律规范、道德规范、政策规定、纪律约束等，决定着新闻传播媒介的根本制度和新闻传播的价值取向，影响着新闻业自身的行业规范、职业理念和运作方式。新闻传播作为社会运作中的一个子系统，必然会受到它生存与发展于其中的社会大系统的制约和影响，这种制约和影响的核心表现就是对传播内容做出限制。通过限制或者调整传播内容，达到调控新闻信息流、社会意识流、观念流、舆论流的作用和目的。就实际而言，遵守社会大系统的相关规范，是新闻传播顺利有效开展的重要前提。②

（1）合法性标准。

合法性，就是合乎法律精神和法律规范的要求，具体是指新闻传播主体选择的新闻事实，确定的报道内容，必须是法律规范允许传播的内容、

---

① 王玉樑. 价值哲学新探［M］. 西安：陕西人民教育出版社，1993：430.
② 至于新闻传播对社会大系统的作用和影响，是另外的问题，此处不做讨论。

报道的事实。法律规范，对新闻传播在内容的选择上有一些硬性规定，限制对一些事实进行报道，这是法律规范从源头上对新闻传播的一种控制方式，新闻传播主体不能随意冲破这样的约束和限制，不能以合规律性的标准超越合法性的标准。对新闻传播来说，合法性要求包括的内容很多，不仅不能选择法律禁载的内容，还有获取新闻信息资源的手段也要合法，报道的方式、方法也要合法等，但这些内容不是此处要讨论的东西。

合法之法，从应然角度说，必须是"良法"、正义之法。如果法律规范本身是"恶"的或不合理的，那么，从原则上说，作为社会公共平台、社会舆论工具的新闻媒体不但不能在选择新闻事实时在精神上受它的约束，而且在行动上要时刻准备冲破这种约束，通过新闻批评的方式提出各种建议和意见，使不合理的法律规范尽早得到修正。[①] 如果法律规范本身是合理的、正义的，传播者就应自觉遵循法律规定，并将其作为确定新闻传播内容的规范性标准。传播者如果置合理的、正义的法律规范于不顾，只从自己的需要或目的出发，或从不符合实际的新闻理念出发，选择法律禁载的事实信息进行报道，就必须承担可能的法律责任和后果。

法律是公共意志的体现，法律规范本身就是公正性的重要实证性标准，即人们平常所说的合法的就是公正的，不合法的就是不公正的。因而，任何法律，如果没有经过合法的程序被修改或者被废除，新闻传播者就必须加以遵守。遵守法律是所有公民的重要义务，也可以说是一种责任。人们可以对法律规范的合理性、公正性进行评论、发表看法，但不能随意报道法律限制传播的有关信息。

从原则上说，凡是法律没有限制传播的信息，就都是可以报道传播

[①] 关于法的"良""恶"标准，大致有四条：第一，看它是否反映社会的客观需要，是否有利于生产力的发展；第二，看它是否调动社会各阶级政治积极性和生产积极性；第三，看它在权利义务规定上是否能为社会所接受；第四，看它是否有利于社会安定和使人们的生命财产得到切实保障。（王子琳. 法律社会学 [M]. 长春：吉林大学出版社，1991：287-294.）

的信息。但一定社会的规范体系，并不是单一的法律规范体系，还有其他的规范体系，它们共同构成庞大的规范网络，约束人们的社会活动。法律规范的"网眼"可以说是最大的、最为宽疏的，因而，冲破法律规范对内容的限制，也就等于冲破了内容限制的底线。如果法律是良性的，这种冲破实质上就是对新闻传播公正性的破坏，也是对社会公正性的破坏。

（2）合德性标准。

"合德性"，就是新闻传播主体所选择的作为公开报道对象的新闻事实，应该是社会公认的道德规范、道德观念所认可、允许和能够接受的东西，应该是新闻职业道德允许的东西。道德"是人类社会生活中所特有的、由经济关系决定的、依靠人们内心信念和特殊社会手段维系的，并以善恶进行评价的原则规范、心理意识和行为的总和"[1]。它是一种精神、一种特殊的社会意识、一种特殊的价值，也是一种调节人们社会生活的规范。尽管道德规范"是一种非制度化的规范""一种内化的规范"，"不像法律规范那样以强制性手段"约束人们的行为[2]，而是诉诸人们的良心、情感和自觉，但一旦某种道德规范得到社会的公认，任何社会成员就都"应该"遵守，不然就会对社会造成各种可能的不良影响，就会受到社会公众的道德谴责。因此，新闻传播作为一种影响迅速、广泛的信息传播活动，在选择将什么样的新闻事实广布于社会公众的时候，必须考虑和顾及它在道德方面的可能效应。对报道对象的选择，必须符合社会道德规范的要求，能为人们普遍具有的道德观念所接纳。

与法有良恶之分一样，道德规范本身也有个历史、现实的合理性问题，特别是在社会变革、转型时期，传统的、既有的一些道德规范和道德

---

[1] 罗国杰. 马克思主义伦理学 [M]. 北京：人民出版社，1981：4.
[2] 姚新中. 道德活动论 [M]. 北京：中国人民大学出版社，1990：11.

观念即使是社会普遍认可的，也需要根据社会的发展进行逐步的更新。在这种情况下，作为领风气之先的新闻传播媒体理应恰当地选择一些新的事实进行适度报道，以有利于社会的发展和进步。这就需要传播者把握好选择的分寸和量度。另外，合德性与合法性一样，贯穿于新闻传播活动的全过程，不只是表现在选择确定事实的阶段。

道德标准有时是比较难把握的，不像法律规范那么明确，往往会遇到一些困境。一些事情能否报道、如何报道，依赖于一定的情境，依赖于记者的经验，依赖于被报道对象的态度，依赖于人们对一定事物的容忍程度等。就当前的实际来说，一些新闻媒体和一些传播者在市场需求甚至是职责的借口下，不顾基本的社会道德约束，所选择的一些报道内容缺乏基本的同情心和怜悯心，大肆张扬的某些内容是极其不人道的。道德作为一种应该性的规范，需要传播者设身处地、换位思考。道德问题具有强烈的经验性，并不是难以理解的问题（尽管从理论上、学理上要论证一些问题比较困难）。有些事实该不该报道、怎样报道（这里主要指怎样选择事实或者报道事实的方式），对于一个正常的成人来说，凭借道德直觉就可以做出判断和选择。

（3）合政策性标准。

合政策性标准，是说新闻传播主体必须按照一定的新闻政策要求确定自己的新闻传播内容。"新闻政策直接影响新闻报道者的新闻价值观念，它在事实成为新闻的过程中起着重要作用。"[1] 新闻政策是政党和政府管理、调控新闻传播领域的重要手段，它集中反映了政党、政府对其所管新闻机构及从业人员的态度和要求，具体体现在针对新闻传播活动一系列行为（诸如新闻报道范围与方式、新闻媒体的经营与管理等）所制定的准则

---

[1] 成美，童兵. 新闻理论教程［M］. 北京：中国人民大学出版社，1993：46.

与规范中。"新闻政策,是指国家、政党及其地方或分支机关、组织在一定时期为所控制的新闻机构制定的行动准则。"[①] 显然,新闻政策标示着国家、政党对新闻传播的期望。可以说,新闻政策本质上是由国家、政党制定的一种新闻活动规范。这种规范从宏观上决定着新闻传播的价值取向必须与国家、社会发展的总体方向相一致,必须为国家和社会发展的总体目标服务。为了达到这样的目的,在新闻传播内容的选择上,一定的新闻政策往往会有明确的要求。有些新闻政策是稳定的、长期的,对新闻传播媒介应该报道什么,不应该报道什么,多报道什么,少报道什么,都有原则性的甚至是具体性的规定;有些新闻政策是变动的、暂时的,常常会根据自然、社会中的一些最新的重大变动,对新闻传播媒介的报道内容做出硬性规定,比如在战争时期、在国家遇到特殊的灾难时期,出台一些暂时性的新闻政策是常有的事情。

新闻传播主体只有沿着新闻政策引领的方向进行新闻传播,才能被政策制定者看作是合理的、正确的,在现实操作上也才能行得通。这一点在中外新闻传播的历史与现实中没有什么根本的差异,只是具体表现样式有所不同。与法律、道德规范一样,政策本身也有自己的合理性问题,即也有"良策"和"恶策"之分。如果一种政策是不合理的,从理论上说当然应该成为新闻传播要冲破的藩篱。

(4) 合纪律性标准。

从严格意义上说,新闻纪律或新闻宣传纪律不是一个新闻学概念,但它在中国新闻传播实践中已经约定俗成,从事新闻研究、宣传研究和新闻宣传实际工作的人们,对它的实质都能心领神会,而且它在实践中确实规范着新闻活动者的新闻行为,所以很有必要单独列出加以简要说明。

---

① 刘建明. 宣传舆论学大辞典 [M]. 北京:经济日报出版社,1993:1469.

"纪律"一词的普遍意义是指"政党、机关、部队、团体、企业等为了维护集体利益并保证工作的正常进行而制定的要求每个成员遵守的规章、条文"[①]。显然，纪律是一种明确的规范，目的在于维护一定群体的整体利益。

用党的纪律要求和约束新闻活动者，是因为一定政党把新闻活动者不仅看成是一种社会职业工作者，而且看成是党的工作者、政府的工作者，这是能用党的纪律约束新闻活动者的前提和根据。新闻业在中国是党、政府和人民的耳目喉舌，是党和政府用来宣传和教育人民的重要工具，发挥着意识形态思想中心的功能作用，所以它必须按照党的纪律行事，特别是党的机关报，必须坚定地宣传贯彻党的理论、路线、方针、政策，不得利用手中的媒介，宣传同中央决定相违背的东西。其实，不论中外，许多企业性质或以企业方式进行管理的新闻传播媒体，都有用来维护集体利益的有关规章制度，要求它的成员必须遵守，这些规章制度实质上就是一种纪律。从这个意义上说，纪律规范的存在也是普遍的。

纪律作为约束新闻活动者的一种规范，主要是禁止性的条文，它的实质是给传播主体指出了比较明确的报道界限（包括内容和方式两个方面），也就是人们平常所说的"禁区"。事实上，纪律要求主要是对内容选择的要求。纪律规范通常表现为两个层面：一是一些原则性的总要求，比如，党的新闻活动者，都必须严格按照党性原则从事新闻宣传工作；二是一些非常具体的要求，根据新闻传播的实际情况和当前社会的最新变动状况，党的有关组织部门会不断对新闻媒体或者新闻传播者提出要求，比如，哪些事实不能报道或者少报道，哪些事实应该多报道、强化报道等。

同样，纪律规范本身也存在合理性的问题。合理的纪律规范有利于新

---

① 中国社会科学院语言研究所词典编辑室. 现代汉语词典：第7版 [M]. 北京：商务印书馆，2016：616.

闻传播的正常展开，有利于新闻传播公正性的实现；相反，不合理的纪律规律规范则会限制人们正常新闻需要的满足，因而也会损害新闻的公正性。

3. 两种标准的关系

规律性标准是确定新闻传播内容的最基本的尺度，反映的是新闻传播本性的、内在的要求或者说是规律性的要求；规范性标准是确定新闻传播内容的更高标准，反映的是整个社会或者一定利益群体对新闻传播的目的性追求。因此，只有规律性标准与规范性标准相统一，才能达到合规律性与合目的性的统一，才有可能实现良性的新闻传播，才能从传播内容方面确保新闻传播公正性的实现，从而进一步达到维护社会公正性的目的。当然，这里的目的性，必须是社会公众的目的性，即所有用来确定新闻传播内容的规范性标准必须反映社会公众的意志和整体的利益追求，只有达到这样的理想境界，才能比较好地通过新闻传播手段维护社会的公正性。

确定新闻传播内容的两类标准——规律性标准和规范性标准，是一种既对立又统一的关系。如上所说，规律性标准反映的是新闻传播的客观需要，是一种规律性的要求，而规范性标准更多的是一种合目的性的要求。但是，合目的性的要求，既可能反映主体客观的合理需要，也可能包含主体的一些超越现实条件或落后于现实水平的要求。因此，两类用来确定新闻传播内容的标准既可能是一致的，也可能出现矛盾和冲突的现象。可见，科学、合理地确定新闻传播的内容，其实是极其复杂的问题，也是新闻传播公正性实现的基础性问题。对新闻本性、传播技术本性的认识程度，对新闻传播规律的把握水平，都会直接影响人们把什么样的事实当作新闻事实去报道；而对自身需求的自觉和反思，则会体现在各种规范性的标准之中。因而，如何准确反映自身的目的、如何合理判断自身的需求，也是确定传播内容过程中必须解决的重要问题。

确定新闻传播内容标准的非单一性，使得新闻传播主体必须处理好不同标准之间的关系。如果不能按照新闻传播的内在要求确定传播内容，新闻传播将没有存在的根据，这时再去讨论新闻传播的公正性将显得非常滑稽；如果确定的新闻传播内容不时地与一定社会制定的相关规范发生矛盾和冲突，新闻媒体本身的生存就会成为问题，更不要说实现新闻传播的公正性了。因而，对于新闻传播者来说，如何处理好两类标准之间的关系，不只是一个理论问题，更是一个必须解决的现实问题。

在新闻传播实践中，两类标准的运用首先依赖于具有能动性和创造性的传播主体，传播主体是"活"的力量，发现、选择和确定传播内容，总是由传播主体直接做出的。一个事实是否合乎规律性的要求，即是否具有新闻价值属性，是否适合一定媒介形态的个性特点（包括传播技术特点和媒介符号系统的特性），都要通过传播主体进行直接的认识和判断；规范性标准是否正确反映了新闻传播实际的要求，即规范性标准本身是否科学合理，同样需要传播主体来鉴别和判断。[①] 就实际来说，传播主体自身难以独立解决规律性标准与规范性标准之间的矛盾和冲突问题，只能依赖整个社会的力量，在新闻传播的发展过程中历史地解决。但是，新闻传播主体由于其特有的职业地位，更易于发现不同标准之间的矛盾和冲突。

从原则上说，两类标准本质上能够一致。规律性标准是新闻传播内在目的性的要求，这种内在目的性（报道新闻、传播信息、为社会服务、为公众服务）要求，不可能自然而然地实现，需要一定社会根据自身的实际情况进行必要的规范，表现在新闻传播内容方面，就是要根据社会的需要进行必要的选择。选择就需要标准，因而，问题的关键就是相关的规范标准必须是良性的。如果法是良法，德是好德，政策科学，纪律合理，其本身就是对社会发展客观规律的反映，是社会生活对新闻传播在事实选择时

---

① 当然，这不仅仅是新闻活动者的任务，而且是整个新闻界或者说是整个社会的任务，更是新闻研究者的任务。

的要求，在这一意义上，我们完全有理由说，合法性、合德性、合政策性、合纪律性是一种合规律性的要求，是社会发展规律的一种要求。因而，科学的规律性标准与合理的规范性标准本质上是统一的。

4. 对几种内容选择标准的反思

上文中我所阐释的用来确定新闻报道内容的规律性标准、规范性标准，是所有新闻媒体运用的普遍标准，也是必须遵循的基本标准。但除此之外，每家媒体还会根据自身的定位、特点确立自己的一些特殊的新闻选择标准。同样，每个新闻活动者也会根据自己的新闻价值模式、认知图式进行新闻选择。对这些具体问题我就不一一展开论述了。① 下面，我想就当前中国新闻界比较关注的几个新闻选择标准加以论述，以进一步说明怎样的新闻选择才是公正的选择、符合社会正义的选择。

（1）受众需要标准。

"满足受众需要"是市场经济下新闻媒体叫得最响亮的一个口号，有些媒体甚至认为"受众就是上帝"，"受众是朋友，受众是情人"，"受众需要什么，我们就提供什么"，还有一些媒体人在公开会议上理直气壮地宣称："我们就是要适应受众，迎合受众。"如此众多的口号，在理论上，反映的其实是一个问题——新闻内容的选择标准问题（另一个问题就是新闻报道方式的选择）。其背后，则反映了新闻传播主体的传播价值取向。

从一般意义上说，按照受众的需要选择新闻报道的内容这种做法是正确的，把受众比喻为上帝或者其他身份的主体也没有什么根本的错误。②

---

① 对这些问题感兴趣的读者，可参阅下列文献：杨保军. 新闻理论教程 [M]. 北京：中国人民大学出版社，2005：107-142.

② 我国著名新闻学者、复旦大学新闻学院的童兵教授认为，"读者是上帝"是一个"很有号召力的口号"，"'读者是上帝'只是一种比喻。任何比喻都不可能百分之百精确。读者作为一个集合体，其多数成员的主要倾向和主要需求，应该而且可以代表读者总的倾向和总的需求。再说，……讲到读者需求，总是指多数读者的合理、合法、有益、健康的需求。说读者是上帝，也总是从这个层面来认定的"。（童兵. 童兵自选集：新闻科学：观察与思考 [M]. 上海：复旦大学出版社，2004：360.）

因为媒介、传播者就是要为公众提供满足其需要的服务。但如果把它作为一个普遍的理论命题和实际指导原则使用，则需要进行细致的分析，不能大而化之、盲目运用。主体的"需要"以及新闻需要本身都是复杂的，只有弄清楚要满足什么样的需要，才能真正理解受众需要标准的实质性要求。简单停留在某一口号的争辩上，没有多少实质性的意义。

"在最一般的意义上说，需要是一切生物体的共同特征，是生物区别于非生物的一个标志。""人的需要是人对其生存、享受和发展的客观条件的依赖和需求，它反映的是人在现实生活中的匮乏状态，可以理解为人反映现实的一种特殊形式、积极行动的内在动因。"[①] 需要常常表现为**两种基本形式**：客观需要和主观需要。我们可以用汉语中的"需要"（need）和"想要"（desire 或 want）对它们加以区别。需要（need）是指主体实际上存在的一种匮乏状态；想要则是指主体的一种心理状态，可以说是主体的一种愿望、欲念、渴望状态。可见，需要（need）和想要是不同的，需要（need）是客观的，想要是主观的，而主观的想要能否准确反映客观的需要（need），人们并不能做出始终如一的肯定性回答。正如有学者指出的那样："人们不一定能真实地、客观地意识到有机体实际存在的状态（包括物理性的生理状态和非物理性的精神状态、心理状态。——引者注），人们以为自己需要的，不一定真是自己需要的。"[②] "人们经常并不知道或者并不真正知道自己所需要的是什么东西，有时又似乎知道但结果发现其实并不知道，所以广告才会试图欺骗人民说'这才是你们的真正需要'。这说明了我们'所需要的东西'既不清楚又不稳定。"[③] 而且，越是想要的东西，在现实中往往"声音"越大，越容易引起人们的注意，而客

---

① 袁贵仁. 价值学引论 [M]. 北京：北京师范大学出版社，1991：51.
② 冯平. 评价论 [M]. 北京：东方出版社，1995：101.
③ 赵汀阳. 论可能生活：修订版 [M]. 北京：中国人民大学出版社，2004：78.

观上需要的东西，倒是往往"沉默不语"，使人们不易发现。因此，为人们提供需求满足的主体，不管是提供物质需要还是精神需要，如果仅仅参照人们"想要"的东西去提供，那就很有可能难以满足他们真正的需要。但以为自己总是知道其他主体的需要，也是十分冒险的事情。这种现象本身说明，收受者的新闻需要问题不是一个简单的问题。

　　需要（need）和想要之间的这种差异，也是需要理论研究中的难题。理解了需要（need）与想要之间的差别，才能真正理解为什么提供需要的主体不能完全依照提出需要的主体的要求去满足其需要，也才能真正理解为什么人们的需要特别是精神需要必须经过适当引导，而不仅仅是适应和迎合。这里之所以强调精神需要的特别性，是因为精神需要的客观性与主观性比起物质需要的客观性和主观性更加难以判断或者衡量。也就是说，精神需要的正当性、合理性比起物质需要的正当性、合理性，更加难以自觉和评判。这正是为什么精神消费引导比物质消费引导更加困难的重要原因。理解这一点对于从事精神生产的新闻媒体、新闻活动者非常重要，它能使新闻媒体、新闻活动者比较深刻地认识到信息引导、舆论引导、文化引导其实是一件艰难的事情。认清和把握受众的新闻需要特别是真实的新闻需要和其他信息需要是进行所有引导的基础和前提，并不是想怎么引导就能怎么引导的（果真如此，等于是把自己的需要强加给受众）。如果把握不住受众的真实信息需要，媒体的引导不仅不会取得良好的效果，还会引发受众的逆反心理。对于传播者来说，需要特别注意的问题是：不要把自己的传播需要简单地、自以为是地等同于受众的收受需要。事实上，在传播需要和收受需要之间，始终存在着矛盾和冲突，这一矛盾也是新闻传播的基本矛盾，是需要传播者在整个新闻传播活动中不断去解决的矛盾。[1]

---

　　[1] 关于新闻传播的矛盾构成问题，有兴趣的读者可参阅下列文献：杨保军. 新闻传收（受）活动矛盾探究 [J]. 湖南大众传媒职业技术学院学报, 2006 (2): 5-9; 杨保军. 新闻理论教程 [M]. 北京: 中国人民大学出版社, 2005: 46-61.

新闻需要是主体的一种普遍的精神需要。"对新闻信息的需求，是人们的基本需要之一。"① 新闻需要直接满足的是人们的信息需要，而非物质性的需要，它是通过改变人们的观念、态度甚至行为的方式来实际满足人们的需要的。主体的新闻需要源于主体生存与发展的实际需求，不是主体主观上愿意不愿意接受新闻信息的问题。因而，新闻需要是所有社会主体特别重要的一种需要，它渗透在不同种类、不同层次的需要之中。事实上，"无论是较低层次的生理需要，还是较高层次的自我实现需要，都离不开交往活动，离不开新闻的传播和接受活动"②。马克思就曾说过，报纸是工人的必要生活资料。③ 但是，像我上面讨论一般需要问题时所指出的一样，受众的新闻需要在现实中也有两种基本表现形式：一是真实的需要，二是主观上的想要。其中，一些想要性的新闻需要在客观上并不利于主体的健康发展，也不利于社会的良性运行。因此，当传播主体在运用"受众需要标准"确定新闻报道的内容时，应该注意以下几个方面的问题。

首先，尽可能满足收受者合理的新闻需要，拒绝提供满足其不合理需要的新闻。收受者有不同的新闻需要，这是客观事实，因而，传播者应该按照不同的方式满足他们的需要。但这并不意味着，收受者有需要，就应该想办法去满足。就收受者的新闻需要本身来说，客观上存在着性质上的差别，可以分为正当的、合理的需要和不正当的、不合理的需要。"需要并非天然合理，这是无可争议的客观事实。"④ 毫无疑问，负责任的新闻

---

① 童兵. 理论新闻传播学导论［M］. 北京：中国人民大学出版社，2000：150.
② 同①14-15.
③ 马克思，恩格斯. 马克思恩格斯文集：第8卷［M］. 北京：人民出版社，2009：514. 马克思的原话是："报纸就包括在英国城市工人的必要生活资料之内。"据我国学者陈力丹说，马克思的这一观点，是他从《政治经济学批判（1861—1863年手稿）》中发现的。（陈力丹. 解析中国新闻传播学［M］. 上海：上海交通大学出版社，2006：115.）
④ 王玉樑. 21世纪价值哲学：从自发到自觉［M］. 北京：人民出版社，2006：27.

媒体只应该满足收受者前一种需要，而不应该满足其后一种需要。[①] 而且，后一种需要往往会表现为我上文所说的"声音"很大的"想要"。为此，有学者提醒道："我们在对事实做新闻评价时，不应仅仅局限于显在的'卖点'信息，不仅应当及时地把握受众的愿望，把握社会舆论所反映出来的对新闻信息的需求，更应当准确把握社会的实际存在状态对新闻信息（即实际存在但又未被舆论反映）的需求。"[②] 因此，笼统地以收受者的新闻需要作为选择新闻报道内容的标准，是不负责任的表现，是缺乏新闻精神的表现。

在现实的新闻传播实践中，人们确实发现，有些收受者的需要属于"虚假的需要"和"过量的需要"[③]，如果媒体不断向他们提供这类新闻需要的对象物，无异于毒害他们的心灵，污染他们的灵魂。我们不能因为有人有吸食毒品的需要，就向他提供毒品。有学者指出，作为环境监测者、社会守望者的新闻媒体和新闻活动者，"在对待受众需求问题上，不能满足于跟在受众需求、大众兴趣后面亦步亦趋，而应当登高望远，善于发现事物的发展趋势，善于预测事件发展的可能后果，或借助专家的眼光来审视社会上出现的新问题、新苗头，使新闻发挥应有的预测、导向作用，做一个真正意义上的'瞭望者'"[④]。但这并不意味着传播者仅向社会提供单一的某种类型的新闻信息。新闻需要是多元的、多层次的，对此，下文还将讨论。

[①] 恩格斯曾经说过这样一段话：要"通过有计划地经营全部生产，使社会生产力及其成果不断增长，足以保证每个人的一切合理的需要在越来越大的程度上得到满足"。（马克思，恩格斯. 马克思恩格斯文集：第3卷 [M]. 北京：人民出版社，2009：460.）显然，满足主体的需要只能满足主体的合理需要，而非任何需要。

[②] 张征. 新闻发现论纲 [M]. 北京：中国人民大学出版社，2006：76.

[③] 所谓"虚假的需要"，是指"主体自以为正当合理，而实际上只是由于外部的错误导向和主体主观盲目追求而产生的不正当不合理的需要"。"过量的需要"，是指"超出个人身心健康所允许的限度和人的社会行为规范的需要"。（陈志尚. 人学原理 [M]. 北京：北京出版社，2005：213.）

[④] 同②91.

当下一些媒介向社会公众提供了过量的社会新闻、娱乐新闻等"软"新闻,一些"硬"新闻也被不恰当地软化或者娱乐化。娱乐过度不仅成为一般信息传播中的现象,也已经成为新闻传播中相当普遍的现象。这在一定程度上就是对受众新闻需要的误导,特别是对正在成长中的青少年的误导,使他们过度关注那些实际上对他们生存发展意义不大的事实,而过少关注那些事实上与他们的生存发展关系比较密切的、重要的事情,人的注意力的有限性使这种现象成为必然。更为严重的问题是,这样的新闻传播样式可能导致新闻收受者误解新闻媒介的主要功能,从而难以形成正确的媒介观和良好的媒介素养。果真如此,对于生活在信息时代的人们来说,实在是一件不幸的事情。① 顺便说一句,娱乐与新闻浑然一体的现象,将给新闻传播带来什么样的影响,本身是值得认真研究的问题。

满足收受者合理的新闻需要,简单讲讲似乎是比较容易的事情,但要真正判断什么样的新闻需要是合理的,什么样的需要是不合理的,有时界限并不是那么清楚。但界限越不清楚,就越需要传播者去认真地调查研究。传播者并没有先验的能力,也没有任何特权去划定受众合理新闻需要的界限。但职业新闻活动者属于新闻传播方面的专业人士,承担着识别合理需要与不合理需要的职责,因而理应认真考察、分析受众新闻需要合理性的范围。对于理论界来说,这同样是"受众理论"的重点课题之一。从"宏大叙事"层面来说,合理需要的界限就是我们前面论述的规范性标准界限,即超越规范性标准的新闻,本身就是不合目的的新闻、不合理的新闻(假定所有的规范本身是合理的)。在个体层面划定合理新闻需要的界限,原则只有一条:有利于个体的身心健康和个体正当的生存

---

① 注意,我并不想把这种现象做普遍化的认定,这里的论述只是基于实际现象的一种担心,也许这种担心是多余的。

与发展。

在新闻需要的性质或者合理性问题上，传播者和收受者之间的认知可能会有一定的差别。传播者容易把收受者看成被动的一方，把自己看成主动的一方、比较高明的一方，而收受者则越来越强调自身在传播者面前的自主性和选择性，忽视自己实际上相当被动的一面。其实，传播者和收受者双方都有主动的一面，也有被动的一面。[①] 收受者是新闻传播内容的深层决定者，因为没有新闻需要，就不会有新闻传播，一定社会有什么样的总体的新闻信息需要，就会从深层上塑造出什么样的新闻传播。但新闻传播内容是由传播者直接决定的，他们是新闻传播景象的直接塑造者。因此，传播与满足应该在传播者与收受者的不断协商对话中进行。只有新闻传收活动中的双重主体（指传播者和收受者）能够发生经常的、持续不断的有效互动，才能更好地处理传播需要与收受需要之间的关系。传播者与收受者的共同新闻需要，也许是更为合理的新闻需要，因为我们所追求的理想的新闻传播境界是传收共同本位的境界。事实上，就传收双方而言，谁都难以为对方设定唯一正确的需要标准。如何满足收受者合理的新闻需要，传播者还应该有自己的职业或者专业判断，不然就把主动的传播者变成了被动的传播者。收受者不满足于自己被动的境地，就应该提高自身的媒介素养，适当了解新闻的本质，理解新闻媒介的功能，以免自己在传播者面前成为只会张嘴的"鸭子"。

其次，尽可能引导收受者追求高层次的新闻需要，减少或者拒绝低层次的新闻需要。这其实是对上一点的进一步阐释。收受者的新闻需要不仅具有性质上的差异，也有层次上的差别。从原则上说，不同层次的主体对

---

① 关于传播主体与收受主体的关系，可参阅下列文献：杨保军．新闻活动论［M］．北京：中国人民大学出版社，2006：164-176．

新闻的需要都是多元化的、多层次的。① 有学者从不同维度对受众新闻需要进行分析，正是为了充分说明受众新闻需要的多元性和多层次性。② 作为新闻传播主体，首先应该满足收受者多向度、多层次的新闻需要。但在这一前提下，应该尽可能引导收受者追求那些更有利于自身健康生存发展的新闻需要，更有利于提高自身各方面素养的高层次的新闻需要。这样，才能充分实现新闻媒体、新闻传播主体服务公众的精神。

像评判合理新闻需要很困难一样，评判什么是高层次的需要、什么是低层次的需要，也不那么容易。但有一个前提我们不会否认，即不同的新闻具有不同的内容、不同的层次，这是客观事实。因而，新闻的性质、类型、层次是可区分的、可辨别的。通过观察主体需要的新闻类型与层次，实质上就可以大致判断一个人的新闻需要层次。尽管大多数人的新闻需要是多元的、复合的，而不是单一的，但总是具有主要的需要指向。比如，有些人的新闻需要主要指向"硬"新闻，而有些人的新闻需要主要指向"软"新闻；有些人的新闻需要主要指向比较严肃的新闻，而有些人的新闻需要却主要指向那些娱乐化、庸俗化的新闻。

人的需要是一个复杂的系统，人有多种多样的需要。所有的需要从不同侧面、不同角度、不同层次，反映着人所处的生存、生活和发展状态，反映着人的本性、人的本质。可以说，人有什么样的需要，就能表明他是

---

① 我在《新闻价值论》中曾经对新闻需要的层次性做过这样的阐释：一方面是指不同层次的主体（指个体主体、群体主体、社会主体）具有不同的新闻需要，从而形成新闻需要宏观上的层次性。另一方面是指新闻需要本身是有层次区别的，这种层次有两个基本的方面：其一是指有些新闻需要是纯粹的事实信息层次的新闻需要；有些新闻需要则在事实信息的基础上，进一步寻求新闻事实的意义信息。其二是指不同主体新闻需要具有品质上的差别。（杨保军.新闻价值论[M].北京：中国人民大学出版社，2003.）这里关于新闻需要层次问题的进一步说明，可以看作对原来看法的补充。

② 中国人民大学新闻学院的张征教授在其出版的《新闻发现论纲》中，把受众的新闻需求（新闻需要）分为局部需求和全局需求、眼前需求和长远需求、显性需求和隐性需求等。（张征.新闻发现论纲[M].北京：中国人民大学出版社，2006：77-89.）这既是一种分类，也是一种层次划分，同时说明受众和社会对新闻的需要是多元化的、多向度的。当然，对新闻需要的类型、层次研究，还有更多的方法。

什么样的人；有什么性质的需要、什么层次的需要，就基本上能反映出他的本性和层次，就能基本上反映出他的物质状况与精神状态。可见，新闻需要的层次性是与主体整体素质的层次性紧密相关的。一般说来，低素质的主体寻求的是低层次的新闻，而高素质的主体追求的是高层次的新闻。但人的多面性提醒我们不能对这一点做绝对化的理解，即不能仅以主体新闻需要对象的层次性来判定主体作为人的品质的层次性。

尽管需要什么样的新闻、选择什么样的新闻是收受者的自由（收受自由是新闻自由的重要方面），任何人都没有随意干涉的权利，然而，如前所说，一个人想要的，并不一定就是对自己好的、有益的，物质的东西如此，精神的东西也一样，"我有可能比较变态或者愚蠢等等情况，结果我想要的正好是对我坏的事情，或者是没有意义的东西。就像对他人，我们有可能好心做坏事，对自己也一样好心做坏事"[1]。主体想要的信息并不一定就是自己真正需要的信息，"受众感兴趣的事实不一定是对受众的实际生活有重要影响的信息"[2]。进而言之，一个人需要什么样的信息、什么样的新闻，直接影响的只是他个人，但间接影响的就未必只是他个人了。正是因为一些新闻收受者对这种现象没有自觉和反思，新闻媒体、职业新闻活动者的引导才成为必要。职业新闻活动者不是圣人，比起普通受众也高明不到哪里，但我想强调的是：这是他们的责任，是为公众服务必须承担的责任。收受者可以率性而为，想看什么就看什么（当然有法律界限），但新闻媒体不能想刊播什么就刊播什么，职业新闻活动者也不能想写什么就写什么。新闻媒体、职业新闻活动者有责任、有义务为社会公众提供健康的、理性的新闻信息。"短视的传媒会纵容人们的情绪：煽风点火、火上加油。而负责的传媒则永远以一种冷峻的理性和社会情绪之间保

---

[1] 赵汀阳.论可能生活：修订版[M].北京：中国人民大学出版社，2004：147.
[2] 张征.新闻发现论纲[M].北京：中国人民大学出版社，2006：87.

持一定的距离:'哭的时候,不要哭出沮丧;笑的时候,不要笑出狂妄。'"① 这无非是要表明,媒体和新闻传播者,承担着分析、判断受众合理需要的责任,尽管不能成为受众合理需要的最终裁判者。

最后,新闻媒体、新闻传播者不应背离新闻精神,不能违背新闻传播的内在目的性原则,在满足收受者新闻需要的口号下,追求自己的私利,从事一些有违新闻专业要求、冲破职业道德底线的勾当。这是对新闻媒体和职业新闻活动者的最低要求。缺乏品格的媒介和缺乏职业美德的人,不可能为社会、为公众提供良好的新闻服务。媒体和传播者一旦被自身的私利观念缠绕,就不大可能在新闻传播内容的选择上保持公正。

我之所以讲这样的话,是因为现在的一些媒体、一些记者,打着满足受众需要、"受众就是上帝"的旗号,目的并不是满足受众的合理需要,而是要实现自己的集团利益或者私人利益。这些媒体、记者往往在满足受众需要的幌子下,做着与专业组织、专业精神不相称的事情。一些新闻媒体、新闻活动者的新闻行为,所遵循的路径是纯粹市场逻辑的路径。市场上需要什么,他们就会像一些投机钻营的商人那样生产什么,市场逻辑就是他们的新闻逻辑。而新闻传播一旦陷入纯粹市场逻辑的旋涡,就只能越陷越深。诚如有学者所说的那样:"市场逻辑的张狂是永远不会有边际的。"②

如果把新闻传播搞成了纯粹的新闻买卖,一些有意义的新闻就会被挤出新闻市场。对社会有价值的新闻、对人们有意义的新闻,往往有很多并不是很好看的新闻、容易弄明白的新闻,因而,需要传播者付出更多的努力、花费更多的心思,去帮助人们关注有关事实、理解有关现象。信息时

---

① 喻国明. 喻国明自选集:别无选择:一个传媒学人的理论告白 [M]. 上海:复旦大学出版社,2004:394.
② 陈力丹. 解析中国新闻传播学 [M]. 上海:上海交通大学出版社,2006:139.

代是信息充盈的时代,是通过信息进行财富创造的时代,但信息时代也是信息泛滥的时代,是信息虚实难辨的时代,对于普通的社会公众来说,更需要站在社会信息浪尖上的职业新闻活动者为他们提供真实的、全面的、有用的信息,在某种意义上,成为他们的社会信息"管家"。如果专门从事新闻信息生产的职业活动者、专业人士,为人们提供的是假冒伪劣"产品"、垃圾信息,这对社会公众公正吗?

现在的一些媒介和所谓的新闻人,把社会公众当成了生产原料,他们通过一些低俗的新闻传播吸引公众的眼球,然后把公众制造成商品(消费者)卖给广告商,卖给其他商品的生产者,卖给各种各样的政客。他们为了打开市场,常常会绞尽脑汁制造事件,策划新闻,创造需要,而这一切都会冠上一个美名:为受众服务。

由此看来,以受众的需要为标准,并不像看上去那么简单,它不仅关系到受众的需要,还关系到新闻传播的价值取向。

(2) 经济利益标准。

经济利益标准,也就是人们常说的市场标准,它和受众需要标准也有着千丝万缕的关系。在市场经济制度中运作的新闻媒体,毫无疑问要遵守市场经济的逻辑,一切生存与发展的战略设计与战术行为,都离不开对市场经济游戏规则的考虑。新闻,作为新闻媒体的核心产品,在选择"生产原料"时,必然要受到市场利益的制约。"既然是经济学意义上的生产,就必须进行经济学的考虑。新闻价值的创造必然要以一定的投入为动力,这就需要认真对待投入与产出、成本与收益等一系列的问题。"[1] 也就是说,媒体的经济利益会成为媒体在选择确立传播内容时的一条十分重要的标准。

---

[1] 杨保军. 新闻价值论 [M]. 北京:中国人民大学出版社,2003:248.

经济利益标准显然也是以传播者为本位的标准。由于经济利益是直接关系到一定新闻媒体生死存亡的问题,因此能否赢利有时会成为不少媒体决定刊播什么新闻的决定性标准,新闻理想、公共利益常常在媒体自身的实际利益面前变得一钱不值。法国城市规划和建筑大师柯布西耶(Le Corbusier)在表述工业社会的时代精神时这样写道:"经济规律强制性地支配着我们的行动,而我们的观念只有在合乎这规律时才是可行的。"[①]这个判断对今日中外的新闻业运作来说倒是恰如其分。今天的世界,总体上仍然是现代性的社会、以工业理性为主导的社会。在这样的社会环境中,任何一种事业或产业的运作、生存和发展,都很难超越经济规律的制约。对于新闻媒体来说,如何在社会公共利益与自己的经济利益之间保持平衡,并不是已经解决了的问题[②],也许永远都找不到两全其美的解决办法。如果媒体为了自己的利益而减少对与公共利益相关的事件的报道,对社会公众来说,那显然是不公正的。

经济利益标准在实际的新闻传播活动中主要表现在三个方面:其一是媒体选择传播内容有可能屈服于广告商的压力,也可能为了保全经济利益,在内容选择上屈服于其他社会势力的压力。这种媒体行为,在"疾风识劲草"的生活逻辑中必然被人们发现,媒体也必然在人们的鄙视和唾弃中走向死亡。一个敢于为社会公众负责的媒体,不一定能够在所有的报道中赢得经济利益,但一定能够赢得长久的经济利益;而一个不敢也不愿为社会公众负责的媒体,也许能够在一时一事的报道中赢得经济利益,但从

[①] 陆扬,王毅.文化研究导论[M].上海:复旦大学出版社,2006:35.
[②] 有人认为,一家新闻媒体的社会效益好,经济效益也好,那就等于它处理好了公共利益与自身经济利益的关系。这种看法并不完全正确。一些媒体在取得"两好"的过程中,可能舍弃了或者弱化了它应该和强化报道的许多东西,比如舍弃了关于它自己的广告客户丑闻的报道,弱化了能为公众更好地服务但经济效益一般的一些报道。就普通大众来说,人们还没有足够多的渠道来了解他们应该知道的所有新闻事件,实际的情况往往是,媒体没有报道的,就等于是没有发生的。当媒体舍弃了应该报道的东西时,它是道德的吗?它真的实现了"两好"吗?我觉得,其中的问题仍然值得深思。

长远来看，必将走向死亡。当媒体为了自身的经济利益屈服于某种压力时，实际上就是向金钱和权势低了头、让了步，使自己和其他资本与权势一起获得了利益，而这往往会损害社会公众的利益，显然是不公正的。其二是媒体在选择报道内容时会进行各种成本核算，其中，经济利益标准会作为重要的成本尺度，一些具有社会价值的新闻很有可能由于需要投入的成本太高而被舍弃。那些总是关心"鸡零狗碎"式新闻的媒体，很难成为具有社会影响力的媒体，成不了什么大气候，也不会赢得像样的经济效益。当然，在媒介生态中，总是既有参天大树，也有伏地小草，它们有着各自的追求和各自的生存发展方式。其三，媒体有可能选择一些迎合收受者不合理需要的内容进行传播。利用人性中病态的一面来发财，是当下某些新闻媒体的基本招数，也是市场逻辑猖狂的一种表现。一些媒体充分发掘、利用人性中的弱点，走上恶俗的道路。有哲学家指出："人们在自由选择去发展自己的偏好时，更多的人总会发展在价值上比较平庸的东西"，因此，"为大多数人所'喜闻乐见'的恶俗价值就会具有更大的竞争力而获得成功"[1]。这也许就是我们在现实中发现被人们斥责的低俗媒体反而能够获得大发行量、高收视率、高收听率的深层原因。因此，低俗不会自动减少和消亡，而是需要我们不断地反思和抵制。

  从总体上说，新闻媒体、新闻传播者把自身的经济利益作为选择衡量新闻报道内容和方式的标准，并没有什么错，因为一个不能生存和发展的媒体是不可能为公共利益长期服务的。但是，任何具有新闻精神的新闻媒体、新闻传播者，都不会把自己的经济利益看得高于公共利益，它至少会努力寻求自身利益与公共利益之间的平衡，至少会做到形式上的公正。能够为公共利益牺牲自身利益的媒体，总会得到公众的报偿，这不是宗教式

---

[1] 赵汀阳. 论可能生活：修订版 [M]. 北京：中国人民大学出版社，2004：153.

的信念,而是必然的事实。

(3) 主观意志标准。

在直接表现上,新闻传播内容最终是由个人确定的。任何外在于个人的标准都要通过内化为个人标准的方式发挥尺度的作用。个人主观意志时时刻刻都在影响着新闻内容的选择。这也可以说是确定新闻传播内容的基本主体机制。①

在现实的新闻传播活动中,新闻传播各个环节的把关人的个人品格与素质等因素,对新闻传播内容的确定有着直接的影响,甚至可以说,新闻传播中不少内容确定的标准,就是把关者的主观意志。当这种主观意志与规律性标准相符合、与规范性标准相一致时,选出的传播内容就是恰当的,新闻传播也就有可能取得预期的效果;如果这种主观意志背离了规律性的要求,脱离了规范性的轨道,选出的内容很可能就是不恰当的,新闻传播因而也就不可能实现正常的传播目的,从内容方面确保新闻传播公正性的愿望同样也会落空。

主观意志之中深藏的或者蕴含的是把关人的新闻理念、个人品性和利益追求。确定什么样的新闻传播内容,在直接表现形式上确实是由相关的把关人特别是充当领导者的把关人来决定的,因而永远不可能彻底排除"拍板者"理性因素、非理性因素等的影响。但正是因为人们能够认识到这种情况,才要提醒不能以把关人的主观意志为标准,不能把新闻传播的价值实现寄托在主观意志的偶然合理上,而应该建立在规律性与规范性的标准之上。也就是说,为了从传播内容方面保证新闻传播公正性的实现,所有的传播者都应按照规则办事,按照选择新闻的标准确定报道内容。

主观意志标准是一种主观标准,本质上是相对主义的标准,因而在根

---

① 关于确定新闻传播内容的主体机制问题,可参阅下列文献:杨保军. 新闻理论教程[M]. 北京:中国人民大学出版社,2005:107-142.

本上说是没有标准。没有标准的新闻传播在内容和方式上一定是混乱的，不可能实现传播的公正性。因此，确定新闻传播内容的标准必须是客观的、符合新闻本性的、符合新闻传播目的的标准，这样的标准，才是合理恰当的标准。

确定新闻传播内容的所有标准，都存在一个合理性的问题，而合理的标准是更为复杂的问题，必须做出历史的和现实的分析。但我们不能把问题过于复杂化。从理论上讲，规律性和规范性的标准是必须坚持的，其他标准只有在不违背这两大标准的前提下才是合理的。有些标准是应该恪守的，有些标准是应该排除的。在理论操作意义上，我们可以用规律性标准和规范性标准作为衡量其他标准是否合理的标准。

（二）公正报道的基本方法原则

这里所说的报道方法，主要包括两方面的内容：其一，获取新闻信息的方法；其二，再现新闻事实（信息）的方法。在新闻传播过程中，对这两方面的共同要求是及时和公开。① 但在这样的总原则下，会有一些特殊的考虑。比如，并不是所有的报道都一味求快，并不是所有的采访在每一细节上都要公开进行。这些特殊的考虑正是为了实现新闻传播的公正性，如果暂且不考虑那些非职业、非新闻专业的追求的话。但是，不管在理论上还是实践上，目的的正当性都并不能确保手段的合理性。因此，即使传播者选择了正当的报道内容，但如果其获取内容和再现内容的手段、方法是不正当的、不合理的，也就很难说传播者的新闻报道是公正的。这样，报道方法的选择对于新闻传播的公正性就是必须考虑的重要问题。

---

① 这里讨论的是新闻传播总的方式层次上的方法，不是具体的某一种写作方法或者编排方法，也不是关于某一事件具体的报道方式。但及时与公开是任何符合新闻本性的新闻传播都必须遵循的基本方法，它是新闻传播内在规律的要求，是实现新闻传播价值目标的基本保证。

新闻传播再现事实的方法有其自身突出的特征，这些特征既显示了新闻传播与其他信息传播的不同，同时也是新闻传播公正性得以保证的重要途径，如果没有这些特有方法的保证，新闻传播的公正性就难以实现，或者说，实现的就不再是新闻公正，不是通过新闻手段加以维护的社会公正。新闻传播在再现事实的方式上，最重要的特征有两个：一是及时，二是公开。及时和公开使新闻传播获得了特有的力量和社会影响。因而，从总体上说，追求及时和公开是新闻报道的基本方法原则，也是实现新闻公正性的基本方法。

1. 实现新闻公正报道的及时原则

及时是新闻传播的时间原则，是通过对时间的把握来获取良好新闻传播效果的原则。从新闻公正性的角度看，及时也是新闻公正性的保证。迟到的公正不是新闻手段实现和维护的公正。进一步说，迟到的公正有时就是不公正，至多是对公正性的一种挽救或者补偿。及时实现公正、维护公正，正是新闻公正性的追求所在、魅力所在。

及时最基本、最重要的含义就是"快"，就是要在第一时间[1]发现新闻事实、获取新闻信息、选择新闻信息、传播新闻信息。只有及时快速，新闻传播者才能履行符合职业要求的观察世界、监测环境的基本使命。新闻报道的主要对象是自然、社会中有意义的最新变动情况。这种变动随时随地、层出不穷，客观上要求新闻传播者必须以及时的方式去反映、报道这种变化，如果不能及时报道，作为新闻传播的传播也就失去了存在的价值和意义。恩格斯曾说："丧失时机对这类文章（指报刊文章，特别是新闻报道。——引者注）来说是致命的"[2]，因此，"如非特别，一分钟也不能多耽搁"[3]。

---

[1] 所谓"第一时间"，是指"在事件刚一发生，人们对事件还来不及做出判断，就立即给予报道"。(刘建明. 当代新闻学原理 [M]. 北京：清华大学出版社，2003：147.)
[2] 马克思，恩格斯. 马克思恩格斯全集：第33卷 [M]. 北京：人民出版社，1973：16.
[3] 马克思，恩格斯. 马克思恩格斯全集：第49卷 [M]. 2版. 北京：人民出版社，2016：146.

马克思认为，对这些传播来说，"时间就是**一切**"①。对新闻收受者来说，及时或同步了解、把握自己生存与发展环境的最新变动情况，才能有效调整自己适应或改造环境的行为。时过境迁式的新闻报道，对收受主体来说是"马后炮"，是雨后送伞，既不能满足人们的新闻需要，也极有可能失去"有用"和"有趣"的基本价值。及时传播的意义正在于，它以最快的信息流通方式，为人们提供尽快调适自己言行、心理的参考信息，消除人们对环境认知上的不确定性和紧张状态，直至满足人们的一些实际需要。

在"快"的总原则下，及时的时间效果（通常称为时效）还可能通过时机、时宜的方式来实现。时机、时宜的本质在于通过对报道时间的把握和驾驭，求得传播者预期的传播效果。既讲快速又讲效果是及时传播原则需要把握的又一基本精神。实践经验告诉人们，并不是所有的新闻传播都是越快越好，事实往往是，越是重要的、有价值的新闻事实，对报道时机的要求越高。把握时机、认准时宜，是为了实现恰到好处的新闻传播。所谓恰到好处，指的是对社会公共利益恰到好处。②这样的恰到好处，自然是最大的新闻公正。时机、时宜都是机会的不同表现，没有合适的机会，新闻传播产生的可能不是公正，而是纷争，带来的不是信息安全，而是秩序混乱。就及时性与公正性的关系来说，往往会出现不及时就等于不公正的现象，迟到的公正或者正义就是不公正、不正义。③

2. 实现新闻公正报道的公开原则

公开原则与及时原则一样，也是新闻传播在传播方式上显著的特点

---

① 马克思，恩格斯.马克思恩格斯全集：第29卷［M］.北京：人民出版社，1972：383.

② 怎样才算恰到好处，本身就是一个很复杂的问题，同样也是一个值得研究的问题。人们看到，正是由于对报道时机认知的不同，导致媒体、政府、公众之间经常产生矛盾。

③ "迟来的正义即非正义。"这是一句古老的法谚。它反映了正义的时效问题，用它来说明新闻正义的时效问题恰到好处。有学者指出："正义就是正义，多走一步的正义就超出了正义的范围，失去了正义的本来内涵。迟来的正义超出了正义的范围，因而是非正义的。"（李龙.西方法学经典命题［M］.南昌：江西人民出版社，2006：54.）

之一，是新闻传播重要的精神内涵。公开使新闻传播成为阳光下的传播，成为一种能够广泛地为公众服务、为社会服务的信息传播。公开亦是新闻传播实现社会影响力的根本途径，也是实现新闻公正性的基本条件。没有公开，就谈不上公正，人们也没有任何基础去评价、判断传播的公正性。

新闻传播的公开性，首先是指新闻传播的大众性和社会性。这意味着新闻传播是面向整个社会、面向所有人的传播；意味着传播新闻、收受新闻不论在实质上还是在形式上，都不是某些人的特权，而是人们应该拥有的一种普遍权利。可以说，新闻（传播）面前人人平等，这也体现了新闻传播在最为广泛意义上的公正性。当新闻传播还处于小范围的特权阶层时，它还难以成为真正意义上的新闻传播，这也许是人们将19世纪30年代大众化报纸诞生作为大众传播真正产生之标志的重要理由之一。新闻传收权利由特权向普遍权利的转变，是公开性不断扩大的过程，是新闻自由成长的过程，是公正水平提升的过程。新闻传播发展的历史，在一定意义上就是不断增强传播公开性的历史。新闻传播公开性的实现，不仅是政治民主化、社会生活民主化的问题，它更依赖于社会经济生活的民主化，依赖于文化、科技水平的普遍提高。新闻传播公开性在大众性、社会性意义上的实质性普遍实现，仍然有待时日。

公开性意味着新闻传播是一种无空间界限的传播、无信息壁垒的传播、无歧视性的传播，本质上说是一种自由的传播、公正的传播，即既有传播自由又有收受自由的传播，它使新闻传收双方有了实现平等的根基，使传收共同本位有了实现的起码条件。

公开性要求新闻传播主体不能隐瞒或遮蔽新闻事实的本来面目，在每一个传播环节上，都能够以公开的方式处理新闻信息。新闻传播过程本身的公开，是新闻传播公开原则的实质性内容，是新闻媒介能够成为社会公共平台的基本条件之一，当然也是新闻传播能够实现公正性的前提。鬼鬼祟祟的新闻行为总是包含着阴谋的动机或成分，不可能是公正的行为。为社会公众服务的精神本质上是阳光的精神。

获取新闻信息的方法，在新闻职业行为中的主要表现就是采访。采访行为大致可以分为公开的和隐蔽（隐性）的两类（当然可以按照其他众多的标准去对新闻采访方式进行分类）。在这两类采访行为或者采访方式中，容易引起争议的是隐性采访方式，特别是偷拍、偷录等。从新闻传播的公开原则出发，任何情况下的隐性采访方式都是应该努力避免的，"除非信息对公共利益意义重大，而以传统的开放方式又无法获得，否则不要暗中探听，不要用鬼鬼祟祟的方法收集信息。如果使用了这种方法，应在报道中予以解释"①。隐性采访方式使采访对象和采访者处于信息交流不对等的地位，这首先是一种不平等，在不平等中谈论公正性，显得非常滑稽。而有些采访之所以在道义上可以使用隐性的方式，是因为被采访对象明显做了违背社会正义、社会公正的事情，而其又不可能自曝丑恶，对这类采访对象的公正有可能损害整个社会的公正。因此，接受形式上的不公正待遇是其必须承担的代价。然而，被采访对象的行为实质上是否足以使新闻工作者有理由采用隐性的采访方式，往往只有在结果出来后才能做出比较准确的判断，因而，为了尽可能避免对相关当事人的新闻伤害，公开采访始终是第一位的选择。

就当前的实际情况来看，新闻传播在其他环节上的公开性还远未受到人们的足够重视。新闻内容是怎么选择的、怎样确定的，传播方法是如何确立的等等，都应该是公开的、透明的，新闻信息的收受者有权利知道这些具体的新闻操作过程（如果他想知道的话）。如果新闻媒体、新闻传播

---

① 史密斯. 新闻道德评价 [M]. 李青藜, 译. 北京: 新华出版社, 2001: 37.

者拒绝人们对整个新闻传播过程的了解，对公众来说就是不公正的，因为不了解过程，也就意味着公众无法知道新闻信息的真实性，而一旦连新闻的真实性都无法相信，还如何谈论新闻传播的公正性？

公开性同样要求一定的组织、团体或个人，按照有关法律或相关规定的要求，履行应尽的义务，通过新闻传播媒介，及时向社会和公众告知与社会公共事务相关的新闻信息。公开性的这一含义，具有极为重要的作用，它是新闻传播公开性获得价值和意义的基础。只有与公共利益相关的信息源是公开的，新闻传播的公开性才能得到保证，才能实现有效的公开性。从原则上说，凡是属于公众知情权范围的信息，任何形式的拥有者，特别是政府机构，都有告知公众的义务。如果因未履行告知义务而导致不良后果，信息拥有者应该承担必要的法律责任和道德责任。公开公共信息对于政府与社会及社会公众可以说是一种对等的义务和责任，一方之所以有责任或者义务告知另一方相关的信息，正是因为另一方有着同样的责任和义务，这是一种平等的关系，对双方来说都是公正的。

公开原则要求新闻传播主体在非特殊情况下，应该向社会和收受者公开新闻信息的来源。说明新闻信息的确切来源，不仅是新闻报道简单的技术性要求，而且是新闻传播公开原则的内在要求，也是新闻传播向社会负责、向收受者负责的基本要求。新闻传播者要尽可能避免用一些技巧性的新闻话语掩盖新闻的来源，要力求不用外交式的辞令去模糊新闻的真实源头。新闻传播者一定要明白这样一个简单的道理："如果公众不信任你，那么你作为作者、编辑或者发行人员所具有的技能就没有太大的意义。"[1]社会公众对新闻传播主体产生不信任的一个重要根源就是新闻来源的匿名

---

[1] 史密斯. 新闻道德评价 [M]. 李青藜, 译. 北京: 新华出版社, 2001: 1.

性。新闻传播主体常常习惯于用保护消息来源的权利来为自己不公开信息来源的行为辩护，这尽管具有一定的道德理据，但若从公开性的角度考虑问题，传播者更应注重的问题是："当消息提供者的姓名不被披露时，他们更容易信口雌黄。""他们有保护伞，很多聪明人都利用这保护伞散布假报道或传播令他人尴尬的信息。"① 在这样的情境中，收受者极有可能受到虚假信息的蒙骗，这显然是不公正的。

由上面的分析可以看出，新闻传播公开性是一种系统的公开性，既关系到新闻传播内部的公开，也关系到社会相关系统的公开；新闻传播是一种过程性的公开，涉及新闻传播的每一个重要环节，特别是传播活动中的每一个环节。只有把握住新闻传播公开性的系统性和过程性特点，才能比较全面地理解新闻传播公开性的含义，也才能使新闻传播的公正性得到有效的保障。

公开报道最重要的意义在于，它是公民知情权得以普遍实现的通道和基本保障。在今天这样的信息社会，"公民的知察权（即知情权。——引者注）在很大程度上有赖于新闻传播者的公开报道才得以实现"②。公民知情的对象可以指向一切公共领域，但主要内容是与他们利益相关的政党、政府决策性信息和其他性质的公共性信息。公开报道不仅能够满足人们知情的需要，更为重要的是"它能够吸引广大人民群众主动地参加解决这些与他们最有切身关系的问题"③。列宁曾讲过这样的话："只有当群众知道一切，能判断一切，并自觉地从事一切的时候，国家才有力量。"④他们自身的利益才有可能得到有效的维护，他们自身才能得到发展，有学者指出："一个实行信息封闭的地方，很难想象那里的民众同其他地方进

---

① 史密斯. 新闻道德评价 [M]. 李青藜，译. 北京：新华出版社，2001：168.
② 童兵. 理论新闻传播学导论 [M]. 北京：中国人民大学出版社，2000：39.
③ 列宁. 列宁全集：第34卷 [M]. 2版（增订版）. 北京：人民出版社，2017：138.
④ 列宁. 列宁全集：第33卷 [M]. 2版（增订版）. 北京：人民出版社，2017：16.

行广泛畅通的相互传播和交流。信息公开的程度，直接影响到这个地方及其民众的发展水平。"①

公开意味着透明和平等（公正），意味着民主和自由。"没有公开性而谈民主制是很可笑的。"② 新闻传播的公开性特点，恰好使人们能够以相对比较自由、主动、平等的方式去了解世界的变化，把握自己生存、发展环境的变动情况，从而能够及时发表意见、表达看法，以舆论的或其他的方式参与重要事务的决策，实现自己的民主权利。诺姆·乔姆斯基指出，大多数的普通民众都只能从常见的媒体中获取政治事务和事件的信息。一个人只有了解了某个议题的消息或是前因后果才谈得上形成自己的看法。一个民主的社会只有在公众能获取全面和公正的信息之时，做出的选择才体现了民众自由意志的选择，才称得上是真正的民主。③

公开是新闻传播的力量源泉之一。新闻的力量基于真实，这是新闻生命的力量。但是，真实的力量要通过公开的传播方式来实现。新闻传播的社会吸引力和影响力，只有通过公开传播的方式才能得到规模化的有效实现。新闻传播媒体作为"准"政治实体、经济实体、文化实体等的社会力量，无不源于真实、及时和公开的传播原则与方式。新闻媒体作为社会舆论机构的力量，同样在于它信息传播的公开性，正是公开地传播，才能有效反映、代表、扩散、放大、强化、影响、引导一定的公众舆论，塑造某种舆论环境，形成某种舆论压力，促进一些问题的解决。新闻媒体所有社会功能的发挥，大而化之地讲，它对社会物质文明、精神文明、政治文明的影响和作用，不管是正面的还是负面的，都与新闻传播的公开力量息息

---

① 魏永征. 新闻法新论 [M]. 北京：中国海关出版社，2002：412.
② 列宁. 列宁全集：第6卷 [M]. 2版（增订版）. 北京：人民出版社，2013：131.
③ 潘知常，林玮. 传媒批判理论 [M]. 北京：新华出版社，2002：182.

相关。从小处说，新闻传播告知效应的大小、意见交流成效的高低、舆论监督力量的强弱、舆论引导结果的优劣等等，从根本上看，都依赖于新闻传播的公开性。

公开使新闻媒体的传播展现在阳光之下，使新闻传播主体的行为呈现在社会公众的面前，从而使人们能够对新闻媒体本身进行有效的监督，这自然有利于新闻媒体和新闻传播者的健康成长。"由于新闻传媒在信息资源方面的优势地位和信息传播方面的职业化、专门化、组织化的特征，与普通收受者相比，新闻传媒在社会信息传播领域具有某种资源和渠道的独占性，因此，必须接受广大收受者的监督才能避免媒介的'一己之私'，真正发挥'社会公器'的作用。"[1] 新闻传播自身的公开，扯去了遮盖在媒体上的神秘面纱，这无疑意味着社会公众可以比较自由、全面地获知媒体的传播行为，了解媒体运作的各种信息，这为有效监督创造了必要的条件。美国哥伦比亚广播公司的迈克·华莱士（Mike Wallace）曾说："我们愿意将自己置于公众的监督之下，我们以此来评价自身和他人的工作、成就和败绩。"[2] "群众的眼睛是雪亮的"，但只有在公开的传播环境中，雪亮的眼睛才能充分地发挥作用。新闻传播一旦真正以无遮掩的方式置于社会公众的面前，各种各样的非新闻、虚假新闻、失实新闻、歧视性新闻，以及不公正的、不合理的新闻等等，都会在公开的传播环境中受到人们的批评和谴责；一切缺乏社会责任感的新闻传播、有背新闻正义的传播、不守新闻伦理规范的传播，都会在公开的传播环境中遭到社会的拒绝和道义上的惩罚。因此，新闻职业精神将在传播的公开性中得到锤炼和提升，新闻传播的社会责任感将在传播的公开性中得到强化和实现。

---

[1] 丁柏铨. 中国当代理论新闻学 [M]. 上海：复旦大学出版社，2002：78-79.
[2] 史密斯. 新闻道德评价 [M]. 李青藜，译. 北京：新华出版社，2001：1，168，30.

确立"社会公共平台"的新闻传媒理念。新闻传播能够公开和应该公开的根据在于：新闻媒体是为社会服务、为大众服务的公共工具。作为大众传播媒介的新闻媒介充当着社会的守望者和环境的监测者的角色，它最基本的功能作用就是帮助人们正确认识环境的变化，因而新闻传播对社会的服务、对大众的服务，都是阳光下的服务，有着天然的公开性。新闻传播的所有原则、所有手段都是公开的，也都应该是公开的。确立"社会公共平台"的媒介理念，就是确立为社会公众服务的理念。一个为社会公众服务的媒介，一种为社会公众服务的传播，还有什么不敢公开的？只有在公开的传播中，它才能为更多的大众服务。因此，确立"社会公共平台"的媒介理念，是实现新闻传播公开性的思想前提、价值前提。

一个新闻媒介、一种新闻传播，如果只是为某个人、某几个人、某个利益团体的私利服务，它就没有胆量实行公开传播的原则，因为它总有一些应该公之于众却不敢公之于众的东西，于是才会遮遮掩掩、瞒天过海。马克思、恩格斯曾表达过这样的看法：人民报刊应该成为人民的喉舌，尤其是为穷苦人民的利益充当英勇的喉舌。人民报刊不能"围绕个别人物旋转"，成为表现个别人物观点的出版物，成为上流社会的出版物，而要"围绕精神上的天体——民族旋转"，表现人民的生活和人民的精神。[①] 有了为社会服务、为人民服务的"社会公共平台"的媒介理念，就能够从根本上确立起实现新闻传播公开性的价值态度。

建立必要的保障制度。新闻传播公开性的实现，并不是自然而然的事情。一般日常新闻的公开传播并不意味着新闻传播的公开性就得到了较好的实现。新闻传播公开性的实现，也像其他公开性的实现一样，须有各种

---

① 童兵．马克思主义新闻思想史稿［M］．北京：中国人民大学出版社，1989：74-75．

制度上的保障。新闻传播公开性的过程性（贯穿于新闻传播的全过程）和系统性（涉及新闻传播活动中的各个要素及其相互关系），要求保障新闻传播公开性的制度应该具备稳定性、动态性和全面性的特征。因此，新闻传播公开性的制度或有关规范的约束对象，包括新闻信息源、新闻传播者和新闻收受者。

三、维护正义是新闻传播的至上追求

一个正义的社会，才是道德上合理、合法的社会。维护、实现社会的正义，需要各种各样的手段。新闻手段能否作为维护社会正义的手段？如果能，又如何去维护社会正义？这些都是需要深入思考的难题。

（一）作为维护社会正义手段的正当性

进入近现代社会以来，伴随新闻传播业的不断发展和逐步壮大，新闻传播在事实上已经成为用来维护社会正义的正当的、必要的也是重要的手段。新闻传播为什么会成为这样的手段，主要理由如下：

其一，新闻业、新闻传播在历史发展演变过程中形成了自身的目的，这种目的决定了它是维护社会正义的正当手段。我已经在不少地方论述过，人类的新闻活动有其自身的规律和目的，其最根本的目的就是为人类自身的生存和发展提供最新的信息安全保障。当新闻活动发展到一定水平时，人类自觉到了这种目的，进而强化这种目的，并且明确地加以表达，这就是：监测环境，守望社会。监测、守望无非是为了社会有一个正常的和良性的信息秩序、生活秩序、运转秩序。为了这样的目的，新闻传播需要通过自身的手段，观察自然、社会的最新变动状况，揭露那些对社会正常运行构成各种威胁的事实的面目。这种日复一日的工作，以新闻传播手段保障了社会秩序的正常运行，维护着社会的公正。因而，以新闻报道方式维护和实现社会正义，在我看来，是新闻活动者的职业义务，或者按照罗尔斯的说法，是一种职责义务。[①] 这种义务是由国家公共权力以及新闻工作者的具体职责角色要求的。

其二，历史与现实的诸多事实证明新闻传播可以成为维护社会正义的正当手段。毫无疑问，能够现实地成为维护社会正义的手段，是证明新闻传播作为维护社会正义手段正当性的根本。不管是对一般的社会公众，还是对新闻界从业人员来说，都无须罗列大量的例证去证明这一判断的真实性。但这里需要注意事实的另外一面，即新闻传播也可以被人们用来破坏社会正义，这也是历史和现实中发生过并且还会发生的事情。因此，如何恰当运用新闻传播，维护社会正义，更是值得研究的问题。人类手中的任何工具都是"双刃剑"，因为现实的人性在事实上不是由善性或者恶性单一构成的。

其三，社会或者说社会公众期望新闻传播成为维护社会正义的手段。社会公众的这种期望本身就是在新闻传播的历史过程中形成的，即一代又一代的人们看到了、经验了新闻传播在维护社会正义过程中的作用，因而逐步形成一种信念和期望，相信和希望新闻传播手段能成为维护社会正义的手段。这可以说是新闻传播能够成为维护社会正义手段的社会基础、公众基础。社会公众的期望，从根本上说仍然依赖于新闻传播自身的目的及基本原则，正是新闻传播的目的和基本原则使得社会公众相信新闻传播可以成为维护社会正义、实现社会公正的有效手段。

其四，就当前的中国现实来说，新闻传播能够为公正、公平的社会关系服务，能够为构建和谐社会服务。和谐是社会关系的良性状态，是人与

---

① 罗尔斯在其名著《正义论》中，将义务分为自然义务、职责义务和分外义务。（罗尔斯. 正义论［M］. 何怀宏，何包钢，廖申白，译. 北京：中国社会科学出版社，1988.）

自然关系的良性状态[①]，但其核心是人与人之间的关系处于良性状态，即平等、公正、公平的状态。人与人之间良性关系的建立，需要商谈交流，需要比较充分的信息沟通，需要关于事实世界最新变动信息的交流，这样才能及时互动理解，化解冲突和矛盾，生成和谐的关系状态。这正是作为社会公器的新闻媒介所追求的，也是新闻传播的一种美好理想。新闻传播追求的理想状态既不是传播者本位，也不是收受者本位，而是传收主体的共同本位，或者说是整个社会主体的共同本位。我在《新闻理论教程》中曾经表达了这样的看法：信息时代、网络时代和后网络时代的到来，必然会促使人类在新闻活动中建立一种新型的传收主体关系——和谐平等的一体化关系。这种一体化关系，是传收双方互为主体的一体化关系。在人们理想的新闻传播关系中，传播主体与收受主体是共同的新闻主体，他们之间的关系是互相尊重、互为目的的平等的主体间的关系。他们面对的共同客体是新闻事实、新闻传播内容，而不是各自的对方。他们共同驾驭和运用新闻传播工具，在主体间的和谐关系中，以统一新闻主体的方式共同完成新闻传收活动，共同享有关于新闻报道事实的信息，以达到共同的完善和发展。当这种理想成为整个人类新闻传播的美景时，全球化的新闻传播将变成现实，人类也就真正成了共同的主体，一起运用他们创造的神奇传播媒介，去交流共享所有的信息。[②] 就我这里讨论的新闻传播的公正性问题来说，我以为，在这种传收共同主体关系中展开的、实现的新闻活动，

[①] 有学者对和谐社会做出了恰当的界定，我觉得比较到位，抓住了实质，录于此处供读者参考：首先，在价值目标上，和谐社会是一个以经济和社会公正或公平为核心价值的公共性理想社会；其次，在内在机制上，和谐社会是一个以商谈（交往）理性为宗旨，强调主体间性的宽容社会；再次，在社会的组织与管理方式上，和谐社会是一个崇尚并致力于善治的社会；复次，在存在方式上，和谐社会将是一个多元社会；最后，和谐社会是一个将社会发展与人的身心全面发展有机统一起来的社会。[袁祖社.“公共性”信念的养成：“和谐社会”的实践哲学基础及其人文价值追求[J].陕西师范大学学报（哲学社会科学版），2006（3）：77-83.]

[②] 杨保军.新闻理论教程[M].北京：中国人民大学出版社，2005：83-87.

才是真正的公正的新闻传播。

(二) 维护社会正义的主要途径

上面我论述了新闻传播能够作为维护社会正义手段的根据。显然，这是比较宏观的论述。我们还需要在微观层面阐释什么样的具体的新闻报道方式才是维护社会正义的合理方式。是不是只要新闻报道的结果是正义的、善的，就可以说新闻报道维护了社会正义？新闻传播作为维护社会正义手段的合理性，依赖的不仅是新闻报道结果能够维护公共利益，还有赖于它所使用的具体方式、方法必须是合理的。对此，马克思有着非常精辟的论述，他说："需要不神圣的手段的目的，就不是神圣的目的。"[1]

运用新闻传播手段维护社会正义并不是一句空话，它需要新闻媒体和新闻活动者做许多实实在在的事情。其实，职业新闻活动者，只要履行了他们的职业使命，也就意味着维护了社会的公正和正义。在我看来，可以对维护社会正义、实现社会公正的主要途径做出这样的概括[2]：第一，让事实说话——报道应该报道的事实。报道应该报道的事实是正义的，没有报道应该报道的事实就是不正义的。第二，用事实说话——表达应该表达

---

[1] 马克思，恩格斯.马克思恩格斯全集：第1卷 [M]. 2版.北京：人民出版社，1995：178.
[2] 新闻传播要成为维护社会正义的手段，首先需要确立为公众服务的精神，这是新闻业作为公共事业的基本要求，也是新闻精神的基本内核。那么，怎样才能为公众服务？或者说社会能向新闻界"索取什么"？早在1947年美国新闻自由委员会在它的一份报告——《一个自由而负责的新闻界》中就对新闻界提出了这样的要求：第一，报刊要在揭示事件意义的情境下，真实、全面而智慧地报道当日事件。可信地报道事实已经不够了，必须报道关于事实的真相。第二，大型大众传播机构应该将自己视为公共讨论的共同载体，成为一个交流评论和批评的论坛。社会中所有重要的观点与利益都应该在大众传播机构上得到反映。第三，媒介应该反映社会组成群体的典型画面。关于任何社会群体的真相，虽然其缺点与恶习不应被排除，但是还应包括对其价值观、抱负和普遍人性的认可。如果人们能接触到某个特定群体生活的核心真相，他们将逐渐建立起对它的尊重与理解。第四，呈现和阐明社会的价值目标与价值观。大众传播机构是一种教育工具，而且也许是最强大的教育工具；它们必须在陈述和阐明共同体应为之奋斗的理想的过程中，承担起教育者的责任。第五，使公众能够完全接触到每天的信息。（美国新闻自由委员会.一个自由而负责的新闻界 [M].展江，王征，王涛，译.北京：中国人民大学出版社，2004：11-16.）

的意见。新闻媒介不只是反映事实、报道新闻,还要评论事实、发表意见。但作为新闻媒介,它必须用"事实",用"新闻事实"说话。① 它必须公正地说话,说公正的话,这样,才能维护社会正义。第三,为事实说话——维护应该维护的利益。

对前两条,我在前文已经做过不少论述,这里就不再展开了。下文将就第三条加以进一步的阐释。

新闻媒体和新闻活动者的任务不只是让事实世界的最新变动特别是那些有意义的变动呈现在人们的面前,即不只是客观地报道事实。新闻媒体及新闻活动者还应该在职业规范允许的条件下,积极介入社会生活,通过为一些事实说话的方法,维护应该维护的利益,张扬应该张扬的正义原则和真理,创造新的社会生活方式。我以为,这既是中外新闻业的传统,也是今日中国新闻工作者应该努力去做的事情。

社会公众信任的是具有新闻专业精神的媒体和新闻人,即他们信任的是那些能为他们的利益(也即公共利益)说话的人,信任能够坚持新闻原则进行新闻报道的媒体和新闻人。有学者通过实证研究证明,在中国,"只要是涉及'民众利益'的题项,无论是哪个文化层次的人群都会给予高度重视,媒体作为社会最广大民众代言人的角色,承担着现阶段中国公众对媒体的强烈寄托和要求,能够满足这种要求的媒体就能够较多赢得公众的信任"。"'为老百姓说话的媒体更可信'无疑已经成为目前中国公众较为普遍的心态。"②

---

① 《中国青年报》的一位资深编辑讲过这样一段话:极端地关注社会公正和正义,关注那些使国家和民众健康生存的基本价值观(包括真、善、美)的传递……预测国家和社会在发展道路上有哪些陷阱……主流媒体引导舆论的责任,并不是顺应某些读者、观众的直接需要,满足其直接兴趣,像一个采购员一样代表读者去采购事实,而是发挥新闻媒体的主体性,独立观察、独立思考,通过报道事实对社会"发言"。(张征.新闻发现论纲[M].北京:中国人民大学出版社,2006:86.)这样的发言,就是我们所说的用事实说话。

② 靳一.中国大众媒介公信力影响因素分析[J].国际新闻界,2006(9):58.

实现社会公正，维护社会正义，为事实说话，以新闻手段为一些事实说话是非常重要的一个理念和方法。我国著名作家、记者、翻译家萧乾先生曾经写下这样一段话："从斯诺的一生可以看到一个新闻记者绝不仅是一个热门新闻的追求者，对于世界事务决不能作壁上观。他必须认真观察、通过表面现象透视到本质。他必须侠肠义胆，坚决站在受欺压者一边，揭露邪恶，反对横暴。他的职务是报道，他更加神圣的职责是扶持正义、捍卫真理。"[①] 而要做到这些，不仅要让事实说话，用事实说话，还要为一些事实说话。

客观发生的一些新闻事实，往往是不会说话的哑巴，需要媒体、传播者为它们说话。一些事实，只有作为环境监测者、社会守望者的新闻媒体、新闻工作者主动地、积极地、勇敢地、智慧地去发现、去揭示才能公之于众，才能成为社会公众关注的问题。只有通过为事实说话的方式，一些正当的利益才能得到应有的维护；只有通过为事实说话的方式，一些应该维护的正义原则才能得到维护，一些应该张扬的真理才能得到传播。

一些事实往往无法说话，需要媒体为它们说话。一些事实长着"嘴"，但它们没有足够强健的"肺"，没有足够响亮的"嗓子"，因而它们发不出引人注意的声音。它们需要新闻人代表它们呐喊。这就是为弱者说话，为弱势群体发声。当然，这里必须遵守基本的正义前提，并不是说为弱势群体发声，就不讲基本的新闻传播原则，并不是说为弱势群体发声，就必然等于是在维护社会正义。但是，我们应该明白，"反映人民群众的困难、呼声、要求，是新闻这一职业不可推卸的天职。只有把人民真实的生存状态、困难和要求反映出来，领导者才能制定切合实际的政策，促进社会的良性发展"[②]，才能更好地维护社会的基本公平和正义。作为社会公器的

---

① 唐师曾. 我师萧乾 [J]. 北京文学，2006（9）：130-135.
② 刘建明. 新闻学前沿：新闻学关注的11个焦点 [M]. 北京：清华大学出版社，2005：238.

新闻媒体，在反映人民群众、社会公众的生存状况时，应该更加关注社会中的弱势群体。这不是媒体不公正的表现，而是为了实现社会公正必须采取的做法。因为弱势群体之所以为弱势群体，其中重要的表现之一就是他们没有足够的能力维护自身的正当利益。

新闻传播是为社会公共利益服务的，是为所有人提供平等服务的。但是，具体的新闻报道很可能是优先为处于困难中的人服务，这是人文精神的当然倾向[1]，是人类的正义感、同情心能够允许、可以接受的倾向。新闻媒体、新闻活动者应该把更多的笔墨、镜头、声音"投撒"在一定情境中的弱者身上，以引起社会的关注、人们的同情和帮助，这是正义的，也是人文精神的体现。[2] 但在现实中，人们看到的往往是相反的景象，新闻媒体、新闻活动者更关注社会的强势群体，忽视弱势群体的利益和声音，甚至以刻板印象的方式丑化弱势群体的形象。我们知道，每个个体在面对世界中的万事万物时，特别是面对自己相对比较熟悉的事物时，往往都有一个预先存在的框架，这个框架主要是由每个人的价值模式和认知图式构成的，它们是每个人观察、理解一定对象的背景，是先入之见。对于职业新闻活动者来说，同样存在这样的框架，这个框架构成了传播者理解对象、报道对象的刻板印象，或者说是一种思维上的"定式"[3]。如果一个传播者总是被自己既有的刻板印象左右，那么他就比较难以形成对对象的客观的、全面的、公正的报道。因此，传播者在报道、再现特定的人群和

---

[1] 在资源有限的情况下，首先倾向弱者，这是人文关怀的基本诉求之一。

[2] 当然，新闻媒体及新闻活动者有时会把更多的笔墨、镜头、声音"投撒"在一定情境中的强者身上，也会"投撒"在一定情境中的弱者身上，只要是按照新闻传播规律进行传播，原则上都是正义的。

[3] 所谓定式，在心理学上是指一种预先的心理准备状态，决定着后继同类心理活动的趋势。这种定式就是在不自觉、无意识地运用以往的思维框架和知识材料。这种定式的影响也有两方面的作用：积极作用表现为它能简化思维过程，从而较快选定和加工信息以形成新的知识；消极作用表现为它往往使人形成一种习惯性的封闭型的僵化的思维方式。（陈志尚. 人学原理 [M]. 北京：北京出版社，2005：277.）

事物时，要自觉注意克服和超越过去形成的思维或者心理定式，克服和超越对特定人群、事物的刻板印象。这样才能真正体现和实现新闻传播应有的实事求是的精神、公正的精神。

不论在西方还是在东方，现实社会都很难说是完全平等的社会，总是有精英群体和一般人群、弱势人群之分，总是有富人、穷人的差别，总是存在着不同的权力阶层、文化阶层。笼统一些说，各种社会精英本身就有足够的话语能力反映自身的生存状态，表达自己的各种愿望，他们也有足够的政治、经济、文化、技术能力接近新闻媒介、利用新闻媒介。① 因此，新闻媒体只要为他们提供公正的媒介平台就可以了。但与此同时，新闻媒体应该有意为社会弱势群体提供"说话"的机会，更多地代表他们反映生活的真实状况，表达他们的基本愿望，这是一种基本的平衡方式，也是新闻媒体坚持社会公正、维护社会正义的基本方式之一，也可以说是新闻媒体在一定程度上、一定范围内分配新闻媒介这种公共资源的一种方式。在此，我想借用一个比喻：媒体可以也应该给一些弱势群体发扬声器，从而让他们的声音能够广为人知。②

为事实说话，是为了实现公正，维护正义。对于新闻活动者来说，在运用新闻手段维护社会正义的过程中，在为一些事实说话的过程中，在为一些弱势群体发声的过程中，最容易忘乎所以、自以为是。一些新闻活动

---

① 美国学者欧文·费斯（Owen M. Fiss）这样写道："富人在传媒和其他公共领域的传播空间中是如此具有支配性，以至于公众实际上只能听到他们的声音。其结果是，穷人的声音可能被完全淹没。"（费斯. 言论自由的反讽[M]. 刘擎，殷莹，译. 北京：新星出版社，2005：14.）这就是美国公共领域的现实。

② 费斯. 言论自由的反讽[M]. 刘擎，殷莹，译. 北京：新星出版社，2005：4. 费斯先生在美国语境下说："如果国家之外的权力正压制着言论，那么国家可能必须采取行动，来增强公共辩论的活力。国家可能必须给那些公共广场中声音弱小的人配置公共资源——分发扩音器——使他们的声音被听见。国家甚至不得不压制一些人的声音，为了听到另一些人的声音。有时这就是别无选择的方式。"我这里只是把费斯先生的论述作为方法论来应用。至于他在美国语境下阐述的观点是否适用于当下的中国语境，我赞同贺卫方教授的看法，他说："简单地将费斯教授的结论用于中国可能会出现某种类似'直把杭州作汴州'的时空错位。"

者极易把自己看成"无冕之王",当成"包青天",利用人民赋予的职业话语权力进行"媒介审判",从而造成新的不公正。果真如此,为事实说话就不仅没有维护社会正义,反而成了制造不正义的手段。

维护社会正义,对于新闻媒体、新闻活动者来说,最低限度是守法,守法就是正义的表现。① 按照宪法和法律的精神、规范以及法治精神从事新闻职业活动,乃是对新闻活动者的最低要求。我想进一步说明的是,新闻媒体因其特有的公共功能,新闻活动者因其特有的社会公共服务者角色,使得其新闻行为的守法性显得更加重要,具有比较广泛的社会示范作用和效应。因此,新闻活动者的法律意识、守法意识,直接影响着他的公共精神。现代文明社会,法治是其文明程度的重要标志之一。公共服务只能是法治下的服务,因为法律是众意合意的结果,是公意的体现,是所有人必须遵守的共同规范。任何人没有任何理由去违背公意规范,除非得到了公意的合程序的同意。公共精神内含着法治精神。在法律界限内履行职责,是公共服务(不管什么样的公共服务)的基本途径。

除了为弱势群体说话之外,新闻媒体、新闻活动者还应该从社会公共利益的角度出发,为那些更有意义的新闻事件、新闻事实说话。

事实世界精彩纷呈,千变万化,因而新闻是多样化的,新闻的功能也是多样化的。新闻媒体在真实反映自身目标报道领域的前提下,应该对什么样的新闻事实给予更多的关注,即对什么样的事实给予更多的报道机会,使公众对一些事件、事实有更多和更深入的了解,这是一个并不好回

---

① 人类历史上最伟大的哲人之一苏格拉底明确表达了这样的思想:守法就是正义,正义也就是守法,两者其实是一回事。他还以他特有的"助产婆"方式论证了这一命题。(色诺芬. 回忆苏格拉底[M]. 吴永泉,译. 北京:商务印书馆,1984:166.)当一项法律是公意的结果,就意味着守法是维护社会公正、坚持社会正义最基本的途径,是每个公民的义务。在法治社会里,守法是良民的品格,也是社会良性运行的保障。当然,在道德诉求上,法应该是良法。但我以为,在法未被公意以正当的程序废除或者修正之前,遵守它仍是每个公民的义务。

答的问题。在合法范围内，报道什么，不报道什么，多报道什么，少报道什么，是新闻媒体的自由。因而，我提出的看法只是道德性的建议。

作为负责任的新闻媒体应该重点关注什么样的事实？应该更主动地关注哪些新闻？原则性地回答这类问题并不困难，当然应该更多关注、更多报道与社会公共利益关系比较大、关系比较密切的新闻事实（不管是正面事实还是负面事实）。客观世界中产生着各种各样的新闻事实，但不同事实与社会（公众）的价值关系、意义关系必定是不一样的，有些价值关系、意义关系紧密，有些则比较松散，有些新闻事实对社会的价值大，有些则价值小。这样的客观现象要求以公共利益为最高服务目标的新闻媒介和新闻活动者，要为那些有更大价值或更大意义的事实说话，这是责任和义务，是应该具有的一种新闻精神。

比如，在娱乐新闻与严肃新闻之间，作为新闻媒体应该为更多的严肃新闻提供报道机会，而不是相反。人们在娱乐新闻或新闻娱乐中所获取的，大都是一笑了之的快感，是"一无所思"的快感[1]，是全身心的暂时放松。这时，新闻媒体提供的新闻，主要不是新闻的价值，而是作为娱乐材料的价值，与人们听一首流行歌曲、看一段时装表演没有实质性的差异。负责任的媒体不会把新闻的中心置于娱乐的花园，它会吸引人们更多地关注那些对他们的生存、发展有着实质意义的事件。因此，为事实说话的新闻，更多的是为重大的、严肃的事件说话，而不是忘乎所以地为那些鸡毛蒜皮的娱乐事件说话[2]，新闻媒体应该为前者的报道而不是后者的

---

[1] 霍克海默尔和阿多诺在《启蒙的辩证法》中写道："快感总是意味着一无所思，意味着忘却痛苦，即便是身在痛苦之中。"（陆扬，王毅. 文化研究导论 [M]. 上海：复旦大学出版社，2006：267.）

[2] 一位美国学者在评价美国当下的新闻业时说："美国新闻业最失败的地方就是迎合低俗和娱乐过度。""那些耸人听闻、低俗煽情的故事占据了大量的媒体空间，但这些内容中包含的并非重要的、公众期望获得的信息。"（罗以澄，秦志希. 新闻与传播评论：2005年卷 [M]. 武汉：武汉出版社，2006：6，2.）

报道投入更多的人力、财力、物力。更为重要的是，如果与人们实际生存和发展密切相关的一些事实得不到媒介的关注和报道，人们往往也会忽视这些事实的实际存在和效应，人们并不总是能够自觉到和意识到自己的客观需要。但是，站在信息前沿阵地的新闻媒介、新闻活动者有义务通过新闻报道实现社会公众的知情权，使社会公众明白他们与相关新闻事件、新闻事实的真实关系。

再如，在正面事实与负面事实之间，尽管新闻媒介、新闻活动者要以报道正面事实为主，但绝不能忽视报道负面事实的特殊价值。负面事实往往恰好是难以和社会公众见面的事实，往往恰好是与社会公共利益关联度比较高的事实，因而也往往是社会公众特别关注的事实，比如，对公共事件及时反映报道形成的所谓危机新闻[①]，就是人们特别需要的。这样的事实，是更有意义的事实，一旦被报道，常常能够引发比较强烈的社会舆论，形成一定的舆论场和舆论压力，以群众的力量促成一些问题的解决，形成良好的正面效应。[②] 当然，为这样的新闻事实说话，更需要新闻活动者的正义感，需要勇气，需要坚韧，还需要智慧，需要新闻精神。其中勇气和正义感是为事实说话中最需要的，因为为公众的利益说话，为人民的利益说话，往往意味着要和背离人民利益甚至是损害和破坏人民利益的各种权力机构和组织、各种色彩的权力拥有者进行斗争——通过正当地运用新闻手段进行公开的斗争。美国著名报人约瑟夫·普利策（Joseph Pulitzer）在他退休时写的一段话值得我们不断回味，他说："我知道我的退休

---

① "危机新闻，它是指威胁人们的生命财产安全，或者引起人们思想波动的重大自然灾害或人为事故。危机影响的人数众多，以突发性、不确定性、不可控性和引起人们的情绪化反应为特征。在危机期间，大众传媒因其为社会服务而变得更加重要。"（布赖恩特，汤普森. 传媒效果概论 [M]. 陆剑南，等译. 北京：中国传媒大学出版社，2006：203.）

② 为了说明"正面报道、负面报道、中性报道"与"正效新闻、负效新闻、零效新闻"的联系与区别，我曾经专门写过一篇小文。有兴趣的读者可参阅下列文献：杨保军. 正效新闻·负效新闻·零效新闻：为解决老问题而提出的一组新概念 [J]. 今传媒，2006（8）：12-13.

不会影响办报的基本原则。报纸将永远为争取进步和改革而战斗,决不容忍不义或腐败;……永远反对特权阶级和公众的掠夺者,决不丧失对穷苦人的同情;永远致力于公共福利,决不满足于仅仅刊登新闻;永远保持严格的独立性,决不害怕同坏事做斗争,不管这些事是掠夺成性的豪门权贵所为,还是贪婪穷人之举。"①

---

① 埃默里 M,埃默里 E. 美国新闻史:大众传播媒介解释史:第8版[M]. 展江,殷文,译. 北京:新华出版社,2001:201.

第四章　新闻精神的构成（下）
——和谐为美的自由精神

> 自由报刊是人民精神的洞察一切的慧眼，是人民自我信任的体现，是把个人同国家和世界联结起来的有声的纽带。
>
> ——马克思
>
> 当人类最自由的时候，就是它被安排得最好的时候。
>
> ——但丁
>
> 自由既是一种最古老的老生常谈，又是一种最为当代的追求和渴望。
>
> ——埃里克·方纳

新闻活动，自其诞生之日起，就是人类认识事实世界的一种方式，是人与人之间进行信息交流的一种方式，是人与人之间进行精神交往的一种方式，当然也是人与人之间进行合作、竞争实践的一种手段和方式。[①] 这

[①] 对新闻传播活动的这些定性论证，可参阅下列文献：杨保军. 新闻活动论［M］. 北京：中国人民大学出版社，2006：46-100.

种方式贯穿在人类的所有活动领域，是本体性的社会活动条件。在今天这样的信息时代、知识社会，新闻信息特别成为一定社会的一种神经性的存在、命脉性的存在。新闻活动的这些特性，决定了追求新闻信息[①]的自由流动，以及追求新闻信息的和谐共享和分享，是一种崇高境界和理想。对于新闻活动主体来说，要实现这样的理想、达到这样的境界，就得首先有一种追求自由的精神——以和谐作为美好目标的自由精神。

一、新闻认识——实现认知自由的途径

新闻活动是人类生存发展需要的产物，是人类信息交流需要的产物，在本质上则是人类由必然王国向自由王国艰难跋涉的产物，是人类自觉不自觉追求生存发展自由的产物。传播现象、新闻传播现象，与人类同步产生，共同演进。在这一漫长的并且还将继续下去的历史过程中，新闻传播对于整个人类来说，最基本的价值，首先是获得认知上的自由，进而获得实践上的自由。[②]

（一）认识论意义上的新闻自由

如果把新闻传播活动看作整个人类的一种活动类型和方式，就可以发现，新闻传播活动是反映事实世界最新变动情况的活动，它的直接任务是说明事实世界的最新变动情况是什么。因而，从人类的整体层面上

---

① 注意，这里所说的新闻信息，是广义的新闻信息，即不只是关于新闻事实的事实信息，还包括新闻性的意见信息、观点信息。

② 以往人们关于新闻自由的讨论，只限于政治意义，这在我看来是正确的，也抓住了新闻自由的要义。但我认为，不在认识论意义上讨论新闻自由问题是有缺陷的。新闻活动毕竟首先是一种认识活动，没有认识论意义上的自由，即新闻认识如果达不到对事实世界的真实反映（尽管这种真实是新闻传播范围内的真实，是有限度的真实），它对政治自由的价值就会大打折扣。可以说，认识论意义上的新闻自由，在逻辑上是实现政治意义上的新闻自由的前提。

观察，我们可以说，新闻传播活动本质上属于人类认识事实世界（自然事实与社会事实世界）的活动，是人类在精神上把握客观世界的众多方式中的一种。从最开始产生的新闻传播现象，到今天高度发达的新闻传播业，这一点并没有发生根本性的变化，是新闻传播活动的稳定表现。并且，新闻传播活动还会继续成为人类认识世界、把握世界的一种有效的精神方式。

作为人类对事实世界的一种认识活动，从原初时代到现在，新闻认识的直接目的是基本稳定的（当然，先民们不会有文明时代的人们具有的新闻意识），即把握生存发展环境的最新变动情况。对周围环境的及时认知和把握，是人类生存发展的基本需要。这使得新闻认识有了永恒的客观基础和根本动力；同时，也使新闻认识成为人类认识世界的一种基本方式，成为人类生存方式的基本组成部分。正因为如此，我们不仅可以说，人类的生存与发展必然依赖于新闻认识，我们还可以说，新闻认识与生俱来就是人类生存的本体性活动。并且，只要人类生存与发展的环境变得越来越复杂，越来越难以琢磨，新闻认识的重要性和必要性就会越来越强；只要人们越来越想把握自己的当下命运和未来可能，新闻认识就越来越须臾不可缺少。这正是今天人们在信息时代看到的真实景象。当人类的生存环境主要是自然环境时，他们只需要关注自然环境的最新变化就可以了；当人类的生存环境主要依赖社会环境时（不可能脱离自然环境），他们需要关注的环境变化就变得复杂起来。环境的复杂化、多重化，从客观上促成了新闻认识水平的不断提高、认识方式的不断更新、认识规模的不断扩大。以现在的情况为基础做推测，新闻活动作为一种社会认识形式，作为人类把握环境的一种基本方式，其价值与作用只会越来越大。

新闻认识活动具有自己特殊的内容和方式，并不是一般的认识活动。正是内容与形式上的特殊性,使新闻认识与其他认识世界的方式区别开来。① 在最抽象的层次上,新闻认识内容的突出特点就是它的事实性和新鲜性,新闻认识形式的突出特点就是它的及时性和公开性。新闻认识是对"最新的实事"的认识和反映,是对最新的实事的及时、公开的认识和反映,它以在最短的时间内认识反映最新的实事标示自己的认识特征。环境的永恒变动性,使得对环境的认知具有持久的客观的新鲜内容。为了获得关于环境内容新鲜性的认识结果,及时认识就成了时间上的内在要求,而要使整个社会都能获知环境的变动信息,公开性就成为新闻认识的另一重要内在要求。毫无疑问,新闻认识内容上的真实新鲜、方式上的及时公开,必然具有历史的具体内涵,但在抽象的意义上它们可以超越历史的差别,成为新闻认识具有的绝对意义的特征。因而,无论新闻传播发展到怎样的水平和规模,以何种媒介形态传递和收受新闻信息,确保新闻之为新闻、新闻传播之为新闻传播的核心要素是基本稳定的:一是内容的事实性和新鲜性,二是传播形式上的及时性和公开性。不能提供真实的新内容的认识活动,在认识论上是无意义的,新闻认识不能例外;不能将新内容及时告知世人的认识,认识结果的价值就会大打折扣,这对新闻认识来说更是至关重要。所有新闻认识的其他可能特点,都依赖于上述最基本的几个特点,这是我们思考新闻活动作为一种认识活动的基本结论,也是基本出发点。

作为一种社会认识活动,新闻认识从一开始就是以实用性为主的认识活动,它始终追求认识的生活意义和实践价值,追求对日常生活的效用性和参考性,具有强烈的主体目的性和选择性。新闻认识不是为知而知的纯粹认识活动,而是为用而知的功利性认识活动,是人类常识水平的认识活

---

① 当然,作为人类认识事实世界的方式之一,新闻认识与其他认识一定具有一些共同的特点。

动。因此，它与那些声称为艺术而艺术的认识活动、为科学而科学的认识活动始终保持一定的距离，它强调的是认识的相关性、有用性和趣味性。新闻认识与人们的社会活动、实际生活直接相关，普通大众可以直接理解新闻认识的成果，不需要什么过渡的中介或桥梁。新闻认识离社会最近，离生活最近，与生命的直接存在和活动距离最近[①]，它与生活、社会以同步的形式变化发展。因此，作为认识活动的新闻活动，对社会人群常常有着更为直接、更为广泛、更为实用的意义和价值。新闻认识，不是把日常的、简单的事物深刻化、玄虚化，而是把深奥的东西、难理解的事物简单化、通俗化、大众化。新闻认识使事实世界的最新变化在普通人面前变得可读、可见、可听，易于理解。作为认识活动的新闻活动，在它的历史发展过程中，始终都在追求大众性和公共性，因而，新闻认识始终具有大众认识、公共认识的突出特点。新闻认识的社会职责，主要不是提供普遍的真理，而是提供具体的真知；不是提供认识原理，而是呈现事实真相。即使在今天这样人类认识水平普遍提高的大背景下，新闻认识提供的仍然是最容易被理解的认识结果。如果新闻传播者向社会提供的新闻认识结果是人们普遍不能理解的结果，那么失败的不是社会公众，而是新闻传播者。新闻主要不是科学，而是关于事实的真实叙述。

　　作为一种社会认识活动的定位，决定了新闻活动的基本规律和基本精神。这就是新闻认识必须遵循认识活动的一般规律，抓住新闻认识的特点，以求真、求实为基本目的。真实是新闻的生命，正是基于新闻活动作为社会认识活动的特性而言的。任何时候、任何地方，新闻活动一旦偏离事实认识的主线，忘记了反映事实世界真相的主要职责，就会受到历史的惩罚（实质上是受到认识规律的惩罚）。任何形式的新闻异化现象，都不

[①] 这也正是新闻报道需要"贴近实际、贴近生活、贴近群众"的根本原因。

只是扭曲新闻，还会扭曲社会的精神，损害社会正常的信息秩序，破坏社会的和谐景象。当然，新闻认识并不限于事实性的信息，它同样提供意见性的信息。但新闻意见必须基于新闻事实、新闻现象，这是新闻意见不同于其他一般意见的特点，也是新闻意见能够充分发挥社会作用的基础。新闻意见始终要以新闻事实的真实为前提。新闻认识的事实性，使其结果成为整个社会都不会拒绝的认识；新闻认识的意见性，在理想性上使新闻媒介成为社会人群之间进行精神交流的平台（对此，下文还有专门的论述）。需要特别说明的一点是，有人认为当今的新闻传播，越来越意见化、观点化，"新闻纸"越来越应该成为"意见纸""观点纸"，因而，成功的新闻传播就是要为人们提供前瞻性的看法，充当普通大众的引路人。我在总体上不赞成这样的观点，并且认为这种观点不属于新闻观念，会把新闻活动引向歧路。新闻传播、新闻活动，作为一种认识活动，如上所说，最重要的职责是报道事实，反映社会公众各个不同群体的意见，而不是传播者表达自己的意见，也不是只反映一些人、一些群体的意见。报道新闻事实是反映事实，反映社会公众的各种意见也是反映事实，新闻活动的这一基本方向不能改变，否则就不是新闻认识了。当然，这并不是说新闻活动者不能通过媒介发表意见，恰好相反，通过媒介表达公正的看法、真实的看法，也是新闻活动者的职责。但这一切，必须以事实为前提、为基础。

新闻认识活动是在与各种社会关系的纠缠中展开的，并不存在纯粹的新闻认识活动，因而，以新闻方式认识到、把握到的事实世界，并不是完整的事实世界，大多数情况下是一个支离破碎的事实世界。人们通过各种不同性质、类型、层次的新闻媒介看到的事实世界，也基本上是媒介所有者、新闻传播者眼中的事实世界，或者说是媒介所有者、新闻传播者愿意看到的事实世界。新闻认识所用的眼光绝不是单一的，而是复合的；绝不是单色的，而是多色的。透过新闻认识看到的世界并不是纯粹的事实世界，而是事态世界、情态世界、意态世界的混合体或者统一体。人们通过新闻符号世界所了解的事实世界，是一个有限真实的世界，至多是新闻传播范围内的真实世界。

作为一种社会认识活动，新闻活动在总体上必然受到整个社会发展水平的限制，受到社会政治、经济、文化、技术等方面的规范和约束。这正是新闻传播现象在客观上形成不同历史时代的根本原因，也是新闻传播表现为诸多不同样式、形态的根本原因，更是新闻认识在不同时空所发挥的功能作用有所差别的重要原因。新闻认识的目的不是自律的，而是他律的，新闻认识不是为了新闻自身，而是为了新闻认识以外的政治、经济、文化以及人们的交流、交往和社会生活。因而，从总体上看，我们也可以说，对于人类来说，新闻认识本质上是手段性的，不是目的性的。新闻认识实际表现如何，主要是由社会的政治、经济、文化等实际状况决定的，而不是由新闻自身决定的。正因为如此，人们可以通过新闻活动的实际规模、水平、自由度等，认识一定社会的环境质量，新闻活动的状况已经成为衡量现代文明社会的重要尺度。

作为认识活动的新闻活动，特别会受到社会权力尤其是政治权力直接或间接的控制，从而具有较为强烈的政治意识形态色彩，在一些社会环境中，甚至成为政治意识形态的有机组成部分，成为政治权力直接控制的宣传工具。这时的新闻认识，就不再是新闻认识，它的目的也不再是人类创造新闻认识的目的。任何背离新闻认识本性、应当性的新闻认识，都是虚假的新闻认识。通过新闻活动方式，人类可以做许许多多的事情，但这不等于说所做的事情都是合理的、应该的。人类对任何工具的应用都有正当性的问题，背离正当性的运用本身自然是不正当的。人类对自己创造的不同活动方式、不同认识形式，都有一定的期待和定位，这不仅是人类的约定，也是历史发展的结果。

(二）追求认知自由是新闻的基本精神

恩格斯曾经肯定过黑格尔的一句话："自由是对必然的认识"[①]。这是从哲学认识论意义上对自由的基本界说，它的实质含义是人们只有正确认识了客观对象，认识了对象的必然性（即本质和规律），才能够自由活动，自由因而在本质上体现为人的一种认识能力或理论理性。

如前所述，作为认识活动的新闻活动，其内在的基本精神就是求真、求实的科学精神，而求真、求实的直接目的在于获得对事实世界的正确把握，即获得认知自由。因而，在认识论意义上，我们可以说，追求认知自由是新闻精神的基本内容之一，它与新闻传播的科学精神也是统一的。

如果把新闻活动看作一种认识活动，即通过新闻传播与收受行为对客观世界进行的一种认识活动，那么新闻自由就是一种认识论意义上的自由，讲的是新闻传收者与一定新闻事实对象之间的认知关系。因而，只有获得对新闻事实的正确认识，传收者才能获得认识论意义上的新闻自由。也就是说，传播者只有能够真实认知所反映的对象，他（或者说新闻媒体）所报道的新闻在本性上才会获得无障碍的传播，成为自由新闻，反过来说，能够创制出自由新闻的新闻传播主体才是自由的。对收受者来说，只有获得自由新闻，并且正确认知了它，才能真正将其转化为正确的理论理念，进而使其成为可能的实践理念，获得意志的自由、行为的自由，使自己成为自由主体。

如上所说，认识论意义上的新闻自由，直接表现或者基本要求就是实现真实报道和真实理解。显然，新闻真实和新闻自由的实现，在认识论意

---

① 恩格斯. 反杜林论 [M]. 北京：人民出版社，2018：120.

义上首先依赖于新闻传播过程的双重主体。如果要做进一步的深究，即使在认识论意义上，新闻真实和新闻自由的实现也不可能离开新闻信源主体和新闻控制主体的作用和影响。新闻信源主体以直接的方式影响甚至决定着新闻报道真实的实现，新闻控制主体则以相对比较间接的方式影响着新闻报道真实实现的范围和程度。正是在这一意义上，所有的新闻活动主体在道义上都应该具有追求新闻自由的基本精神。这样的逻辑也提醒人们，即使在认识论意义上，也并不是所有的新闻活动主体都能够、都愿意实现新闻自由。当然，背后的原因不是纯粹认识论意义上的，非认识论的原因也许才是导致认识论意义上的新闻自由不能实现的主要原因。

真实理解以真实报道为前提[①]，即自由新闻的实现包括两个最基本的环节——传播者的真实报道和收受者的真实理解。真实报道所提供的真实新闻才是自由的新闻，可以自由传播。在此意义上，我们可以进一步理解为什么虚假新闻、失实新闻没有可以自由传播的内在品质。进而言之，一切缺乏自由品质的"新闻"，都是有害的新闻。自由性是真实新闻、合理新闻的内在品性，受限性（限制传播）则是虚假新闻、失实新闻的必然命运。对虚假新闻、失实新闻的限制，正是为了让真实新闻获得更好的自由传播与收受机会。当新闻传播者能够在新闻自由的层面上理解新闻真实时，就可以说他确立了认识论意义上的新闻自由观念，或者具有了认识论意义上的新闻自由精神。这既是对新闻真实的更深一层的理解，也是对新闻传播者的社会责任更进一步的认识，当然也是对新闻自由的一种扩展性理解。

新闻真实实现的程度是认识论意义上新闻自由实现程度的根本，或者

[①] 当然，真实报道并不保证真实理解，这也许正是新闻真实实现中的难题。关于新闻真实的实现问题，我在《新闻真实论》中有专门的论述，读者可参阅下列文献：杨保军. 新闻真实论 [M]. 北京：中国人民大学出版社，2006：153-313.

说人们可以用新闻真实的实现程度和水平来衡量新闻自由实现的程度和水平。试想，如果新闻媒介不能向社会公众提供真实的新闻，或者说不能充分提供真实的新闻报道，那么，谈论新闻自由显然就没有了前提。因此，从认识论意义上讨论新闻自由问题是有价值的，不仅扩展了新闻自由论题的视野，也使人们可以透过真实新闻的景象更好地分析、理解政治意义上新闻自由的面目。反过来说，政治意义上的新闻自由程度，最终还是要通过新闻真实的面目来表现，即通过认识论意义上的新闻自由来表现。

可见，新闻真实或者新闻自由的实现并不是一个纯粹的认识论问题，当然，也不是纯粹的政治、经济、技术问题。在现实的新闻传播中，并不存在纯粹的认识论意义上的新闻自由，也不存在纯粹的政治意义上的新闻自由。现实的新闻自由必须考虑到两个方面。因此，新闻传播追求的自由精神，既是一种人文精神，也是一种科学精神，它是两种精神统一后达到的一种美好境界。

二、新闻传收——实现政治自由的重要途径

对于新闻自由，人们通常并不在认识论的意义上来讨论，而主要是在政治学、法学的意义上来讨论，是把新闻自由作为一种普遍的道德权利、具体的政治权利和法律权利来对待。因此，作为自由精神的新闻精神更应该从政治权利的角度进行讨论。

新闻活动是一种社会活动，因而新闻自由是一种社会自由。新闻活动是一种具有多重属性的社会活动，因而它具有多重的自由含义。但新闻活动的属性主要表现在这样两个方面：第一，它是一种以新闻方式认识社会的活动，因而如上所述，我们可以在一般认识论的意义上探讨新闻自由的

含义和新闻的基本精神；第二，新闻活动是一种属于上层建筑的活动，是政治性非常强的社会活动，因而对新闻自由实质的理解、对新闻精神的理解，更应该放在政治自由的范围内加以讨论。

（一）作为政治自由的新闻自由

"自由既是一种最古老的老生常谈，又是一种最为当代的追求和渴望。"[①] 什么是自由，本身就是一个叫人头疼的问题，诚如美国史学家埃里克·方纳（Eric Foner）所说："没有任何一套固定的范畴能够全面地表现处于历史中的个人对自由的体验和解释，也无法完整地解释自由的一种定义如何影响了自由的其他定义。自由是一个变化多端、捉摸不定的概念，它远远地跳出了学者精心设置和规定的界限。""然而，如果自由是一个充满争议的概念，它绝不是一只空荡无物的船只。"[②]

在社会现象、社会活动领域，人们更多的是从政治、法律、宗教等方面探讨自由的含义，而不是从认识论的意义上探讨自由的实质。因为人的自由集中在这些社会活动中，集中在个人与政府、个人与个人的各种关系中。这些领域的自由与认识论意义上的自由有很大的不同，认识论意义上的自由是与必然性相对应的范畴，是不能约定的，但政治自由、法律自由、宗教自由等，实质上是人们的一种约定，是人们之间达成的一种协定，因而它们实质上是一些约定的自由。如果这种约定或协定是大家共同做出的，那么每个人在协定范围内都可以自主活动、按照自己的意志活动，即自由地活动。自由，在社会现象和社会生活中，是一种本体性的存在，是人在一定社会中的生存状态，这是讨论自由问题时必须清楚的。

---

① 方纳. 美国自由的故事 [M]. 王希, 译. 北京：商务印书馆，2002：12.
② 同①15, 13.

在现代文明社会的运作中，能够体现社会普遍意志或公共意志的最主要的约定便是法律，当然还有一种普遍的规范是道德，但前者以硬约束的方式规定着自由的范围，后者以软约束的方式规定着自由的限度。因此，所有具体的社会活动领域，在讨论具体的自由问题时（所有的自由都是具体的），都必须从法律的、道德的角度去思考。而当把自由作为一种现实的权利来对待时，人们一般只是在法律范围内来讨论。法律所规定的诸多自由——言论、出版、集会、结社、游行、示威自由等，大都属于宪法权利，这些权利基本属于政治自由的范畴（当然也是公民自由的范畴），或者说是一些政治性权利。可见，在社会生活中，自由的实质是一种政治权利（公民权利），一种法律规定的人们可以享有的权利，这是我们理解新闻自由实质时必须时刻领会的重要前提。

那么，到底是谁在享有自由、享有权利，谁又是权利的对象，即承担义务的主体是谁，这是进一步理解自由实质必须回答的问题。人们一般认为，享有这些具体自由的主体，也就是享有这些权利的主体，"最终是个体，而不是集体；所有的集体概念——国家、民族、人民、社群或组织——最终都必须落实到个体头上"[1]，而这些权利的基本对象是政府，并不是个人或其他组织，"宪法权利通常仅针对政府，而并不针对私人或非政府组织"[2]。因此，当我们说某种政治自由不受限制或受限制时，主要指的是不受国家（政府）或受国家的限制。

在最一般的意义上，自由的实质是指人的自主的活动、不受限制的活动，按照自己的意志进行的活动。因此，新闻自由，在最一般的意义上就是指参与新闻活动的人的自主性和不受限制性，如果能够按照自己的意志参与新闻活动，就是自由的新闻活动，如果相反，就是不自由的。恩格斯

---

[1] 张千帆.宪法学导论：原理与应用[M].北京：法律出版社，2004：463.
[2] 同[1]470.

有一句话，可以很好地表明这一意思，他说："每个人都可以不受阻挠地和不经国家事先许可而发表自己的意见，这就是新闻出版自由。"①

作为一种道德权利，新闻自由应该是所有人平等地、共同地享有的一种自由权利，新闻媒体应该成为社会公共平台，"应该为所有公民享用，而不是为政治统治者或商人谋取个人所得或利润"②。这既是一种道德理想，也是制定法律的一种道德原则，它要求人们在把新闻自由作为一种政治权利规定下来时，必须从所有人的自由和利益出发，而不是仅从一些人或个别人的自由和利益出发。这可以看作新闻自由作为一种道德权利的实质，当然也是人们的一种理想。

就现实社会而言，新闻自由实质上是一种政治自由或政治权利。"政治自由，广义而言（包括通常所称的公民权利），指的是人们拥有的确定应该由什么人执政而且按什么原则来执政的机会，也包括监督批评当局、拥有政治表达与出版言论不受审查的自由、能够选择不同政党的自由等的可能性。"③ "政治权利指参加社会政治生活的权利，包括表达自由的权利、集会和结社权利以及选举的权利。"④ 在诸多具体的政治自由、政治权利之中，新闻自由在总体上属于表达自由的权利范围，与言论自由、出版自由在本质上是一致的。人们通常认为，言论自由、出版自由是思想自由的体现，而新闻自由是言论自由、出版自由在新闻领域的实施和运用，也可以把新闻自由看作言论自由、出版自由通过新闻传播渠道的实现。事实上，人们越来越在同等的意义上使用这些概念。但从区别的意义上说，言论自由和出版自由的外延更宽一些，新闻自由有其特定的内涵，它主要

---

① 马克思，恩格斯. 马克思恩格斯全集：第 3 卷 [M]. 2 版. 北京：人民出版社，2002：575.
② 基恩. 媒体与民主 [M]. 郗继红，刘士军，译. 北京：社会科学文献出版社，2003：4.
③ 森. 以自由看待发展 [M]. 任赜，于真，译. 北京：中国人民大学出版社，2002：32.
④ 杨宇冠. 人权法：《公民权利和政治权利国际公约》研究 [M]. 北京：中国人民公安大学出版社，2003：4.

指人们搜集、发布、传送和收受新闻的自由。显然，新闻自由是人们知情权、议政权实现的重要通道，是其他具体民主权利有效实现的基础。大概正是因为这样的原因，人们往往把新闻自由权利看得特别重要，将其当作众多权利中的优先权利。

作为政治权利的新闻自由，并不是一种抽象的权利，而是一种具体的权利，体现在新闻传播与收受活动的整个过程之中。我们知道，政治自由所要解决的主要问题是，人在何种范围内有权按照自己的意志和理性来自由地行动，而这种范围在实践中需要通过法律来加以界定。作为一种政治权利的新闻自由自不例外，人们在新闻活动中到底有一些什么样的具体权利必须通过法律加以界定。马克思早就说过："**新闻出版法就是对新闻出版自由在法律上的认可**"，"**没有关于新闻出版的立法**就是从法律自由领域中取消新闻出版自由，因为法律上所承认的自由在一个国家中是以**法律**形式存在的。法律不是压制自由的措施，正如重力定律不是阻止运动的措施一样"[1]。因此，从直接的现实性上看，新闻自由是一种法律自由。

在法律自由的意义上理解新闻自由，具有特别的意义。先看看先哲们的慧识：荷兰哲学家斯宾诺莎认为，法律是实现自由的必要条件，只有在有法律的条件下自由才是可能的，但与此同时，法律又必须是理性的，是"经过全民同意"的法律，即法律必须反映人民的意志，因此，只有"民主政治才是最自然、与个人自由最相合的政体"[2]。英国资产阶级革命时期杰出的哲学家洛克认为，政治自由就是用法律所规定的自由。他说："自由意味着不受他人的束缚和强暴，而哪里没有法律，哪里就不能有这种自由。"[3] 法国启蒙思想家孟德斯鸠认为政治自由就是在法律所允许的

---

[1] 马克思，恩格斯. 马克思恩格斯全集：第1卷[M]. 2版. 北京：人民出版社，1995：176.
[2] 斯宾诺莎. 神学政治论[M]. 温锡增，译. 北京：商务印书馆，1963：219.
[3] 洛克. 政府论：下篇[M]. 叶启芳，瞿菊农，译. 北京：商务印书馆，1964：36.

范围内活动的权利，主要包括两方面的要求：一是不做法律禁止的事情，二是不被强迫去做法律没有规定要做的事情。法国启蒙思想家卢梭认为："唯有服从人们自己为自己所规定的法律，才是自由。"[1] 德国哲学家康德认为："没有法律保护的自由是暂时的、不安全的"，"真正的自由是法律状态下的对于公民的外在自由的限定"[2]。显而易见，将新闻自由理解为法律自由，有助于我们准确把握新闻自由的实际内涵，也有助于我们理解真实的新闻自由，不至于以幻想的方式、乌托邦的方式去对待新闻自由问题，法律自由的实质就是，通过相关的法律规定新闻自由的范围和界限。

（二）追求政治自由的新闻精神

新闻业，按照马克思主义的观点，作为上层建筑思想意识形态的一种，它有自身的自足性或者说是相对独立性，有其自身作为新闻文化的发展变化规律。马克思曾经针对思想意识形态领域中的艺术问题讲过这样一段话："关于艺术，大家知道，它的一定的繁盛时期决不是同社会的一般发展成比例的，因而也决不是同仿佛是社会组织的骨骼的物质基础的一般发展成比例的。"[3] 这段论述说明，思想意识形态的东西是可以超前发展的，并不总是跟在物质生产的后面亦步亦趋。因此，在一定条件下，新闻业、新闻传播可以对经济基础和其他意识形态领域特别是政治意识形态领域产生巨大的先行性的作用。这种作用可能是多样的、多向度的，并不一定必然能够推进社会的良性发展。但承认这种作用的存在，正是我们充分利用新闻推进社会进步的根据。新闻自由除了自足的目的，就是为了实现更多的政治自由和社会自由。因而，追求自由是新闻活动主体应有的基本

---

[1] 卢梭. 社会契约论 [M]. 2版. 何兆武, 译. 北京：商务印书馆, 1980：30.
[2] 龚群. 当代西方道义论与功利主义研究 [M]. 北京：中国人民大学出版社, 2002：107.
[3] 马克思, 恩格斯. 马克思恩格斯全集：第30卷 [M]. 2版. 北京：人民出版社, 1995：51.

精神。

　　追求新闻自由是新闻自由精神的直接体现，也就是说，新闻自由首先是自由的新闻精神追求的目标。自由的新闻精神正是以追求新闻自由的方式实现着自身。自由的新闻精神首先追求的是新闻传播自身的相对独立性。独立、自主是新闻自由的条件也是新闻自由的标志，其核心是政治上和经济上相对各种利益集团的独立性，从而能够相对自主地运用各种具体的新闻自由权利。因此，自由的新闻精神始终把新闻传播的相对独立性作为基本目标。不管媒体实行什么样的所有制度，自由精神追求的新闻传播的独立性都是相同的，即真实、客观、公正的新闻报道不应受到干涉。这显然属于理想化的境界，但它确实也是自由精神追求的目标。对于新闻收受者来说，新闻自由的基本目标是其知情权能够得到实现，能够自主地获取其应该知道的信息，而不受到不合理的限制。其次，自由的新闻精神追求新闻报道的真实性、客观性和公正性，并以此为原则（即以本书前面两章讨论的科学精神和人文精神为原则），追求为社会公共利益服务。自由精神追求的不仅仅是直接的新闻自由，而且是为社会公共利益服务，正因为如此，自由精神才是美好的精神。然而，真实、客观、公正的新闻传播要以新闻自由为条件。没有自由的传播环境或条件，意味着新闻媒体不能将真正的新闻事实报道反映出来，意味着新闻媒体无法或至少不能很好地实现自己监测环境的功能作用。因而，没有基本的新闻自由的新闻传播，将失去新闻传播的实际意义。美国著名报刊专栏作家李普曼说："人们失去对周遭现实的掌握，无可避免会成为骚动和煽动的牺牲品。只有在一个收受者被剥夺了接触资讯管道的社会里，江湖术士、好战分子和恐怖分子才会大行其道。当所有的消息都是二手消息、所有的证言都是不确定的时，人们不再对事实有所反应，只会随着意见起舞。人们所据以行动的世界不再是事实，而是由报道、谣言和揣测所架构出来的世界。我们思考的参考架构不是事实，而是别人所宣称的事实。"① 如果有新闻自由的保障，这种情况就会大大减少。可见，用自由的精神追求真实的新闻，永远是新闻传播者应有的姿态。

自由的新闻精神把新闻自由本身作为目标去实现，是因为新闻自由在整个人类的自由系统中有其特殊的价值。马克思曾把是否存在新闻出版自由，作为衡量整个社会政治自由、经济自由的尺度，他说："没有新闻出版自由，其他一切自由都会成为泡影。"② 他还曾指出，发表意见的自由是一切自由中最神圣者，因为它是一切的基础。③ 新闻自由本身就是社会应该追求的基本目标。世界著名的经济学家、1998年诺贝尔经济学奖获得者阿马蒂亚·森说："对基本政治自由和公民权利的剥夺之所以是值得关心的问题，并不是因为它们能对发展的其他方面做贡献（例如在促进国民生产值增长和工业化方面），而是因为这些自由本身丰富了发展的过程。""政治自由作为发展手段所起的工具性作用的重要性，丝毫不降低它在评价性方面作为发展目标的重要性。"④ 因此，作为目的的新闻自由，有其特殊的目标性价值，并不需要它作为实现其他目标的手段去证明，它本身就是人类文明社会追求的价值目标，本身就是政治文明的重要标志，本身就是人类的基本需要。作为政治权利的新闻自由，是人们评价社会发展水平、文明程度的重要尺度。一个高度民主、文明的社会，一定是一个新闻自由得到有效实现的社会。自由是人类理想的生存、发展状态与方式，新闻自由是人类自由的构成部分，因而对新闻自由的剥夺就意味着对

---

① 舒德森. 探索新闻：美国报业社会史 [M]. 何颖怡，译. 台北：台湾远流出版公司，1993：128.
② 马克思，恩格斯. 马克思恩格斯全集：第1卷 [M]. 2版. 北京：人民出版社，1995：201.
③ 陈力丹. 马克思主义新闻思想概论 [M]. 上海：复旦大学出版社，2006：71.
④ 森. 以自由看待发展 [M]. 任赜，于真，译. 北京：中国人民大学出版社，2002：30-31.

人类自由生存与发展的某种剥夺，而不只是对实现更高生活目标的手段的限制或剥夺。总而言之，新闻自由具有自足的价值，并不需要它的手段价值去证明。

通过新闻手段追求其他自由，是新闻自由精神的必然延伸。新闻自由目标既是自足的，同时也是他律的，即新闻自由还有其作为手段的价值。自由的新闻精神正是把新闻传播本身作为手段，去追求其他的自由、其他的价值。新闻传播是现代文明社会追求自由、实现自由的重要手段。所谓新闻的自由精神，就是通过新闻传播追求自由、实现自由的精神，在实现现代自由的漫长历程中，新闻传播始终都是冲锋陷阵的排头兵，是实现政治自由、文化自由的核心手段。"历史事实说明，人们常常首先必须争取到一定的政治自由和文化自由，然后借助于这两方面的自由权利的推动，最终实现、维护和发展经济自由，同时再巩固和扩大政治和文化自由。"①

事实上，任何一种自由都既是目的又是手段。从逻辑上说，一种自由没有得到实现时，它就会主要被当作目标来对待，而当它得到普遍实现时，又转化为实现其他更高目标的手段，但它本身作为目标的存在依然需要维持。从自由的实践来看，任何一种作为权利的自由在实现自身的过程中都同时在为其他自由权利的实现准备着条件。实际上，一种自由总是与其他种类的自由互相关联、互为条件地存在着、实现着，诚如马克思所说："自由的每一种形式都制约着另一种形式，正像身体的这一部分制约着另一部分一样。只要某一种自由成了问题，那么，整个自由都成问题。"②

新闻自由精神把追求和实现更多的自由权利、美好事物作为自身的目标，它把新闻媒介、新闻传播当作追求其他自由权利和美好事物的手段。

---

① 陈志尚. 人学原理 [M]. 北京：北京出版社，2005：333.
② 马克思，恩格斯. 马克思恩格斯全集：第1卷 [M]. 2版. 北京：人民出版社，1995：201.

我国台湾学者李瞻先生对新闻自由的工具性价值做出了精彩的概括。他说："新闻自由是寻求真理的途径"，"新闻自由是人民权利的保障"，"新闻自由是民主政治的灵魂"，"新闻自由是社会进步的动力"，"新闻自由是世界和平的基础"[①]。追求自由的新闻精神在把新闻自由作为手段的过程中，不仅实现着自身的价值，也在扩展着新闻自由自身。追求自由的新闻精神，正是在这样的历史过程中谱写了灿烂的篇章。

具体一些说，新闻自由，既是政治自由的表现，又是增进政治自由的手段。新闻媒介在增进和保护其他人权中起着关键作用。"没有言论自由和获得信息的自由，就无法参与有关政府经济的国事辩论或获得保护健康所必需的信息；没有言论自由，就不能对酷刑、失踪和法院外的处决等侵权行为进行抨击。"[②] "没有言论自由、出版自由与结社自由，就不会出现民主政体，不会出现社会主义和民族主义，也不会出现任何其无限多样的形式。"[③] 只有提供新闻自由和发表各种言论的自由，人们才能知情，人们才能有效地监督政府，政府也才能真正听到人们发自内心的声音。法国著名作家加缪曾说："毋庸置疑，新闻自由可能有好处，也可能有坏处，但如果没有自由，那就只有坏处，绝不会有好处。"[④] 国际共产主义运动的先驱罗莎·卢森堡指出："没有自由的、不受限制的报刊，没有不受阻碍的结社和集会活动，广大人民群众的统治恰恰是完全不能设想的，这是一个彰明显著、无可辩驳的事实。"[⑤]

新闻自由是实现言论自由的重要途径。新闻媒介是言论得以传播和发

[①] 李瞻. 新闻学 [M]. 台北：三民书局，1972：36-37.
[②] 张穗华. 媒介的变迁 [M]. 北京：中国对外翻译出版公司，2002：29.
[③] 拉吉罗. 欧洲自由主义史 [M]. 杨军，译. 长春：吉林人民出版社，2001：407.
[④] 同②.
[⑤] 卢森堡. 论俄国革命·书信集 [M]. 殷叙彝，傅惟慈，郭颐顿，等译. 贵阳：贵州人民出版社，2001：28.

挥影响的载体。在当今社会，言论的影响力主要依赖于新闻媒介的传播，言论自由的实质在很大程度上就是看能否通过新闻传媒来发表言论，而这首先依赖于新闻自由的实现程度。可以说，言论自由和新闻自由是一体化的。

新闻自由是探寻真理的重要通道，是进行社会合作的有效桥梁。新闻自由，作为探寻真理的方法，在传统自由主义者那里，有数不清的精彩论述，这里摘录两段。弥尔顿在《论出版自由》中写道："虽然各种学说流派可以随便在大地上传播，然而真理却已亲自上阵；我们如果怀疑他的力量而实行许可制和查禁制，那就是伤害了他。让他和虚伪交手吧。谁又看见过真理在放胆地交手时吃过败仗呢？"[①] 杰弗逊曾就新闻自由对于探索真理的意义说过这样的话："我们的第一个目标是给人们打开所有通向真理的道路。迄今为止，找到的最好的办法是新闻自由。"[②] 新闻自由是人们相互之间进行交流的通道，在当今世界，没有新闻自由，人们将失去一种最为有效的相互交流信息、意见的桥梁。马克思讲过这样几句话，他说："自由报刊是人民精神的洞察一切的慧眼，是人民自我信任的体现，是把个人同国家和世界联结起来的有声的纽带"，"是人民用来观察自己的一面精神上的镜子"[③]。

新闻自由，由于它是所有自由中最基本的自由之一，是人权之中最基本的人权之一，是民主政治的灵魂，因此，它的手段价值体现在所有的社会领域。

（三）承担社会责任的自由精神

对于新闻媒体、新闻活动者来说，追求新闻自由，就意味着同时必须

---

① 弥尔顿.论出版自由[M].吴之椿，译.北京：商务印书馆，1958：46.
② 斯拉姆，等.报刊的四种理论[M].中国人民大学新闻系，译.北京：新华出版社，1980：54.
③ 马克思，恩格斯.马克思恩格斯全集：第1卷[M].2版.北京：人民出版社，1995：179.

承担相应的社会责任,这样的自由才是正当的自由。不负责任的自由,是无限制的自由,会造成对作为权力、权利的新闻自由的滥用。当自由被滥用,变成了主体的某种为所欲为的行为时,支配它的精神便不再是真正的自由精神。

自由与责任是始终相伴相随的事物。追求自由就意味着承担责任。自由的新闻精神因而就是勇于担当社会责任的精神,是为实现民主社会、自由社会而充分利用新闻手段的精神。"报刊必须自由地致力于保持和发展一个自由的社会。这意味着报刊也必须是有责任的。它必须对社会承担满足公众需要和保持市民权利,并且保持几乎被遗忘了、没有报刊发表自己意见的人的权利的责任。"自由既是权利,又是能力,并且是通过能力来实现的权利。新闻媒体和新闻活动者只有具备为公众服务的能力,才有可能是自由的,才能担当自由精神、自由权利应负的社会责任。

承担社会责任是新闻传播者的职业义务。对于非职业新闻传播者来说,如果其传播目的和事实上的传播行为是面对社会公众的,那么他起码应该承担作为一个公民的法律责任和道德责任。新闻自由精神所追求的新闻自由是负责任的自由,在现实性上,是法律范围内的自由,因而,必须对法律负责。自由不是为所欲为,不是无政府主义。即使是传统新闻自由主义者,也没有人承认过有绝对的新闻自由。即使在所谓"新闻最自由"的美国,也没有人——即使是这个国家的奠基人——认为新闻是完全自由的,没有哪个有责任心的和思维稳健的人希望新闻是完全自由的。[1] 另一位美国学者说得更加直接而辩证:"在这个具有两百多年历史的国家里,人们从来没有放弃过新闻业以及对新闻自由权限制的支持。"[2]

---

[1] 丹尼斯,梅里尔. 媒介论争:19个重大问题的正反方辩论[M]. 王纬,等译. 北京:北京广播学院出版社,2004:9.

[2] 罗以澄,秦志希. 新闻与传播评论:2005年卷[M]. 武汉:武汉出版社,2006:6.

只有那些天真幼稚的幻想家才会把新闻自由设想为不受任何约束和限制的自由。但是，新闻自由的界限不能随意设定，只有恶劣的界限是随意的，优良的界限必须反映公民的统一意志，并以国家意志的外化形式——法律——规定下来。因而，法律就是自由的界限，孟德斯鸠说："如果公民能够做（法律）所禁止做的，他将不再拥有自由。"① 霍布豪斯说："自由和法律之间没有根本的对立。相反，法律对于自由是必不可少的。"②

理智的新闻传播者，始终承认现实的新闻自由是有边界的自由、有约束的自由，不承认绝对新闻自由的存在。新闻自由作为人的一项基本权利，并不是绝对的，而是相对的，是一定范围、一定限度内的自由。新闻自由是历史性的自由，这不仅仅是说它的学术含义本身具有历史性，不同历史时代、时期，人们理解的新闻自由是有差别的，其历史内涵是有所不同的，更重要的是说新闻自由的实践具有历史性，新闻自由"是在社会演进过程中，民主政治的产品，它的意义是变动的，随时间、空间而各不相同"③。新闻自由是一定社会关系中的自由，只有在一定的社会关系中，才能比较充分和准确地理解新闻自由。新闻自由，是人的自由，是在人与人的关系中实现的自由。认识的自由实现于人与客体对象的关系中，法律自由、道德自由实现于人与人、人与社会的各种具体的关系之中。新闻自由是人的一种社会权利，只能发生在社会关系之中，也就是说，自由权利的行使，必然会关涉到或影响到他人的物质利益或精神利益，而涉及他人利益的自由，就要受到他人利益的限制，自由权利的运用者就要对他人负责，对社会负责。"真正的自由，是生活在文明社会中的人，带着其所有

---

① 霍尔姆斯. 反自由主义剖析 [M]. 曦中, 陈兴玛, 彭俊军, 译. 北京: 中国社会科学出版社, 2002: 337.
② 霍布豪斯. 自由主义 [M]. 朱曾汶, 译. 北京: 商务印书馆, 1996: 9.
③ 李瞻. 新闻学 [M]. 台北: 三民书局, 1972: 33.

的约束与负担,通过从中发现必要的手段来发展他自己的道德个性,使自己不断从这种奴役状态中解放出来。"① 新闻自由的关系性,决定了没有绝对的新闻自由。任何人在行使自己的新闻自由权利时,都有尊重他人的同样权利的义务。

负责任的新闻自由精神,在直接意义上,如上所言,是对法律负责,根本意义上则是对社会公众知情权负责,对社会公共利益负责。自由精神追求的新闻自由,是为公众服务的自由,不是纯粹追求私利的自由。"传媒事业本身不单是一门生意,也是一项维护社会公理和多元健康发展的事业。"② 因而,新闻媒体和新闻活动者应该通过维护社会公共利益的方式来实现自己的利益。但在新闻传播实际中,人们发现,不少新闻媒体、新闻传播者,只是把新闻自由当作追求媒介利益、个人利益的工具,常常在新闻自由的名义下从事一些损害他人利益、公共利益的勾当,这显然与新闻自由精神的诉求是背道而驰的。毫无疑问,"媒体的新闻言论自由的确立,需要一大群有良知及具备专业操守的新闻工作者来维持,如果什么都只以'市场''利润'为出发点而没有品质、道德感、品格和理想,那么新闻言论自由就是一种抢劫式的谎言,就是媒体的恐怖行为,就是对善待人权这一人类永远诉求的更大伤害"③。可见,新闻自由的实现,对新闻媒体和新闻活动者提出了责任要求,也就是呼吁媒体及新闻活动者必须加强新闻自律。新闻自律是新闻自由得以保障和实现的重要条件,正如有学者指出的那样:"在整个行业建立起自律机制,是为了确保一个有效的、普遍适用的方式来维持和完善媒介的伦理道德,使媒介成为对公众负责的媒介,通过自律来保护和实现新闻自由。"④

---

① 拉吉罗. 欧洲自由主义史 [M]. 杨军,译. 长春:吉林人民出版社,2001:332-333.
② 昝爱宗. 恶棍抑或抢劫犯:也说《东周刊》[N]. 国际金融报,2002-11-22.
③ 同②.
④ 陈力丹. 自由与责任:国际社会新闻自律研究 [M]. 开封:河南大学出版社,2006:2.

对新闻自由的限制不仅来自政府，也来自各种社会力量。政府的限制往往是明确的，但是，来自社会的限制常常是灰色的、模糊的，某种经济力量、传统、习惯、普遍的社会心理以及各种人情关系等，都可能对新闻媒体、新闻活动者的自由选择构成实质性的影响和限制。尽管这些影响和限制在形式上是非强制性的，但媒体、记者对它们的惧怕或担心往往会超过硬性而明确的限制。因而，记者常常会进行其实是软强迫下的自我限制。这时，有无追求自由的、独立的新闻精神和胆识就显得格外重要。自由的新闻精神不是玄虚的，从原则上说，它体现在每一次具体的新闻报道中。一个灌注着自由精神的新闻媒体、新闻活动者，不会放弃新闻传播的独立性，不会背弃新闻传播的基本原则。然而，面对现实，人们确实看到，一些新闻媒体、新闻活动者，屈服于各种各样的压力，放弃对新闻自由精神的追求，不敢履行自己的社会职责，处处自我设限，进行内部或者自我新闻控制，社会公共利益在缺乏自主、独立、勇敢等自由精神的传播中受到了损害。

三、和谐为美的精神境界

自由的境界是美好的境界，自由的世界是美好的世界。就新闻传播与社会系统的关系来说，新闻传播的根本目的是促进社会的良性运行，是保障大众的幸福和利益。这也是人们对新闻传播活动的整体期望。因而，追求新闻传播自身的和谐，追求社会的和谐发展，是新闻精神的最高境界，也是新闻自由的最高境界。自由的新闻精神所追求的，无非是通过新闻媒介、新闻传播为和谐社会、和谐世界做出自己的贡献，并且使自身成为和谐系统中的一个和谐单元。

（一）互知交流——和谐的前提

互知与交流是一枚硬币的两面，互知才能有效交流，交流才能达到互知。互知与交流的内容就是关系人们生存与发展的各种信息，因而，拥有信息是人们展开交流的基础，也是人们之间展开各种社会关系的基础。有位学者主要针对科学研究讲过这样一番话："人类只有实现了相互间有效的信息交流，才能构成社会，才能协同工作。人类必须有效地获取自然界的信息，才谈得上真正意义上的科学探索、生产活动以及自身幸福和安全。"[①] 这足以说明信息交流对于整个人类生活的重要性。新闻活动，其最直接的表现就是一种信息交流活动，因而，它对一定社会的和谐发展具有前提性的作用。

新闻传播，为人们提供客观世界的最新变动信息，并在一定程度上解释或说明各种事实变动的意义，其中最为根本的也是最重要的其实是提供人们之间的互知，使人们保持有效的相互了解和理解。这是人类作为整体，或者一定社会作为整体有效运行和秩序化发展所必需的。在全球一体化时代已经成为基本事实、社会一体化生存已经成为基本事实的背景下，新闻传播的这一功能作用越来越明显，越来越重要。

新闻传播追求传播者与收受者的互知，追求新闻活动主体之间的互知，追求社会不同群体之间的互知，追求人与社会之间的互知，追求世界人民之间的互知。新闻事业试图通过它的核心手段——新闻传播——建构人与人之间、人与社会之间的和谐关系。社会之所以从一建立，就需要新闻，是为了群体建立关系和社会稳定。由此新闻所赋予的功能，就是使人们和社会熟悉实际的世界，以此保持个体心智正常和社会有序。人类的新

---

① 王大珩，于光远. 论科学精神 [M]. 北京：中央编译出版社，2001：58.

闻活动现象从产生到现在，这样的内在诉求是稳定的，并且随着人类文明的进步得到不断的强化。我们不敢说，人们知道实际的最新变化，就能维护社会的稳定或者秩序；我们也不敢说，人们之间实现互知，就必然产生和谐。但是，我们可以说，如果人们之间缺乏互知和理解，达到和谐是绝对不可能的。若是没有和谐，也就缺乏真实的自由。和谐中的自由，才是真实的自由、美好的自由。缺乏和谐秩序的自由，只能是一些人的胡作非为，另一些人的痛苦不堪。自由的新闻精神，目的是以新闻自由创造一个和谐的信息交流环境，进而以新闻的方式为自由的社会创造条件。因而，自由的新闻精神始终把和谐的信息环境作为自己的目标，和谐的信息环境才是安全的信息环境，而人们只有在安全的信息环境中才可能是自由的。

现实社会中，总有一些人惧怕新闻自由，害怕自由的新闻精神，总以为自由的新闻必然会导致信息秩序的混乱，从而影响和谐社会、和谐世界的建设和创造。这种审慎的态度是值得肯定的，因为不管是什么样的自由权利，一旦缺乏一定的界限，自由破坏性的一面就会爆发出来。然而，自由精神追求的新闻自由，从传播向度上说，目的在于真实、全面地反映事实世界的最新变动，目的在于把一个比较完整的事实世界呈现在人们的面前，它反对有意遮蔽人们应该知道、有权知道的事实，因此，从收受向度上说，自由精神追求的新闻自由是满足和实现人们合理知情需要的自由，自由精神所追求的新闻自由是有边界的自由。自由的新闻精神追求的是一个透明的社会、一个具有合理信息自由的社会，只有这样的社会才可能是公正的社会、把特权限制在最低程度的社会、民主气氛浓厚的社会、人们可以互知交流的社会。毫无疑问，新闻自由对于和谐社会的建设和创造是必要的、必不可少的。

和谐为美的新闻自由精神，追求的是以新闻自由为基本手段，为人与社会、人与人之间进行信息、意见交流和表达提供良好机会。通过这种交流，每个人不仅可以有更多的信息和意见基础反思自己的生存发展状态，构想或谋划自己的未来或前程，同时也有更多的机会了解社会，以行使自己作为社会一分子的权利，履行义务。说到底，追求自由的新闻精神，无非是为了给每个人创造一个可以自决、自主的生活环境，为社会创造一个整体自由的、民主的环境。在这种状态中，人们之间容易实现关系和谐，社会也有了更多的实现和谐的机会和条件。处于信息自由环境中的人，在经验上总比处于信息限制环境中的人更易于做出明智的选择，而处于信息自由环境中的社会也更易于维护和保持一种良好的秩序。当新闻自由成为现代社会整体自由的重要标志和重要手段时，新闻自由的程度也就成为一定社会整体自由水平的标尺，因此，自由的新闻精神的价值主要体现在它对社会的效应上，而不只是新闻自由的实现。

　　一个和谐社会、和谐世界的建立需要诸多的条件，但人类的互相沟通、理解具有前提性的意义。自由的新闻传播正好可以为人类的交流提供有效的通道。新闻传播通过它所塑造的新闻符号世界使人们之间可以在一定程度上进行及时广泛的交流。求实为本的新闻精神在理想上使新闻成为人们更易采用的交流方式，它在一定程度上可以超越意识形态的过度限制，冲破信息壁垒的约束。新闻传播创造出来的符号世界是整个符号世界的一部分，是整个符号世界最为活跃的一部分。对于生活在传播时代的当代人类来说，大众传播媒介是塑造新闻符号世界最有力、最有效的手段，"几乎所有新闻，因此也是我们头脑中关于遥远的环境的几乎全部形象，都是通过大众媒介得到的"[①]。新闻符号世界已经是我们理解事实世界最新变化的绝对中介。人们不仅生活在真实的现实世界中，也时刻生存在符号世界之中。离开对新闻符号世界的理解，人们也就无法了解狭小感性时

[①] 施拉姆，波特. 传播学概论[M]. 陈亮，周立方，李启，译. 北京：新华出版社，1984：17. 2010年，中国人民大学出版社推出本书第2版的中译本。

空之外的事实世界的最新变化，因此，自由的新闻传播一定能为人们之间的相互交流理解提供更多的可能和机会。日本关西大学教授真锅一史先生经过自己的研究指出："日中两国国民绝大部分是通过大众传媒来了解对方国家的，在两国国民的相互印象形成过程中，报纸、电视起着非常重要的作用。"① 就现实来说，人们只有依赖传播者所塑造的新闻符号世界，才能尽快进入对他们而言遥不可及的事实世界，才能在一定意义上超越时空限制，以马克思所说的"用时间去消灭空间"② 的方式，作为人类的一分子或世界公民的一员去了解自己所处的世界。从一定意义上说，正是新闻符号世界的塑造和存在，使个人获得了世界性存在的意义，变成了作为类的一分子，而类意识是建构和谐世界的精神基础。缺乏共同意识的人类是不可能创造一个和谐世界的。如果自由的新闻精神能够成为现实的普遍人类精神，也就是说，如果新闻自由能够普遍地实行于整个世界，那么，新闻传播就能够创造出更多的促进人们之间有效交流的机会，为一个和谐世界的建设创造更多的条件。

通过符号世界特别是新闻符号世界，人们不仅在观念世界中获得了世界性的存在，也在实际生存与发展中获得一种解放性的存在。传播技术的日新月异，把这个世界变成了"地球村"，使得如今的交往，不管是物质性的交往还是精神性的交往，都超越了狭小的地域和狭隘的精神限制，具有了世界交往的意义。每一个民族、国家、地区，每一个个人都在进入世界交往的体系之中。个人的发展和完善在符号世界中特别是在新闻符号世界中找到了新的契机，群体、社会以至整个人类的发展进步也出现了新的机遇。在这样一种宏大背景下，人类作为整体，已经进入信息社会、知识社会，新闻自由、信息自由的重要性是不言而喻的，而支撑新闻自由的自

---

① 顾潜.中西方新闻传播：冲突·交融·共存[M].上海：复旦大学出版社，2003：370.
② 马克思，恩格斯.马克思恩格斯全集：第30卷[M].2版.北京：人民出版社，1995：521.

由精神当然更是不可缺少的。

新闻传播为人类创造了一个近似的、共同的符号世界。不同人在生活中所面对的现实的、感性的时空世界是有很大差异的，但在全球化所造成的全球性传播环境下，人们面对的新闻符号世界却具有更多的相似性，或者说具有越来越多的相似性。人类永远都不可能生活在同一具体的感性时空世界中，但完全有可能生活在比较近似的甚至是基本相同的新闻符号世界中。今天的人更加关注自己的"左邻右舍"，"世界离不开我，我离不开世界"的逻辑不再是空洞的口号，已经成为客观的事实。这正是人类需要互知交流的客观根据，也是需要普遍的新闻自由的根据，以及需要普遍的自由的新闻精神的根据。共同的新闻符号世界，使人类充分意识到他们生活在同一时空中，生活在同一个地球上，他们面临一些共同的问题，有着作为人类的共同命运。正是新闻符号世界使人们及时地相互了解，形成了具有全球规模的互动，成为一体性的存在。当然，对于新闻符号世界的共同性或相似性，我们不能做出过于乐观的描述，因为今天的世界仍然是一个以区分为前提的统一世界。

我们面对现实时，不能无视事实的另一面，这就是，不管是在世界范围内，还是在一定的国家范围、社会范围内，新闻传播都仍然在制造着矛盾和冲突，甚至是混乱和战争。在很多情况下，新闻传播不仅没有成为人们之间互知交流的通道，反而是人们之间产生误会和仇恨的媒介。新闻媒介经常充当某些政治势力、经济势力的傀儡，成为某些利益集团相互争斗的武器。毫无疑问，新闻自由的道路仍然漫长而艰难。新闻传播内部还远未达到和谐的境界，真实的新闻自由还远未变成现实，它作为创造和谐社会、和谐世界的手段功能还远未实现理想的作用。因而，呼唤追求自由、追求和谐为美的自由新闻精神仍然是人类的心声，锤炼新闻自由、锤炼自由的新闻精神仍然是我们的义务和职责。

（二）媒体民主——和谐的保障

一个和谐的社会、和谐的世界，是一个民主的社会、民主的世界。和谐既是民主的状态，也是民主的结果。英国学者布赖恩·麦克奈尔对民主政治、民主社会做了这样的描述："在这个社会里（指在民主社会里。——引者注），政府的统治由民意决定，而不是由高压政策；政府领导人具有合法性，但未必一直受欢迎；民众的意愿可以通过投票或其他方式得以体现并具有现实意义。"① 那么，这样一个民主社会的基础在哪里？人们通过什么样的方式或者途径才能恰当地表达他们的意志？对于这样的问题，人们可以从不同的角度做出不同的分析。从新闻传播角度看，民主首先依赖于媒体的民主、信息的自由流通，特别是政治信息的透明和自由流通，而从内在精神上说，需要整个新闻业、新闻媒介——当然最终意义上是新闻活动者具有追求自由的新闻精神。

一个民主社会的媒体制度也是民主的，它需要媒体自身的民主，离开了新闻的民主也就无所谓民主了，离开民主制度就不存在真正意义上的新闻事业。罗纳德·叶芝教授说："叙述事实、传递信息、交流观点是支撑新闻这把椅子的'三条腿'，而坐在新闻这把'椅子'之上的便是民主。"② 媒体民主既是民主社会的直接体现（有机构成部分），也是民主社会的重要保障，更是文明社会的基本保障。19世纪30年代，法国贵族托克维尔在游历了美国后，写下了他的经典作品《论美国的民主》。他对报纸在美国社会中的作用进行了高度的评价："如果我们认为报纸的重要性仅在于保护民主的话，那就过于低估了，实际上，报纸的作用在于它支撑了整个国家的文明。"③

---

① 麦克奈尔. 政治传播学引论：第2版 [M]. 殷祺，译. 北京：新华出版社，2005：15.
② 罗以澄，秦志希. 新闻与传播评论：2005年卷 [M]. 武汉：武汉出版社，2006：7.
③ 同②2.

将新闻媒体看作民主政治、民主社会的保障工具是普遍的共识。一定社会的媒体民主，核心是新闻传播主体事实上的多元与平等、客观上的相对独立——主要是政治上和经济上的相对独立性。精神上则要求媒介具有追求自由独立的新闻精神，拥有为公共利益服务的价值理想。功能上，媒体则要以公共精神为民主社会的建设服务，有学者对民主社会中新闻媒体应有的功能做过这样的描述：首先，媒体必须告知民众在他们身边发生了什么。其次，媒体必须教育民众，让他们知晓发生了的"事实"的意义和重要性。再次，媒体必须为政治讨论提供一个公共平台，促进公共舆论的形成，并把舆论回馈给公众。更为重要的是，这个平台必须为反对意见预留空间。复次，媒体要对政府和政治机构进行监督。只有在执掌最高权力者的行为被公开监督的情况下，公共舆论才是有意义的。最后，在民主社会里，媒体同时作为鼓吹政治观点的一个渠道存在。[①] 概括地说，一定的媒体要想成为民主的媒体、自由的媒体，就必须能够让事实说话、善于用事实说话、勇于为事实说话。[②]

任何形式的媒体垄断都会降低政治运行和经济运行的社会效益。媒体垄断使社会失去更多观察自身的眼光，失去更多表达意见的通道。美国学者罗伯特·拉罗斯等指出："传播媒介中的垄断尤其令人担忧，因为它们不但能造成经济的垄断，也将导致信息的垄断，媒介所有者将在大范围内推行他们自己的意见。"[③] 其他非私人的垄断同样是垄断，甚至是更严重的垄断，会存在同样的问题。其实，在人类步入信息时代之后，任何垄断

[①] 麦克奈尔. 政治传播学引论：第2版[M]. 殷祺, 译. 北京：新华出版社, 2005：21-22.
[②] 见本书第三章的相关论述。顺便指出，这里的论述进一步说明，新闻传播的科学精神、人文精神与其自由精神是高度统一的。
[③] 斯特劳巴哈, 拉罗斯. 今日媒介：信息时代的传播媒介[M]. 熊澄宇, 等译. 北京：清华大学出版社, 2002：29.

方式的暂时实现都需要付出巨大的代价，或者说都需要投入巨量的社会成本，以垄断方式维护的秩序不是一种和谐的秩序。和谐的秩序需要用民主的方式去建设和维护，这样的秩序会更加持久，因为这是人民自己的意愿、人民自己的选择。一些人以为信息技术的进步已经使得任何新闻垄断主义都无法实现，但我们还是应该记住欧文·费斯的忠告："如今正在进行的传播技术革命可能向我们提供了大量的频道，但只要它们都被市场所主导，那么新闻报道倾斜化的危险就始终都会存在。"① 按照欧文·费斯的逻辑，不管有多少新闻媒体存在，不管有什么样的媒介形态出现，只要它们被某一种不代表大多数人的力量不合理地控制、主导了，就不会有真正自由的、周全的信息交流和意见交流。在残缺的信息、意见交流中人们不可能创造一个和谐的社会、和谐的人类世界，因为他们对自己处于半知或者无知的状态。因而，我们需要关心的主要问题应该是如何建立起真正的具有民主性质的新闻制度、媒体制度，否则关于政治的讨论大致就只能是一种声音，而不是多种声音。建立在一种声音之上的政治决策或者其他决策，总是包含着更多危险的成分，因为它从根本上失去了更多人的智慧支持，同时也可能失去了更多人的意志支持。媒体自身的民主为民众的意见、意愿相对比较准确地表达提供着源源不断的信息基础。经验事实一再告诉人们，他们关于公共事务、公共利益的多数信息来源于新闻媒体，来源于新闻媒体的新闻报道。② 换句话说，媒体民主也是政治民主和社会民主的重要标志之一。自由的新闻精神，必然要追求一个自由的民主社会；反过来，要维护一个民主社会的正常运转，就必须有能够明智地、理性地

---

① 费斯. 言论自由的反讽 [M]. 刘擎，殷莹，译. 北京：新星出版社，2005：61.
② 英国学者经过实证研究得出了这样的判断："在整个20世纪的进程中，媒体在大多数时候是大多数民众的政治信息来源。"（麦克奈尔. 政治传播学引论：第2版 [M]. 殷祺，译. 北京：新华出版社，2005：53.）

进行自主选择的公民。欧文·费斯说："一个民主体制的良好运转依赖于独立思考的、批判的和具有想象能力的公民。"① 能够这样做的公民，起码得有比较广阔的信息通道，为他的思考、批判和想象提供滋养和对象。也就是说，民主有一个基本的条件，就是公民拥有充分和真实的信息，"在虚假信息和缺乏信息的条件下，民主就是骗局"②。怎样才能使人们获得充分而真实的认知、抉择、实现民主的信息，对于当代信息社会来说，新闻媒介几乎是自明的最为重要而有效的渠道，而能使这一渠道发挥作用的前提之一是新闻自由环境的存在、新闻自由精神的实现，而它们的基础是媒体自身的民主。人民当家作主的社会，是一个法治条件下存在信息自由市场的社会，因而是一个新闻自由的社会，是一个有自由的新闻精神的社会。媒体成为人民的媒体，成为"社会公共平台"，人民才能真正自由地运用媒介。当民主、自由（还有平等、公正、正义等）等词语真正变成老百姓的口头禅时，民主政治、民主社会的时刻才算真正到来，"历史往往浓缩在老百姓的口头禅之中"③。在这样一个社会，信息自由、新闻自由应该是先行的，而这需要的是媒体民主制度的创建。

对于现代文明社会来说，民主是其最显著的标志之一。只有做到民主政治，公民才是真正的公民。我国政治学者俞可平这样写道："一个物质财富极为丰富的社会，即使给公民提供了极大的物质享受，如果没有给公民提供必要的自由和参政权利，这个社会就不是一个'自由而全面发展的社会'，其公民也不是现代意义上的真正公民。"④ 另一位学者说："当家作主，首先要知情。还政于民，第一要务是提高信息的社会共享程度。

---

① 费斯. 言论自由的反讽 [M]. 刘擎，殷莹，译. 北京：新星出版社，2005：109.
② 赵汀阳. 论可能生活：修订版 [M]. 北京：中国人民大学出版社，2004：78.
③ 方纳. 美国自由的故事 [M]. 王希，译. 北京：商务印书馆，2002：11.
④ 俞可平. 民主与陀螺 [M]. 北京：北京大学出版社，2006：6.

现代社会由于其运作的极端复杂性，客观上已经造成了无限责任政府的终结。要使社会分担责任，在有限责任政府治下的良性社会，一定是一个公共信息资源充分共享的社会。在这个意义上，新闻是人民的眼睛，是社会得以理性选择、辨别判断和承担责任的前提。"[1] 人民知情的信息、担当责任的信息从何而来，对于今天这样的信息社会、媒介社会（媒介政治）来说，答案是明确的：来自媒介，来自新闻报道。能够提供充足的、有效的信息，需要公开的、透明的信息制度[2]，需要充分的新闻自由。新闻自由既是民主政治的标志，也是民主政治的条件和保证手段。因而，追求新闻自由，不仅是为了新闻自由自身。追求新闻自由，永远是把人民利益当成首要利益、最终利益的新闻业的基本精神。背离这种利益目标的新闻业、新闻媒体、新闻活动者，也就背离了新闻精神。从根本上说，民主是和谐的保障。民主对于新闻传播业来说，就是媒体的民主。媒体民主既是媒介和谐发展的保障[3]，也是和谐社会的基本条件。

（三）平等共享——和谐的境界

和谐为美的新闻自由，是人人平等的自由，这是新闻自由的理想状

---

[1] 喻国明. 喻国明自选集：别无选择：一个传媒学人的理论告白 [M]. 上海：复旦大学出版社，2004：391.

[2] 这里所说的透明，主要是指政治透明，即政治信息的公开性。每一个公民都有权获得与自己的利益相关的政府政策信息，包括立法活动、政策制定、法律条款、政策实施、行政预算、公共开支以及其他有关方面的政治信息。评价政治透明的主要指标有：政治传播渠道的数量与质量，决策过程的公开程度，政府、法院、检察院、公安部门等活动的公开化程度，公民对政治事务的认知程度，人民获知政治信息的权力等。（俞可平. 民主与陀螺 [M]. 北京：北京大学出版社，2006：26.）

[3] 有学者撰文认为："和谐社会需要和谐媒体，和谐媒体是和谐社会的前提。媒体的和谐，至少应该表现在如下四个方面，即必须拥有充满活力的媒介系统、开放多元的媒介结构、和而不同的意见生态以及温润和谐的语言环境。"（张昆. "和谐媒体"刍议 [M] //郑保卫. 冲突·融合：新闻传播与社会发展. 北京：新华出版社，2006：60.）

态，也是自由的新闻精神追求的最终目标。只有既有自由，又有平等，社会才能和谐，才能进入一种"美"的状态。一些人自由，另一些人不够自由的社会，是虚假的自由社会；一些国家、民族自由，另一些国家、民族不够自由的世界，是虚假的自由世界。在这样的社会、世界中，事实上谁也没有获得真正的自由。每个人的自由是所有人自由的前提，同样，每个国家、民族的自由也是所有国家、民族自由的前提。这些道理并不是纯粹的逻辑，人们在现实中看到的事实也正是这样。因而，平等享有自由是建构和谐社会关系的关键。

新闻自由精神所追求的自由，对于一定的社会来说，是人们在原则上都能够平等接近并利用社会信息资源，接近并利用媒介资源，即在信息传播领域，特别是新闻信息传播领域，人们对信息资源能够达到平等共享的状态，这是和谐的美好境界。对于整个人类来说，理想的平等共享至少如联合国制定的《公民权利和政治权利国际公约》第19条中所规定的："人人有自由发表意见的权利；此项权利包括寻求、接受和传递各种消息和思想的自由，而不论国界，也不论口头的、书写的、印刷的、采取艺术形式的或通过他所选择的任何其他媒介。"① 这意味着，作为信息活动的新闻传播与收受，从本质上应该排除一切人为的障碍，进入自由交流与分享的境界。所有新闻媒体的新闻传播，都应该成为全球新闻传播的有机构成部分，所有新闻信息都应该是人类的每一分子可以平等分享的信息。然而，就实际的新闻传播状况来看，这只是理想，并不是现实。不同民族、不同国家利益的差别与冲突，不同社会制度、不同意识形态、不同文化传统等的差异，不同国家新闻传播业发展的实际水平差别等，仍然使新

---

① 杨宇冠. 人权法：《公民权利和政治权利国际公约》研究[M]. 北京：中国人民公安大学出版社，2003：410.

闻传播与新闻收受的自由被限制在一定的空间范围之内，从而使全球化的新闻自由仍然保持在极其有限的范围内，国家与国家之间，民族与民族之间，还很难共享人类创造的新闻信息成果，正像时至今日，人们还在很大程度上不能共享或者分享他们所创造的其他文明成果一样。一个平等共享新闻信息的世界还远未成为现实，一个和谐的世界还只是人们美好的理想。

由此看来，现实中的新闻自由，不是没有，而是远未达到平等，远未达到和谐美好的境界，"新闻自由是一份不可估价的遗产，并且总是因为充满激烈的斗争而显得非常不稳定"①。传播者之间的新闻自由不平等，收受者之间的新闻自由不平等，传收者之间的新闻自由也不平等。说到底，则是人与人之间的新闻自由不平等。社会成员还无法平等地接近新闻媒介，利用新闻媒介。一些新闻媒体的声音之所以强大，并不是因为社会公众的普遍支持和认可，而是依赖政治权力赋予的某些特权；一些人在新闻媒体中的声音之所以强大，并不是因为社会公众愿意听到他们的声音，而是因为他们有权有势有钱，他们占有更多的社会资源。这些现象自然有其历史发展过程的合理性，但追求新闻自由的平等性应该成为我们的理想。也许我们不能完整描述到底怎样的新闻自由状态才是平等的新闻自由状态，但追求和谐为美的新闻自由境界应该成为我们的理想。平等并不是均分新闻自由资源，和谐并不是没有任何冲突和矛盾，但如何才能使越来越多的人平等地享有新闻自由权利，使新闻媒介真正成为社会公共媒介，为人民服务，为整个社会的利益服务，是处于传媒时代的我们必须关注、探讨的重大问题。

人们看到，"知识沟""信息沟"在当今社会不像人们期望的那样越来

---

① 让纳内. 西方媒介史［M］. 段慧敏，译. 桂林：广西师范大学出版社，2005：345.

越窄、越来越浅，而是恰好相反，变得越来越宽、越来越深。[①] 这至少意味着人们共享或者分享媒介资源、信息资源的能力差别变得越来越大。如果我们从全球视野关注这一现象，就会发现发达国家与欠发达国家在媒介资源、信息资源的开发和利用等方面差距越来越大，因而，人类范围的新闻自由、信息自由在现实性上只能是强者的自由、弱者的不自由。信息霸权、信息侵略、文化霸权、文化殖民等概念与事实的产生，正好在一定意义上反映和说明了这种现象。由此看来，即使仅仅从新闻传播的角度观照这个世界，它也远远不是一个平等的世界、自由的世界、和谐的世界。现实世界的新闻信息秩序主要是由少数几个发达国家实际控制的，欠发达国家及其人民的媒介形象，往往主要是由发达国家的媒介塑造的，而不是由欠发达国家自己的媒介反映的。而发达国家的媒介对欠发达国家人民的塑造充满了偏见和歧视（当然不能否认有真实客观公正的一面），背后则暗藏着各种政治利益、经济利益或者其他利益的争斗。这样的新闻信息秩序，很难反映大多数国家的实际状况，更谈不上维护它们的信息利益，因而不可能是一种和谐的信息秩序，或者说不可能是一种真正的自由的信息秩序，不同国家之间不可能享受到大致同等的信息自由。因此，追求新闻自由、信息自由，对于整个人类来说，仍然任重道远，人类仍然需要强化追求新闻自由的自由精神。如果人类试图把新闻传播、新闻自由当作实现人类其他自由的重要手段，那么，它首先面临的任务是实现新闻传播与收受的自由。

任何自由，都需要一定的资源做保障，没有资源保障的自由是空洞的自由，即使通过神圣的宪法和法律规定下来，那也至多是停留在白纸黑字上的自由。尽管我们不能轻易说法律自由没有意义，但法律自由要进一步

[①] 关于知识沟、信息沟理论或者假说，可参阅下列文献：郭庆光. 传播学教程 [M]. 北京：中国人民大学出版社，1999：229-234.

转化成人们实际可以享有的权利和自由，就必须有一定的资源做保障。资源的稀缺性，决定了自由的竞争性，决定了现实中的自由实质上是分配性的存在。自由的实质性拥有，就是占有一定的资源——政治的、经济的、文化的、知识的、技术的资源等。只有实质性地占有一定的资源，才能拥有权利和权力，使自由变成现实。因而，只有资源得到公正性的分配和占有，才可能实现人人自由、社会和谐，达到美的境界。这尽管不能说是不可能的，但确实是一个十分艰难的过程。平等地拥有自由权利，始终是个"伟大"的难题。理论家们可以进行美妙的设计，但现实社会总是有着自己的步点。这个难题，人类只能努力去解决，但在很长时期内不能完美地解决。新闻自由的平等共享，首先需要人们拥有大致相同的共享能力和机会，而能力的平等、机会的平等，有些是可以实现的，有些则不可能实现。因此，从现实性上讲，人们享有的新闻自由，不平等是绝对的，平等是相对的。自由的新闻精神，是一种内在的动力，促使人们创造出更多的平等机会，这也正是自由的新闻精神的基本价值。自由是人类存在的前提，也是人类生存、生活面对的困境。对于新闻自由来说，道理与一般自由完全一样。现实社会中，不可能使每个人拥有实质性平等的传播自由和收受自由。但这不能成为人们不去追求平等自由的借口，恰恰相反，它是人们必须努力克服的困境。追求自由、追求新闻自由是每一个人的事情，自由的实现是人们的共同责任。在这一意义上，我们可以再次说明，新闻精神并不只是新闻活动者的某种精神，而是一种普遍的社会精神。只有当一个社会以至整个人类具有了自由精神，一定社会和整个人类共享普遍自由的时刻才有可能到来。自由是实践的产物，是奋斗的结果，不可能自然而然地成为一种权利、一种能力。

当互联网登上历史舞台，成为原则上人人都可以分享的媒介时，它确实为信息自由、新闻自由的实现开辟了一个新的时代。与此相伴，一种对网络技术的乌托邦想象也诞生了。有人多少有些梦呓般地歌颂互联网带来的自由与民主[①]，以为技术能解决一切问题，似乎技术真成了第一生产力，人本身可以被技术改造得纯纯净净。互联网能否成为自由的媒介、民主的媒介、平等的媒介，以及人与人、人与社会和谐交流的媒介，不只取决于互联网的技术功能，更多地取决于使用网络的主体有无驾驭它的能力和驾驭它的方式，有赖于整个人类历史发展的水平。[②] 历史上每一次传播技术的革命性进步，都不仅标志着不同传播时代的到来，也在一定程度上标志着人类的发展水平，但新的传播技术是否意味着一个新的信息自由时代的到来，这之间并没有简单的必然关系，只是提供了技术条件和可能。人类应该理性地对待新生事物，对待新生事物与传统事物的关系。德国学者西格弗里德·齐林斯基的一段话耐人寻味，他说："以数字化和联网计算机为标志的技术与文化上的明显变革，确实大张旗鼓地开始了，但其前景却应该是冷静而并不那么令人感到舒适的。过于急躁地要让各行各业一下子都去趋附于某个新的主流媒体，一直要等到下一个主流媒体得以确立为止，如果是这样的做法，那就不可能做到充分把握和建设性地对待新的事物。"[③]

---

① 请看看这样的欢呼："互联网真正是人类历史上第一个全球性的媒介。这个巨大的信息传递工具是一个全球交流的空间，一夜之间改变了人们交往的方式和习惯。互联网的民主性是不言而喻的，它对全球所有公民——上至国王总统，下至平民百姓一视同仁，谁都可以在同一时间内进入公共领域，在同一时间内获得同样的信息和文化资源。网民们权力均等，天下大事尽收眼中，发表高见热火朝天，乐此不疲。……这样一种'民主'，二十年以前还是难以想象的。所以不妨说互联网不仅是一场科技革命，它的潜力更在于提供了全球文化的基础：一种全球公民的全球认同。"（陆扬，王毅.文化研究导论[M].上海：复旦大学出版社，2006：252.）

② 我觉得，陈卫星教授在评价法国学者马特拉有关看法的《马特拉的词与物》一文中表达的观点，比较冷静、客观、合理。他写道："……技术创造一个允许做事情的条件，但不能决定做什么事情。换言之，技术本身并不能改变历史逻辑。因为'技术诞生在确定的社会学空间当中，技术发展的逻辑自我铭刻在这个空间的秩序中。只有文化主义者的幻觉才会让人相信一种新技术将颠覆决定的秩序，而这个秩序不是通过文化领域优先孕育的'（马特拉语——引注）。当然，这并不意味着技术没有对社会产生实际效果，也绝不意味着技术不是革新的携带者，而是强调技术逻辑服从于社会和历史的逻辑。"（马特拉.世界传播与文化霸权：思想与战略的历史[M].陈卫星，译.北京：中央编译出版社，2001：4.）

③ 齐林斯基.媒体考古学[M].荣震华，译.北京：商务印书馆，2006：9.

如今，信息技术发展正在进入后网络时代，正在超越传统媒体时代，进入后传统媒体时代，媒介融合的景象已经浮现，但所有这些将给信息的自由交流、新闻信息的自由传播与收受带来怎样的影响，我们还不能一味进行乐观的描述和判断，"计算机毕竟还是会死机的"①，理智的人类应该提早分析和防范可能的问题，因为"信息技术与常规传播媒介的融合是一个具有深远意义的现象。它代表了不但在传播媒介结构，同时也在我们日常生活中的根本性变化——这些变化既充满机会又暗藏危险"②。美国一家新闻研究机构在其发表的2005年新闻媒介的声明中说："新技术正将公民们由专业人员提供新闻的被动消费者转变成积极参与者，他们从分散信息中搜集自己的新闻。"但同时也指出，在这个新世界中，人们并不认为新闻业从此变得无关紧要。相反，由于真相更难以分辨和接近，人们对到底什么才是真相的探索变得更迫切。③

网络媒介及其与传统媒介的融合，潜在地为人们提供了共享信息、分享意见的巨大平台和充足机会（部分已成为事实），然而，这并不必然意味着人人拥有了平等的信息自由权利、新闻自由权利。平等、自由只有在良性的秩序中才能真正实现。没有秩序的自由是混乱，失去秩序的平等是冲突。任何媒介自由权利、新闻自由权利的实现，主要依赖的都不是技术，而是一种社会制度、一种媒介制度。没有某种良好制度的保障，任何技术都不可能自然成为实现人与人之间和谐交流的工具。在一个美丽的舞台上，人类可以演出伟大的历史剧目，也可能在灯火辉煌的舞台上群魔乱舞，表演各种各样的丑剧。

互联网技术上的自由性，对人类的理性和道德品性提出了新的考验。

---

① 齐林斯基. 媒体考古学 [M]. 荣震华，译. 北京：商务印书馆，2006：2.
② 斯特劳巴哈，拉罗斯. 今日媒介：信息时代的传播媒介 [M]. 熊澄宇，等译. 北京：清华大学出版社，2002：7.
③ 罗以澄，秦志希. 新闻与传播评论：2005年卷 [M]. 武汉：武汉出版社，2006：10.

互联网是一个符号的海洋，虚拟的世界中，充满了新奇，也充满了诱惑。这似乎是一个自由自在的世界。然而，自由需要自由的心智，需要具有驾驭自由的精神。没有自由的能力，没有自由的精神，也就难以自由地漫游。自由的核心是自主，自主其实是最大的一种责任——对自己负责。因而，不能自主便意味着有可能被网络异化为怪物，异化为失去责任意识的"主体"（异类）。对于个人如此，对于整个人类也是如此。一个人一旦不能自主地利用网络，对他来说网络就会成为没有任何标识的荒漠，这时，他进入网络的速度越快，"死亡"来临得也就越快，自由对他也就变成了死亡的自由——心智死亡、理性死亡的自由。更需要注意的是，当一些人成为网络的奴隶时，也就意味着另一些人在创造着奴隶，一个创造奴隶的社会绝对不是一个自由的社会，不是一个和谐美好的社会。因而，如何平等地使用网络，是一个有待解决的问题。只有人们之间真正建立起主体间的关系，人们才能共享网络资源，达到一种和谐的关系。

具体一点，就新闻传播活动而言，冲破、整合并超越了传统媒介的网络，带来了人人在原则上都可以成为准大众化传播者的条件；但一个人将成为什么样的传播者，有无人类的一般道德品质，有无基本的社会责任感，其中有无新闻精神是一个决定性的因素。自由地传播与收受新闻需要新闻精神，和谐地交流与共享信息需要新闻精神，需要为公共利益服务的精神，需要求实和公正的精神。互联网创造的最大方便，或者说最大的自由是，它使意见表达对于有能力的人来说易如反掌。然而，这并不意味着人们可以随心所欲地胡言乱语。言论表达不仅有法律边界，还有道德的、伦理的边界。在边界范围内表达，才不会伤害社会、伤害他人，也不会伤害自己。这是一种追求和谐的言论精神，也是一种以和谐为美的自由精神。这样的自由精神，正是我们倡导的新闻自由精神。换个角度说，之所以要划定边界，乃是因为言论像新闻事实信息一样，甚至比事实信息更为直接地影响人们的所思所想、价值态度和行为方式。因此，每一个通过媒介表达看法的人,都应该拥有一种像职业新闻活动者一样的为公共利益服务的精神,这是应该承担的社会责任,诚如一位学者所言:"获得大众传播机会的言论仍然是一种稀缺资源,占据这种资源的人们,仍然对公众产生着比较大的影响,因此有责任促进社会公益。"[1] 作为意见表达的解读者,也有理由要求"评论正当、公益、合乎道德"[2];作为收受者,在信息、意见的解读过程中,同样承担着道义上的责任。首先,收受者应该成为自觉的、理性的、具有批判反思能力的收受者,要意识到自己接收到的信息有可能是不确切的,甚至是不真实的,自己接收到的意见、观点有可能是有偏见的;其次,"负责任的接收者应该放开胸怀,面对许多不同的观点"[3],应该充分意识到自己的知识是有限的,认知能力也是有限的,也有自己的偏见。这样,收受行为就会变得比较冷静、客观、理智和公正。

一个自由的社会需要具有自由精神、自由灵魂的人民。胡适曾说:"一个自由的国家不是一群奴隶所能建造起来的。"[4] 传播自由精神,追求自由,本身就是新闻传播应该具备的基本气质和禀性。被恩格斯称为"新时代的最初一位诗人"的但丁曾说:"当人类最自由的时候,就是它被安排得最好的时候。"[5] 而安排得最好的时候,应该是人类最和谐的时候。和谐,一定是自由的最佳状态,和谐与自由是统一的。和谐,实质上就是一种人人感到自由、实际自由的状态和关系。[6]

---

[1] 马少华. 新闻评论 [M]. 长沙:中南大学出版社,2005:163.
[2] 同[1]164.
[3] 同[1]164.
[4] 王文章,侯样祥. 中国学者心中的科学·人文:人文卷 [M]. 昆明:云南教育出版社,2002:23.
[5] 周辅成. 从文艺复兴到十九世纪资产阶级哲学家政治思想家有关人道主义人性论言论选辑 [M]. 北京:商务印书馆,1966:19.
[6] 有学者指出,物质文明的富裕、制度文明的民主、精神文化的文明,构成了当代中国社会追求的终极价值目标。还有学者认为,富裕、和谐、自由是社会终极价值目标。这些论述是富有启发性的,对我们进一步思考中国传播环境下的媒介民主、和谐、自由等问题都有一定的启发性。(肖群忠. 伦理与传统 [M]. 北京:人民出版社,2006:159-161.)

第五章　新闻精神的作用

　　　　　民众的承认是报刊赖以生存的条件，没有这种条件，报刊就会无可挽救地陷入绝境。

　　　　　　　　　　　　　　　　　　　　　　　　　　——马克思

　　　　思想的可能性蕴含着一切潜在的创造，也就蕴含着一切危险。

　　　　　　　　　　　　　　　　　　　　　　　　　　——赵汀阳

　　　　支持我的就是责任，尤其在看到一些非常弱势的群体，当时面临非常悲惨的状况的时候，每一个有良知的人，不单是记者，都会产生义愤，我作为记者有义务、有责任把这个东西写出去，所以有一种力量就是责任。职业道德应该有正义、无私、责任感、悲天悯人的情怀，包括俯仰天地的胸怀，以及大彻大悟的智慧。

　　　　　　　　　　　　　　　　　　　　　　　　　　——朱玉

　　新闻精神作为支配新闻活动的深层价值观念，对新闻制度、媒介制度的创造、建设、改善等具有内在的动力作用，对新闻活动者的行为有着重要的引导、规范、约束作用；新闻精神作为一种理想、一种职业理念，指引着新闻活动者的活动方向和追求；新闻精神也是新闻活动者的一种信念和精神支柱，是新闻活动的重要动力。但新闻精神的作用不限于新闻传播业，也不限于对职业新闻活动者的影响，它还会伴随新闻传收活动影响和作用于社会的方方面面，作用于各种各样的人群和个体。

一、新闻业健康发展的精神源泉

在具体论说新闻精神的作用前，我要先做一点前提性的说明。当我们阐释新闻精神的作用时，是把新闻精神当成一种相对比较完整的既有的观念性存在物（其实就是由一定观念要素构成的一个观念体系）对待的，暂时不过多考虑它的历史演变过程和将来可能的内涵变动，这是我们讨论这一论题的前提。而新闻精神就是我在前面几章所论述的新闻精神。那么，现在需要回答的问题就是：这样的新闻精神对新闻传播业、新闻媒体、职业新闻活动者（这是我关注的重点）以及其他新闻活动者和一般社会生活具有什么样的功能作用？有些作用我在揭示新闻精神的内涵、分析新闻精神的构成时，已有一定的阐释和说明，这里就不再重复。

从宏观层面上说，新闻精神首先是新闻传播业健康、良性发展的精神源泉。新闻精神从观念上集中反映和凝结了新闻业的追求，它是新闻传播业生存、发展的内在动力。这种精神源泉或者内在动力作用主要表现在以下几个方面。

（一）新闻精神——新闻制度建设的内在动力

就新闻传播业来说，它以怎样的制度形式存在和运行，与它的整体精神追求、价值追求当然是分不开的。反过来说，新闻精神的现实化，总要诉求于一定的新闻制度。制度就是某种观念、理念的外化或者客观化。没有制度保障的理念是空洞的，正像正义的法律观念、法治精神只有转变成正义的、合理的法律制度，才能真正实现维护社会正义的作用。这就意味着，如果确立了良好的并且符合一定社会历史要求的新闻观念、新闻精神，就有了建构相应媒介制度或者新闻制度的实践观念。任何现有新闻制度的变革或者改善，总是先有一定的观念预谋或者精神预谋。没有任何精神准备的制度变革、制度改善，其实际的变革或改进行为必然是鲁莽的，也是不可能成功的。事实上，一种制度建设，总是有一个长期的观念形成过程和预谋过程。① 一旦某种精神观念成形，它便会成为主体活动的"主心骨"，成为一种强大的内在动力，成为一种信念，指导和推动主体通过更为直接的精神手段特别是物质手段去实现自己的目标。巨大的社会变革酝酿于思想革命之中（当然根源于社会存在的变化之中），精神解放才是社会解放的前提。在这一意义上，我们可以说，有什么样的社会理念，就有什么样的社会样式。同样，有什么样的新闻精神，就有什么样的新闻制度。②

一定的新闻精神与其诉求的新闻制度具有一致性，即它们的根本价值目标是相同的。如果新闻传播业要追求为社会公众服务的目标，它就要求必须有与这种精神相符合的制度设计和制度建设，因为并不是任何一种制度设计都能实现这样的目标。③ 从一定意义上说，一种精神一旦产生，就

---

① 当然我们应该明白，一种新观念并非凭空诞生的，而是主要基于社会存在的变化，基于社会发展内在的、趋势性的要求而产生的。人们往往把能够较早发现这种要求的人看作先知先觉者。

② 需要说明的是，一定的新闻制度一旦确立，就会通过各种各样的方式维护自身的稳定性，从而会对新的新闻精神观念进行限制和约束。还需要指出的是，已经确立的新闻制度的变革，需要多种社会条件，并不是有了新的新闻精神、新闻观念，就一定会立即发生变革。新闻制度只是社会制度、经济制度特别是政治制度的一部分，它的变革往往依赖于整个社会环境的变化。

③ 这就是全世界几乎所有的新闻媒体都宣称要为社会公共利益和社会公众服务，但事实上好多媒体做不到的重要原因之一，即缺乏有力的新闻制度保障。

会变成一种制度之母。"思想的可能性蕴含着一切潜在的创造，也就蕴含着一切危险。"① 有什么样的精神追求，就有可能产生什么样的实际制度。这正是精神对社会发展能够产生巨大反作用的表现。当然，这并不是说一定社会的新闻制度完全是由人们关于新闻应该如何的想法决定的，而是说人们从一定社会存在出发关于新闻应该如何的想法对于新闻制度的设计和建设具有"思想母机"的作用，而一种制度能否变成现实，还依赖于诸多社会条件。因此，从根源上说，我还是赞成马克思主义的政治经济学观点，认为作为上层建筑思想意识形态的新闻传播业，其基本制度是由经济基础决定的，是由一定社会的基本生产方式决定的。这样，我们才能理解和解释现实社会中的各种新闻现象。

但这里引出的其实是一个非常重要的问题，即新闻精神的实现，仅仅依靠具有新闻精神的活动主体是不够的，更为重要的是必须有相应的新闻制度保障。有了制度保障，一种精神才会比较稳定持久。因而，我们到底要建构什么样的新闻精神理念，就不再单单是一个新闻理想、新闻信念的问题，不仅仅是关于如何进行新闻传播的技术问题，而是关系到新闻制度设计、制度建设的根本问题。这进一步说明，关于新闻精神的研究，不只是观念范围内的事情，更为重要的是要进行新闻制度研究。一种良好的新闻精神观念只有体现在新闻制度之中，或者说体现在新闻运作的机制之中，它的作用才能得到比较全面的发挥。

新闻制度是国家经济制度、政治制度的一部分，这也就是说，新闻精神不是简单的新闻传播范围内的事情，而是关系到整个国家的经济制度、政治制度建设问题。这也正是人们总把新闻传播与政治建设、民主建设联系起来的主要原因。在我国，人们总是把新闻改进与改革问题相关联，最

---

① 赵汀阳.论可能生活：修订版［M］.北京：中国人民大学出版社，2004：13.

终归结为政治改革问题,其根本原因大概也在这里。可以说,政治改革面临的困境、难题,其实也是新闻改革面临的困境和难题。因而,单纯讨论新闻精神问题、新闻制度问题有时确实是隔靴搔痒,抓不住要害。我们需要在整体的社会系统中考察新闻活动系统,需要在整个社会关系中研究新闻传播业。我以为,相对比较孤立地研究新闻传播、新闻业本身,这既是我国以往新闻研究中的不足,也是今后新闻研究必须转变的,我们应该注重各种新闻关系的探讨[①],如此才能更好地理解新闻传播、理解新闻传播业。

新闻精神的内核,乃是新闻传播的价值追求、价值理想问题,其中最为关键的就是实质上"为什么人服务"的问题。政治上的专制主义者、极权主义者,必然会把新闻媒介当作自己手中的"私器",为自身的私利服务,不可能认可和接受为人民服务的新闻精神(如前所说,为社会公众服务的精神背后,深藏的是民主精神、公共精神,不是专制精神,不是特权观念),当然也不可能把新闻媒介当作社会公共平台去建设、去塑造,因而不可能设计、建设具有民主性质的新闻制度。这一判断不仅是逻辑上的推断,也已经得到了历史和现实的证明。看来,新闻精神确实是新闻媒介制度设计、制度建设的重要动力和指南。

但是,我们还要注意到问题的另一个方面,这就是,新闻精神作为新闻传播的价值理念和方法论原则,总是包含着理想、信念的成分,总是包含着诸多应该的元素。如果按照这样的精神、这样的观念进行制度设计和制度建设,往往就会和现实社会不相适应。也就是说,新闻精神诉求的新闻制度,往往是现实社会难以建立的制度,或者说现实社会难以提供足够的客观条件来建设与新闻精神完全相适应的制度。这正是理念与现实之间

---

① 我曾在《新闻活动论》"导论"部分表达了这一看法,还专门撰文简要论述说明了这一问题,请参阅下列文献:杨保军. 新闻活动论 [M]. 北京:中国人民大学出版社,2006;杨保军. 姿态 结构 重心:关于新闻理论研究的几点思考 [J]. 国际新闻界,2006 (9):21-25.

的距离和差别。正是这种距离、差别的存在，才显示出精神的前瞻作用以及对现实的超越和批判作用。如果精神理念总是对现实亦步亦趋，不敢逾越一步，那这样的精神理念对现实还有什么精神价值和指导价值？大概正是因为这样的原因，中西方的人们对各自的现实新闻制度都有一些不满，都在希求通过制度的改进和改革，使新闻传播能够更好地为大众服务，为社会的良性运行服务。事实上，现实的制度设计、制度建设，不可能像理念设计那么完美。何况，任何一种精神理念，其本身也不会完美。假如某种精神理念是邪恶的（历史上这样的事例并不少），那么一旦它被转化成制度，带给社会的也就只有灾难了。

因此，对于理论研究者来说，新闻精神是一种历史性的精神，像其他一些人类活动精神一样，既具有一定的普遍性，也具有一定的民族性、国家性（参见本书第一章关于新闻精神特征的阐释），是对一定社会中新闻传播实践及其历史进行反思的结果。一定的新闻精神其实也是一定的社会意识形态系统的构成部分。基于这样一种基本看法，如果以现实主义的眼光审视中国的新闻传播活动，我认为不应把西方传统的新闻专业理念简单地确立为中国新闻传播应该甚至是必须追求的精神。诚如一些学者所说："专业主义没有也不可能从西方简单移植到中国，因为中国的历史条件不同。"中国和西方没有共同的新闻文化史，没有完全相同的新闻价值追求和新闻专业理念，因此，也不可能设计和建设与西方完全相同的新闻制度、媒介制度。但这不等于说，现有的新闻精神理念就是最为合理的新闻精神理念，现有的新闻制度就是完美的新闻制度。在人民当家作主的社会主义社会，设计和建设一种什么样的新闻制度、媒介制度，才能实现全心全意为人民服务的基本目标，才能使新闻媒介的新闻传播维护党和人民的利益，仍然是我们在理论上和实践中需要努力解决的难题。正在进行着的新闻改革、改进活动，面临的最为重要的任务一方面是新闻理念（新闻精神）的变革，另一方面就是新闻制度的变革与改进。

另外，一定历史时代的新闻精神并不是完美的，有些新闻精神理念会逆历史潮流而动。这时它只是形式上的新闻精神，实质上已经背离了新闻精神。因为新闻精神并不是主观任意规定的，而是新闻传播自身规律性要求的反映。主体的目的性只有符合规律性的要求时，这种精神才具有其合理性的根基。因而，并不是所有的新闻精神理念都是良善的，都应该转化成相应的规章制度。有些精神理念会违背新闻传播的内在规律，会抛弃新闻传播的基本原则，会不顾新闻传播的基本功能，这样的新闻精神是虚假的新闻精神，是虚假的意识形态，按照它的诉求所设计、建设的新闻制度很难说是合理的新闻制度，当然不利于新闻传播业的正常发展。但是，人类不是在纯粹的精神观念中前进的，而是在观念支配下的实践中前进的，而"在制度设计的试验中当然会出现严重错误，但也使得人们能够发现许多深刻的隐藏着的问题"[1]。这大概也是历史进步（整体的社会进步或者具体社会领域的进步）的基本方式。任何制度建设都不可能一劳永逸，总是在历史发展过程中进行不断的变革和调整。科学研究在一定程度上是个试错的过程，社会改革其实也一样。不走弯路的社会几乎是不存在的，人类能够做到的是尽可能少走弯路。探索如何才能少走弯路因而是更加重要的事情。

新闻精神也是人们为一定的新闻制度进行辩护的重要理念依据。当询问一种新闻制度或者媒介制度为什么是合理的时，人们常常用这种制度所根源的新闻价值理想和基本观念进行辩护。[2] 这也正好说明，在新闻制度与新闻精神之间，新闻精神是更为根本的东西，是新闻制度得以生成的精

---

[1] 赵汀阳. 论可能生活：修订版 [M]. 北京：中国人民大学出版社，2004：66.
[2] 在一定社会范围内，是实行单一所有制媒体有利于公共利益的维护和实现呢，还是实行多种所有制形式有利于公共利益的维护和实现呢？这是非常值得讨论的问题。

神基础和基本动力。当然，从最根本的意义上说，不管是新闻制度还是新闻精神，其合理性都只能通过实践去检验，通过它们带来的、产生的实际效果去检验或证明。一种精神观念不能简单地通过自己的逻辑推理去证明自己的合理性。

（二）新闻精神——专业规范建设的观念基础

近现代新闻业经过一定的历史变迁，到 20 世纪初期，在西方发达国家已经转变成专业化程度比较高的行业。新闻活动者也越来越成为专业化的人员，必须具有比较系统的新闻专业知识和专业技能，在职业行为中，必须遵循基本的专业规范。这些专业规范，正是新闻精神的体现。在中国，即使我们的新闻专业理念与西方并不相同，但新闻工作作为一种社会职业是现实的，它也在中国传播环境中诉求一定的专业规范。何况，新闻职业的专业化，近些年来已经成为我国新闻界的热门话题。更为重要的是，新闻专业化的标准在全球范围内应该是基本统一的，至少在最基本的专业观念上是统一的。

人类创造一种活动、一项事业的目的一定体现在这种活动、这项事业的功能作用之中，而为了实现其功能作用，或者为了实现其目的，总是诉求于一定的制度设计和制度建设。把制度设计、制度建设贯彻在具体的行为层面，则需要一系列相应的规范设计和规范建设。规范的设计与制定不是任意的。规范可以任意设计，但合理的规范是唯一的。合理的规范是为了保护有价值的事物。[①] 制定新闻专业规范的目的无非是确保新闻活动者

[①] 我国伦理学者王海明说："道德都是人制定的。但是，只有恶劣的道德才可以随意制定；而优良的道德却只能通过社会创造道德的目的，亦即道德终极标准，从行为事实中推导、制定出来；所制定的行为应该如何的道德规范之优劣，完全取决于对行为事实如何的客观规律与道德目的的认识之真假。"（王海明. 新伦理学 [M]. 北京：商务印书馆，2001.）他的这一认识具有重要的方法论意义，可以帮助我们思考规范的制定根源，以及良性规范的根源。

（主要是职业新闻活动者）的新闻行为符合新闻传播目的的要求，符合新闻的本性，或者说有利于新闻活动目的的实现。新闻精神，自然是为了实现新闻传播的根本目的，它是新闻活动、新闻业内在目的和追求的集中表现。为了实现目的，必然诉求于一定的规范保障。下面，我就对这一基本判断加以进一步的说明和解释。

新闻传播活动为什么能够演变为人类的一种相对独立的专门事业，它得以存在和发展的根据是什么，并且，新闻业又为什么在其诞生之后，会成为整个人类越来越关注的事业、越来越离不开的事业、越来越发达的事业？[①] 这一定离不开新闻传播自身的属性或者目的[②]，离不开新闻业的功能作用，离不开新闻媒介的功能作用，离不开新闻特有的功能作用。这一系列自身功能作用的实现，从新闻活动内在规律层面对活动主体提出了要求。这种要求对于新闻活动者来说，就是首先应该遵守的新闻传播职业或者专业规范。可见，新闻专业规范的基本根源就是新闻传播的本质属性或者根本目的，它是专业规范得以建立的最初根据，也是实行新闻专业规范的基本理由。一句话，新闻专业规范首先反映的就是新闻活动内在规律的要求。

新闻传播最古老的"基本目的"和最新近的"基本目的"是一样的[③]，这就是在人与人之间形成关于新近发生的事实信息的交流与分享。

---

① 人类创造的许多专门活动会随着人类自身的文明进步而消亡。那些能够不断进化的活动，一定是能够满足人类生存发展的活动。对于这样的活动，人类总会使它不断获得更好的活动方式。

② 新闻传播自身的目的——反映事实世界最新的有意义的变动信息——并不是天定的，而是在人类新闻活动的漫长历史中形成的。因而，新闻传播的目的也是人类自身生存发展目的的产物。

③ 这里特别强调"基本目的"是想表明，新闻传播的目的并不限于基本目的，但所有其他目的都源于基本目的。比如，美国学者指出，当代美国新闻业在社会生活中具有这样一些重要的职能与作用：报道新闻，监督权力，揭露真相，提供娱乐，协调社会。但在这些功能作用中，报道新闻"是新闻活动的首要功能，也是新闻业发挥其他功能的前提和基础"。（罗以澄，秦志希. 新闻与传播评论：2005年卷 [M]. 武汉：武汉出版社，2006：3.）我在《新闻理论教程》的新闻功能论中，通过新闻的"本体功能"与"派生功能"或者"延伸功能"对这一问题做了阐述，参见下列文献：杨保军. 新闻理论教程 [M]. 北京：中国人民大学出版社，2005：96-97.

因而，不管人类是否能够自觉意识到，新闻传播都在要求人们真实、全面、客观、公正、及时、公开地交流事实信息，所有这些原则都是新闻传播自身本性或者目的性的要求。当人类自觉到新闻传播的这些本性要求时，这些要求也就开始逐步成为新闻活动的基本规范，成为人们遵守的一些准则。这在本质上是一个发现的过程、认识的过程。对于人类来说，能够制定出符合新闻传播内在要求的规范，标志着新闻传播进入了一个新的时代——自觉的新闻传播时代。人们把19世纪三四十年代信息报纸（大众化报纸）的出现，作为新闻传播发展史上的伟大革命，其原因之一大概也在这里[1]，因为从此开始，人们才真正具有了现代新闻意识，真正自觉到了新闻传播的个性。因此，对于今天的人们来说，如果哪一个新闻媒介组织、哪一个职业新闻活动者不愿意按照这样的规范进行新闻传播，就等于背离了新闻传播规律的内在要求，从而也就失去了谈论新闻传播的资格。

由于新闻精神首先是反映新闻传播内在要求的精神，即新闻精神首先是求实为本的精神（见本书第二章相关论述），因而，新闻精神，新闻传播的求真、求实精神是所有新闻专业规范的精神基础。[2] 但有人一定会问，难道新闻传播就是为了求真、求实？当然不止于此。新闻传播有其自身的内在规律性，同时，由于它是人类的主体性活动，是人类创造的为自己的生存与发展服务的一种活动，因而，所有的新闻活动规范，即新闻传播的规范，也一定有主体根据。

如果我们从合主体目的性的角度进一步思考人类的新闻活动，就会发

---

[1] 有兴趣的读者，可参阅李良荣《西方新闻事业概论》中的相关内容。该书由复旦大学出版社1997年出版。

[2] 顺便说一句，不同社会制度下的新闻业、新闻媒介、新闻活动者之间之所以还能够进行一定程度上的有效对话，最基本的原因就是他们都承认新闻传播有其自身的本性，有其自身的内在目的，有其自身的内在规律。

现，真实、客观、全面等新闻传播专业原则之所以能够成为新闻传播的基本原则，就是因为如果真正遵守了这些原则，从逻辑上说，就能满足人们或者说是社会公众的新闻信息需要。这就是说，人类创造新闻活动的目的本质上就是为整个人类服务的，在一定社会范围内来说，就是为所有社会成员服务的，只有这样，才既符合新闻活动自身的目的性，也符合新闻活动主体的目的性，两种目的性才能达到真正的统一。也许正是这样的根本原因，才使为社会公众服务、为社会公共利益服务最终发展成新闻传播的根本精神。可见，新闻活动的目的就凝结在新闻精神——为社会公众服务之中。若是再追问一下，我们就会立即发现，公众的需要（也是社会的需要）是制定专业规范的最终主体根据。制定规范就是要使社会公众正当的新闻信息需要得到满足。当这样的精神确立之后，它反过来就成为人们寻求和制定良性新闻专业规范的根据。这正是我们在现实中看到的事实。不论以怎样的精神支配新闻活动，都必然会通过一系列的规范约束人们的新闻行为。如果约束新闻活动的规范是合乎新闻传播目的的，我们也就可以说新闻精神是真实的。相反，如果约束新闻活动的规范总是限制新闻活动实现自身的目的，或者说约束新闻活动的规范总是把新闻活动规范成非新闻活动，那就一定背离了新闻的目的，其背后的新闻精神可以说是虚假的。

在现实的新闻传播活动中，新闻媒体总是掌握在一定的社会主体手中，或者更直接地说，总是掌握在一定的政治利益集团、经济利益集团或者其他利益集团手中。经验事实告诉人们，掌握新闻媒体的社会主体并不必然愿意或者能够按照社会公众意愿、社会公共利益去制定新闻活动规范，同样，也并不必然愿意或者能够按照新闻传播的内在规律制定新闻活动规范。也就是说，实际掌握媒体所有权的利益主体会根据自身利益来制定新闻传播规范，这些规范有可能与新闻传播自身的目的性以及社会公众的目的性相背离。这样的活动规范，自然是与新闻精神相背离的规范。如果我们把前一类规范称为新闻职业规范或者专业规范的话，后一类规范则只能叫作非职业或者非专业的规范。因此，专业规范与非专业规范之间的关系就是非常值得思考的问题。

首先，任何与新闻精神相冲突的规范，本质上都不属于新闻传播规范，只能属于媒体所有者、控制者为了通过新闻手段或者非新闻的其他媒介手段实现自身利益的规范。相对新闻精神的内在要求来说，这是一种不合理的规范、需要改变的规范。但是，人们应该明白，人类的新闻活动是一种历史性的活动，是在一定社会环境中展开的现实活动，因此，它总要受到一定社会条件的影响和作用，不会那么理想和纯粹。何况，并不存在纯粹的新闻传播，所有的传播都包含着一定的主体意图，媒介所有者、控制者总有自己的目的性追求。那些掌控新闻媒体的利益主体，通过新闻媒介、新闻传播手段追求自身利益具有历史的合理性和必然性。

其次，在现实性上，非专业规范往往对专业规范形成了实际的控制。利益集团常常根据自己的利益追求实际改变专业规范的内容和调整新闻传播的方式。

再次，从新闻传播发展的总体趋势看，或者从新闻传播的理想追求看，非专业规范最终会达到与专业规范的根本统一，并且是非专业规范向专业规范统一的过程，当然，这一过程不会一帆风顺。新闻传播回归它的本性是一个历史的过程，同时也是一个必然的过程。在这一过程中，新闻专业规范会得到不断的完善，向新闻精神的理想要求逐步逼近。这一过程意味着，新闻媒介——不管它在未来的具体媒介形态是什么——最终必然会成为社会公共平台，为整个社会服务，而不是作为个别利益集团的私器，只为特定的利益集团服务。需要特别说明的是，尽管这一过程具有历史的必然性，但离不开整个社会主体的努力，正像一个美好的人类社会必然能够实现，但这样的信念和愿景的实现需要人类自己的奋斗。新闻媒体只有赢得社会公众普遍的和长期的信赖，才能获得长期生存和发展的动力。而媒介或者传播者要获得这样的信赖，唯一的途径就是为社会公众服务。早在一百多年前，马克思就认为真正的报刊是人民的报刊、自由的报刊①，人民的报刊生活在人民当中，它真诚地和人民共患难、同甘苦、齐爱憎，而"民众的承认是报刊赖以生存的条件，没有这种条件，报刊就会无可挽救地陷入绝境"②。列宁则指出，"唯有他们（指工人群众。——引者注）积极参与办报，唯有他们给予支持，写评论，写文章，提供材料，反映情况和发表意见"，才能使工人报刊"站稳脚跟并保证出版"③。毛泽东在延安《解放日报》改版时，要求报纸要适应党和人民群众的需要，他还提出了著名的"全党办报，群众办报"的方针。1956年7月1日，《人民日报》发表的改版社论《致读者》中写道："我们的报纸名字叫作'人民日报'，意思就是说它是人民的公共的武器，公共的财产。人民群众是它的主人。"

二、塑造职业新闻人的无形之手

每一种职业人员、每一种专业人员，都有其自身的精神气质。科学研究者具有自身特有的精神气质，新闻活动者同样具有其特有的精神气质。一个人要想成为某一职业、专业领域的一分子，必须经过一定的精神濡染，获得一定的精神气质，理解一定的精神精髓，内化一定专业的精神要求。④

---

① 对马克思、恩格斯的这一报刊思想感兴趣的读者，可参阅下列文献：童兵. 马克思主义新闻思想史稿［M］. 北京：中国人民大学出版社，1989：56-78.
② 马克思，恩格斯. 马克思恩格斯全集：第1卷［M］. 2版. 北京：人民出版社，1995：381.
③ 列宁. 列宁全集：第19卷［M］. 2版（增订版）. 北京：人民出版社，2017：407.
④ 西方社会学界对专业化（professionalization）的研究显示，专业化程度较高的职业，其职业角色通过理念和精神的内化而形成，强调个体在从业过程中的社会道义和服务公众的责任；专业化程度较低的职业，其职业行为更多地由外部控制而非来自内部压力。

作为新闻职业、新闻专业灵魂的新闻精神，正是塑造职业新闻活动者的无形之手、精神武器。

(一) 新闻精神——一种精神标识

拥有新闻精神，是新闻人和其他人得以区分的精神特质，是新闻人能够成为新闻人的精神根源，正像一个科学家必须具有科学精神一样。新闻精神对新闻人是一种精神定位的作用，即拥有新闻精神才能成为一个职业化、专业化的新闻活动者。可以十分简要地说，新闻精神就是新闻活动者的精神符号、精神标识。对其他社会主体来说，只有具备一定的新闻精神，人们才能认定他是具有一定新闻素养的新闻活动者。

政治学家本尼迪克特·安德森（Benedict Anderson）关于国家的一个描述和界定，对我们很有启发意义。他认为，一个国家远非只是一个政治实体，国家也是一种精神状态，是"一个想象的政治社会"，它不仅具有地理的界线，同时也具有思想上的界限。[1] 这就是说，人们要理解、界定一个对象，不仅要通过一些可见的、外在的表现，还要关注这个对象内在的精神特质。当人们通过文化价值理念，对不同国家、民族加以比较时，关注的正是其深层的精神特性。在更普遍的意义上说，思想上的界限、精神上的界限，是诸多事物之间得以区分的更为深刻的无形界限。只有把握到这样的界限，人们才能真正地认清一些事物，认识一些事物的本质。新闻活动，作为人类的一种活动，本质上主要是一种认识活动、精神活动，因而更需要从精神上去分析它的特质。这样的特质，就是新闻活动特有的精神标志或者说是精神符号。

按照这样的逻辑，新闻传播业不只是器物层面的、制度层面的文化存

---

[1] 方纳. 美国自由的故事 [M]. 王希，译. 北京：商务印书馆，2002：17.

在，更是一种观念层面的文化存在，它也有自己的思想上的界限，这个思想上的界限就是新闻精神，就是以新闻专业精神为主的精神观念系统，这才是新闻文化的本质和内核，是新闻文化在整个社会文化系统中能够成为相对比较独立的文化子系统的根据。① 因而，没有新闻精神，也就没有我们现在所理解的新闻传播业和新闻媒介。而对于新闻活动者来说，他们作为一种职业角色的界限，恐怕不只是他们从事的实际工作与别的职业有所不同，还因为这种职业对从业者有着内在的思想观念要求、精神要求，这正是我们所说的新闻精神。这种精神是一种公共精神，是一种为社会公众服务的精神，一种维护社会公共利益的精神，一种承担社会责任的精神。② 这种精神构成了新闻职业存在的内在规定或者是精神规定。因而，如上所说，从新闻传播主体角度看，新闻精神成为一个人是不是"新闻人"的最重要的标志，是一种精神符号。缺失这种内在精神的所谓新闻活动者，只能说是这个职业领域中的行尸走肉。一个新闻活动者如果没有或者失去了新闻精神，就等于没有了新闻人的灵魂，失去了精神支柱，丢掉了自律的武器。新闻职业对于新闻活动者来说，不仅是一种职业，也是一项事业——为社会公众服务的事业。整个新闻传播业不仅是一种产业，也是一定社会的一项事业，整个人类的一项特殊事业。就当下新闻传播环境中的新闻活动者来说，总有一些没有认认真真把新闻职业当成自己的事业的人。不少新闻活动者把自己的职业仅仅视为维持生计的饭碗、养家糊口

---

① 关于这一点，我在本书第一章事实上已经做了比较深入的阐释。
② 美国著名报人普利策在《北美评论》(*The North American Review*) 上发表的一篇文章《新闻学院》(The College of Journalism) 中写道："……律师作为职业只为其雇主服务……，医生为病人服务，建筑师为主顾服务。只有新闻事业把公众的利益当作自己的利益。"(侯晓艳. 新闻教育向新闻传播教育的嬗变：美国新闻教育发展评析 [M] //罗以澄，秦志希. 新闻与传播评论：2005 年卷. 武汉：武汉出版社，2006：231-240.) 因而，我们不仅可以从外在的工作方式上对不同的社会职业进行区分，更重要的是，我们可以从内在的精神追求上划定不同职业的边界。也正是内在精神的差异，决定了不同职业的外在追求和目标。

的工作，尽管这没有什么错误，但停留在如此水平的职业意识与新闻精神的要求实在相差太远。

人们在新闻实践中看到的种种不良现象甚至丑恶表现，诸如故意捏造的虚假新闻、挖空心思制造的策划新闻[①]、缺乏基本道义的歧视新闻、追求过度刺激的煽情新闻、所谓快乐至上的娱乐新闻[②]、权钱交换的有偿新闻等等，如果从传播主体角度追溯原因，最根本的一条是新闻传播者放弃了自己的新闻精神追求，抹掉了心灵中的那个作为新闻人的标识。当一个人放弃了理智与德性，他就不再是真正意义上的人[③]；同样，当一个职业人、专业人放弃了职业精神、专业精神，他也就不再属于一种职业、一种专业。如果说人是精神动物，那么，职业人就是职业精神动物。没有了人的精神，人就变成了纯粹的动物，没有了职业精神，一个人就少了一种社会职业角色的符号，少了一种根本的、内在的规定性。一个人之所以是自己，主要不是因为外在的形象与他人不同，而是因为内在的品格与他人不同。历史能够记住一些外在的美丽，但那毕竟是少数，历史记住的更多的是精神和品格、才能和智慧。一个人不会因外在美丽而不朽，却会因精神灿烂而永恒。为大众服务的人，将会被大众永远记忆。

新闻精神是新闻人的标识，也是新闻人确证自我的方法。确证自我的过程，就是向社会公众证明自己是职业新闻活动者或专业人士的过程，这

[①] 在我看来，新闻媒体对独立于自身之外发生的新闻事实的报道，才是严格意义上的新闻。对媒体自身组织策划创造的所谓新闻事件的报道原则上不属于新闻范畴，而属于媒体组织的社会活动、公关活动或者经营活动。如果这样的一些活动被其他新闻媒体当作新闻事件报道，形成的结果则可以被称为新闻。

[②] 娱乐新闻主要有两种突出表现形式：一是关于娱乐圈的新闻。但什么是娱乐圈，人们还没有确定明确的界限，这其实也是一个值得研究的不大不小的问题。二是对严肃新闻事件、事实中所包含的个别娱乐因素的膨化式报道，即所谓新闻的娱乐化。

[③] 达尔文曾经说，就人和动物的区别而言，只有道德感或者说良心才是有意义的。其实，在中国传统文化中，始终把德性看成是人之为人的根本。在德性伦理学或者美德伦理学视野中，人之为人的本质就是人的德性，即具有道德性或者说是能够和会讲道德的特性。

本身也是新闻精神的塑造过程。事实上，新闻专业理念的最初提出（关于这一问题，第六章还有专门的说明和论述），重要的原因之一，就是新闻活动者为了确认自我的独特性，为了证明新闻职业的独特社会价值，为了提升自己以至整个新闻传播业的社会地位。当新闻业把自己的目标确定为为社会公众服务、为社会公共利益服务时，一方面确立了一个伟大而神圣的目标，奠定了自身的精神根基，另一方面，它也真正开始确立和提升自己在整个社会系统中的功能和地位，同时，也给人们以无限美好的期望。以新闻专业理念为核心的新闻精神从此不仅成了新闻业的精神标志，也成了进入新闻行业的人的标志。它也使新闻业不再只是政党之间争论的武器、商人手中赚钱的工具，而是逐步成为社会的公共武器，成为社会的公共领域。而对于一个人来说，只有他认可新闻精神的要求，内化新闻精神的要求，他才算是真实地进入了新闻行业，才称得上是新闻专业人士。

中国共产党要求她的每个成员，不仅要从组织上入党，更重要的是要从思想上入党。所谓从思想上入党，其实就是从精神层面上对一个人是否真正入党进行划界。只有当一个人具有了明确的党性意识，从内心认定自己是党的人，从内心深处相信党的宗旨，确立了共产主义信念，他才算是从思想上入了党，才是真正的党员，也才算是在自己的心灵中刻下了一个党员的标识，成了"党的人"。当党把新闻事业看成是自己的事业时，她实际上对新闻活动者也会提出同样的要求，即新闻活动者也必须是党的新闻宣传工作者，必须为党所领导的新闻事业服务。当党的事业就是人民的事业时，当党的利益就是人民的利益时，为党的事业服务，就是为人民的事业服务。这时，作为为社会公众服务的新闻精神与为党而工作的精神就是统一的。纯粹的新闻专业精神在现实的新闻传播环境中是不存在的，至多是一种像一些学者所描述的那样——碎片化的存在或呈现。新闻精神，如我在第一章阐述其国家性、民族性的特点时所说的，不可能全球同一，无论在哪里，都有"本土化"的特色。而这在我看来，是很正常的新闻文化事实。人们需要努力去做的事情是，坚守新闻传播规律，建立和塑造适合本土需要的新闻精神，为一定社会中的大众提供更好的新闻服务和信息服务，使新闻媒介真正成为一定社会中的公器，为一定社会的政治民主建设和其他建设服务。

作为新闻传播业、新闻媒体、职业新闻活动者根本观念标志的新闻精神，是在新闻实践中不断锤炼而成的，它的光彩是新闻活动者用新闻实践塑造出来的。新闻精神是无形的，其本身是人们不能直接看到的东西。因此，作为标志或者符号的新闻精神，并不直接是新闻活动者的广告。但是，新闻精神是可以外化的，它的外在表现形式是有形的，是人们可以直接观察、感受和评价的。正是体现内在精神的外在表现成为一个人是不是职业新闻活动者的可见性标志。职业新闻活动者的外在表现就是他的新闻职业活动。职业活动的过程和结果是人们用来观察和评价其内在精神的基本对象。在所有这一切中，最能体现新闻精神的结果性事物就是新闻报道、新闻作品。人们正是主要通过对新闻报道的理解和评价来理解和评价新闻媒体、新闻活动者的精神追求的。

还需要说明的是，具体的新闻媒体、新闻活动者之间存在着新闻精神的水平差异。新闻精神在新闻活动中，具体化为职业新闻活动者的能力和品质，人们可以通过新闻活动的质量评价一家媒体和一个人的职业水平、精神素质。我想说明的是，新闻精神并不是一个玄虚的东西，对新闻活动者不是一个虚幻的标志，而是可检验的、可证明的事物。

（二）新闻精神——几种主要作用

一个人要获得新闻活动者的标志，首先要经过新闻精神的塑造。作为精神武器、无形之手，新闻精神对职业新闻活动者的作用是具体的，主要体现在这样几个方面：定位与指向作用、动力与激励作用、规范与标准作用。下面，我就分别加以阐述。

1. 定位与指向作用

新闻精神是新闻文化的核心和精髓，反映了新闻传播业、新闻媒体和新闻活动者的价值理想以及追求、实现理想的方式（方法论上的原则）。价值观念层面的新闻精神，是新闻文化用来濡染、培养新闻活动者的无形手段，是塑造新闻活动者职业品格、职业美德的精神武器。因而，新闻精神从深层次上决定着新闻活动者的目标和追求，具有确定主体行为方向的作用。它对新闻活动者应该成为一个什么样的职业人，具有精神定位的指导价值。

人作为主体的实践不是盲目的，而是自觉的。所谓自觉，其中一个极其重要的表现就是可以根据自己的理想、信念、精神追求，结合当下的实际和可能面对的境地设计实践观念或方案，诚如马克思所说的："最蹩脚的建筑师从一开始就比最灵巧的蜜蜂高明的地方，是他在用蜂蜡建筑蜂房以前，已经在自己的头脑中把它建成了。"[①] 人的活动，总是一个追求合规律性与合目的性相统一的过程，总要在尊重事实的前提下，尽可能满足自己的需要，实现自己的目标。事实上，新闻精神本质上是一种关于新闻传播的价值观念系统，也可以说是关于新闻传播的价值观，而"价值观念的一个显著特点是有方向性。每一种价值观念都肯定一种价值，否定另一种价值，为人们指出追求的方向"[②]。新闻精神在一定意义上正是这样一种观念，它指出为社会公众服务是新闻传播应该追求的基本方向，新闻活动者必须把自己的精神定位在这样的方向上，如此，才是真正的职业或者

---

① 马克思，恩格斯.马克思恩格斯全集：第42卷[M].2版.北京：人民出版社，2016：168.

② 王玉樑.21世纪价值哲学：从自发到自觉[M].北京：人民出版社，2006：191.

专业新闻活动者。离开这样的精神定位，就等于是失去了新闻工作的方向，意味着新闻活动者会在新闻传播过程中迷茫，或者会不正当地运用新闻传播手段。对于一个职业新闻活动者来说，缺乏新闻精神就意味着失去了精神坐标和行动方向，意味着没有了合理解释自己职业新闻行为的价值框架，意味着这个人是一个没有了价值底牌的人。

尽管经验事实告诉人们，再好的观念和理论，也未必就能够完全主导人们的社会实践，但经验事实同样告诉我们，有成效的（不一定是优良的成效）实践背后总是有一个较为完备的、合理的实践观念在做有意或者无意的指导。对于职业新闻活动者来说，如果没有相对比较成熟的、正确的新闻专业理念，没有支配新闻行为的新闻精神，很难想象他的新闻实践能够有成效。一些成功的记者在总结反思自己的成就时，往往都会把首要的原因归结到自己的动机上，归结到自己的新闻理想、新闻信念（即新闻精神）上，归结到自己拥有的那份神圣的责任感上[①]，然后才会归结到自己具体的采写编评业务行为、技能上。这大致可以说明新闻精神作为定位、动力、准则、指南等的作用。

在行为与态度之间，有句常被人们提起的话，叫作态度决定一切（这话当然说得有些极端）。其中确实包含着深刻的道理。态度中深藏的是一个人做事的价值追求。那么，什么东西才能决定一个人做事的态度呢？无非是一个人的需要、一个人的利益。为不同的利益做事，人们做事的方式也就会不一样。新闻精神把新闻职业活动的利益追求定位在公共利益上，

---

① 中国记者风云人物——新华社记者朱玉，在回答一位读者"新闻记者的背后是什么？责任是什么？"的问题时，很好地诠释了这一点。她说："支持我的就是责任，尤其在看到一些非常弱势的群体，当时面临非常悲惨的状况的时候，每一个有良知的人，不单是记者，都会产生义愤，我作为记者有义务、有责任把这个东西写出去，所以有一种力量就是责任。职业道德应该有正义、无私、责任感、悲天悯人的情怀，包括俯仰天地的胸怀，以及大彻大悟的智慧。"（张征. 新闻发现论纲［M］. 北京：中国人民大学出版社，2006：107.）

这自然意味着它要求新闻活动者必须把利益诉求定位在公共利益上，把自己定位成人民的公仆，定位成人民的勤务员，定位成为公共利益服务的环境监测者或者社会守望者。这种定位是新闻传播的规律性要求，满足人们对事实世界最新变动的了解，是人类新闻活动在历史发展过程中形成的基本目的，是新闻传播的本性，诚如有学者所说："新闻传播有自身的规律，那就是新闻传播必须维护民众的利益，必须把与民众利益密切相关的新闻信息作为核心。新闻传播主体的新闻价值判断，必须把他们的受众放在首位。"[①] 选择了一种职业，在一定意义上就是选择了自己的命运，选择了自己在社会中的功能、作用和地位，选择了自己基本的生存、生活方式。

定位，其实就是指向。定位确定了，方向也就明确了。新闻精神，作为新闻传播业、新闻媒体、新闻活动者的价值观念系统和行为方式（观念）系统，是精神上的指南针和方向盘。当一家新闻媒体、一个新闻活动者在新闻活动中犹豫不决、不知所措时，只要回想一下新闻精神的要求，回想一下反映新闻精神的新闻职业道德规范，他就会明白自己应该怎么做。现在的问题常常是，不是新闻活动者不知道应该怎么做，而是他明知道应该怎样做，却偏偏不这样做。这说明，新闻精神还没有在他身上实现，还没有内化为他自己的精神，还没有得到他心灵深处的认可，没有变成一种真正的理想和信仰。因此，新闻精神不可能对他的职业行为发挥真正的指向作用。

一种精神的养成，一种信念的确立，确实是一个历史的过程，为社会公共利益服务的基本新闻精神理念，尽管已经成为中国新闻界的口头语，但离真正完全落实在新闻实践中还有相当的距离。当然，要确立这样的基本观念、养成这样的新闻精神，不仅仅是"思想革命"或者"观念变革"

---

① 陈汝东．传播伦理学［M］．北京：北京大学出版社，2006：118．

的问题。与知道自己应该站在哪里相比，能够始终坚持站在应该站的位置上是更加艰难的事情。但话说回来，观念变革是实际变革的先声。没有思想观念的解放，就很难有实际行为的解放，对中国新闻界来说，尽快建立中国传播语境下的新闻专业理念是当务之急。我们可以不效仿别人的理念，但我们必须有自己的理念。我们的理念，必须符合时代的要求，符合文明社会的发展方向。那种以"本土化"为借口，任意扭曲新闻精神基本追求的做法，必然损害新闻业的正常发展，当然也会使职业新闻活动者无所适从。

在新闻实践中，新闻精神作为一种观念会遇到主体心目中其他各种观念的挑战，更会遇到各种社会观念的影响。新闻传播特有的社会影响力，使它常常成为各种主体追逐的利益实现工具，而利用这一工具的中介、桥梁就是新闻活动者。在今天这样的传媒时代，新闻活动者面临着太多的诱惑。每一种诱惑都是一种对心灵的考验，对新闻精神的考验。因此，对于职业新闻活动者来说，能否坚持自己的新闻理想和信仰，能否始终坚定地站在为人民服务的立场上，也就是能否坚守新闻精神给予的定位，能否按照新闻精神指出的方向前进，是时时刻刻面临的问题。

确立正确的新闻精神观念，对于履行新闻职责至关重要，其根本原因恐怕在于人性中特有的理性精神。当一个新闻活动者有了纯正的心灵，有了为公共利益服务的信念，他的新闻行为就会追求美好的境界。有位学者讲得很精到："观念是关键。……最严重的污染是心灵的污染。环境的改善归根结底取决于价值的改变。"[①] 当职业新闻活动者把新闻传播的价值指向为公共利益服务，确立了为社会公众服务的职业精神理念，就不会过多地围绕自己的私利而打转。

---

① 王庆节.解释学、海德格尔与儒道今释［M］.北京：中国人民大学出版社，2004：22.

2. 动力与激励作用

新闻精神包含着新闻活动者的新闻追求、传播目标，而这样的追求和目标也反映了新闻活动者的利益和需要（直接表现为传播需要），因而，新闻精神是新闻活动者重要的精神动力，是新闻传播得以进行和展开的内在精神机制。它可以唤起主体从事新闻活动的热情，坚定主体从事新闻活动的意志，激励新闻活动者为实现传播目标做出努力。

人类展开任何一种活动，都需要一定的物质力量和精神力量。差别在于有些活动更多地依赖于物质力量，有些活动更多地依赖于精神力量。但要自觉展开一种活动，想要取得良好的活动结果，精神力量就不仅是必需的，也是物质力量得以运行的发动机。从这一点来说，精神力量往往具有更为根本的意义，这也是人之所以被称为精神动物的重要根据。懒惰的心灵不可能造就积极的行动，疲软的精神不可能成就有力的追求。

对于新闻活动来说，新闻精神始终是良好新闻实践活动的灵魂和支柱。一定的新闻精神观念，其实就是反映、体现一定主体的新闻意识形态。这样的意识形态一旦稳定地确立，就会成为一种强大的精神动力，以马克思所说的精神的反所用方式，指导和激励人们维护或者改变现存的新闻传播状态。因此，建构、倡导什么样的新闻精神观念，并不是新闻思想领域的文字游戏或者概念魔方，它对现实和未来新闻传播业的发展、新闻职业队伍的建设都有十分重要的影响。如果用"没有伟大的理论，就没有伟大的行动"这句话指说新闻精神观念与新闻传播实践之间的关系，我想并不夸张。只有那些拥有不懈追求精神的人，才有机会和可能获得他们期望的东西。只有那些拥有为社会公共利益服务精神的新闻人，才有可能做出为社会公共利益服务的事情。

诚如我已经反复指出的那样，新闻精神的核心乃是公共精神——为公共利益服务的精神，这种精神背后的深层理念是民主理念，背后的深层情感就是对民众的热爱、对党和人民的忠诚。这样的理念，这样的情感，一旦深深扎根于一个人的心灵，就会时时处处成为其行为的动力源泉，激励行为主体为他所信仰的理念、为他所热爱的民众去工作。有位新闻活动者在接受访谈时这样对公众说："爱民方能为民，你爱老百姓，深深地爱着百姓，你才能为老百姓说话。"① 只有能够把社会公众的利益置于崇高的地位、置于自己的心中，才有可能通过自己的职业行为、专业技能去维护它、服务它。没有服务大众的思想，就不可能有服务大众的行为。

　　通过第二、三、四章的论述，我们知道求实为本的科学精神、正义至上的人文精神、和谐为美的自由精神构成了新闻精神的基本内容。这些精神对新闻活动者来说，会形成一种精神召唤。一旦它们被新闻活动者内化（这是一个人成为新闻活动者必须经历的过程），就会转化成他们从事职业工作的动力和追求，激励他们在新闻传播活动中实现自己的职业理想，为社会公共利益奋斗。曾为中国中央电视台新闻评论部记者的赵世龙说："记者有揭露真相，还社会以公正，为善良的人们、为弱势群体鼓与呼的职责。"② "真实——记者的天职；社会责任感——记者的良心。不可避免的，在理想与现实环境的碰撞中，一位真正称职的新闻记者，要付出很大的牺牲。"③ 对记者职责的如是理解，正是我们所说的新闻精神的核心反映。也正是在这样一种认识的基础上，在这样一种基本信念和精神的鼓舞激励下，赵世龙成了中国新闻界的一名风云记者。④ 中国新闻界一位著名

---

　① 叶成群. 记者档案之聚焦新闻大事件 [M]. 北京：中国青年出版社，2005：51.
　② 同①137.
　③ 同①155 - 156.
　④ 2003年赵世龙被评为"中国八大风云记者"之一。他多年关注并推出了一系列关于长江三峡工程的组合报道，引起公众对三峡工程中一些重大问题的广泛关注；他是率先揭露广西南丹矿难事故真相的主力记者之一；在轰动一时的搜寻驼峰航线中国航空公司C-53号坠机大行动中，他是第一个深入中缅界山原始森林，发回现场报道的记者。他所做的关于湖南嘉禾高考舞弊事件等的独家报道曾经轰动全国。（叶成群. 记者档案之聚焦新闻大事件 [M]. 北京：中国青年出版社，2005：136.）

的摄影记者解海龙[①]这样说:"我原来就是一个追求功利的人,想出名的一个摄影人;但是希望工程这件事,我觉得陶冶了我的情操,净化了我的灵魂。我现在依然追求功利,只不过小功利变成大功利了。"[②] "小功利"变成"大功利"的过程,对于一个记者来说,就是确立为社会公众服务的意识和精神的过程,也可以说是获取新闻精神动力的过程。我可以举出无数的事例证明新闻精神的动力与激励作用,但这对理论论证是没有多少必要的。然而,这样的事实可以使人们直接看到和感受到新闻精神的价值,也可以使人们明白新闻精神对于良好新闻行为的"发动"作用。

3. 规范与标准作用

作为一种精神,新闻精神的存在方式既是无形的也是有形的,它以无形的观念方式存在于新闻活动者的心灵之中,它以有形的方式体现在各种各样的新闻活动规范当中;同样,新闻精神发挥实际作用、实际效能的方式也是无形与有形的统一,它以观念的无形方式塑造着新闻活动者的新闻观念,它以规范的有形方式指导、约束新闻活动者的职业行为,锤炼新闻活动者的职业精神品质。总之,新闻精神以观念方式、规范方式,为职业新闻活动者设定了一个新闻行为准则。

作为观念存在的新闻精神,主要作用在于它是所有真正的新闻媒体专业化运作的精神根基。新闻媒体从事的传播业务为什么只能这样做,而不能那样做?为什么只有这样的人员可以从事新闻工作,而那样的人员就不能从事新闻工作?要回答这些问题,必须懂得新闻媒体业务工作的展开,有其专业化的内在的精神——新闻精神。新闻媒体能否实现新闻精神的内

---

① 原《中国青年报》摄影记者。他深入中国贫困地区,足迹遍及中国16个省、40多个贫困县,行程4万多公里,采访了数百所农村学校、上万名农村学生和乡村教师,拍摄发表了数百幅具有强烈感染力和震撼力的纪实摄影作品。其中《大眼睛》《小光头》等作品流传甚广。(叶成群. 记者档案之聚焦新闻大事件 [M]. 北京:中国青年出版社,2005:1.)

② 叶成群. 记者档案之聚焦新闻大事件 [M]. 北京:中国青年出版社,2005:13.

在要求，首先要看它是否能够确立体现新闻精神实质要求的媒体方针或者编辑方针。① 反过来说，新闻精神具有指导新闻媒体确立媒体方针和编辑方针的作用，并且可以充当检验其媒体方针和编辑方针价值取向的原则性标准。媒体方针、编辑方针的具体化，就会转换成指导或者约束新闻业务工作的一系列具体规范，可见，规范也是新闻精神的体现形式。

作为观念存在的新闻精神，为每一位新闻人成为真正的职业新闻活动者设立了一个精神标准，也就是我上文所说的精神划界尺度。一个人只有自觉自愿地认可新闻精神理念，并在事实上和新闻行为中坚持新闻精神理念的要求，才是一个真实的职业新闻活动者或者新闻专业人员。那些"组织上已经成为新闻专业人员，思想上还没有成为新闻专业人员"的职业新闻活动者属于不真实的新闻人，或者说是形式上的新闻人，处于虚假的新闻职业状态。这样的新闻人不会真正理解新闻的意义和新闻传播的价值，他们很难把新闻媒介理解为公共平台，把新闻传播理解为为社会公众服务的手段，甚至只会把新闻媒介、新闻传播作为追求个人名利的平台，或者当作追逐小集团利益的手段。新闻精神标准作为一种精神标准必然具有自身的某种虚幻性或者不确定性，使得人们多少有些难以把握。因此，到底什么样的人才能从事新闻工作，一直是一个多少有点令人困惑的问题。迄今为止，社会还没有设定人们作为新闻专业人员进入新闻传播领域的具体的、可操作的标准。但是，拥有新闻精神、实现新闻精神，要求职业新闻活动者必须具有某些必不可少的基本品质，以及其他一些专门的素养（政

---

① 有些新闻媒体既有媒体方针，又有编辑方针，有些则对媒体方针和编辑方针不加严格区分，只有媒体方针或者编辑方针。但就多数媒体来说，特别是在新闻业成为一种产业之后，媒体大都设有相对独立的媒体方针和编辑方针。通常来说，媒体方针实质性地包含着编辑方针的内容，也就是说媒体方针是由编辑方针和经营方针共同构成的。媒体方针对媒体的性质、宗旨和新闻传播的立场、原则等根本性的问题做出明确的规定，是指导一家新闻媒体的总的纲领。编辑方针则主要是从新闻业务角度对媒体方针的具体体现，它规定了媒体的受众定位、传播内容的基本范围，以及媒体追求的风格特色和业务水准等。

治素养、知识素养、技能素养等），这些东西是可检验的、可确定的（关于实现新闻精神的品质问题，第六章将有专门论述）。

人们发现，在现实中，新闻职业近乎是一个没有什么门槛的职业，似乎任何人都可以进入这个职业领域（所谓的专业工作领域），不像医生、律师、教师、会计师等职业，要想进入相应的工作领域，必须具有比较严格的从业资格。大概正是这样的原因，使得新闻职业队伍鱼龙混杂，人员素质参差不齐。这种现象已经严重影响了新闻职业在社会公众中的形象，也影响了新闻传播业自身的健康发展。有人不无调侃但又有几分无奈地说，在当下中国新闻界，"小三小四、阿猫阿狗"都可以做记者、做编辑。但事实上，可以说新闻职业是一个"门槛"很高的职业，特别是那无形的门槛——精神门槛。一个人在技术层面、业务能力方面适应专业新闻工作的要求确实不是一件非常困难的事情，但是，一个人要真正确立起为社会公共利益服务的新闻精神观念却并不是那么容易的，而要在新闻实践中积极、勇敢地践行这样的精神理念就更加困难了。也正是出于这样的原因，世界各国的新闻教育总是把培养"社会责任感""职业良心""职业道德"等作为新闻教育的核心。[1] 看来，如何评价新闻活动者的社会责任意识，是一个非常值得研究的问题，而是否应该为新闻职业建立门槛制度，也是一个需要认真对待的问题。

作为是否能够成为真正的新闻活动者的精神标准，新闻精神似乎是看不见、摸不着的一种尺度，无法对相关人员进行有效的、直接的衡量，但这只是一个方面。从另外一个方面看，新闻精神是可以具体化的，能够体现在新闻活动者身上，表现在新闻活动者的新闻行为中，表现在新闻活动

---

[1] 美国新闻与大众传播教育认证委员会（The Accrediting Council on Education in Journalism and Mass Communications）在评估新闻院系的新闻教育情况时，首要的一条是看新闻院系的新闻教育是否把培养社会责任放在了重要位置，是否将其作为基本的新闻教育理念。[郭可，钱进. 美国新闻教育评估体系对我国的启示及建议 [J]. 国际新闻界，2006 (12)：27.]

者做出的新闻报道中,所有这些东西则是可以进行评价的。人们看到,优秀的新闻活动者,尽管各有特点,各有风采,但他们一定拥有共同的精神——新闻精神,他们的行为、他们的新闻报道就是实实在在的标准和尺度,是每个人都可以实际观察到、进行参照和学习的。无论如何,新闻精神为每一位期望成为真正的新闻专业人员的人,提供了一个精神参照系。人贵有自知之明,一个人的内心如何、信念怎样,也许他人永远不能完全了解,但主体自身是基本可以明了的。人的反思能力、体验能力,总是让人能够把握自己的精神状态、理想信念。

新闻精神对新闻活动主体的作用,不仅仅是树立了一个精神标杆,更直接的作用在于新闻精神能够转化为诸多具体的新闻活动规范,对新闻活动者(主要是职业新闻活动者)的新闻行为进行实际约束。比如,为社会公众服务的精神,对于新闻报道来说,最基本的要求就是要满足人们的新闻信息需要,实现他们的知情权,而要实现这样的基本目标,就要求新闻传播者在新闻报道的过程中必须坚持真实、客观、全面等基本原则。进一步说,要使新闻报道实现真实、客观和全面,就要求传播者在报道新闻的过程中必须遵守一系列业务(采写编评等)工作原则和具体的工作方法。因而,新闻精神并不是停留在观念层面的玄虚之物,它能够落实和渗透到新闻行为的每一个环节、每一个步骤当中。这些规范对新闻活动者具有导引、凝聚和调节的重要作用。因此,新闻精神不只是一种精神标准,也可以转化成约束新闻行为的具体规范。

三、新闻精神的社会作用

新闻精神的作用对象,并不仅仅限于新闻传播业和职业新闻活动者。作为一种职业精神、社会精神,它会伴随新闻传播业的发展、新闻传收活动的不断进行，影响整个社会生活的方方面面，影响各种各样的社会人群和个体。因此，很有必要对新闻精神的社会作用做出简要的论述。

（一）公众评价新闻行业的观念标尺

前文论述过，新闻精神是新闻传播业、新闻媒体以及新闻活动者的精神符号、精神标志。因而，一旦新闻精神特别是作为职业精神或者专业精神的新闻精神向整个社会公众加以宣示，那就意味着为社会公众提供了用来衡量、评价新闻传播业、新闻媒体特别是职业新闻活动者新闻行为的一把标尺，并且是一把最为重要的标尺。因为像我一再阐释的，新闻精神是新闻传播的精神根基，背离了新闻精神的传播，就不再是新闻传播。

要想知道新闻业到底是一个什么样的行业，一家新闻媒体到底是什么样的媒体，一个新闻活动者到底是什么样的新闻活动者，最直接的办法就是在接触媒体的过程中、获取新闻的过程中，形成对新闻业、新闻媒体、新闻活动者的印象和经验判断。这可以看作经验出真知的途径。但是，还有一个比较简单的办法，就是看新闻业、新闻媒体、新闻活动者自己的宣言——新闻精神宣言。这是他们的精神标志或标识，通过对其精神标志的解读，人们可以从深层次上（价值追求层面上）达到对他们的认知。

在新闻界，有句常被人们提起的话：评论（言论）是媒体的旗帜，评论是媒体的灵魂。公众通过一家新闻媒体对新闻事件特别是重要的新闻事件发表的社论或其他评论文章，就可以看出其倾向和立场、追求和理想，以及它的精神，最终则可以知晓这家新闻媒体到底是什么样的媒体。这就是说，新闻评论往往是媒体的标志或者标识，就像一定商品的品牌一样。

从一般意义上说，社会公众用来评价新闻传播业、新闻媒体、新闻活动者新闻行为的基本标准正是构成新闻精神的那些基本内容。人们正是通过对新闻媒体所做报道的真实性、准确性、客观性、全面性等来评价其是否具有求实、求真的科学精神的（一般社会公众可能并不使用科学精神这样的概念，但本质上就是用这样的标准衡量媒介的报道的）；人们正是通过认识新闻媒体是否能让新闻事实说话、善于用新闻事实说话、敢于为新闻事实说话（参见第三章相关论述）来评判其人文精神、正义精神的；人们正是通过观察新闻媒体是否能够和敢于使用正当的新闻自由权利、是否能够和敢于与各种势力进行合理的斗争来评价其追求新闻自由的精神的。反过来说，新闻精神成为社会公众用来评价新闻传播业、新闻媒体、新闻活动者的最高标准。如果哪家媒体、哪个新闻活动者能够真实报道新闻，反映社会真实面目，能够持论公正合理，为社会弱势群体说话，能够排除各种障碍监督权力揭露真相，能够确保社会公众知情权的实现，那么毫无疑问，这家媒体、这位新闻活动者在社会公众的心目中就是好媒体，就是优秀的职业新闻活动者。

评价意味着监督。新闻媒体是社会的眼睛，是社会用来监测环境、守望自身的重要手段。同样，新闻传播也需要监督。对新闻媒体的监督、对新闻活动者新闻行为的监督，是"新闻监督"的应有含义。[①] 对新闻传播的监督来自社会的各种力量，但最主要的乃是由社会公众构成的千万双眼睛，他们是最大的监督力量。而他们用来监督的武器，在观念层面上，在思想意识或者精神层面上，正是新闻精神的核心——为社会公众服务。人们可以通过媒体及其从业人员宣称的新闻理念与追求，衡量评价他们的行为是否符合其宣称的新闻理念与追求。新闻媒体、新闻活动者是否为社会公众提供了良好的服务，社会公众自然是最有发言权的；新闻媒体、新闻活动者是否维护了社会公共利益，社会公众自然是最有资格进行判断的。

---

① "在新闻传播领域，通常所说的新闻监督，实际上包含两层含义：一是新闻主体包括新闻传播主体与媒体对社会的监督，二是社会对新闻媒体的监督。这是一个问题的两个方面。显然，上述两个方面互为依存、相互作用。新闻监督社会，社会监督新闻。"（陈汝东．传播伦理学［M］．北京：北京大学出版社，2006：153．）

(二) 规范新闻行为的教导作用

这里所说的规范教导作用，指的是新闻精神对社会公众的规范教导作用，更准确一点说，是对参与、介入新闻活动的公众的规范教导作用。了解了新闻精神，特别是如果进一步了解了根据新闻精神而制定的新闻职业道德规范、专业操作规范，作为社会公众的人们在充当新闻活动者的角色时，就有可能比较自觉地按照新闻精神的内在要求参与和介入新闻活动。这样，自然有利于新闻传收活动的顺利展开。

许多社会活动都是不同社会主体之间的互动行为，在主体的相互作用中进行。主体之间的互动活动就像一种游戏，只有在互动双方或者多方都懂得游戏规则，并且按照游戏规则活动的前提下，游戏才能有序、高效地进行下去。游戏规则是根据游戏精神（目的）制定的，因而，理解游戏精神有利于对规则的深入认识和把握。新闻活动是由不同活动主体共同完成的活动，只有所有活动主体都能够基本遵守新闻活动的规范，才能确保新闻传收的正常秩序。明确向社会公众宣称新闻精神及其相关的活动规范，能够在客观上对人们形成一种行为的制导作用，即让人们了解在参与、介入新闻活动时，应该以一种什么样的态度、什么样的基本方式去对待。

现如今已经进入信息时代，我们的社会已经被称为信息社会、知识社会。高度发达的信息传收技术，将传统媒体时代带入后传统媒体时代、媒介融合时代。除此之外，人们看到，现实社会也是一个政治民主、社会民主程度越来越高的社会，是言论自由、出版自由、新闻自由度越来越高的社会。在所有这些背景条件的共同塑造下，就新闻传播领域来说，与过去相比，已经发生了巨大的变化。这种变化最大的表现之一就是，社会公众参与、介入新闻活动的程度越来越高、机会越来越多，与新闻媒介以及职业新闻传播者的关系越来越紧密，互相作用（互动性）越来越强。新闻信源主体、新闻传播主体、新闻收受主体、新闻控制主体之间的角色互动、互换或者角色的多元化、多重化表现得越来越强烈。新闻传播真正开始进入全民化的时代,新闻传播真正开始成为整个社会的事情,新闻信息的经纬线已经成为人们编织整个社会生活的重要工具和材料。因此,能够按照新闻精神、新闻传播规范参与新闻活动也显得越来越重要。

毫无疑问,在这样一个时代,在如此令人眼花缭乱的媒介时代,社会公众的媒介素养、新闻素养已经显得异常重要。当人们参与或者介入新闻活动时,不管充当什么样的角色,由于新闻领域本身具有公共性,因此都要求人们必须具有公共精神,把新闻领域作为公共领域来对待,把新闻媒介当作公共平台来对待,要有一种起码的意识和自觉,即"我"的新闻行为有可能影响到他人的利益,有可能影响到社会公共利益。所有这些,正是新闻传播的内在要求,当然也是新闻精神的基本要求。因此,从社会角度看,新闻精神及体现新闻精神的各种规范,恰好可以成为教导人们、规范人们新闻行为的基本精神和规范。人们越是愿意和能够用优良的新闻精神指导自己的新闻行为,必然就越有利于新闻业本身的健康发展,当然也就越有利于公共利益的维护和实现。

今天的社会公众,应该有一种更加明确的意识,即不管在新闻活动中充当什么样的具体角色(也有可能同时具备几种角色的身份),都应该按照新闻传播的内在要求规范自己的新闻行为,这是不能推卸的道德责任,所有的新闻活动者都没有理由在新闻活动中、新闻行为中失责、失德。诚如有学者指出的那样:"新闻传播中的失德行为,不仅涉及新闻传播者,而且涉及相关的管理者和其他利益主体。"整个世界的新闻传播秩序,需要人类的所有成员去共同维护和改善。同样,对于一定社会中的新闻活动来说,所有的新闻活动者都有道德上的责任和义务维护良好的新闻信息交流与分享的秩序。新闻精神应该成为整个社会的共同精神,而不仅仅是职业新闻活动者应该坚守的一种狭义的职业精神或者专业精神。当然，这并不是说职业新闻活动者和非职业新闻活动者之间没有区别，也不是说非职业新闻活动者必须承担和职业新闻活动者一样的责任，而是说非职业新闻活动者"应该"按照新闻精神所要求的方式参与新闻活动。

（三）新闻精神的普遍教化作用

在一定社会的精神世界里，存在着各种各样的精神类型（参见第一章关于精神类型的划分）。在这无数的精神里，有些精神是优良的，是社会希望得到宣传、张扬、实践的精神；有些精神则是不良的，是社会需要抵制、批判、消除的精神。社会的发展进步，从精神角度说，就是不同精神观念之间相互合作、竞争、冲突、斗争的过程。我所论述的新闻精神，是一种优良的社会精神，是值得发扬光大的精神。新闻精神作为一种理念，不仅是支撑整个新闻媒体传播行为的灵魂，决定着新闻媒体的传播动机，制约着新闻传播的信息性质，而且"影响新闻媒体对社会价值观念、社会风气、社会文化的塑造"[1]。美国学者约翰·赫尔顿（John L. Hulteng）说得更加直接明了："新闻工作一旦丧失道德价值，它即刻便会变成一种对社会无用的东西，就会失去任何存在的理由。"[2]

人类是精神动物，是理性与非理性相统一的精神动物。精神的有无，标志着人与物、人与动物之间的区别。而精神状态、精神观念、精神信仰等之间的差别，则标志着不同个人、不同群体、不同组织、不同社会之间的差异。优良的精神追求，是造就优良的个人、优良的群体、优良的组织和优良的社会的重要基础。优良的精神不仅能够引导相应实践领域人们的行为，也能够影响其他实践领域的人们，同样，也能够影响整个社会领域

---

[1] 陈汝东. 传播伦理学[M]. 北京：北京大学出版社，2006：127.
[2] 赫尔顿. 美国新闻道德问题种种[M]. 刘有源，译. 北京：中国新闻出版社，1988：252.

和整个社会生活。优良的精神具有特有的扩散性，会弥漫于整个社会空间，影响人们的思想、观念和行为。这不是诗意的想象，而是被无数事例证明的事实。

不同具体精神之间是相通的。任何优良精神之间都有着共同的因素（同样，不良精神之间也存在一些共同的因素）。比如，在关于人类精神最为通常的宏观分类——科学精神与人文精神之间，并没有什么鸿沟，二者其实存在着共同的精神要素、共同的精神内核。我们可以说，所有具体的精神，都是人类科学精神、人文精神的具体体现。人类精神的培养教育，从原则上说，就是教育培养科学精神和人文精神。"我们提倡的人文精神应该是具有现代科学（自然科学和社会科学）意识的人文精神，我们提倡的科学精神应该是充满高度人文关怀的科学精神。"[1] 因而，任何一种具体的优良的精神传扬，都可以提高人类整体的精神素质、精神水平。这也正是为什么任何优良的具体精神都具有普遍的社会教化意义。新闻精神——求实为本的科学精神、正义至上的人文精神、和谐为美的自由精神——作为一种优良的为社会公众服务的公共精神，在对社会的精神影响、精神教化中，有它特殊的价值和作用。这是由新闻活动，特别是职业新闻活动主体的新闻传播活动特点所决定的。如何发扬新闻精神的普遍社会教化作用，是一个很值得研究的课题。

新闻精神与新闻一起传播。如今，一种优良精神的广泛传播，离不开大众媒介，离不开大众媒介的新闻报道；而每一次优良的新闻报道，本身就在传播着优良的新闻精神。[2] 因而，没有哪种精神可以像新闻精

---

[1] 王文章，侯样祥. 中国学者心中的科学·人文：科学卷 [M]. 昆明：云南教育出版社，2002：前言.

[2] 如果新闻事实本身含有优良的精神，比如正面典型新闻人物的精神、某一新闻事件中蕴含的精神等，这种精神会因自然而然反映在新闻作品中而得到传播，但这不是我这里讨论的新闻精神。新闻精神是指支配传播者做出优秀报道的精神。

神那样,能够时时刻刻伴随着新闻传播而传播。每一篇新闻报道的背后,都有新闻媒体的身影、新闻记者的身影、新闻编辑的身影。有什么样的人才能报道出什么样的新闻,新闻的品质与新闻人的品质是一致的。"新闻信息能体现传播者的道德观念和利益取向,并作用于传播对象,因为人类的一切行为都是建立在信息基础上的,信息尤其是新闻,不仅作用于当事者,同时也作用于广大受众。他们依靠各种新闻信息判断社会环境,评价他人和社会群体,协调彼此的行为。所以,新闻传播将直接影响各种利益主体的行为态度和行为取向。"[①] 因此,以什么样的新闻精神支配新闻传播就有着十分重要的意义。这就是说,影响人们的不仅是新闻事实或者新闻信息中包含的某种精神,也有报道新闻、传播新闻的精神。

显然,新闻精神与新闻一起传播,意味着媒体的社会责任、新闻活动主体的社会责任更加重大。与新闻一起传播的不仅是优良的精神,还可能有不良的精神。新闻事实中的不良精神如果得到记者的正面报道,那只能说明记者的新闻精神是不良的,即记者事实上没有新闻精神。媒体或者记者的不良精神尽管深藏在新闻报道背后,但终究会传播出去,影响社会。优良的新闻精神可以帮助建设良好的精神环境,而不良的"新闻精神"只能消解优良的精神,破坏和污染社会精神环境。各种新闻腐败现象中蕴含的精神一定是腐败的、丑陋的思想意识,一定是和真正的新闻精神相背离的。腐败的、丑陋的精神观念会因为新闻传播的公开性、及时性,以"好事不出门,坏事传千里"的特殊效应方式,得到更广泛、更迅速的传播,会对社会产生更大的危害。正如有学者指出的那样:"鉴于新闻传播的信息特点,它(指新闻腐败。——引者注)更具有危害性,不但破坏整个社

[①] 陈汝东. 传播伦理学[M]. 北京:北京大学出版社,2006:96.

会传播的良好秩序，而且会引发其他社会腐败，败坏整个社会的道德风尚，腐蚀公众的思想和灵魂。"[1] 事实上，社会上关于不良记者、不良媒体的种种形象描述和流传，恰好说明了这一点。

新闻精神与新闻活动主体的形象同在。职业新闻活动者，有时就像影视体育明星一样（其实，人们往往把一些知名的新闻人称为"亚明星"），他们的职业行为和非职业行为在社会公众心目中都具有比较强烈的示范效应。[2] 职业新闻活动者，代表的不仅是自己，也是媒体，还有整个新闻业的形象。在我国新闻传播语境中，职业新闻活动者在一定程度上还代表着中国共产党的形象、政府的形象，因为中国的新闻传播业是党和政府领导的事业，新闻活动者也是党的新闻活动者。

一个职业新闻活动者的精神状态、精神面貌、精神追求，总是会让社会公众不自觉地联想到新闻媒体的精神面貌、整个新闻传播业的精神面貌。职业新闻活动者本身就是在聚光灯下工作的人，他们的言行容易被人们听到和看到，因而容易引起人们的评头论足，他们的职业行为中透露出的精神气质和职业品质，在潜移默化中就会影响社会公众的观念和行为。因此，职业新闻活动者的新闻行为及蕴含在其中的新闻精神必然具有普遍的社会示范效应和教化作用。

如上所说，职业新闻活动者在中国新闻传播环境中的特殊地位和作用，使他们的职业行为具有多重形象符号意义。他们的职业行为，代表的不仅是职业新闻活动者的形象，他们作为党和政府及其代表的人民的耳目

---

[1] 陈汝东. 传播伦理学 [M]. 北京：北京大学出版社，2006：136.
[2] 因此，专业人员在8小时的工作时间之外，是否还应该以专业精神支配自己的行为，就是一个值得研究的问题。在我看来，作为专业人员，在非专业活动中，按照一般社会准则行事就可以了，但专业行为，不能限制在8小时之中。一个专业记者，不能因为自己正在休假而不报道恰好碰到的新闻事件，正如一位专业的医生，不能因为今天"我"不值班而见死不救。但8小时以外的专业责任和8小时之内的专业责任毕竟具有一定的差别。"全天候"拥有专业精神是一个专业人士的基本素质。

喉舌机构中的工作者，也在某种程度上代表和反映了党和政府的形象。这就使得职业新闻活动者的示范效应显得更加重要。有学者就曾这样说："我们的社会对记者们寄予的希望比任何国家都大，因而记者的形象、记者是否意识到自己的责任，自觉遵循而不是由外在力量控制自己的职业行为，就成为社会瞩目的事情。"[①] 这是客观事实，职业新闻活动者应该充分意识到这一点。

---

① 陈力丹. 解析中国新闻传播学 [M]. 上海：上海交通大学出版社，2006：136.

第六章　新闻精神的实现

　　德性则由于先做一个一个简单行为，而后形成。这和技艺的获得一样。当我们学习过了一种技艺时，我们愿意去做这种技艺，于是去做。就由于这样去做，而学成了一种技艺。我们由于从事建筑而变成建筑师，由于奏竖琴而变成竖琴演奏者。同样，由于实行公正而变成公正的人，由于实行节制和勇敢而变成节制、勇敢的人。

——亚里士多德

　　道德行为的现实性只有通过法律他治的力量才能得到保证。

——鲍曼

　　一个记者最起码的职业道德是讲真话，实事求是，或者至少做到尽量讲真话，坚决不讲假话。

——萧乾

　　新闻精神论的最终目的是为新闻精神的实现提供理据和途径。新闻精神能否最终落实、贯彻到新闻传播业中，落实、贯彻到新闻传播实践中，最重要的问题就是能否真正培养、塑造出具有新闻精神的职业新闻活动者，以及具有一定新闻精神素养、媒介素养和新闻素养的社会公众。① 从这一意义上说，新闻精神论的直接目的不只是从学理上阐释新闻精神的有关问题，更在于为新闻精神的塑造提供策略和方法。因此，本章的核心问题是两个：新闻精神的塑造与新闻精神的实现。

一、新闻精神的历史建构

任何一种精神都有其自身的形成过程，是通过一定方式、途径积淀而成的。新闻精神其实是一个观念系统，所包含的各种观念要素来源是多元的、复杂的，而非单一的、简单的。新闻精神不仅来源于新闻实践所创造的智慧，也有其他社会实践的影响；不仅来源于著名报人的思想，也有普通新闻活动者的经验；不仅来源于职业新闻活动者的追求，也有来自社会公众的诉求；不仅来源于专家的总结、概括和反思，也有众多普通学者的添砖加瓦。

人类新闻活动的历史源远流长，即使是近代事业化的新闻活动方式，也已经有几百年的历史了，新闻精神就是在新闻实践的历史中逐渐形成的，就是在人们对新闻活动的不断自觉中、经验总结中、理论反思中逐步形成和塑造的。并且，需要立刻说明的是，新闻精神还在形成之中、塑造之中，这种形成、塑造的过程将与新闻实践永远相伴相随。新闻精神不是死的观念，而是活的灵魂。新闻精神的内涵及其表现方式都会随着新闻传播实践自身的演变、发展而变化。下面，我对新闻精神建构的历史从中西

---

① 但需要立即说明的是，一定社会能否在整体上塑造出具有新闻精神的主体，首先取决于它给新闻业提供的环境、它所建构的新闻制度以及运作新闻业的基本方式。对此，我将在后面的相关论述中加以阐释。

方两个维度加以简要说明。①

（一）新闻精神的西方建构

西方是一个极其宏大的概念，包含着十分丰富和复杂的内涵，令人实在难以驾驭。这里只是以美国为代表，对新闻精神的历史建构加以简要描述。之所以以美国为代表，是因为新闻专业精神主要诞生于美国，而这基本上是西方新闻精神的核心所在。

当人们把为社会公众服务的精神看作新闻精神的核心，看作新闻精神最一般的概括时，可以说这是历史的结论，也是新闻实践史的结论。同样，当我们把新闻精神的具体内涵、基本内容总结概括为求实为本的科学精神、正义至上的人文精神和和谐为美的自由精神（参见第二、三、四章）时，仍然根源于新闻传播的实践史和当下的实践。新闻精神源于新闻实践，不是源于理论假设。

近代新闻业的诞生，首先是因为社会信息需求的迅速增长，而新闻业发展规模的不断扩大，更是社会中政治信息、经济信息、文化信息等不断增长的结果。尽管我们不能把新闻业的发展原因归结为单一的社会公众的信息需求，但它确实是最根本的动力之一。② 近代新闻业从一开始就是面向社会的事业、面向社会公众的事业，因此，为社会公众服务是它的基因。离开为社会公众服务的轨道，就是偏离了新闻传播业的基本精神。新闻传播业的最终轨道只能是为社会公众服务，这是一种内在的要求，是新闻传播业的内在目的。

---

① 要对这一问题进行系统全面的阐述，还需要对新闻经验史、新闻思想史等进行详细的研究。这是本部著作还难以做到的。
② 传播学学者唐·彭伯（Don R. Pember）指出："报纸是人民需要的产物，人民需要知道发生了新事情……人民需要有某种出版物，供给他们所需要的消息，因而报纸就产生了。"（张隆栋，傅显明. 外国新闻事业史简编[M]. 北京：中国人民大学出版社，1988：8.）

源起于 19 世纪三四十年代的便士报（商业报纸），成形于 19 世纪后三十年的美国独立报刊，开启了新闻业为社会公众服务的先河，到 19 世纪末，大众化的报纸可以说基本成形。恰是在这一过程中，新闻活动逐渐演变为、成长为相对独立的专业，从事新闻工作成为一种稳定的社会职业（参见第一章相关内容）；也恰是从这一时代开始，新闻职业精神孕育、成形，新闻专业理念的灵魂登上历史舞台[①]，新闻精神的基本内容逐步展现；也正是在这一时代，新闻业要为社会公众服务、为人民服务、为公共利益服务之类的口号，成为西方新闻界（主要是美国）的理想，新闻自由、客观报道（观念）、追求真理之类成为新闻活动者的核心理念。一些学者对新闻专业理念的发展演变路径做出了粗线条的描述："在美国，报业经历了从独立前的政论报纸、19 世纪 30 年代前的政党报纸到大众化商业报纸（媒体）的发展，媒体由此逐渐获取了独立的经济能力。与此相应的是民主政体对新闻及言论的发表与流通自由的要求和保障，以及实证科学原则在社会各方面的普遍渗透。在这样的环境下，专业理念逐步发展成诠释、衡量和评判新闻工作的主导话语，它整合了三个领域的理念，即新闻传媒的社会功能、新闻从业者的使命和社会责任，以及新闻从业者的行为准则。"

尽管这一时代的报刊何时转变成专业化的报刊是一个颇难回答的问题，但我国有学者认为，美国新闻自由委员会在《一个自由而负责的新闻界》报告中正式提出了新闻专业化问题。[②]

新闻专业理念在其演进的过程中经历了风风雨雨，建构与解构的矛盾

[①] 清华大学的李彬教授在《全球新闻传播史》中，对商业报纸产生的意义做了比较周全的描述："它奠定了现代媒体以提供信息为主的模式，从而对新闻事业的长足发展，对新闻专业队伍的成长壮大，以及对新闻教育与新闻研究的形成和完善，都影响深远，意义重大。"（李彬. 全球新闻传播史 [M]. 北京：清华大学出版社，2005：189.）

[②] 刘建明. 新闻学前沿：新闻学关注的 11 个焦点 [M]. 北京：清华大学出版社，2005：225.

从未停歇过。直到20世纪末21世纪初，兴起于美国的公共或者公民新闻事业（运动）[①]，可以说仍然是社会责任论和新闻专业理念的某种回声，也可以说是它们的某种变奏曲和继续。复旦大学新闻学院的黄旦教授说："'社会责任论'为纠正'自由'而设计，'公共新闻业'为挽救'民主'而身体力行。"我以为这句话很精彩，很有意味，道破了社会责任论在20世纪40年代兴起和公共新闻业在20世纪90年代出现的玄机。我们必须明白，这些理论、观念和实践行为，生长于美国传播环境，它们主要是针对美国的社会变迁和媒介变化提出的。追求自由主义是美国新闻业的理想内在精神，为某种民主社会的建设服务则是美国新闻业的基本任务。从便士报特别是独立报刊开始的美国新闻业，其主导性的观念——自由主义的新闻观念——可以说一直没有根本性的变化。[②] 追求新闻自由、为社会公众服务的基本理念，自从19世纪末20世纪初被人们提出后，尽管在历史的长河中遭遇了、遭遇着各种风浪的洗刷，但其灵魂长存不散。当

[①] 英文 public journalism or civic journalism。国内有不少学者撰文介绍过"公共新闻事业"，并展开初步的研究。但到底什么是公共新闻事业，还没有一个简明扼要的定义。公共新闻观念的最初倡导者、美国纽约大学的罗森（Jay Rosen）教授对公共新闻事业做了这样的描述：公共新闻事业解决处理一个行业每天的运转问题，它号召记者：（1）把人们看成公民，政治事件的潜在参与者；（2）帮助政治社区解决问题，而不只是了解问题；（3）改善公共讨论的氛围，而不是看着它恶化；（4）助一臂之力，使公共生活进展顺利，以至于它博得引起我们关注的权利。如果记者能够找到做这些事情的一条途径，它们就能够及时恢复公众对媒体的信心，与已经游离的受众重新取得联系，让曾经使他们中的很多人，以非常丰富的形式投入美国民主健康的事业和贡献的那种理想主义重新点燃。所有这些就是我们为记者提供很多特权和保护的理由。另据美国学者的研究，公共新闻事业（运动）开展十几年以来，已经有至少五分之一的美国新闻组织进行了相关的实践。在实践中发现，通过公共新闻运动，大部分相关社区的公民（citizens）对公共生活（public life）变得更加热心，对新闻业的态度也有明显的好转。公共新闻事业在美国的发展并非一帆风顺，各种各样的争论持续不断。但不管是对新闻业提出改革还是回归传统，美国新闻界都倾向于认为，记者对于一个自由社会的生活来说，核心作用有五个：第一，报道新闻，这是第一位的任务，也是其他所有功能作用的基础；第二，监督权力，包括政府权力和私人权力（the power of government, private power）；第三，揭露不公正的现象；第四，讲述令人愉快和有趣的故事；第五，支持维护社区的正常运行（sustain communities），记者要充当一定社区的神经系统。（The Missouri Group. Telling the story [M]. 2nd ed. Boston, New York: Bedford Books of St. Martins' Press, 2004: 7-8.）

[②] 徐耀魁. 西方新闻理论评析 [M]. 北京：新华出版社，1998：218；杨保军. 新闻理论教程 [M]. 北京：中国人民大学出版社，2005：621-357.

然，公共新闻运动的兴起，不只是为了美国的所谓民主。在我看来，它既是传统新闻业"公共"性减弱的一种哲学反弹，也是一种实践上的民主探索，同时也少不了一些媒体的利益谋求。资本主义性质的媒体，在本性上不可能忘掉自己的经济利益。公共新闻业再次激起人们对传统新闻事业功能的反思，激起人们关于新闻与政府、与社会（社区）、与受众关系的重新思考，同样可以说是美国新闻界一些人士对新闻精神进行的新探索。

（二）新闻精神的中国历程

我们也许很难从根本上理解异国他域的新闻理想，但我们总要思考我们自己应该确立什么样的新闻信念。或者说，我们已经有了伟大的信念——为人民服务，为社会主义服务，但如何塑造出实现伟大理想的精神，并把它落实到更加伟大的实践中去，则是我们今天和今后很长一段时间内面临的严峻挑战。

新闻专业精神在中国的演变路径，至今还没有人做过比较清晰的描述。清华大学的刘建明教授说："直到 2002 年一些学者才发表文章提出坚持新闻专业理念的问题，引起学界一部分人的讨论和关注。"[①] 我以为在中国语境下讨论在西方环境中提出的新闻专业精神（新闻专业理念），在学术上要格外小心。不过，中国语境中的新闻专业思想和实践在历史的演变过程中也是一直存在的。国内有研究者这样写道："当中国近代报刊有了初步发展，新闻界及新闻学界开始实践新闻职业理想的某些要素。"比如，

[①] 刘建明. 新闻学前沿：新闻学关注的 11 个焦点 [M]. 北京：清华大学出版社，2005：228. 这一说法欠准确。复旦大学的黄旦和陆晔教授早在 1999 年就曾向美国新闻与大众传播教育学会（AEJMC）提交过一篇名为《中国记者职业化现状》（The Present Situation of the Professionalization of Journalists in China）的论文。至于改革开放以来，谁发表了第一篇讨论中国新闻专业问题的文章，我现在还没有找到确切的材料。

中国新闻学的开山祖师徐宝璜先生就提出，报纸是国民的喉舌，应代表国民的舆论，把报纸视为国家和人民的精神象征。① 又如，中国现代著名报人、政论家张季鸾在1926年9月1日发表在天津《大公报》的《本社同人之志趣》一文中写道："报业天职，应绝对拥护国民公共之利益，随时为国民贡献正确实用之知识，以裨益国家。业言论者，宜不媚强御，亦不阿群众。"他用"不党、不卖、不私、不盲""明志"，作为报人们的"志趣"。②

进入改革开放的新时代之后，中国共产党提出办报的"二为"方针——为人民服务，为社会主义服务，中国新闻活动者把为社会公众服务作为最高的职业精神，是新闻专业精神的体现。③ 而"经过20余年的新闻改革，建立新闻专业的信念、伦理和规范，已经成为新闻改革过程中新闻实践的重要内容"。

我们可以说，学者们的这些判断，从总体上说明，新闻专业理念对当今中国新闻界（学界和业界）来说，实际上是个新事物。新闻界对它还没有很好地理解，更不要说很好地实践了。但也需要实事求是地指出，没有新闻专业理念这样的名头概念，并不等于中国的新闻活动者就没有实践过新闻专业精神，不等于中国的新闻学者就没有论及过新闻专业理念所包含的诸多问题。历史上有过④，今天就更不用说。现在的问题是，需要自觉研究新闻专业理念问题，需要自觉把新闻专业理念作为从事新闻职业工作的重要基本理念。当然，在当前中国语境下，新闻专业理念还很难成为主导新闻实践的理念，并且，它应该不应该成为唯一的主导理念，也还是一个有待深入讨论的问题。但我们所论述的新闻精神，是中国新闻活动者必

---

① 松本君平，休曼，徐宝璜，等. 新闻文存[M]. 北京：中国新闻出版社，1987：285.
② 陈建云. 中外新闻学名著导读[M]. 杭州：浙江大学出版社，2005：52-53.
③ 刘建明. 新闻学前沿：新闻学关注的11个焦点[M]. 北京：清华大学出版社，2005：227.
④ 涂光晋. 时代之"声"：新时期中国新闻评论研究[M]. 北京：中国人民大学出版社，2011：48.

须具备的。

今天，我们的新闻传播业到底应该确立什么样的指导理念，贯注什么样的基本精神，人们的理解差别其实是很大的。党和政府对新闻传播业的期待，与新闻实证界对自己的理想定位，以及学界提出的诸多"应该式"的期望之间，并不完全重合。[①] 但不管怎样说，关于新闻专业精神的讨论和实践是非常必要的。新闻职业是专业性的工作，对此人们已经达成了普遍的共识。我们之所以在今天能够说出这样的话，也恰好说明新闻专业精神，或者更宽泛点说新闻精神，乃是新闻实践的产物。如果没有社会主义市场经济体制下运作的新闻传播业，我想我们很难提出中国语境下的新闻专业理念问题。因而，可以得出这样的结论：新闻专业理念（精神），主要是新闻实践的历史积淀、新闻实践的产物。

如果扩展开来思考，我们也可以说，新闻精神的诸种具体表现，也是在新闻实践的长期发展过程中逐步形成的。以人为本、尊崇理性、追求真理、向往自由，是中国近现代新闻业产生的基本历史背景。注重事实、揭露真相、客观全面，是新闻传播业步步演变的结果；坚持公正、追求正义，为社会公众服务，是近代新闻传播业追求的基本目标；追求独立、追求自由，一直是新闻传播业发展过程中不变的主旋律。

某种职业精神总是源于某种职业实践活动，某种特殊的精神同样形成于相应的实践活动中。主体只有在相应的实践活动中才能真正理解、感悟一种职业、专业内在的追求和基本精神。马克思曾经生动地写道："搬运夫和哲学家之间的差别要比家犬和猎犬之间的差别小得多，他们之间的鸿沟是分工掘成的。"[②] 正是分工的不同、正是职业的差别，使得

---

① 在一定意义上，这也是我把这本著作定名为"新闻精神论"的原因之一。这样，我有更多的自由和空间比较充分地结合中国实际讨论一些问题。当然，之所以叫作"新闻精神论"，核心在于它可以扩展论域范围。

② 马克思，恩格斯. 马克思恩格斯文集：第1卷 [M]. 北京：人民出版社，2009：619.

人们在不同的社会实践过程中形成了不同的素质，形成了不同的精神特质。

二、新闻精神主体的塑造

一种优良的精神一旦基本形成，具有了相对比较稳定的结构和内容，人们就会把它作为追求的目标和理想，作为行为的准则和规范，教育、培养、指导、约束后来者。所谓新闻精神的塑造，也主要是在这一意义上说的。新闻业的社会责任，新闻媒体的社会责任，是通过新闻活动者，主要是新闻活动者来实现的。因此，新闻业的责任、新闻媒体的责任，也就是新闻活动者的责任。只有具备了能够和勇于承担社会责任、履行社会责任的新闻专业队伍，为公共利益服务、为社会公众服务的专业目标才有可能实现。因而，如何培养出一批又一批具有新闻精神的新闻活动者，乃是塑造新闻精神所要讨论的核心内容。

（一）塑造新闻精神主体的机制

塑造新闻精神主体的机制，也就是新闻精神主体形成的方式。如果分开说，塑造新闻精神主体的机制有两种：一是他律方式，二是自律方式。如果统一起来说，就是他律与自律的统一。新闻精神主体的塑造过程，就是他律与自律共同作用的过程，那种把塑造新闻精神主体的方式单一归结为他律或自律的想法，常常是有偏差的。

新闻精神对于任何新闻活动主体来说，都首先是先验的、外在的客观精神，然后才是经验的、内在的主观精神。任何主体都不可能天生就有某种比较完整的精神理想和信念。塑造新闻精神的过程，必然是他律机制逻辑在先的作用过程。每个人都是首先生活在一定的文化环境中，接受文化环境的濡染和洗礼，然后才有可能去改造环境、创造环境。优良的灵魂不是天生的，而是后天塑造的。[①] 石头能够变成神像，让芸芸众生顶礼膜拜，是因为它先前经历了雨打风吹的塑造。"十年树木，百年树人"的历史经验，则说明了塑造灵魂、培养精神的艰苦。

新闻精神主体的塑造、成长过程，首先是接受他律的过程。他律过程，就是通过具有一定强制性、约束性的途径和方法（下文将具体讨论这些途径和方法），让主体学习、理解、认可、接受、信奉、实践新闻精神和新闻活动规范（主要是道德规范和职业道德规范），让本来外在于主体的新闻精神和新闻活动规范内化于主体的过程。显然，这主要是一个由外而内的作用过程。

新闻精神主体的塑造、成长过程，同样也是一个主体自律的过程。自律过程，就是充分发挥主体主观能动性，运用新闻精神理念和新闻活动规范进行自我限制、自我约束的过程，"自律的基本原理是'主动遵守'"[②]，是主体主动学习、理解、认可、接受、信奉、实践新闻精神和新闻活动规范的过程。

看得出，他律与自律过程，其实是难以分开的同一过程，是一枚硬币的两面。他律与自律的共同作用，正是塑造新闻精神主体的基本机制，也是基本的途径和方法。

在他律与自律之间，自律是在他律的过程中逐步形成的。人首先是生存在他律的环境中，这是不可超越的，"他律才是自律的真正源头"[③]。因此，失去他律的自律是软弱的，"人们永远不能放弃通过他律途径来实现

---

① 正因为这样，人们才有理由把一些人叫作另一些人的灵魂工程师、塑造师。当然，即使是圣人，也只能把人的灵魂塑造成人的灵魂，不可能把动物的灵魂塑造成人的灵魂，因为动物可能根本就没有灵魂。
② 陈力丹. 自由与责任：国际社会新闻自律研究 [M]. 开封：河南大学出版社，2006：10.
③ 杨保军. 新闻理论教程 [M]. 北京：中国人民大学出版社，2005：387.

新闻自律。长期迫使下的自律，也会通过习惯成自然的力量，使他律下的自律者变成自律下的自律者"①。在他律的约束下，主体逐步锻造出优秀的品质和品格，形成成就事业和美化人生的美德。这时，自律会变成一种神奇的力量，引导主体进入自主的境界。"只有处于美德自律的境界，道德才能真正被遵守，从而得到实现。"②

当主体能够在新闻活动过程中，自觉（或者是在不知不觉中）按照新闻精神的内在要求、按照新闻活动规范的诸多规定支配和指导自己的新闻行为时，他就是一个比较成熟的新闻精神主体。仁者为人，一个人只有达到"仁"的状态，才成为真正的人。一个人只有达到自然而然的（甚至可以称为本能的）合理新闻行为③状态，他才真正进入了新闻精神的崇高境界。这时的新闻精神主体，是无须他律的主体，他是社会公众忠实的公仆。每一位职业新闻活动者，都应该有这样的理想，追求这样的境界。新闻活动主体成为真实（真正）新闻精神主体的内在条件，也是根本的条件，是其具有了做人的德性，具有了新闻人的品德（美德），当其具有了这样的内在德性时，他就能自然而然按照新闻活动的伦理规范展开自己的新闻活动。

对于专业化的新闻活动主体来说，达到自律比受约他律更加重要，诚如一位学者所言："一种行业的职业化水平高，并非体现在很多看得见的控制上，其职能角色通过职业理念和精神的内化而形成，强调的是个体例如教师、医务人员在从业过程中的社会道义和服务公众的责任。"④ 一旦把自己的职责看成是理所应当的义务、必须承担的天职，那就无须他律的

---

① 杨保军. 新闻理论教程 [M]. 北京：中国人民大学出版社，2005：387.
② 王海明. 新伦理学 [M]. 北京：商务印书馆，2001：619-620.
③ 所谓合理新闻行为，指的是合乎新闻精神要求的新闻行为。对于职业新闻活动者来说，就是他的职业新闻行为，合乎新闻职业精神、合乎新闻职业道德规范的要求。
④ 陈力丹. 解析中国新闻传播学 [M]. 上海：上海交通大学出版社，2006：15.

威慑和约束。自律的"最终目的是提高给消费者、权利者的服务,在媒介领域里就是要为公众提供更好的服务"①。

自律的最高境界是"无律",而不是"有律"。一个人在无律状态中,在无律意识下做好事、做应该做的事,不做不应该做的事,才是处于真正的自由状态。这种状态中的生活是幸福的,工作也是幸福的。诚如有人所说:"只有自己真心喜欢做好事,心灵才是自由的,才会有无负担、无压抑的幸福。"② 当一个职业人在无律状态下做着符合职业目的的事时,他就是一个具有良好职业精神的人。因而,无律境界是值得追求的境界。对于大部分人(包括职业角色)来说,服从他律,能够慎独也就很不错了。

(二)塑造新闻精神主体的主要途径

塑造新闻精神主体的机制要通过具体的途径和方式来实现。历史和现实为人们提供的途径主要是两条:学习教育和实践体验。这两条路径存在于社会环境之中,因此,任何人都离不开环境的濡染。至于学习教育和实践体验的具体方法,原则上说是无限的,人们可以不断地发现和创造。

1. 塑造新闻精神主体的教育途径

新闻精神不是抽象的、悬空的,它落实在、体现在每个新闻活动者的心灵中、行为中。新闻精神的实现,首先依赖于拥有新闻精神的人。而一个人能否拥有新闻精神,依赖于教育,依赖于培养,依赖于实践,依赖于新闻活动的环境。但在这一系列"依赖"中,排在首位的往往是教育和培养。因此,此处先来讨论塑造新闻精神主体的教育途径和方法。

一个人能否成为新闻精神主体,特别是新闻职业精神或者专业精神主体,与是否接受新闻专业教育密切相关。对这样的判断,人们其实是有争

---

① 陈力丹. 自由与责任:国际社会新闻自律研究[M]. 开封:河南大学出版社,2006:10.
② 赵汀阳. 论可能生活:修订版[M]. 北京:中国人民大学出版社,2004:110.

议的。不少人认为，从事新闻职业工作，专业教育，特别是学院式的专业教育并不是必需的。其中，最主要的理由是：新闻职业是一个专业程度要求比较低、进入门槛比较低的职业。我以为，这是一种比较模糊的认识，需要做一些澄清。

确实，与医生、律师、教师、护士、注册会计师等职业门类相比，新闻职业所需的专业知识不具有认知垄断性的特点[①]，新闻职业不像其他职业那样，只有具备了相应的专业系统知识，才能进入相应的职业领域。"律师要有律师资格证书，医生要有行医许可证，教师要有教师资格证书，会计要获得会计师资格，但是在世界上大部分国家，从事新闻工作却只需要获得新闻机构的聘用，而不需要参加全行业的专业考试，也不需要领取执照。"[②] 人们看到，任何专业知识背景的人，甚至没有任何系统专业知识、专业技能的人，都有可能进入新闻职业领域。这确实说明新闻职业的门槛相对较低，专业化的程度也不高。

但这只是事情的一个方面，我们还要注意事情的其他方面。在我看来，专业知识的非垄断性特点，只能说明进入新闻职业领域的门槛比较低，并不是说从事新闻职业不需要专门的系统的知识和专业技能；只能说明新闻职业所需要的专业知识、专业技能比其他职业所需要的专业知识和专业技能更容易学习、领会和掌握，并不是说从事新闻职业不需要专门的学习、领会和把握。一个对新闻本性、新闻特征、新闻功能、新闻传播规律一无所知的人，一个对采写编评制作播出一窍不通的人，是决然不能从事新闻职业工作的。更为要紧的是：新闻业、新闻传播对社会生存和发展特有的影响力，使其对从业者的职业精神提出了更高的要求。我想没有任

---

① 按照社会学的观点，一种专业成立的条件之一是，它拥有一定的认知垄断性，即如果没有专门的知识，就不能进入一定的专业。

② 陈昌凤. 中美新闻教育传承与流变 [M]. 北京：中国广播电视出版社，2006：177.

何人敢说新闻专业精神、职业精神的培养要比其他职业精神的培养更加容易。而这种精神也是专业教育的重要组成部分。我以为，越是比较容易进入的职业领域，其专业精神、职业精神培养和塑造的难度越大。

因此，问题的实质可能是，新闻职业所需的知识和技能，相对其他职业所需的知识和技能，比较容易学习和把握，因而是学习的门槛低。但对于一个能够胜任新闻职业、新闻专业工作的人，还需要一种无形的但确实至关重要的东西，即职业精神或专业精神，它的门槛永远都是很高的，并不是任何人都能跨得过去的，即便是跨过去的人，也未必就是合格的职业新闻活动者。这样的专业精神更需要新闻专业教育，需要通过严格的专业教育的方式去培养、去塑造。我承认这样的精神可以通过其他的途径进行培养和塑造，但对整个行业来说，专业化的教育方式是最重要的，是最具有普遍意义的。因此，在我看来，新闻职业并不是低门槛的职业，相反，它是一个高门槛的职业。

需要指出的是，也许正是因为我们把新闻职业看成了一个低门槛的职业，才导致一些人轻易混入新闻业这一神圣的行业、这一对社会公众承担着特殊责任的行业。这正是需要我们改变的，而不是需要我们熟视无睹的。有些研究者在调查中发现，相当比例的新闻从业者并不看重新闻职业伦理和新闻理论教育[1]，这一方面说明现行的新闻理论、新闻职业伦理教育内容和教育方式存在一定的问题，另一方面也说明了当前新闻职业道德状况难以令人满意的原因。一些没有受过新闻专业教育的新闻从业者，按理来说应该渴望受到新闻专业教育，但事实恰好相反，正是这部分新闻从

---

[1] 有学者调查发现，新闻从业者认为在新闻教育中首先应该培养和训练的是分析问题的能力和语言表达的能力，其次是掌握广播的知识以及把握宣传导向的能力；最后则是新闻采写编评等专业技能以及文史哲基础……相对而言，比较不被看重的方面包括电脑技能、新闻职业伦理和新闻理论。[陆晔，俞卫东. 新闻教育与新闻专业化：二〇〇二上海新闻从业者调查报告之五[J]. 新闻记者，2003（5）：38-40.]

业者，反倒认为新闻专业教育是没有必要的①，这着实令人吃惊。没有受过新闻专业教育的一些新闻从业者，对新闻工作的神圣性（即它的社会责任感）缺乏足够的认知，对新闻职业缺乏足够的忠诚度，他们往往也很难以专业的态度与方式对待所报道的新闻事实或者事件。这些现象恰好说明，培养优秀的新闻从业者，新闻专业教育是重要的、必要的。

进入新闻职业领域时未经过新闻专业教育，不等于之后也可以不接受新闻专业教育。历史与现实都告诉人们，事实恰好相反。所有进入新闻职业领域工作的人，都需要选择一定的方式接受新闻专业教育——获取新闻专业知识、专业技能和专业精神的教育。美国学者经过调查发现："在美国的新闻与传播行业中，在入行之后，大部分人都是需要接受新闻教育的，而且是正规的新闻传播教育课程。"② 在中国，也有专门的研究者在对新闻从业人员的调查研究中得出了这样的判断："其他教育背景的新闻从业人员对新闻行业的忠诚度不如新闻类和非新闻人文社会科学背景的从业人员，而其他人文社会科学类背景的从业者又不如新闻类的从业者。新闻教育背景的从业者对本行业的忠诚度是最高的。"③ 这再次说明，在普遍意义上，新闻职业不仅需要专业教育，而且需要正规的、系统的专业教育。没有这种专业教育不是好事，而是坏事，这一点应该旗帜鲜明，不能含糊。④ 同时，也再次说明，新闻专业教育的灵魂是新闻精神的塑造和培养。任何形式的新闻教育都要把新闻精神的塑造和培养作为贯穿专业教育

---

① 有关调查发现，接受过新闻教育的从业人员，尽管认为目前的新闻教育存在着这样或那样的问题，但他们普遍认为接受新闻教育对于新闻传播从业人员做好本职工作是必要的、有用的。与此相反的是，从其他专业（指非新闻专业）毕业的新闻传播从业人员，倾向于认为接受新闻教育是多此一举。（陈昌凤. 中美新闻教育传承与流变 [M]. 北京：中国广播电视出版社，2006：199.）
② 陈昌凤. 中美新闻教育传承与流变 [M]. 北京：中国广播电视出版社，2006：185.
③ 同②177.
④ 我们不能因为一些优秀记者没有受过系统的、学院式的新闻专业教育，就以为对于整个新闻行业来说，新闻专业教育是没有必要的。这种现象只是说明，新闻知识、新闻技能是容易学习的。同时也说明，优秀记者所需的专业品质、职业情操的培养，并不是只有专业教育一种路径、一种方式，还需要其他的路径和方式。对此，我将在下文展开论述。

始终的命脉和红线。如此，才能培养出忠于职守、忠于人民、忠于公共利益的新闻职业人才和专业人才。

新闻从业人员是一个知识性的社会群体，并且越来越成为知识化程度较高的社会群体，越来越成为受过高等教育、拥有大学及大学以上学历人员较多的群体，成为一个接受过新闻与传播专业教育越来越多的群体。[①] 这些都在说明一个非常重要的问题：新闻职业的专业化程度越来越高，即对专业知识、专业技能的要求越来越高，特别是对专业品质、专业精神的要求越来越高。人们对当下新闻界的不满，主要不是因为新闻工作者的知识水平不够高、专业技能不够熟练，而是因为不少新闻工作者缺乏基本的新闻职业理念和新闻职业精神。

要使从事和准备从事新闻职业的人成为具有新闻精神（新闻职业精神、新闻专业精神）的人，确实是一项十分艰巨的任务。仅从教育角度而言，以下一些途径都是必要的、不可缺少的。

第一，学院式的专业化教育。[②] 学院式的新闻专业教育与新闻精神主

[①] 根据有关研究，在中国，尽管"很多媒体用人单位明确表示，具有新闻专业背景的应聘者并没有任何优势，有时甚至有某种劣势"，但"新闻工作者中接受过新闻教育的比例，正在明显上升"。"美国新一代新闻从业人员，其入行的学位门槛一直在提高，获得过学士学位及以上的从业人员比例呈递升趋势"，并且"从新闻系毕业的人数比例虽然增加不多，但整体趋势是略有上升"，"目前近90%的有学位的美国新闻工作者中，近一半是学新闻或传播专业的"。（陈昌凤．中美新闻教育传承与流变 [M]．北京：中国广播电视出版社，2006：181－184．）

[②] 讨论这一问题的前提是，经验使我们相信新闻精神是可传授的、可培养的，即通过教育方式，可以让受教育者确立从事新闻活动特别是职业新闻活动的正确态度和应有的价值观念。我之所以要特别说明这一点，是因为学院式专业教育能否帮助受教育者培养新闻精神，在今天的新闻界仍然受到一些怀疑，有些人甚至认为新闻专业教育毫无必要。中国学者做的一些调查也发现，学院式的专业精神教育对未来从事新闻工作的人作用不很明显。因而，新闻专业教育到底对可能从事新闻职业工作的人，在新闻职业精神的培养方面有多大作用，如何发挥作用，其本身就是急待进行实证研究的重要课题。有美国学者针对价值观和伦理教育这样写道："究竟学习伦理方面的知识是否有帮助，能在多大程度上起作用，目前还需要有进一步的证据。""迄今对于价值观和伦理教育，教育人员同2500年前的苏格拉底相比并没有多知多少。""大专院校的课程在改变价值观和伦理观念上的影响还不完全清楚。"他们的调查发现："有太多的学生仍然认为接受伦理教育的主要目标是通过期末考试。"（多戈夫，洛温伯格，哈林顿．社会工作伦理：实务工作指南 [M]．隋玉杰，译．北京：中国人民大学出版社，2005：11－13．）这些研究针对的主要是学习社会工作专业的学生，但我想对其他专业教育也是适用的，很值得我们认真思考。

体的塑造（职业精神、专业精神的塑造）有着十分密切的关系，是一个需要认真思考的问题。新闻专业知识、新闻专业技能是新闻专业教育的基础、重点或者说主要内容，但新闻精神的培养和塑造应该是新闻专业教育的灵魂。如果把握不好这种关系，将来进入新闻行业的职业新闻工作者很可能不看重新闻道德和新闻伦理，不看重职业精神或者新闻专业精神。因而在基本理念中，特别是在实际工作中很难勇于承担社会责任，很难把社会公共利益看得高于一切。他们很可能把小团体的利益（比如媒体的利益，媒体某个具体部门的利益等）、个人的利益看得更加重要。

一般说来，学院式新闻专业教育的目标原则上可以分为三个方面：一是培养学生系统地学习和把握新闻专业知识与专业技能，二是培养学生的综合素质，三是培养学生将来从事新闻工作必须拥有的基本价值理念、职业伦理和职业道德。只有培养出各个方面都比较优良的学生，才算比较好地实现了新闻专业教育的目的。在实际教学中，这三个方面往往是融合在一起的，但如上所说，我个人认为，教育培养学生形成正确合理的新闻专业理念、新闻专业精神，乃是新闻专业教育的根本和灵魂。并且，关于新闻精神的教育培养，目的主要不在于知识的传授，而在于精神的形成。诚如一位学者所言："教授专业伦理的目的不是培养哲学家或者伦理学家，而是要培养更加有效和更符合伦理要求的从业人员。"[1] 这一点，中外皆如此。下面，我以中美为例，略加说明。

在中国，新闻教育的首要目标是培养学生确立正确的马克思主义新闻观[2]，

---

[1] 多戈夫，洛温伯格，哈林顿. 社会工作伦理：实务工作指南 [M]. 隋玉杰，译. 北京：中国人民大学出版社，2005：13.

[2] 我国马克思主义新闻思想研究专家、中国人民大学新闻学院教授陈力丹先生说："'马克思主义新闻观'是2003年几个部门在'三项学习教育'活动（'三项学习教育'活动是指中国特色社会主义理论体系、马克思主义新闻观和职业精神职业道德学习教育活动。——引者注）中提出的一个新概念。这个概念的内涵，一向是党领导的新闻传播业，以及更大范围的党领导的文化产业在政治上需要遵循的一些原则、观念和行动指南。"（陈力丹. 马克思主义新闻观思想体系 [M]. 北京：中国人民大学出版社，2006：1.）

使学生努力成为人民的"公仆",能够在未来的新闻工作中全心全意为人民服务,为社会主义服务,在新闻工作中,能够具有中国精神、中国气派和中国风格。其中的许多东西,也正是职业精神所要求的精髓。在美国,各个新闻学院同样把培养学生的社会责任感作为新闻专业教育的最高目标,要求学生成为遵守新闻伦理、具有美国精神的新闻人。著名的哥伦比亚大学新闻学院在它的教育目标中,要求学生具有专业认同感,有职业人的身份感,了解和认同职业道德标准,教育学生献身于这一有重要意义的事业(新闻业)。亚利桑那州立大学沃尔特·克朗凯特新闻与大众传播学院院长乔·福特(Joe Foote)教授在一次采访时曾说:"新闻传播教育的最终使命是培养社会责任感。人们希望我们不仅要教会学生做记者的技能,而且要让他们明白他们的工作对社会有什么样的影响。"① 亚拉巴马大学传播学院确定的教学目标是:"教授学生广泛的人文学科知识,使他们能在他们的职业领域、社区乃至国家范围内成为富有生产力和创造性的公民和先锋人物。"② 新闻教师的一项重要责任就是要培养学生通过新闻报道工作为社会做出贡献的意识和能力。只有这样,到他们成为新闻工作者的时候,才不会为私利或集团利益所驱使,而对整个社会有益,使社会进步,则成为其工作的动力。这是新闻教育的大目标。③

如果上面所说的新闻专业教育目标真的能够如愿培养出一批一批的毕业生,新闻教育者也就塑造出了优良的新闻从业者,塑造出了我所说的具有新闻精神的主体。事实上,正如有研究者指出的那样:"不管外界的争

---

① 钟新,周树华. 传媒镜鉴:国外权威解读新闻传播教育[M]. 北京:中国传媒大学出版社,2006:19.
② 陈昌凤. 中美新闻教育传承与流变[M]. 北京:中国广播电视出版社,2006:208.
③ 克莱斯特,汉尼斯,张咏. 2000年:新闻与大众传播教育的使命与目标:一份来自美国新闻教育机构的报告[J]. 国际新闻界,1998(2):56-59.

论、雇用者的态度如何，美国记者一直认为，对他们的新闻价值观影响最大的莫过于新闻专业教育。"① 但在中国并非完全如此，有关调查显示，在各种不同的影响因素中，新闻从业者认为，对自己职业道德和职业伦理观（它们正是我所说的新闻精神的集中体现）形成最大影响的三个因素是：（1）交往过的老新闻工作者，家庭成长环境，专业领导如编辑、制片人等；（2）同事同行，著名新闻工作者；（3）不同学习阶段的老师包括大学新闻专业的老师，他们对新闻从业者职业道德和职业伦理观方面的影响相对较小。② 这样的排列顺序可能使从事新闻专业教育的教师大失所望。但这正好提醒从事新闻专业教育的教师，以至整个中国新闻教育界，我们的专业教育水平令人担忧。更根本的，也许是我们的教育模式，特别是教师队伍的构成方式有一定的缺陷。③ 因而，必须充分认识到，我们的职业理想、职业信念教育确实不容乐观。

提到学院式的专业教育，还有一个不得不关注的问题，这就是不同意识形态之间的关系。专业教育的核心功能是确立专业意识形态，新闻精神其实就是关于新闻传播的核心意识形态。不过，学校也是一个各种力量特别是政治力量看重的阵地，它们往往会把它当作培养政治意识形态的机构。因此，专业意识形态的培养，实质上也承担着政治意识形态或其他意识形态培养④的任务。这正是同样都是专业新闻教育却培养出不同新闻精神主体的重要原因之一。新闻专业教育过程，从意识形态角度看，确实是

---

① 陈昌凤. 三十年来美国记者群体变化[J]. 中国记者，2003（6）：62.
② 陆晔，俞卫东. 新闻教育与新闻专业化：二〇〇二上海新闻从业者调查报告之五[J]. 新闻记者，2003（5）：38-40.
③ 我们的新闻专业教师队伍主要是从学校到学校的学者，他们中的很多人缺少新闻实践经验，因而他们所传授的新闻精神，基本上是应该如何的书本精神，缺乏足够的现实性，很难令学生信服。另外值得注意的是，一些专业教师本身就缺乏理想、缺乏社会责任感，他们作为教育者的品质因而令学生怀疑，这当然很难从正面去影响学生职业品质的形成。
④ 并不限于某一种政治意识形态，也不限于处于统治地位的政治意识形态。

一个不同意识形态博弈的过程。能否确立起恰当的意识形态观念，对于未来的新闻从业者来说，当然是非常重要的事情。如果专业教育确立的意识形态观念与现实新闻媒体的意识形态差距太大，一个新入行的工作者将会感到困惑和迷茫，有些不知所措，甚至出现极为痛苦的分裂情况。因此，学院式专业教育与现实新闻业之间的矛盾，主要不在新闻专业知识和专业技能的培养上，而在于双方对专业意识形态的理解和期待存在着或大或小的差别。专业教育者对未来职业工作者的期待与新闻媒体的期望之间仍有一定的距离。通常来看，专业教育者更理想一些，对现实的批判性思考更多一些，而新闻媒体更现实一些，对现实的适应性思考更多一些。但不管具体情况如何，我觉得更重要的问题是：在教育培养未来从业者专业精神（意识形态）的问题上，应该协调学院式专业教育与新闻实证界之间的看法。毕竟，新闻教育的最终目的是为新闻实践服务，但需要说明的是，服务不只是适应现实的新闻业，还承担着改造、革新、推进的历史使命。

第二，职业新闻工作者的楷模教育。学院式的新闻精神教育，基本上属于应该如何的理想性教育，它主要是做设计图纸的工作，是在学生的心灵中确立一个基本的、一般性的新闻实践理念（这种理念更多的是一种理论理念）框架。而真正要把这样带有一定理想性的实践理念落实到新闻实践中，并在实践中重新审视甚至修正这样的实践理念，观察前辈的实践行为是最为直接、最为有效的方法。"应该怎么做"和新闻工作者"实际是怎么做的"相比，其说服力一般是比较弱的，正所谓"实践出真知"。

人们常说，榜样的力量是无穷的。通过优秀职业新闻工作者的楷模作用去培养新的新闻精神主体，是一种重要的途径。每个行业都有追溯和推崇先贤英雄的传统，都会把自己的模范、英雄作为教育后来者的榜样，让后来者学习效仿，继承传播、发扬光大他们的精神。

在职业精神的教育培养中，最具传统色彩的方式是"师徒模式"，即新入行的从业者通过观察、模仿、接受前辈工作者工作的方式，理解、掌握并内化相关的职业道德规范和工作中的一些习惯与规矩，慢慢形成自己的职业观念和职业态度。这种身教、言教综合一体的教育培养方式沿用至今，并将一直沿用下去。这也可以看作一种楷模教育模式。

根据对一届又一届学生（包括本科生和研究生）随机的经验（个人）访谈发现，他们在新闻单位实习期间的指导记者、指导编辑（可以看作学生的师父）的职业言行甚至非职业言行，对他们的新闻观念、职业态度确实影响不小。这足以说明"师徒模式"不仅具有传统基础，而且是进行新闻职业精神教育、培养的有效模式。因此，现在的问题是：如何在新的传播环境下，运用"师徒模式"教育培养新入行的从业者？为所有新闻媒体设计统一的师徒教育模式比较困难，需要具体情况具体对待。但我们可以提出建构师徒模式的原则要求：首先，将师徒模式作为制度性的教育方式加以确立；其次，选择优秀的前辈职业工作者担当师父角色；最后，对教育培养结果进行总结评价，建立稳定的激励机制。

第三，新闻行业（或者新闻媒体）提供的培训式教育。如何使已经进入新闻行业的从业人员内化新闻精神，遵守新闻职业道德规范，行业内部的教育培训是一条重要的途径，有人甚至认为，加强媒介自身职业规范教育，是解决传媒职业规范缺失的根本所在。[1]

学者们之所以提出这样的看法，是因为在现实中，由于各种各样的原因，一些进入新闻领域的所谓职业工作者连基本的新闻专业技能、传播观念都没有，更不要说新闻职业精神、专业精神了。这些人进入新闻工作领域后，在整体上（实际上）降低了新闻职业水平、专业水平，影响了新闻

---

[1] 陈力丹. 解析中国新闻传播学 [M]. 上海：上海交通大学出版社，2006：49.

职业队伍的整体素质,对新闻传播社会功能的正常发挥带来了诸多负面影响。正是这样一种行业现象,使得行业内培训式新闻教育成为中国新闻教育的当务之急。

当然,就行业内培训式教育本身来说,它并不是应急的新闻教育手段,而是常态的新闻教育方法。社会总在发展变化,新闻传播业也在发展变化,发展变化从客观上要求新闻媒体、新闻工作者要不断提升自己,以适应时代的新需求。行业内部、媒体内部以组织化的方式不断进行新闻教育培训,有利于新闻职业队伍跟上时代的步伐。更为重要的是,行业内部的培训教育保证了新闻职业人才的可持续利用,这自然会有多重实际的效益。

第四,"活到老,学到老"的自我终身教育。对于已经进入知识社会的人类来说,任何一种职业所需的专业教育都不可能是一次性的、一劳永逸性的,而是一个需要通过多种方式进行持续不断的学习的过程。新闻职业这个总是与世界最新变动状态、最新事物打交道的职业,这个对社会责任感有着高度要求的职业,更不能例外。因此,"活到老,学到老"的自我终身教育是一种非常现实的要求。

新闻精神的落实,需要不断扩展的专业知识和不断提高的专业技能,需要有不断强化的社会责任意识。因而,仅从教育角度来说,就要求新闻从业人员不断地学习,不断地净化自己的心灵,锻造具有专业精神的灵魂,这确实是一个"活到老,学到老"的过程。如果考虑到新闻报道专业化程度的不断提高,对专家型、学者型新闻人的强烈需求,那新闻人就更要使自己成为学习型的新闻人——不仅要具有不断学习的意识,还要有能够不断学习的实际能力。

一种精神的形成和塑造,不可能一蹴而就,对于一个群体如此,对于一个人也是如此。一种精神的形成和塑造,可以在相关的实践活动中自发地进行，但更需要自觉地培养和磨炼，特别是在一种精神已经成形的情况下，在人们普遍已经知道一种精神的基本内容和精神实质的情境下，通过各种途径、方式进行有意培养和塑造，就显得更加重要。但从最根本的意义上说，一种精神的真正形成，必须通过主体的自觉的、长期的实践活动。因此，在我看来，一个职业新闻人能否确立自我学习的观念，能否真正坚持自我学习，是其能否成为真正的新闻人的内因，也可以说是关键因素。

上面阐述的不同教育途径和方法，对于任何新闻从业者或者准备从事新闻工作的人来说，一方面是通用的，另一方面则是具有个体差异的。因而，它们之间很难说哪一个更重要，哪一个不重要。但就现代新闻业的整体需求来说，学院式的专门教育是更为基础的途径和方式，而社会环境提供的教育可以和学院式的专门教育共同列入基础的途径中。至于其他方式，则更多地因人而异。

2. 塑造新闻精神主体的实践途径

对于一个具体的人来说，特别是对于职业新闻工作者来说，新闻精神的真正形成，需要长期的实践磨炼。爱意是在情感的交流过程中形成的，责任感是在承担责任的过程中形成的。新闻精神不可能仅仅通过书本学习、理论学习而注入一个人的灵魂。新闻精神属于实践精神，只有经过实践的长期锻造和磨炼，才能形成坚定不移的新闻精神。书本学习，是建构新闻精神观念的主要途径；新闻实践，则是新闻精神作为一种实践精神得以确立的根本。理论学习可以建构理想，但能使理想变成现实的只有实践。因此，新闻实践对于新闻精神的塑造具有更根本的意义。我们始终应该明白，具有新闻精神的优秀新闻人主要不是学出来的，而是干出来的。

只有积极实践某种精神，才能真正理解某种精神的实质内涵，感受某种精神的实际要求，才能体验贯彻某种精神的艰难，才能享受具有某种精神的愉悦。亚里士多德讲过这样一段话，他说："德性则由于先做一个一个简单行为，而后形成。这和技艺的获得一样。当我们学习过了一种技艺时，我们愿意去做这种技艺，于是去做。就由于这样去做，而学成了一种技艺。我们由于从事建筑而变成建筑师，由于奏竖琴而变成竖琴演奏者。同样，由于实行公正而变成公正的人，由于实行节制和勇敢而变成节制、勇敢的人。"① 游泳健将只有通过千万次的水中搏击才能成就自己的声名，优秀记者的荣誉是通过优秀的新闻行为获得的。② 只有通过新闻实践，一个人才能确切地懂得自己所做的新闻报道在做什么，自己从事的新闻传播能够产生什么样的效应，自己进行的新闻传播对社会公众会有什么样的影响。一句话，正是通过新闻实践，一个新闻人才能切身感受到、体验到自身的社会价值（也有可能是负价值），实实在在地认识到自己持有的新闻观念、拥有的新闻精神与新闻传播的关系是什么，与社会公众的利益关系是什么。提升一点说，只有通过自己的新闻传播实践，一个新闻人才能比较深入充分地感受到、理性地自觉到自己是否具有科学精神、人文精神、自由精神的社会意义，从而进一步理解这些精神本身的价值。只有当一个人认识到一种精神的实际价值时，他才更有可能自觉地实践一种精神③，也就是说，他才更愿意使自己成为具有这种精神的人。

获得新闻精神，使自己成为一个具有新闻精神的人，是一个长期的、十分艰苦地接受他律和主动自律的过程，需要从一点一滴入手，需要不断地认知和实践。

按照或者不按照一定的优良精神实践和生活，遵循或者不遵循一定的优良道德规范行为，对于任何个体来说都具有一定的必然性和一定的人性

---

① 周辅成. 西方伦理学名著选辑：上卷 [M]. 北京：商务印书馆，1964：292.
② 这样的事例俯拾皆是，无须通过列举的方式去证明。
③ 但这并不必然，因为人们实际生活在多种精神观念的争夺中，到底会以什么样的精神支配自己的行为，不只依赖于对某种精神的认识，还要依赖于其他社会条件和个人条件，等等。

根源。人不是天生向恶的，但也不是天生向善的，任何人的生存发展前提都是一定的社会存在[①]，他首先需要适应他所面对的社会。每个人面对的现实社会都是既有善的精神，又有恶的观念的社会，其中还有诸多善恶界限不是十分明确的精神观念。因而，他在社会化的过程中、在适应和改造自身生存发展环境的过程中必然会受到各种观念的濡染。于是，为了使人们能够努力更多地向善，社会就建立起各种规范约束人们的言行，这就形成了相对个体或一定群体的他律。[②] 从整个社会生活到每一具体的社会实践领域莫不如此。并且，至少从人类现有的发展历程来看，越是文明的社会，则越是他律规范繁多的社会。顺便说一句，这大概是人类进入自由王国之前必须付出的"代价"。假如有一天人类进入了真正的自由社会，大概也就不需要那么多的规范了。

新闻业为了实现自身为社会公众服务的内在目的，就需要从业者具有为公众服务的精神，而为了使从业者养成这种精神，如上文所说，就要通过一些外在的硬性规范约束从业者的行为，使其成为合格的、优秀的从业者。硬性规范通常有法律的、政策的、纪律的等（这里需要假设这些规范本身是良性的），它们是社会公共意志的反映，也就是说蕴含在规范中的精神是一种公共精神、民主精神，规范的目的在于维护公共利益，与新闻精神的追求在本质上是一致的。因此，它们为新闻传播设定了合理的行为边界。从逻辑上说，只要新闻从业者严格遵守这样的规范，事实上就是按

[①] 马克思、恩格斯对此做出了明确阐述，他们指出："历史的每一阶段都遇到一定的物质结果，一定的生产力总和，人对自然以及个人之间历史地形成的关系，都遇到前一代传给后一代的大量生产力、资金和环境，尽管一方面这些生产力、资金和环境为新的一代所改变，但另一方面，它们也预先规定新的一代本身的生活条件，使它得到一定的发展和具有特殊的性质。"所以任何从事一定活动的个人总是"在一定的物质的、不受他们任意支配的界限、前提和条件下活动着的"。（马克思，恩格斯 . 马克思恩格斯文集：第 1 卷 [M]. 北京：人民出版社，2009：544-545，524.）

[②] 对整个人类来说，所有自我设定的他律原则上都是自律。所谓的他律，只有客观规律，客观规律对人类来说才是真正他律性的规则。人类为自己制定的规则，一旦背离客观规律，终究都会给自己带来麻烦。

照新闻传播的内在精神践行自己的职责。当新闻从业者没有按照这样的硬性规范从事新闻传播活动时，就会受到各种可能的惩罚。事实上，从普遍意义上来说，硬性规范正是主要通过惩罚机制来约束人们的行为的，从而进一步起到培养、塑造新闻精神的作用。诚如有学者所言："道德行为的现实性只有通过法律他治的力量才能得到保证。"[①]

一个新闻工作者能够用优良的新闻精神支配自己的新闻实践，必然具有良好的自律意识或精神，符合新闻精神的新闻行为必然符合新闻道德的要求（新闻道德是新闻精神的体现），而"**道德的**基础是人类精神的**自律**"[②]。自律不是自然而然的产物，自律是社会化的结果，是在他律中逐步形成的。人能自律的一个重要心理根源就是人有耻辱感，而为了避免被耻、自耻，就会约束自己的言行。我国伦理学者高兆明说："正是对于做人的执着与对于耻的畏惧，才使人自律，才使人要努力找回'我'的人格、本质。有耻感，才有自律精神，才有自律能力，才有向善而行的勇气与力量。正是在这个意义上，我们可以说耻感是自律的根据。"[③] 对于职业新闻人来说，如果惧怕公众的斥责和耻笑，惧怕社会舆论形成的强大压力，不使自己感到对不起职业角色的要求，就会自律。在职业实践中，有些行为会得到人们的赞赏，有些行为会受到人们的谴责。因此，哪些行为应该坚持，哪些行为应该放弃，实践会以直接的方式告知新闻人。实践也可以说是一个试错的过程，实践以后果的形式使人们懂得什么应该做，什么不应该做。当这些经验转化为主体的自我约束规范时，他就成了一个能够自律和愿意自律的人。

新闻实践使新闻观念、新闻精神现实化，展现在新闻传播活动的具体

---

① 鲍曼. 后现代伦理学 [M]. 张成岗，译. 南京：江苏人民出版社，2003：22.
② 马克思，恩格斯. 马克思恩格斯全集：第1卷 [M]. 2版. 北京：人民出版社，1995：119.
③ 高兆明. 耻感与自由能力 [M] //科学发展：率先·创新·和谐. 南京：江苏人民出版社，2007：95-100.

过程之中，体现和凝结在新闻报道、新闻作品之中，它为新闻工作者提供了直接进行自我认识、自我评价的根据或基础，当然也为同行和社会提供了认识、评价的根据和基础。实践及实践结果是感性的事实性存在，是好是坏，是恶是善，在绝大多数情况下一目了然。依据如此事实性存在进行"回味"和反思，不再仅仅停留在观念层面上进行辩论，就更能发现灵魂深处的问题，能够比较准确地检验支配新闻行为之观念、精神的合理性和正当性。

3. 内外环境的濡染

不管将来从事什么样的职业，人都是在一定的环境中成长起来的；不管正在从事着什么样的职业，人都是在一定的环境中工作的。环境对于任何人、任何职业来说，都是生存的氛围、工作的氛围。因而，环境的质量如何，对于一个职业人的品质形成、精神状态有着必然的影响。尽管人可以改造环境，但事实上，总是一定的环境先影响人和改造人，这是一种现实的、基本的客观逻辑。

新闻精神是以为社会公众服务为至上目标的精神，新闻传播是一种社会影响最为广泛的传播，新闻职业是一种与整个社会生活接触最为密切、及时、广泛的职业，因而，反过来说，新闻行业就是最容易受到社会环境变化影响的职业，新闻工作者就是比较容易受到社会环境影响的一种职业，新闻精神也是容易受到各种社会观念影响的一种精神。

就新闻工作者个体新闻精神的养成与塑造来说，主要受到两种环境的影响：一是新闻传播的内部环境，二是新闻传播的外部环境。内部环境是指由个媒体环境与媒体环境构成的新闻传播环境；外部环境是指由社会环境构成的新闻传播环境。如果把一个具体的媒体机构或组织看作一个相对独立的系统，由其内部各个要素相互作用关系产生的整体氛围就是个媒体（内部）环境；媒体间相互作用形成的环境，即由新闻传播媒体之间的相互竞争与制衡所形成的一种结构体系，就是媒体环境。新闻传播业运行于其中的自然系统，特别是社会大系统就是新闻传播业的外部环境，也就是新闻传播的外部环境。社会大环境构成了社会各个子系统的运行环境，当我们以某一个子系统为考察对象时，其他子系统便是构成社会大系统的要素。因此，所谓新闻传播的外部环境，就是由内部环境以外的所有社会子系统相互作用构筑的一种传播条件和氛围。①

与外部环境相比，在一般情况下，新闻传播的内部环境由于在精神上、利益上与新闻工作者的天然接近性甚或一体化，对新闻工作者新闻精神的塑造影响更为直接也可能更大一些。如果一家新闻媒体内部从业人员整体精神面貌良好，团队意识强烈，上下关系平等和谐，工作井然有序，作风朴素扎实，整个媒体有一种朝气蓬勃、积极向上的气息，有一种充满希望、催人奋进的高质量的媒体文化，特别是有一种要为公共利益服务的实践追求，那么，对于每一个个体来说，必然有利于形成良好的新闻精神。相反，如果媒体内部从业人员整体上精神面貌懒散，团队意识淡薄，上下关系紧张冷淡，工作作风敷衍了事，特别是缺乏公共精神、公共服务意识和追求，仅仅把新闻媒介作为赚钱、赢利的工具，那么自然不利于新闻精神的塑造和养成。新闻媒体之间的相互作用所营造的媒体环境，对整体的新闻传播理念、规范、习惯、方式、风格、潮流等有着重要的影响，所有新闻传播行为都要依赖媒体环境的状况而进行，超越环境的新闻传播行为是不存在的。一定历史条件下整体的新闻传播理念会落实在绝大多数新闻人身上，转化为他们自己的新闻精神，通过新闻实践展现出来。因此，我们可以说，有什么样整体的新闻传播内部环境，就有什么样的新闻从业者群体，就有什么样的新闻精神的整体面貌。

---

① 关于新闻传播环境的一般论述，有兴趣的读者，可参阅下列文献：杨保军. 新闻理论教程［M］. 北京：中国人民大学出版社，2005：389-404.

影响新闻精神形成的外部环境因素有很多,包括政治、经济、文化、技术或者社会、家庭等方面,并且对于每一个具体的个体来说,到底是哪种因素的影响更大,不能一概而论。因此,我们难以在这里展开细致的论述。一般来说,一定社会的政治、经济制度决定着新闻精神的整体追求目标。在这一整体条件下,社会环境特别是社会整体的道德环境对新闻精神的影响比较大。[①] 道德进步,包括任何一种职业道德水平的提升,依赖的不仅是道德主体内部、职业内部的力量,也依赖于整个社会所营造的道德环境。一个不道德的社会很难营造出一个道德的行业、道德的职业。社会道德和职业道德之间是互动的,而不是分离的。职业道德水平的提高,其实是所有社会成员共同的责任,不管你身处哪个领域,从事哪种工作。把职业道德单一地归结到相应的职业工作者身上,我看是不可靠的。这使我想起理查德·罗蒂(Richard Rorty)的一句话:"道德和政治的进步有待于艺术家、诗人和小说家,一如其有待于科学家和哲学家。"[②] 罗蒂把道德和政治进步寄托在各种文化的共同努力上(不只是物质进步上),寄托在科学、哲学、文学、艺术等各个领域所有人的共同努力上,我以为这没有什么错误。良好的社会道德环境、精神环境,一定是形成良好新闻精神的重要条件。总的来说,环境对新闻精神的塑造是潜移默化的,但这种无形的、日积月累的影响,对于新闻工作者新闻精神的形成具有极其重要的作用。

三、新闻精神的具体实现

培养、塑造新闻精神的最终目的,是让新闻精神在新闻实践中得到体

---

① 需要说明的是,社会道德环境本身不是自动形成的,而是各种社会因素包括新闻传播共同塑造、相互作用的结果。
② 罗蒂. 哲学和自然之镜[M]. 李幼蒸,译. 北京:生活·读书·新知三联书店,1987:16.

现和实现，使每个职业新闻工作者都成为具有新闻精神的人，使参与新闻活动的人能够以新闻精神对待新闻活动，从而使新闻活动能够肩负起它的天职和使命。那么，如何衡量、评价新闻精神的实际状况和实现水平呢？

（一）新闻精神实现的标志

新闻精神的实现，最终要体现在新闻传播业的运行之中，体现在新闻传播活动之中，体现在职业新闻工作者的具体新闻报道行为之中，体现在参与新闻活动的非职业新闻工作者的行为中。那么，怎样才算实现了新闻精神？实现新闻精神的基本标志是什么？人们通过什么判断、评价新闻精神的实现水平？

显然，新闻精神的实现，既表现在不同的层次上，又表现在不同主体的新闻活动中。因此，衡量和评价新闻精神是否实现，也需要在不同的层面，针对不同的新闻活动主体进行。下面，我主要遵从两条主线——从宏观到微观，从职业新闻活动（工作）者到非职业新闻活动（工作）者——来论述新闻精神实现的标志问题。需要预先说明的是，我这里提供的主要是衡量的原则和标准，而非具体的、实证的指标。但每一项原则和标准，都可以转化成一系列的指标进行衡量和评价，这属于技术层面的研究，这里我还难以做出指标化的研究。

1. 新闻行业（职业）内的评价

首先是对于整个新闻传播业的新闻精神实现水平的衡量和评价。在一定社会范围内，整个新闻传播业是否具有新闻精神，关键要看新闻传播业是否在整体上为社会公众提供了令他们比较满意的新闻服务，是否促进了社会的良性运行和发展。"能反映公众愿望，使他们的生活和工作环境变得更好，使政府全力为公众服务，使民主政治惠及来自不同阶层、不同肤色的每一个人，做到了这些才是最好的新闻业。正如捷克前总统哈维尔所说：'新闻，一种自我认识的媒体。作为当今文明信息系统的一部分，以其独特方式成为人类精神的灵魂。'"[1] 当然，我这里提出的评判方法，只是一条宏大的原则。一个社会的新闻传播业，在一定历史时期或者一定时段，是否体现和实现了新闻精神的内在要求，是否得到了社会公众的肯定性评价，是可以通过一系列实证的指标进行衡量的，众多的传播效果研究，在一定意义上，解决的正是这个宏大的问题。人们所看到的关于新闻传播公信力的研究，关于社会影响力的研究，关于社会满意度、美誉度的研究，关于收视率、收听率、阅读率、浏览率等的统计和研究，其方法和成果，大都可以用来衡量和评价新闻传播业新闻精神实现的程度和水平。

其次是对于一家新闻媒体新闻精神实现程度和水平的衡量和评价。新闻媒体是不是真实的或者真正的新闻媒体，不能由新闻媒体自己决定，也不能由某个机构或人物随意认定；新闻媒体是不是优秀的或值得称赞的新闻媒体（或者主流媒体），同样不是新闻媒体自许的，也不是由某些所谓的权威机构或者权威人物认定的。评价新闻媒体，可以从两方面入手：一是听其言，二是观其行。实质则是看其言行是否达到了新闻精神的要求。在观念层面的检验方法就是看它的媒体方针或编辑方针是否符合新闻精神的基本要求，在实践层面则是看媒体的具体传播行为是否符合新闻精神的基本要求。如果观念层面符合新闻精神的基本要求，那就要看其传播行为是否真正实现了媒体方针、编辑方针的目标和要求。

任何新闻媒体都有自己的基本定位，都有自己的目标受众和目标报道领域。[2] 该媒体作为新闻组织主体，是否在新闻活动中表现出了足够的新闻精神，它的目标受众是最具权威性的评价主体（但受众的评价要通过一

---

[1] 罗以澄，秦志希. 新闻与传播评论：2005年卷 [M]. 武汉：武汉出版社，2006：6.
[2] 目标报道领域，是指新闻媒体确定的主要报道领域和范围。（杨保军. 新闻真实论 [M]. 北京：中国人民大学出版社，2006：52.）

定的科学方法去反映和获取)。新闻媒体提供的新闻报道是否满足了目标受众的合理新闻需要,是否符合公共利益,是新闻精神是否实现、实现程度和水平的最重要的评价尺度。

最后是对于个体的职业新闻工作者新闻精神实现水平的衡量和评价。一个人是否具备新闻精神,首要的是看他是否具备了职业素质或者专业素质。一个人的主要素质,往往集中体现在他所从事的主要活动、职业活动中,素质也往往形成于这样的活动中。专业素质是"指人在自己所从事的职业,即完成自己所承担的专业工作中,作为实践主体所表现出来的活动质量和水平,包括完成任务所必须具备的专业知识和技能、职业道德、职业审美、职业情感,某些特殊职业还要求从业人员必须具备特殊的政治素质和身心素质,此外还有职业转换的适应能力等"。因此,"不能把专业素质理解为只是完成任务所需的专业知识和技能的水平,那是片面的,专业素质是包含德、智、体、美、情、劳等各种素质在内的全面的综合的素质"[1]。看得出,这些素质是可检验的、可考核的、可评价的。

一个职业工作者是否具备新闻精神,第一是看他是否具备基本的新闻道德品质;第二也是更为关键和重要的是,看他能否在新闻实践中严格遵从新闻职业道德规范,按照新闻传播的基本原则采集、编制、报道新闻。新闻精神对于新闻活动主体来说,是存乎内、显乎外的东西。然而,内外之间并没有完全的对等性,"言论和行为成为透露内心品质和意图的材料和媒介,但两者之间的表达关系是繁杂隐蔽的"[2]。人会掩饰和做假。一时一事的言行并不能够表明一个人具有某种稳定的精神品质。品质、品性、品德之类的东西,是深层的、内在的。一个人的内心到底如何,在相当程度上只有自己知道。真实的人的品质才是真实的。作为以公共利益为

---

[1] 陈志尚. 人学原理 [M]. 北京:北京出版社,2005:392.
[2] 李幼蒸. 仁学解释学:孔孟伦理学结构分析 [M]. 北京:中国人民大学出版社,2004:90.

工作目的的职业新闻工作者，其真实的品质如何，只能通过其一贯的新闻行为进行衡量、证明和评价。对个体新闻工作者新闻精神水平最为现实和直接的衡量就是看其新闻报道的结果与报道的过程是否符合新闻传播规律的要求，是否为公众的新闻信息需要提供了合理的服务。

2. 非职业新闻活动主体的新闻精神评价

由于非职业化、非专业化的新闻活动主体有诸多不同的角色，在新闻活动中所处的地位、发挥的作用也不完全相同，因而，我将分别加以说明。但首先需要说明的是，对非职业新闻活动主体的新闻行为，是可以也应该进行新闻精神评价的，因为"无论是职业的还是非职业的传播者，只要参与了大众传播，就应当承担起传播责任。……他们（指非职业传播者。——引者注）的传播经验要差一些，但这并不是免责的理由"[①]。对此，我在本书第一章中做了比较全面的论述，此处不再重复。

对于非职业的新闻传播者（主要指个体传播者和新闻信源主体）来说，如果他实质性地参与和介入了面向社会公众的新闻传播活动，那么他具有新闻精神的基本标志是：他能够坚守社会中普遍的道德准则，能用社会的一般道德准则约束自己的新闻信息传播行为；能够尽可能地按照新闻传播的要求传播新闻。我以为，一个人在传播信息、发表意见时，如果他是明确地向社会公众传播，具有如此的动机和行为，他就应该为自己的行为后果承担道义上的责任，必要时，还要承担法律责任。因此，为了使公共领域健康运行和发展，社会舆论对非职业的新闻传播者进行新闻精神、公共精神的评价是必要的。

没有受众，完整的新闻传播就不可能形成。就新闻收受者来说，由于他们是新闻活动中的重要主体角色，因而在道义上应该按照新闻精神的基

---

① 马少华. 新闻评论 [M]. 长沙：中南大学出版社，2005：168.

本要求收受新闻、参与和介入新闻活动。有学者指出，一个良好的新闻传播秩序的形成，不但需要优秀的记者等新闻传播主体作为道德楷模，同时也需要成熟的受众，需要履行社会道义责任的受众，受众需要遵守新闻信息析出、评价的伦理规范。但能够按照新闻精神的基本要求参与新闻活动，并不是想做到就能做到的，而是需要一定的媒介素养、新闻素养，特别是要有一般的社会责任感。"若要传媒能够在构建和谐社会中发挥更大的作用，需要提升全体人民的媒介素养"，理由是"信息时代的大众传媒（包括网络）已经成为人们生活不可或缺的一部分，人们对传媒的选择、利用，对内容的鉴别、判断和参与传媒活动，关系到人们生活的质量。如果人民对传媒的功能有所了解，对传媒是什么、能做什么、须做什么以及不该做什么都很清楚，懂得一些传媒知识，在传媒不作为和少作为、社会信息系统失灵的情况下，就可能得到人民的有效帮助，受到社会的有效监督"[1]。

依据这样一些理由或者根据，新闻收受者怎样做才算是在道义上遵守了新闻精神的要求？我以为大致可以概括为这样几点：第一，能够以新闻的方式对待新闻报道、新闻文本，即我们平常所说的把新闻当作新闻，而不是当作别的类型的文本。比如，"信息解析动机符合社会道德要求"，"信息解析切合语境"，"信息解析保持客观"等。[2] 第二，在对有关新闻报道做出评价时，能够比较认真、全面地获取相关报道，以最大限度确保评价的公正性，不进行任意的揣度。第三，能够以社会共同体成员的身份，即以一种公共精神，对新闻媒体的新闻报道行为进行监督。有些新闻媒体和新闻从业者，可能对外发布一套精神主张、一套价值观，但实践的却是另一套精神主张、另一套价值观，所谓"说一套，做一套"。这种现象无论在新闻史上还是在现实中，都不鲜见。要改变这种现象，既要寄希

---

[1] 陈力丹. 解析中国新闻传播学 [M]. 上海：上海交通大学出版社，2006：28-29.
[2] 陈汝东. 传播伦理学 [M]. 北京：北京大学出版社，2006：107，129.

望于媒体或者传播者的自律，同时也需要从外部环境向他们输入能量和信息，需要从外部施加压力。能够对新闻媒体和新闻从业者施加压力的最大力量群体就是新闻收受者。新闻收受者的收受行为是媒介生存发展的基础，没有哪个媒介敢轻易忽视收受者的反应。收受者可以通过反馈的方式、改变收受行为的方式、社会舆论的方式等等，迫使新闻媒体、新闻从业者改变他们的不当行为。这是收受者的道德义务，也可以说是一种社会责任。对媒体及其从业者的质疑、批评、监督，目的在于使其成为名副其实的社会公器和社会公共利益的维护者，其实，最终维护的也是作为公众的收受者自身的利益。

对新闻控制者[①]来说，在新闻管理、控制活动中体现新闻精神的关键在于：制定出合规律性与合目的性相统一的新闻管理、新闻控制规范[②]，培养出既具有法治精神同时又具有新闻精神的执法主体。这样的新闻控制，才是符合新闻精神的控制，这样的控制主体，才是具有新闻精神的控制主体。合乎新闻精神的法律（政策、纪律等）规范，如果由不具有法治精神、新闻精神的人去执行，其结果必定是既损害了法律，又损害了新闻业。诚如两千多年前的希腊圣哲柏拉图所言："任命不称职的官员负责施行法典乃是浪费了优良法典，整个事业沦为一出滑稽戏。"[③]

评价控制行为的恰当性和正当性，在具体的操作层面上，要看实施控制管理的行为人是否尊重相关的法律，是否尊重新闻传播自身的特点、新闻职业自身的特点，是否尊重新闻职业道德的特殊性。就现实来看，控制

---

① 这里所指的控制者，并不是一般意义上的所有能够影响新闻报道内容和方式的社会主体，而是特指控制新闻传播的政府和政党主体。
② 可能表现为法律规范、政策规范等。合规律性是指所制定的有关规范要符合新闻传播的规律，有利于新闻传播业的健康发展；合目的性是指所制定的有关规范要有利于社会公众新闻信息需要的满足。
③ 柏拉图. 法律篇 [M]. 张智仁，何勤华，译. 上海：上海人民出版社，2001：161.

者依据自身利益、自己主观意志对新闻传播活动进行不当干涉的现象并不鲜见。因此，如何评价新闻传播控制的合理性是一个值得重视的问题。

（二）实现新闻精神的主体品质

在新闻实践活动中实现新闻精神的要求，并不是一句空话，做起来也不是一件十分容易的事情。为公众提供优良的新闻服务，需要高质量地完成自身职责所担负的任务，而完美履行职责的过程，需要新闻工作者具备一些基本的品质，或者说拥有一些基本的职业品性。职业品质或品性，或者职业德性（美德），是一个人成为一定职业人的内在规定性。因而，没有或者缺乏职业德性的人，不可能成为职业人。当哲学家们说"一个缺德的人，他在生理学上的确是一个人，但在目的论上却不是人"[①]时，也正是这个意思。因此，拥有职业品质是一个人成为一定职业人的标志（内在的、不可直观的标志）。这样，讨论主体拥有什么样的基本品质才能成为职业新闻人，成为具有新闻精神的人，就显得具有根本性的重要意义。

这些品质既是新闻职业、新闻专业所需要的，也是做人所需要的。因此，我并不特意把这些品质称为新闻道德品质或者新闻职业品质。实现新闻精神所需的具体品质可以罗列好多，但我最看重的是诚实、勇敢、智慧、正直和责任感。这也是我在新闻工作中、新闻教学中为自己和学生确立的基本品质目标。下面我将阐释这些品质的内涵，以及把它们确立为基本品质的理由。

1. 诚实

新闻传播的科学精神要求新闻活动者在品质上必须是诚实的人，就是那种"说老实话，办老实事，做老实人"的人，这是诚实的新闻活动者的

---

① 赵汀阳. 论可能生活：修订版 [M]. 北京：中国人民大学出版社，2004：89.

人格范式。诚实是做人的品德,更是一个新闻活动者应该具备的美德。萧乾先生在他的《人生采访》中这样写道:"一个记者最起码的职业道德是讲真话,实事求是,或者至少做到尽量讲真话,坚决不讲假话。"① 诚实是所有实现新闻精神品质中最基本、最重要的品质。梅尔文·门彻(Melvin Mencher)这样写道:"新闻业是一项讲究道德的事业,是在可证实真相和紧促的时间限制下,依靠诚实和勤奋工作的行业。"②

新闻是对客观事实的真实反映,是对事实信息的真实陈述。这一新闻传播的基本使命、基本前提,决定了新闻从业者的基本品质就是忠实地再现新闻事实,客观、全面地叙述事实信息。因而,不具备诚实品质的新闻从业者,就不可能完成其职业使命,也就不配享有新闻记者的职业称呼。《中国新闻工作者职业道德准则》的第四条规定:"新闻工作者要坚持发扬实事求是的作风,深入基层、深入实际、深入群众,加强调查研究,报实情、讲真话,不得弄虚作假,不得为追求轰动效应而捏造、歪曲事实。"③美国报纸主编协会在其制定的新闻规范中写道:"对读者诚实是所有配称为新闻事业的柱石。从所有真诚的角度出发,报纸必须诚实。"④ 事实上,世界各国、各个新闻机构制定的职业活动准则毫无例外都要求从业者真实地报道新闻。这也就是说,任何新闻从业者,都应该具备"诚实"的道德品质,它是支撑真实报道的德性基础。

诚实,可以说是新闻从业者最重要的职业道德品质,或者说,真实报

---

① 唐师曾. 我师萧乾 [J]. 北京文学, 2006(9): 130-135. 顺便说一下,有些记者甚至一些媒体宣称,如果不能讲真话,就保持沉默,绝不讲假话。这种信条是值得怀疑的,不是高尚的、道德的信条。不讲真话,在一定的情境下与讲假话没有实质的区别。这样的宣称不过是给自己蒙上了似乎高尚的遮羞布。
② 门彻. 新闻报道与写作: 第9版 [M]. 展江, 译. 北京: 华夏出版社, 2003: 69.
③ 蓝鸿文. 新闻伦理学简明教程 [M]. 北京: 中国人民大学出版社, 2001: 226.
④ 弗林特. 报纸的良知: 新闻事业的原则和问题案例讲义 [M]. 萧严, 译. 北京: 中国人民大学出版社, 2005: 364.

道、科学精神所诉求的最重要的道德品质就是诚实。约瑟夫·普利策的长子拉尔夫·普利策（Ralph Pulitzer）在一篇论述假新闻的文章中说："变得完全不负责任、胆大妄为和玩世不恭的记者的最后一步是诋毁诚实的人格。"从最通俗的意义上说，诚实就是说真话，不说假话。诚实对于新闻报道者来说，首先是新闻报道动机的真诚性，其次是新闻报道结果的可信性。尽管一个动机真诚的记者不一定能够每一次都为公众提供真实的报道[1]，但一个报道动机不真诚的新闻从业者，不可能为公众提供真实的新闻。诚实的记者也可能上当受骗，也可能信假为真，从而可能为公众提供虚假不实的报道，但衡量一个记者是否诚实，主要是看其动机是否真诚，"是诚实还是欺骗并不取决于所传达的信息客观实际之真假，而取决于所传达的信息在传达者的主观动机中之真假"[2]。但作为新闻记者，要努力追求真诚动机与真实报道的统一，这才是诚实的最高境界。

2. 勇敢

社会变迁、人生经验都反复告诉人们，不管是什么样的主体，大到一个民族和国家，小至一个团体和个人，如果要生存、发展，就必须面对各种艰难险阻，必须拥有战胜各种困难的毅力和勇气。"一个人要想有所作为，则不论是做学问还是干事业抑或求德行，其一生便注定充满艰难困苦伤害危险，如果没有勇敢精神，是绝不会成功的。"[3] 一个新闻人要想为公众服务，为人民服务，他时时刻刻都会遇到形形色色的困难和危险，具备勇敢、正直的品性，是其完成新闻职责的基本道德保证。美国历史上的著名报人詹姆斯·戈登·贝内特（James Gordon Bennett）曾经充满激情地写道："一个编辑必须总是与人民在一起，思他们所思，感他们所感，

---

[1] 要使真诚的动机达到良好的目的——实现真实报道，还需要其他素质、品性的辅助。
[2] 王海明. 伦理学原理[M]. 北京：北京大学出版社，2001：274.
[3] 同[2]301.

他毫无畏惧，他将始终正直，一贯坚强，总是深得众望，一直独立自主。"看得出，他把勇敢的品质置于十分重要的地位。一些伦理学者更是认为："勇敢是实践的动力源，既支持理念实践层次，又支持抗阻克难的具体行为层次。"①

　　新闻传播者，特别是记者，是时时刻刻与一个新的世界、新的事物打交道的人。新，意味着新鲜，但也意味着陌生；新，充满了吸引力，但也潜藏着不测；新，蕴含着成功的机会，但也暗藏着失败的危险……与任何新事物打交道，都需要勇气。新闻职业是一个需要勇敢品质的职业。"新闻工作是勇敢者从事的职业，而不是怯懦者从事的职业。记者需要具有采访消息的不可动摇的信心！随时准备遭遇拒绝、遭遇冷遇、遭遇嘲弄、遭遇无礼、遭遇恫吓、遭遇威胁。记者要随时准备牺牲自己的时间、自己的财富，包括自己的自尊心和生命。"② 这已经不是温文尔雅的学术论述，而是震撼人心的记者宣言。曾经担任过范长江新闻奖评委的人员说："到前边去！到最前边去！"③ 这句话极为简洁而传神地道出了所有优秀记者的一个共同特征，当面对有价值的新闻事件或事实的时候，每个优秀记者都会听到从心灵深处发出的这样的呼唤。这是每一位真正的记者的"道德律"。④ 我以为，"到前边去！到最前边去！"所体现的最可贵的品质就是勇敢，没有这样的品质，是决然冲不到最前边去的。在新闻实践中，也像在其他实践行为中一样，勇敢、勇气往往体现在某种新闻活动的困境或者危难情境中。伦理实践的精髓主要体现在抉择情态中。在本该向前冲的情

---

① 李幼蒸. 仁学解释学：孔孟伦理学结构分析 [M]. 北京：中国人民大学出版社，2004：157.
② 高钢. 新闻写作精要 [M]. 北京：首都经济贸易大学出版社，2005：12.
③ 第四届范长江新闻奖获奖者叶研的话.
④ "记者本身就是与危险打交道特别多的一个职业，我们作为摄影记者，与危险接触的机会特别多，必须具备勇于流汗敢于牺牲的精神。"（叶成群. 记者档案之聚焦新闻大事件 [M]. 北京：中国青年出版社，2005：201.）

境中却向后退缩当然不是勇敢，而是怯懦。该向前冲就向前冲，就是勇敢，就是敢于负责。

最通俗地讲，勇敢就是不害怕。孔子曰："知者不惑，仁者不忧，勇者不惧。"西方圣哲亚里士多德说："勇敢就是无畏地面对高尚的死亡，或生命的危险。"勇敢，是相对胆怯或怯懦而言的一种心理或行为能力。中国著名伦理学者王海明说："勇敢是不畏惧可怕事物的行为；怯懦是畏惧可怕事物的行为。"① 这些学术性的格言在新闻传播实践中，则会转化成记者面对的各种各样的情境（困境），他们必须在前进与后退、追踪与放弃、揭露与无视等之间做出抉择。选择了前者，本身就需要极大的勇气，并且后续的工作更需要勇敢的品质。只有选择前者，选择勇敢，职责才能实现，公共利益才可能得到维护。

作为优秀道德品质的勇敢，是一种有谋略的勇敢。在新闻传播活动中，人们并不是希望记者鲁莽、蛮干，而是要义勇、智勇，用合乎法律规范、道德规范的手段，勇敢揭露那些损害大众利益、公共利益的丑恶行为，以力所能及的方式，反映事实，报道新闻；对于那些值得报道的新闻事件，敢于冒着生命危险去发现真相、报道真相。毫无疑问，在激烈的新闻竞争中，也像竞技场上甚至是战场上一样，两强（多强）相遇勇者胜。但社会和大众需要的新闻职业的勇敢是一种"义勇""智勇"。"义勇就是合乎道义的勇敢，是符合道德原则的勇敢，主要是有利于社会和他人的勇敢。"② 智勇"是合乎智慧的而在其指导下的勇敢"③，是一种英勇。新闻职业也是智慧者的职业，它需要机智和敏感。

为了快速及时地真实报道新闻，为了维护正义，实现公正的报道，记

---

① 王海明．伦理学原理［M］．北京：北京大学出版社，2001：298.
② 同①299.
③ 同①299 - 300.

者需要付出的不仅是汗水,有时还不得不冒着生命的危险。众所周知,在世界新闻舞台上,几乎每年都有不少记者倒在工作岗位上,他们用鲜血和生命,为满足公众的知情权和公众的新闻需要而战斗。他们的牺牲是有价值的,他们创造的精神财富、精神价值是无限的、永恒的,他们是塑造新闻精神的榜样。图加林诺夫说:"在价值中,最首要最一般的价值是生命本身,因为失去生命就不能利用其余的一切价值。"① 但我们也不要忘记,那些为了他人或者更多人的利益而献出生命的人,他们将永远活在人民的心中。

3. 智慧

在反映报道新闻事实、挖掘事实真相的过程中,只有诚实、勇敢是不够的,还特别需要知识和智慧、毅力和耐心。强烈的责任感,同样需要知识和智慧的支持,这样责任感才能现实化,才能转变成为社会服务的真实能量,不然就只能是空有满腔热情,心有余而力不足。

喻国明教授说过一段充满激情的话,很能说明智慧(还有其他品质)对一个新闻人的价值和意义。他说:"一个优秀的新闻人的真正价值就在于真实记录这种'挑战—应战'②的社会状态,揭示这一时代发展进程中的瓶颈因素和问题单子,深刻地反映人类应对挑战的智慧及其成果。其实这也是一切试图成为主流传媒所应追求的境界。所以,我们可以这样说,造就一篇好新闻的,绝不仅仅是漂亮的文字、敏锐的嗅觉和机巧的处理,最重要的是一种俯仰天地的境界、一种悲天悯人的情怀、一种大彻大悟的智慧。当这种境界、情怀和智慧面对社会发展进程的现实'问题单'时,一篇好新闻也就应运而生了。"③ 缺乏智慧,就不会诞生新闻精品;缺乏

---

① 图加林诺夫. 论生活和文化的价值 [M]. 北京:生活·读书·新知三联书店,1964:1.
② 英国著名经济史学家汤因比说:"一部人类文明史,不过是人类面对自然和社会的挑战而不断应战的历史。"喻国明教授所说的"挑战—应战"指的就是汤因比意义上的"挑战—应战"。
③ 喻国明. 喻国明自选集:别无选择:一个传媒学人的理论告白 [M]. 上海:复旦大学出版社,2004:390-391.

智慧，新闻就不会散发光芒。

智慧品质体现在新闻报道的每一个环节中，最终则凝结在新闻作品（文本、报道）之中。新闻活动需要机智敏感，需要灵动性的思维，需要智勇，智慧是创造新闻之新鲜品性的重要主体能力保障。智慧作为一种能力，是优秀的新闻工作者不可缺少的品质。智慧品质比起其他品质来，是易于检验的。一个人在新闻活动中是否拥有智慧，人们可以直接通过他获取新闻信息的行为方式和所创制的新闻作品进行直接的判断。

4. 正直

正直在新闻活动中的集中表现是新闻活动主体能够按照公正的原则（关于公正理念或正义原则，参见本书第三章相关内容）指导自己的行为，尊重事实，坚持正义，坚持真理。对职业新闻工作者来说，正直的根本是事实第一，事实至上；正直的基本追求是充分利用新闻自由权利实现社会公众的知情权；正直的基本倾向是敢于为社会弱势群体发声。

铁肩担道义，妙手著文章，这是中国知识分子的良心，也是中国知识分子的基本处世方式。新闻工作者也是知识分子队伍中的一员，同样是社会的良心，同样需要承担实现社会正义的职责，这就需要有正直的品格。正直体现着一个人的人格，体现着一个职业工作者的职业品格。一个人能够正直、公正地对待事物，一个新闻人能够正直、公正地对待报道对象，根源在于无私，在于正义感。无私才能无畏，无畏才能坚守公正。

一个正直的人，一个正直的职业新闻工作者，会为自己缺乏新闻精神，或者没有按照新闻精神从事新闻活动而感到羞耻。新闻精神充当着衡量新闻工作者新闻活动态度端正歪斜的尺度，充当着检验新闻行为合理性、正当性的标准。正直的人会因为自己没有达到某种境界而惋惜、自责、羞愧。新闻工作者是否具有正直的品质，首先表现在他是否对自己的不当行为感到羞耻，没有羞耻感的人是不可能有正直品质的。公正、正直是新闻媒体、新闻工作者赢得公众信赖的根本条件之一。

"新闻报道是艰难且富有挑战性的工作，懒惰、无能、粗心和有恶意的记者迟早会丢掉饭碗。"① 实现公正，除了需要我上面所说的诸多品格，对于新闻工作者来说，还特别需要坚韧的品格。坚韧的品格是实现正直的内在要求。坚持不懈对于获得真实的信息来说至关重要，坚持不懈地调查，坚持不懈地提问，坚持不懈地验证，都是记者应有的基本品质和工作作风。坚韧作为一种优秀的品质，是确保新闻精神不断实现、不断升华的重要主体条件，也是保证公正报道能够实现的品格条件。坚韧，是一种意志品质，是对主体意志力的指称或描述。坚，主要指刚强的、坚而不屈的一面；韧，也是一种强，是一种顽强，是锲而不舍、柔而刚健的品质。坚韧，对于探求、挖掘事实真相的职业新闻工作者来说，是极其重要的一种品质，是一种不达目的绝不罢休的求实、求真行为，它能够确保记者坚持不懈、追根究底。坚韧、坚持不懈是科学精神最重要的内涵之一。拥有坚韧的品质，才能在维护正义的报道中不屈不挠，才能在追求新闻自由的道路上勇往直前。

5. 责任感

职业责任感是从业者对所从事的职业的一种总的认识和体悟，其中最为重要的是从业者对所从事的职业的社会意义与社会价值的认知，它是一个人自觉做好某项事业的前提条件之一。只有深深理解自己所从事的职业的社会使命，才有可能努力做好自己的工作。马克斯·韦伯在其发表的著名演讲《以政治为业》中说，有资格把手放在历史舵轮上的人，必须具备三种决定性的素质：激情、责任感和恰如其分的判断力。当一个人对自己所从事的职业有了敬畏感、神圣感、自豪感，有了一种不怕困难、勇往直

---

① 罗以澄，秦志希.新闻与传播评论：2005年卷[M].武汉：武汉出版社，2006：2.

前、实现职业要求的稳定意愿时，就标志着其职业感确立了。可见，责任感实质上是一种从业的、工作的态度，是对自己从事的职业怀有的一种信念。

责任感指主体应当对自己的行为负责。责任意识是做好一件事的前提。不愿负责的人、无能负责的人，是不能担当任何事务的，更不要说从事为社会公众服务的专业工作。主体只有在把所做的事务当成自己的责任、职责、义务时，才会尽心尽力，自觉地按照职责所要求的精神和规范完成职责指向的工作领域。

责任实质上是一种应该完成的任务、应尽的义务，完成了自己应该完成的任务才算尽到了责任。责任感是看不见、摸不着的一种精神状态、主观态度，但它可以体现在工作过程之中，可以凝结在工作结果之中。对当代社会科学和社会思想做出巨大贡献的德国学者马克斯·韦伯曾经指出，一个人的职业责任，是社会伦理的特有本质，是个人应当感知到的职业活动的内容和任务。[①] 因而，总的来说，职业责任感主要是由职业使命感、职业荣誉感构成的。从事同一种职业的人，对职业的认知可能是有差别的，但作为一种职业，有着最基本的要求，所有的从业者都应该按照基本的要求进行实际的活动，应该具备共同的职业责任感。

职业责任感所产生的力量，是一种观念的力量，是一种精神的动力，它只有落实到职业行为之中才能发挥实际的作用，放射出闪亮的光芒。新闻媒体所承担的社会责任，也是新闻工作者肩负的使命。新闻工作者的使命、荣誉是在职业行为中实现的、铸就的。"新闻工作者的职业荣誉在于深刻地关注和记录社会上正在发生和形成的历史，正是基于这种关注和记录，新闻工作者的职业成果才能有效地融入影响社会发展进程的力量潮流

---

① 韦伯.文明的历史脚步：韦伯文集[M]黄宪起，张晓玲，译.上海：上海三联书店，1988：139.

中去。"①

新闻传播业是一种社会事业，新闻工作是一种特殊的社会职业，新闻工作者承担着特殊的社会责任，"新闻工作者需要具备的是非同一般的强烈的社会责任感"②。美国新闻史上的伟大报人普利策讲过一段被人们无数次引用的话："倘若一个国家是一条航行在大海上的船，新闻记者就是船头的瞭望者。他要在一望无际的海面上观察一切，审视海上的不测风云和浅滩暗礁，及时发出警告。"新闻传播者在社会大系统中承担着为人们提供信息服务，特别是新闻信息服务的任务。"记者是新闻人，更是公共信息负责任的传播者，必须努力揭示事物的真相、坚定地维护人民的利益，勇敢地揭露利己主义者制造的种种假象，彻底尽到新闻工作者的社会责任。"③

新闻职业是一种为社会提供公共服务的职业，《泰晤士报》主编亨利·维克汉姆·斯蒂德（Henry Wickham Steed）说："严格意义上的新闻记者乃是非官方的公仆，其宗旨是服务社会。"④ 因而，它呼唤记者道德上的崇高，呼唤记者道德上的大公无私。童兵先生曾在一篇文章中写下一段充满激情的话语，他说："新闻传播者对人民负有的崇高责任感和敬业精神，是其必备的重要素质。一个传播者对于人民的命运、疾苦、欢乐是不是时刻铭记在心，对于人民的事业进退、兴衰、成败是不是激动感奋，对于危害人民利益的坏人坏事坏作风坏行径能不能拍案而起大声疾呼，对于人民嘱托的任务能不能千方百计排除万难按时优质完成，总之，能不能在任何情况下做到'先天下之忧而忧，后天下之乐而乐'，

---

① 喻国明. 解析传媒变局：来自中国传媒业第一现场的报告 [M]. 广州：南方日报出版社，2002：61.
② 高钢. 新闻写作精要 [M]. 北京：首都经济贸易大学出版社，2005：8.
③ 刘建明. 新闻学前沿：新闻学关注的11个焦点 [M]. 北京：清华大学出版社，2005：244.
④ 同②.

无不显现一个传播者有无人文精神以及人文精神的强弱多寡。"① 高钢先生在自己的书中也写道："坚持真理、维护正义是新闻工作者的职业责任。在真理和正义面临威胁的时候，记者只能挺身而出，因为他们责无旁贷。"②

新闻传播媒体，作为信息交流的中介，作为意见交流的平台，新闻传播者，作为大众的公仆，作为服务社会的守望者，承担着许多具体的社会责任事项。从原则上说，新闻传播具有的所有功能属性，能够发挥的所有社会作用，都应该是新闻媒体及其从业者承担的责任。但从新闻传播的本性看，报道新闻，传播信息，特别是报道真实的、有意义的新闻，乃是当今所有新闻媒体、新闻从业者取得高度共识的第一位的社会责任。③ 新闻职业首先是让事实说话，把世界的真相告知人们。"报纸能提供的最伟大的服务就是刊登真相，把所有的真相准确而完整地摊在读者面前，供他们对当天发生的事情做出判断。"④ 美国著名报人、专栏作家李普曼更是一语中的，他说："新闻事业的最高准则莫过于阐明真相而使魔鬼感到羞愧。"⑤《国际新闻道德信条》第一条是这样规定的："报业及所有其他新闻媒介的工作人员，应尽一切努力，确保公众所接收的消息绝对正确，他们应该尽可能查证所有消息的内容，不能任意歪曲事实，也不可以故意删除任何重要的事实。"⑥ "不管怎样，报纸的责任和任务是在获得新闻和出

---

① 王文章，侯样祥. 中国学者心中的科学·人文：科学人文关系卷 [M]. 昆明：云南教育出版社，2002：548.
② 高钢. 新闻写作精要 [M]. 北京：首都经济贸易大学出版社，2005：8.
③ 当然，不同性质、不同类型的新闻传播业对新闻传播、新闻从业者有不同的要求和期待。不同历史时代的新闻媒体、新闻从业者所承担的社会责任也有一定的差别。不同时代、不同时期的新闻从业者，其责任感本身也是有所不同的。
④ 弗林特. 报纸的良知：新闻事业的原则和问题案例讲义 [M]. 萧严，译. 北京：中国人民大学出版社，2005：64.
⑤ 同②10.
⑥ 李良荣. 新闻学概论：修订本 [M]. 福州：福建人民出版社，1995：157.

版新闻。如果这些新闻并不道地真实的话,它的任务就不能算很好地完成,它对公众服务的责任也等于没有尽到。"① "为公民提供高质量的新闻服务,这是一种不能逃避的总体性的社会责任。"② 日本新闻学家小野秀雄说:"新闻是人们在创造未来生活中的一种强有力的杠杆……它促使读者主动地判断问题。正因为它有这种职能,所以绝对不能错误地引导读者,报道的内容一定要根据事实真相去编写。"③ 如果我们翻开中国学者们的新闻学著作,同样可以看到极为相似的表述。我举几个具有代表性的例子。中国新闻学的开山祖徐宝璜先生将报纸的六项职责概括为"供给新闻、代表舆论、创造舆论、灌输知识、提倡道德、振兴商业",并指出前三者"尤为重要",其中"供给新闻"列在第一位。④ 童兵先生认为:"报道新闻是新闻传播事业的基本功能……新闻传播事业的最主要的功能,就是组织广泛而精干的新闻传播队伍,以高度的新闻敏感,捕捉事实变动的信息,及时迅速地向社会做出真实、全面、负责的报道。"⑤ 李良荣先生说:"人们接触新闻媒介,第一个目的是为获得有用的信息,了解客观世界的变动。……新闻媒介是依赖'沟通情况、提供信息'而生存的。不给社会提供有用的信息,新闻媒介就没有存在的理由。"⑥ 郑保卫先生在他的《当代新闻理论》中写道:"人们之所以需要新闻事业,最主要的目的是从中获得各种与自己的利益相关的新闻信息。"⑦

上述职业品质、品性或者说是一般品性的获得,主要来源于具体的实

---

① 童兵.比较新闻传播学[M].北京:中国人民大学出版社,2002:86.
② 美国新闻自由委员会.一个自由而负责的新闻界[M].展江,王征,王涛,译.北京:中国人民大学出版社,2004:74.
③ 同①.
④ 徐宝璜.新闻学[M].北京:中国人民大学出版社,1994:4-9.
⑤ 同①127.
⑥ 李良荣.新闻学概论[M].2版.上海:复旦大学出版社,2001:115.
⑦ 郑保卫.当代新闻理论[M].北京:新华出版社,2003:208.

践活动，而不是单纯的学习活动。人的德性主要是在合乎德性的实践中形成的。通过合德性的活动，一个人才能真正成长为具有德性的人。职业品质、品性或者德性，只有经过职业实践的磨炼、亲身的体验、心灵的触动与感受，方可转化为主体的属性，进而在新的实践活动中自然发挥功能作用。但我们也不能忘记事情的另一面，缺乏德性也是在一次次缺德行为中形成的。做惯缺德事情的人，同样会形成缺德的习惯，成为一个缺德的人。职业新闻工作者如果长期在新闻传播活动中不认真践行职业道德规范，最终就会成为一个无新闻职业德性、无品德的人。

上文我论述了实现新闻精神必备的基本品质，这些品质之间具有内在的关系，它们共同决定着一个优秀新闻工作者的整体品质。单凭某一种品质不可能成就一个合格的、优秀的职业新闻工作者。新闻行为的优良表现，是各种美德共同作用的结果。品德之间的相互配合才能使新闻行为恰如其分，实现其目的。"任何个别品德本身只是实践规划中所需品德系列中的待用组成成分，其性质和分量均参照伦理实践情境而在个人实践计划所需的品德系列中予以综合的选择和配置。"[1]

（三）影响新闻精神实现的几种因素

新闻精神的实现过程，主要是一个新闻实践过程。新闻传播能否以求实、求真的精神实现对事实世界的真实反映，能否以人文精神实现公正报道、维护社会正义，能否以追求自由的精神实现新闻自由，并为自由社会的实现贡献力量，取决于多种因素和条件。新闻精神的实现过程，也是排除各种障碍的过程。这些障碍不是单一地来自某个方向、某个领域，而是涉及整个社会环境、媒体自身以及新闻活动者特别是职业新闻活动者的素

---

[1] 李幼蒸. 仁学解释学：孔孟伦理学结构分析 [M]. 北京：中国人民大学出版社，2004：127.

质。下面，我简要地讨论政治因素、经济因素、媒体因素以及新闻活动主体因素对新闻精神的实现所产生的影响。

1. 政治、经济因素的影响

新闻传播业是生存、发展于社会环境之中的，新闻媒体的运行，职业新闻工作者的职业活动，都离不开社会大环境的作用和影响。一定社会拥有的政治、经济、文化、技术等环境，对于新闻传播业能够成为怎样的新闻业，一般来说，具有先决性的作用。因而，新闻精神的实现，或者说实现怎样的新闻精神，都首先要受制于社会政治环境、经济环境、文化环境等的影响。有些社会环境能够提供良好的实现新闻精神的条件，有些则未必。有些社会既有的政治、经济、文化等环境条件，也许正是需要新闻媒体、新闻工作者通过新闻手段改造的对象。当社会环境所提供的条件在整体上不利于新闻精神的实现时，新闻传播与社会相关系统的矛盾和冲突就是必然的。当然，如果社会环境是健康的、优良的，是有利于实现新闻精神的，那么，需要主动改善的一方就是新闻传播业、新闻媒体和新闻工作者。环境对新闻业的整体决定作用，更多地要求新闻业与其相适应。因而，有什么样的环境就有什么样的新闻业。指出这一点，是想说明人们不要把新闻精神，特别是专业精神的实现理想化、空想化。一种目标、理想是否真的是应该的事物，参照系不能只是我们之外的理想化了的世界，不能只是理论的构想和推演，还要认真审视现实及现实之下的深厚传统。

社会环境作为由各种社会条件构成的有机系统，到底是有利于还是不利于新闻精神的实现，首先必须假定一个讨论的基本前提。如果把为社会公众服务看作新闻精神最为正当的目标，那么所有不利于这一目标实现的环境条件都可以看作新闻精神实现的障碍因素。然而，社会公众其实是个很模糊的概念，边界并不十分清楚。但简单点说，所谓为公众服务，就是为生活在一定社会中的所有人服务，只要他是在合法的服务范围之内，他就有权利和充分的理由分享新闻媒体提供的新闻信息和新闻意见。需要进一步说明的是，为社会公众服务，并不等于为全人类服务①、为全世界人民服务。现在的世界是以民族国家为主导的世界，不是大一统的世界。各国新闻媒体首先是为本国的国家利益、民族利益服务的。② 这是现实，不言自明的现实。因而，为公众服务只能在一定的国家范围、社会范围内讨论，扩展到世界公众范围、世界人民范围，至少在今天这样的世界看来是幼稚的、不实际的。习惯了乌托邦思维的一些人，总是想把所有的事物都乌托邦化。

按照通行的同时也是比较正确合理的看法，当今制约新闻业、新闻媒体、新闻工作者实现新闻精神的环境因素主要有五类：政治因素（主要是政府的力量）、经济因素（主要是企业作为广告主的力量）、文化因素（狭义的文化意义）、技术因素（主要是作为传收媒介的力量）和受众因素（主要是受众作为消费者的力量）。关于文化、技术以及受众因素对新闻精神实现的影响，事实上已贯穿在本书的各个部分，故不再做单独的论述。因此，这里主要阐释政治因素、经济因素作为环境条件对新闻精神实现的负面影响。

由于在塑造社会环境的各种力量中，政治因素和经济因素是最重要的，因而，需要着重考虑的问题是：政治力量与经济力量是如何制约新闻精神的实现的？

---

① 尽管任何一家新闻媒体都可以为也应该为整个人类成员服务。
② 西方一位传播政治经济学研究者这样写道：美国的大众媒体不过是美国政府用以维护现存社会制度、社会秩序以及进行全球争霸的工具。尽管美国宪法第一修正案赋予美国媒体不受政府控制的权力，但现实中并非如此，美国政府不但通过控制信息对本国公众进行意识形态统治，而且为了达到争取世界霸权地位的目的，更加需要强大的媒体为后盾，对世界人民进行有效的思想控制，从而实现全球美国化的目的。

(1) 政治因素。

政府是所有政治力量中最有力量的。所谓政治因素对新闻精神实现的影响，通常就是讨论政府与新闻媒体的关系。需要预先说明的是，即使在西方，政府与媒体之间也并不是天然的、单一的敌对关系，它们之间往往是合谋性的朋友关系。我此处主要讨论政府政治力量（无须多言，政党力量自然包括其中）对新闻精神实现带来的负面影响。[①] 并且，还需要说明的是，我的阐释是学术性的，不是政论性的。当然，我会在求是的基础上表达一些"应该"如何的看法。作为一个研究者，要想提出一些应该如何的想法，首先必须弄清楚对象实际上是什么，为什么会如此。

传媒所有制直接意义上似乎是个经济问题，但其实是最大的也是最重要的政治问题。谁拥有实际的物质力量，谁就拥有实际的话语权力，这已经是常识，无须饶舌。传媒如果是国家所有，传播是由政府管理，那就只有一种结果，即媒体是政府的喉舌，是政府直接的工具。至于媒体能否成为社会公共平台，新闻从业者能否成为人民的公仆，能否成为社会大众的公仆，就具有了间接性或者说是中介性，即它必须以政府是人民的政府、民主的政府为前提。

任何国家的政府都不可能不干预新闻传播、媒介传播，仅仅是干预的方式有所不同而已。人们看到，"当代社会中，语言和交流最典型的载体便是传媒，或者说，人称之为'文化和传播产业'的出版、广播、电视、电影、音像、电脑等一应行业。毫不奇怪，谁拥有、操作和控制这些传播手段，以及它们传播的是怎样类型的信息，正在成为一个超级文化问题。因为对现代传媒所有权和控制权的丧失，意味着国家的文化表述，它的身

[①] 关于政府对新闻精神实现的正面作用，我在相关论述中已经有所阐释，比如新闻正义的实现等问题。参见有关章节的论述。

份、主权乃至生存,都将面临生死攸关的威胁"①。因此,建立怎样的新闻制度、媒介制度,已经成为国家发展的战略问题,而不是一个简单的行业的生存发展问题。

政府一旦直接或者间接控制媒体,往往就会把自身的宣传需要塑造成社会公众的新闻需要,常常用各种各样的方式方法为公众创造需要、制造需要,通过给新闻媒体、新闻工作者或明或暗施加压力的方式,实现自身的传播意图。"国家利用大众传媒进行政策宣传和意识形态统治,以维护政治稳定。无论是所谓专制的还是民主的国家,其政府都会通过制定新闻法规、进行新闻检查、资金控制(主要针对公共媒介)、威胁和贿赂记者等多种方式操纵媒介,使之为自身的宣传服务。"政府为自身的需要充分利用新闻媒体,并不必然意味着背离新闻精神。因为政府的需要对于一个民主国家来说,本质上就是人民的需要。但仍然如前所说,人民(社会公众)一旦只能单纯依赖政府这个中介,那么,一旦政府成为一个不良的政府、不断出错的政府、好心办坏事的政府,社会公众的知情权就难以得到满足,他们的利益也就难以得到保障。

历史证明,民主是非常好的一种政治制度。② 在为社会公众服务或为公共利益服务或为人民服务的背后,深藏着的乃是民主意识或者说民主精神。只有人民当家作主,为人民服务的人才是"公仆"。这就意味着,只有在民主社会、民主政治中,即只有在人民当家作主的社会中,新闻业才能成为真正的人民的事业、公共的事业,成为有效的公共领域,新闻业才能真正为公共利益服务、为社会公众服务。也只有在民主社会中,职业新

---

① 陆扬,王毅.文化研究导论[M].上海:复旦大学出版社,2006:7.
② 经过多少次血与火的洗礼,人类终于认识到,尽管民主制度有着种种弊端,但在人类历史发展的当代阶段,它被证明是非常好的一种政治制度,是抑制独裁和暴政的最合适工具。正因为如此,近代以后民主成为评价思想家和政治家是否进步的主要标准,"没有民主就没有社会主义"更是被马克思主义者奉为圭臬。(俞可平.民主与陀螺[M].北京:北京大学出版社,2006:23.)

闻工作者才能在普遍意义上被塑造成具有公共精神或者新闻专业精神的队伍。进一步说，一定社会民主制度的完善程度、民主制度的实际建设水平，从深层次上决定着新闻传播的公共性、新闻职业队伍的公共精神或者专业精神的状态。在任何一种专制制度下，都不可能产生为社会公共利益服务的新闻业，追求公共服务的媒体会被专制制度限制，追求专业精神的从业人员会受到排挤和惩罚。因此，当我们认定新闻精神在整体上是（至少应该是）一种为社会公众服务的精神时，其背后蕴藏的东西其实很多很多。这同时说明新闻精神的实现并不是容易的事情，而是一个历史的奋斗过程，是一定社会共同奋斗的过程，不只是新闻传播业、新闻媒体和新闻工作者的事情。

如何在一定国家范围、社会范围内使新闻媒体能够真正主要为公共利益服务，为政府服务，为政党服务，为人民服务，而不是主要为少数利益集团、利益阶层服务，才是我们真正应该关注的问题，也是真正的理论难题、实践难题。到底在政府、政党与新闻媒体之间建构一种什么样的关系，才能使新闻媒体在我们这样的国家里真正成为人民利益的维护者，使国家利益与人民利益相一致？我们如何评价现实的媒体功能？人民满意吗？政府满意吗？这两种满意能够统一吗？应该统一吗？我们通过什么样的指标、什么样的方式，才能做出评价？更为重要的问题是：如果人民满意，那么，我们如何维护和进一步改进现有的新闻业？如果人民不满意，我们又如何进行革新和创造？

我认为，有利于新闻媒体成为公共领域的制度范式，最重要的乃是传播主体的多元化（参见第四章相关论述）。由国家控制的公共媒体（不管是直接控制还是间接控制），由社会集团控制的媒体，以及由私人控制的私有媒体（有各种各样具体的所有制形式），组构为共同的信息、意见市场，营造出多元的信息环境。这大概是迄今能够设想的各种力量可以相互博弈的最佳范式。把新闻媒体交给任何一种单一力量去支配控制，都会像绝对的权力必然产生绝对的腐败一样，只能营造一种单一的有偏向的信息环境。① 这既不利于人们真实、全面地理解这个复杂的世界，也不利于整个社会的良性发展，当然也不利于新闻精神、新闻理想的实现。

独立的新闻业，独立的新闻媒体，不管是所谓政治上的独立，还是经济上的独立，先不说本身就有神话的性质，即使是独立的，也不必然就是合理的自由新闻业，不必然就是能够为民主社会建设服务的新闻业，更不必然是能为公共利益服务的新闻业。这说明人类今天可能还没有创造出足以使新闻活动充分实现新闻精神的完美制度。因而，制度层面的探讨、体制层面的分析，仍然是我们面临的宏大和重要的问题。因此，我以为，新闻业千万不要忘记自省和自我批判。自觉的进步和改造才是实质性的进步和改造。能否为公共利益服务，能否真正长期坚持新闻精神，并不是新闻业的独立就能完全解决的问题，尽管媒体的相对独立非常重要。

就当前的中国来说，在现有条件下，我们可以通过改善或者革新社会环境的方式来使新闻传播业、新闻媒体、职业新闻工作者更好地为社会服务。比如，可以通过改进或者革新政治体制的方式使新闻体制的变革拥有更大的空间；可以通过改变媒体经济所有制的结构使新闻传播主体的构成发生一些变化（像更加多元化和多层次化）；可以通过改革文化体制使新闻媒体更具多种实体（政治、经济、文化、舆论等）的统一功能。对于今天的人们来说，更应该关注的问题是，怎样的社会环境、怎样的媒介制度、怎样的媒介运作方式、怎样的新闻报道形式和方法，才更有利于

---

① 英国社会学家安东尼·吉登斯（Anthony Giddens）在其所著的《第三条道路及其批评》中这样写道："近年来，世界各国政府纷纷面临腐败的指控，这不是偶然的。原因不是因为腐败增加，而是因为政治环境的改变……影响政治领域的最大变化，是政府和公民们如今越来越生活在一个单一的信息环境之中。"（陆扬，王毅. 文化研究导论 [M]. 上海：复旦大学出版社，2006：247.）

新闻精神的实现。在这样的问题丛、问题单中,媒体与政治的关系是首要的。

我在此还想顺便说明的是,随着信息时代的到来,随着信息传播(包括新闻传播)在社会生活中的影响力越来越大、越来越强,一些人把自由、平等、民主社会的建设,寄希望于新闻业的冲锋陷阵甚至单打独斗,这实在让新闻业担当不起。新闻业只能做它能够做的事情,它只是建构美好社会的一种手段,何况人们还可以用它作恶。事实上,新闻传播对社会的影响力、对人们实际生活的影响程度是有限的,不能过分夸大。荷兰新闻学者梵·迪克(Teun A. Van Dijk)的一段话很值得一读,他说:"每天报纸上刊登的数目巨大的信息,只有很少一部分被阅读和融入读者的知识系统中。阅读报纸首先并没有起到更新知识的重要作用。从这种意义上说,阅读报纸并不是处理和了解社会信息的一种很有效的方式:每天在成千上万无法计数的命题中,只有少数一些命题实际上能够纳入我们的认知模式中。"[1]

(2)经济因素。

在政治力量之外,能对媒体构成重大影响的另一因素就是经济力量[2],或者说是市场的力量,这里主要指广告市场的力量。广告是新闻媒体赖以生存的主要经济命脉,正因为这样,广告商的脸色常常成为新闻媒体经营状况的晴雨表。如果从负面影响角度分析问题,人们会发现,以广告商为主的经济力量,对新闻媒体的新闻行为有着重要的制约作用,有时则会直接制约媒体的专业追求,可能导致新闻媒体不能充分报道有关公共问题,可能使新闻媒体无法正常而充分地履行满足社会公众知情权的

---

[1] 迪克. 作为话语的新闻 [M]. 曾庆香,译. 北京:华夏出版社,2003:13.
[2] 不管什么性质的新闻媒体都会受到外在经济力量(指外在于新闻媒体的经济力量)的制约。就公共媒体来说,必然受到政府经济力量的控制,或者受到政府经济力量和市场经济力量的双重制约;就私有新闻媒体来说,则主要受到广告市场中经济力量的制约。

职责。

对于绝大多数新闻媒体来说，广告是它们创造收入的主要方式。因而，新闻媒体在选择、刊播它们的新闻报道内容时，一般来说，总是要有利于而不是有害于广告产品的销售。如此一来，有些报道内容实质上就是在广告商的压力下被取消、遮蔽了，或者被淡化、筛选了。新闻媒体为自己设定的所谓"目标受众""有效受众"，一定意义上其实就是为广告商生产和创造的目标受众与有效受众（传播政治经济学得出的正是这样的结论）。诚如费斯教授所言："对广告的依赖必定会引导出版商和广播公司在决定他们表达什么以及如何表达时要对潜在的读者和观众做出区别对待。那些被市场压力驱使的新闻媒体试图吸引特定的'目标受众'（target audiences），而不是一般意义上的公众。这些受众是由他们的购买力和对广告的感受性来界定的，而不是根据一人一票的民主规范来定义的。"[①] 这尽管是针对美国私人新闻媒体而言的，但对已经进入市场化经营的中国新闻媒体来说，我以为在整体上也是适用的。投广告商所好常常成为一些新闻媒体进行新闻策划的主体，而为广告商的非理要求所左右，在当下新闻界也并不是什么新鲜的事。

不是说有了经济力量的制约，新闻媒体就不可能为公众提供正当的服务，就完全失去了专业精神，而是说，有了这样的力量制约，新闻媒体的内容选择、报道方式选择，就会产生一定的偏向——偏向了一部分人，偏向了制约媒体的经济力量，而不是偏向了社会公众，这自然与理想的新闻专业精神不相符合。比如，在内含新闻媒体（集团）的跨行业大型企业集团中，媒介集团往往是整个（总）集团的"儿子"甚或是"孙子"，因而，即使它不主动自愿充当总集团的吹鼓手或者耳目喉舌，也不能不在总集团

---

① 费斯. 言论自由的反讽[M]. 刘擎, 殷莹, 译. 北京: 新星出版社, 2005: 55.

的经济控制下活动。试想，当作为"老子""老爷"的总集团，或者充当媒介集团"兄弟姐妹"的其他子集团出了什么丑闻，干了什么坏事，损害了公众①的利益时，媒介集团能够如何？人们看到的事实是：媒介集团通常视而不见，充耳不闻，避而不谈。就算到了不得不说点什么的时候，往往也是避重就轻、敷衍了事。在全球化背景下，这样的大集团越来越多，新闻媒体的独立性则是江河日下，越来越差。西方新闻界追捧的新闻专业精神正在受到更加严峻的经济挑战，有美国学者甚至认为美国可能已经进入新闻终结的时代。② 经济逻辑越来越成为支配新闻逻辑的力量，新闻业在新的时代条件下，到底怎样才能为公众提供比较好的服务，是当前西方新闻界苦苦探索、争议迭出的大问题。③

即使在我国，由于新闻媒体本身已经不再是纯粹的党政机关部门，而是相对独立的经济实体，在产业化的背景下需要自己"养活"自己，因而，新闻传播业不得不接受各种经济力量的影响，一些媒体所做的新闻报道有时也不得不按照商业逻辑来设计和进行。人们看到，有些新闻媒体对新闻本身其实没有多大兴趣，它们对媒体应该为社会公众服务不以为然，只要能赚钱，听谁的话都可以。一旦商业逻辑影响和支配了新闻逻辑，新闻变味便是必然的。不管什么样的社会力量，一旦改变了新闻传播自身的逻辑，必然会扭曲新闻精神的内在追求。

---

① 这里的公众可能不是一国一地的公众，而是世界性的公众。在全球化背景下，构成新闻传播的所有要素与传播方式都在全球化。这是一种强劲的趋势。巨无霸式的经济集团，正在以前所未有的力量影响着整个人类社会的发展，其中，媒介文化作为大众文化的影响力不可低估。这方面的学术研究已经成为西方新闻界、传播界以及其他学科界别的重要领域。但中国新闻与传播学界至今还没有什么像样的成果出现。
② 麦克切斯尼. 富媒体 穷民主[M]. 谢岳，译. 北京：新华出版社，2004：60.
③ 20世纪七八十年代以来，西欧社会的信息化转向，加剧了以生产信息产品为主的传媒之间的竞争，传统的公共媒体纷纷解体（新闻媒体或者大众传媒的运作模式越来越像美国的模式，即从公共服务模式向商业模式转化），新闻专业精神，即为社会公众服务的精神也受到了严峻挑战。在媒体私有化、商业化的浪潮中，市场逻辑对传媒的支配力量大大强化。媒体的目标是追求经济利益，而非为公众服务，新闻专业理想陷入一定的困境。

2. 媒体因素的影响

新闻精神最主要的体现者,乃是职业化的新闻工作者。但新闻精神的实现不可能离开媒体的作用和影响,新闻媒体无疑提供了新闻精神实现的组织保障,然而新闻媒体在性质上、属性上并不是单一的,它具有多元性质、多重属性以及多向度的利益诉求,在其机构内部亦有不同的组织结构方式。凡此种种,既可能为新闻精神的实现提供条件,也有可能给新闻精神的实现设置或构成一定的障碍。

尽管现实世界中的新闻媒体大都宣称是社会公器,但事实上能够这样做的媒体少得可怜。美国学者约翰·赫尔顿就曾一针见血地说:"人们所说的不一定与他们所做的相符,甚至不一定与他们所信奉的东西相符。对于崇高的原则,口头上表示效忠,几乎成了一种普遍的自卫策略。"[①] 因而,为社会公众服务显然具有一定的理想主义的色彩,并不具备完全的现实性。但新闻精神本身就包含着理想的成分,包含着对新闻工作者的美好希望和召唤。

新闻媒体作为组织性主体的把关功能、议题和议程设置功能,使媒体必须担当起应负的社会责任。因为人们能够和应该获知什么,必须和应该重点关注什么,与媒体这些功能的发挥密切相关。尽管今天的新闻媒体不能再像传统媒体时代的媒体那样限制人们对他们感兴趣的事件、现象、人物、问题等的了解,但作为制度化、体制化存在和运行的社会信息系统,其在社会信息流通过程中的把关功能、议题和议程设置功能是不可否认的。要将部分人的议题转换成社会公众的议题,很难离开新闻媒体的介入和参与。一定的议题可能并不源于媒体的创造,可能来自社会、政府、某个组织或者群体,甚至来自一定的个人,但不管什么议

---

① 赫尔顿. 美国新闻道德问题种种[M]. 刘有源, 译. 北京: 中国新闻出版社, 1988: 27.

题，不管是谁创造的议题，要想成为社会公众的议题，在今天这样的社会，显然都很难离开大众化的新闻媒体的塑造。媒体在呈现、展示、塑造议题或议程的过程中，首先为社会公众设置了要关注的议题；同时，媒体呈现、展示、塑造议题或议程的方式，将会影响社会公众理解、评价和对待不同议题的方式。因此，专业化的新闻媒体应该以专业精神——为社会公众服务的精神——介入、参与和创造议题、设置议程。如果在态度上就背离了新闻专业精神，作为组织性主体的新闻媒体就应该受到道德上的谴责。

每家新闻媒体都有自己公开的或者隐蔽的新闻政策，都有自己公开的或者隐蔽的立场与倾向，每家媒体都有自己的媒体组织文化，其深层内核就是媒体的新闻传播价值取向，所有这些东西，都会以公开的、硬性的或者隐蔽的、软性的方式要求记者和编辑在新闻业务工作中遵循。这些政策在性质、功能上，这些立场和倾向在公正性上，既可能符合新闻精神的要求，也可能背离新闻精神的要求。如果是后一种情形，那无疑是新闻精神实现的障碍。

有些新闻媒体在政治、经济压力下往往放弃专业精神，把自己沦为政治力量、经济力量的奴仆。在西方世界，市场力量对媒体的制约在一定程度上已经超过政府政治力量的制约，新闻媒体在一定程度上已经成了经济压力下的"变色龙"和可怜虫。请看一下费斯教授的描述："一个私营的新闻媒体是不受政府经济控制的，这当然是好的一面，但它仍会受到滋生其中的经济结构的抑制。就像其他企业一样，报社、电视台或广播电台的产权所有者都在寻求最小成本和最大收益。简而言之，他们都期望盈利，而且他们对报道什么、如何报道的决定，在很大程度上会取决于这一盈利的期望。"[①] 正是出于这样的期望，"当政府的政策或某些候选人的立场有

---

① 费斯. 言论自由的反讽 [M]. 刘擎，殷莹，译. 北京：新星出版社，2005：53.

利于新闻媒体的经济利益时,处在市场压力下的新闻媒体可能就会羞于批评政府或某些公职候选人。在其他一些情况下,这种影响或许更加微妙:追求最大利润的简单期望会使新闻媒体淡化某些问题的严重性,这些问题本来应该被报道却不会被报道,原因就在于它们不能创造所期望的收入"[1]。而兰斯·班尼特(W. Lance Bennett)的描述更是淋漓尽致:"现在的观察家已经注意到,新闻内容越来越远离那些政治上敏感、重要和危险的信息。我们可能建立一道防护墙,只保护了新闻免受审查的危险,却为商业利益驱动下的堕落开了个口子。粗略了解经济学的人都知道,这种利益没有任何内在的驱动力去担负起公共和社会责任。他们的唯一目的就是为私人投资者和股东创造财富。"[2] 在中国,刚刚进入市场化、产业化运作不久的新闻业,更是受到了种种压力——政治的、经济的、市场的、受众的,多方压力"一哄而上",使许多新闻媒体晕头转向、不知所措。为了争夺市场空间,一些新闻媒体进行着各种各样的恶性竞争和暗箱操作,产生了不少丑恶的现象。一些媒体为了多得到一些广告费用,更是到了无耻的地步,各种卑劣的手段都派上用场,把办报搞成了"办案",把版面当成了诈骗钱财的工具。[3] 常识告诉人们,高质量的、能为社会公众提供比较周全的信息和意见服务的新闻报道(新闻评论),往往需要新闻媒体投入较大的人力、物力和财力,而一些新闻媒体为了自身的短期利益,常常做一些低质量的、成本投入较少的新闻报道,降低了新闻的专业水准。有的新闻媒体甚至不报道本该报道的新闻,有的媒体则把本该重点报道的新闻处理成一般的新闻,一些媒体为了赢得所谓的"共同口味",

---

[1] 费斯. 言论自由的反讽 [M]. 刘擎,殷莹,译. 北京:新星出版社,2005:53-54.
[2] 班尼特. 新闻:政治的幻象:第5版 [M]. 杨晓红,王家全,译. 北京:当代中国出版社,2005:14-15.2018年,中国人民大学出版社推出本书第9版的中译本《新闻:幻象的政治》。
[3] 刘建明. 新闻学前沿:新闻学关注的11个焦点 [M]. 北京:清华大学出版社,2005:241-242.

使新闻内容走向了庸俗、媚俗的"风月市场"或者"丑恶市场"①。还有一些新闻媒体在种种借口之下，不断对记者、编辑队伍进行"更新换代"，以降低人力成本。如此种种做法，实质上是对社会的不负责任、对公众的不负责任，到头来，也是对自己的不负责任。这样的做法，又从何谈起新闻精神？清华大学的刘建明教授就曾撰文指出，许多媒体为了减少投入，对于对国计民生有重要意义的政治经济报道不予应有的关注，却增加不需要很大投入的社会新闻，"为了获得更多的广告收入，以广告挤掉新闻版面……娱乐新闻、明星新闻比例也很大，而高水平的、对公众很有教育意义的严肃新闻反而很少。这样，新闻媒体的成本降低了，但是媒体的社会作用和社会责任也降低了，不能充分履行其服务于公共利益的职能"②。中国人民大学的喻国明教授说得更为透彻："媒体的根本责任不在于或者主要不在于让人们看得好看、精彩和过瘾，而在于环境守望，真正成为人们的'信息管家''时事顾问''意见领袖'。如果商业化的压力和诱惑使媒体偏离了它的使命和原本轨道，它是会受到报应的。"③

　　实事求是地说，"在经济体系内运作的任何一种媒介组织，它的目的均在于满足私人与公共的需要与欲求"④。但是，当在私利、团体组织利益与公共利益之间偏向前者时，不管新闻媒体能够提供和找出什么样的理由，诉说自身承担着什么样的压力，它在客观上都已经背离了新闻精神的基本要求。在现实中，一些"艺术性"比较高的新闻媒体，在两种或者多种利益中求得平衡，在多种力量中练就"八面玲珑"的本领，它们运用

---

① 米兰·昆德拉说："它（指媚俗）描述不择手段去讨好大多数的心态和做法。"（昆德拉. 生命中不能承受之轻 [M]. 韩少功，韩刚，译. 北京：作家出版社，1991：343.）
② 刘建明. 新闻学前沿：新闻学关注的11个焦点 [M]. 北京：清华大学出版社，2005：231.
③ 喻国明. 喻国明自选集：别无选择：一个传媒学人的理论告白 [M]. 上海：复旦大学出版社，2004：393-394.
④ 皮卡德. 媒介经济学：概念与问题 [M]. 赵丽颖，译. 北京：中国人民大学出版社，2005：4.

"走钢丝"的本领，谋求媒体的生存和发展。如果这一系列的做法不伤害公共利益，我以为还是可以接受的。现实毕竟不是理论，也不是理想。但作为新闻媒体，永远不能放弃为人民服务的追求。新闻机构"必须将信息视为公民的一项基本权利，而不是作为一种商品"，"必须将自己视为一种特殊的社会—经济机构，这些机构的目标是为公众提供一种基本的权利"[1]。

人们希望和要求新闻媒体相对独立，就是希望和要求它不纯粹依附于政府和任何其他的政治力量、广告商和任何媒体自身以外的经济力量、市场和任何受众的不当要求。独立、自主是不依附，不是不相关，不是相断绝。新闻媒体永远要与各种社会力量相联系，它们在任何一种社会形态中、任何一种社会制度下、任何一个国家里，都要与环境中的各种力量、各种要素或者合作，或者较量，或者在博弈中保持动态的平衡。谋求新闻媒体的绝对独立，或者相信新闻媒体可以绝对独立，如我在前面所言，是一种不符合实际的幼稚想法。[2] 但也如我前面所言，新闻媒体可以相对独立，并且需要相对独立。这是新闻自由的要求，也是民主社会的要求，是实现新闻精神的要求。

新闻界长期存在的以及新生的各种不良现象、腐败现象，既是缺乏新闻精神的表现，也是实现新闻精神的重重障碍。诸如有偿新闻、有偿不闻[3]、

---

[1] 陈力丹.自由与责任：国际社会新闻自律研究［M］.开封：河南大学出版社，2006：25.信息权是公众享有的一项基本权利，不属于政府，也不属于出版人或记者。

[2] 在中国，在主导性政治意识形态所理解的马克思主义新闻事业观中，新闻媒体被认定为思想（教育）中心、意识形态机构，新闻工作者因而也就是思想教育者（以正确的舆论引导人是其核心任务和工作目标）或意识形态的传扬者，只不过是采用了新闻传播、新闻报道的手段。这样的媒体定位与公共服务的精神追求到底是一种什么关系？通常给出的解释是：媒体倡导、宣扬的意识形态是正确的、合理的，是社会公众普遍赞成的。因此，在这样的意识形态指导下的新闻传播必然是为公众服务的。但新闻媒体怎样才能更好地为人民服务，为社会主义的健康发展服务，我个人认为并不是有了完整正确答案的问题，而是仍然需要我们进行研究和探索，更需要实践的检验和证明。

[3] "有偿不闻"是新闻界存在的一种丑恶现象，可以说是有偿新闻的一种特殊表现形式，是指在新闻报道活动中，新闻媒体或者从业人员在接受潜在报道对象提供的报偿后，不对可能给报道对象带来不利影响的新闻事实或事件（通常为负面事实或事件）进行报道。

广告新闻或者"软"新闻①、虚假新闻、公关新闻、媒介事件②、通过策划制造出来的新闻、制造道德恐慌和心理恐慌的恶性炒作新闻③、媚俗新闻、凭借各种刻板印象塑造出来的歧视性新闻④等等，有的缺乏基本的求实、求真精神，有的背弃了坚持公正、维护正义的新闻精神，有的则是对新闻权利的滥用，违背了和谐为美的自由精神，有的更是各种丑恶兼而有之，从根本上玷污了新闻精神的灵魂。

导致上述种种不良新闻传播现象的原因绝不是单一的，甚至根本的或者主要的原因可能不在新闻媒体身上，不在新闻工作者身上。但是，无论能够找到多少客观原因，找到多少托词借口，所有这些新闻都是通过新闻媒体这个渠道传播出来的，都是通过记者、编辑的关口传播出来的，这就足以说明新闻媒体难辞其咎，新闻工作者难卸其责。新闻精神这道无形的关口一旦打开，所有有形的把关也就变成了"样子货"。心灵决堤了，善

---

① 新闻媒体的一些报道往往被广告商"劫持"，或者被广告商强行"化妆"，形成所谓的"软文"（软广告、软新闻），即广告变成了新闻面孔。这样，公众实际上受到了双重欺骗——媒体的欺骗、广告商的欺骗。这样的软文，维护的是谁的利益？广告商的利益、媒体的利益，唯独没有了公众的利益。公众获取的是"四不像"信息，既不是新闻，也不是广告，而是广告商和媒体合谋孕育的利益怪胎。

② 关于媒介事件，参见下列文献：戴扬，卡茨. 媒介事件 [M]. 麻争旗，译. 北京：北京广播学院出版社，2000. 所谓"媒介事件"，是指由新闻媒体自导自演或与其他利益集团合谋导演的事件，其目的不在于报道新闻，而在于塑造媒体自身的形象或追求自身的经济利益。有人参照美国历史学家丹尼尔·布尔斯廷（Daniel J. Boorstin）对"假事件"的界定，把这样的事件称为"媒介假事件"——由媒介公开策划并作为新闻进行报道的公共关系活动（周俊. 媒介假事件的基本特征和规范 [D]. 北京：中国人民大学，2005）；也有人把类似的事件称为"策划新闻"。

③ 一些新闻媒体为图一时之快、制造轰动效应，对一些新闻事件（主要是负面的新闻事件）进行不遗余力、淋漓尽致的报道，从而造成整个社会或者一定社会范围内的道德恐慌（道德恐慌既指个别突发事件，经过传媒爆炒后放大成全国甚至世界性的轰动事件，由此带来大众对社会道德的关心和担心，也指传媒的暴力表现对青少年的影响引来家长和社会的担忧）。（陆扬，王毅. 文化研究导论 [M]. 上海：复旦大学出版社，2006：136.）这也是缺乏新闻精神的表现——既没有尊重事实的本来面目，又缺乏足够的人文关怀。

④ 一些新闻媒体在报道有关人群时，预先认定他们具有一些固定的不良属性，然后按图索骥，寻找新闻，从而形成对一定人群的固定报道模式。由于这种报道主要针对的是一定人群的不良属性，而忽视了他们良好的一面，所以形成了歧视性的报道效果。这样的新闻因而被人们称为歧视性新闻。另可参阅下列文献：杨保军. 新闻真实论 [M]. 北京：中国人民大学出版社，2006：262-264.

恶之水就会一并冲将出去。新闻媒体一旦失去了新闻专业精神，也就失去了专业媒体的角色特征，沦为不伦不类的信息商贩。

3. 新闻活动主体因素的影响

如上所述，新闻精神在个体新闻活动者身上的实现，主要体现在两个方面：一是活动者具有新闻精神，或者说活动者的灵魂是被新闻精神成功塑造了或者塑造过的灵魂，已经具备基本的新闻专业素养；二是活动者在新闻实践中能够按照新闻精神的基本要求做事。

人是现实的存在，其本质、属性、特征是由各种社会关系共同塑造的，作为专业人员的职业新闻工作者也不例外。在其职业活动中，新闻工作者不大可能把自己剥离成纯粹的专业人员，以纯粹的专业态度、精神和方式从事新闻活动，他会受到各种环境因素、精神观念、实际利益因素的作用和影响，从而会在践行新闻精神时遇到一定的障碍。另外，一种精神的塑造和养成，特别是一种精神的践行或落实，从原则上说是一个终生的过程，不可能一劳永逸。正因为这样，个体对新闻精神的践行永远都不可能十全十美。那些导致个体不能完美地践行新闻精神的主体因素（比如，认知因素、品质因素、身体因素等），都是新闻精神实现过程中的主体性障碍。上文我已经对实现新闻精神的主体品质做了阐述，这里着重从认知角度阐述一下影响新闻精神实现的几个问题。

职业新闻工作者对自身角色、身份的定位认知，对新闻业、新闻媒介功能的认知，对传播环境的认知，以及拥有的新闻认识能力本身等，都会对新闻精神的实现程度和水平具有影响作用。

职业新闻工作者首先需要认清、认准自己的角色定位。职业新闻工作者不是纯粹的宣传者，不是公关者，不应该是冷冰冰的记录者和旁观者。新闻从业者是通过新闻手段为社会公众提供新闻信息服务的工作者。这里的新闻信息服务既有事实信息的服务，也有意见信息的服务。职业新闻工作者既要报道新闻事实，反映事实的真相，也要评论新闻事实、事件，发表对事实、事件的真实看法。前者为公众提供思考的基础，后者为公众提供思考的借鉴。

然而，在我国新闻传播实际中，一些职业新闻工作者并不把自己视为新闻人，而是视作宣传者，至多是新闻宣传者[①]，有些记者甚至把自己视作"群众的领导者""官员"，个别人还把自己视为"钦差大臣"，到基层去采访，好像是去考察工作。他们在自觉或不自觉之中把自己塑造成非专业的新闻人，他们常常更看重控制主体对自己新闻活动水平、质量的评价，而不看重收受主体的评价；他们非常在乎控制主体的脸色，却不大在乎收受主体的评价。这样的所谓职业新闻工作者，离新闻精神的内在要求相差甚远。他们既不是成功的宣传者，也绝不是成功的新闻专业人员。有些人在实际工作中扮演的角色并不是新闻专业人员，而是公共关系人员、广告人员，他们不是公众的新闻代理人，而是一些公司、企业、组织团体的代理人，是广告商的代理人（有些人甚至直接充当广告人的角色）。他们与社会上的公司、企业或者其他组织团体一起，共同策划制造新闻事件，然后充分利用自己的新闻职业角色进行大规模的报道，以赢得广告提成或者"红包"。如此角色认知，离"社会公仆"角色相差实在是十万八千里。因而，我同意陈力丹教授的呼吁："眼下较为紧迫的，就是记者要知道你的位置在哪里，需要有基本的职业价值底线。……记者要在社会中认识自己的角色，传媒的责任是观望者、监测者，而非参与者，切记不要把记者的'权利'变成'权力'。"[②]

职业新闻工作者必须充分认识新闻生产本身受到的各种可能影响。当

[①] 所谓新闻宣传者，就是把报道新闻作为宣传的手段。报道新闻的目的不在于为公众提供新闻信息服务，而在于宣传传播者自己的某些观念。

[②] 陈力丹. 自由与责任：国际社会新闻自律研究[M]. 开封：河南大学出版社，2006：2.

一个新闻工作者能够理解新闻生产的过程，了解影响新闻生产的方方面面的因素和力量，才能懂得传递给收受者的新闻是什么样的新闻，是不是真实的新闻、全面的新闻、公正的新闻、为社会公共利益服务的新闻。经验和事实告诉人们，在许多新闻的背后，伸出来的支撑新闻报道的双手并不是专业精神的双手，也不是经过新闻精神之泉水冲洗的双手，而是支撑各种私利或者集团利益的政治之手、经济之手、公关之手。美国人沃伦·布里德（Warren Breed）早在1955年就得出了这样的研究结论：报纸的政策通常是能被遵循的。因为记者的酬赏不是来自读者，而是来自其同事和上司。记者认为与其执着于社会的和专业的理想，不如把自己的价值依附于编辑部这一团体更具现实性。这样，他不仅可以获得自己的地位，而且能被这个从事于有趣的、变化的，有时很重要的工作的团体认同和接受。直到今天，布里德的结论仍然没有过时，并且具有世界范围的普适性。由此可见，新闻精神的实现并不是容易的事情，为公众服务的专业理想要变成现实，需要新闻工作者先从自己开始进行反思，先对新闻媒体内部的行为做出反思。

新闻媒体所呈现出来的事实世界，即使是真实的，也是极其有限的，各种力量都在试图利用新闻手段建构自己想看到的世界，都在想方设法控制或者干涉新闻信息流、意见流，以形成对自己的利益有利的意识形态环境。这种做法对于利益集团、个人而言并没有什么错误，但作为职业新闻工作者，只有清醒地认识到这些，才不至于浑浑噩噩、自以为是，才能认识到为社会公众服务、实现新闻精神的艰难。新闻媒体成为公众意见的平台，并不是天然的事情。越是对社会有影响力的事物，越容易成为不同利益追逐者争夺的事物，从而也就越容易扭曲它本来的面目。社会中最可贵的精神就是为社会公众服务的精神，最沉重的担子就是为整个社会服务的担子，新闻精神就是这样一种精神，职业新闻工作者就是承担这种担子的一类人。

新闻工作者要充分反省自身的刻板印象。① 在新闻传播活动中，新闻工作者个人的刻板印象、主观偏见必然会影响新闻精神的实现。新闻精神内在地要求为公众服务，满足公众的合理信息需要，要求平等地对待各种社会人群，公正地选择新闻和报道新闻。但新闻选择中刻板印象的存在，主观偏见、偏爱的存在（"把关人"理论证明的正是这一点），恰好说明了新闻精神实现的难度及有限性。其实，从新闻媒体到新闻工作者个体，在新闻选择（包括内容选择和报道方式的选择）的过程中，依据的标准和尺度都受到诸多条件的制约：有整个社会塑造的新闻传播环境的制约，有新闻媒体自身定位的制约，有新闻受众需求的制约，有竞争对手之间的相互制约，当然还有个体新闻工作者自身新闻选择图式②、新闻价值模式以及其他主观因素的制约。正是在这些制约形成的合力的作用下，形成了最终的新闻选择。在这一过程中，哪些是合乎新闻精神要求的，哪些是不合乎新闻精神要求的，并不是非常容易说明的。当然，我们必须注意到这样的事实：有些人能够较好地克服媒体偏见、个人偏见，为公众选择合理的新闻信息，有些人的这种选择愿望、选择能力则弱一点、差一点。正是因为存在着这种客观上的差别，我的分析探讨才有实际意义，我提出的培养新闻精神的建议才有价值。另外，在不同具体岗位上履行职责的人，面临的具体问题、需要克服的具体困难也是不一样的。一个记者和一个编辑的职

---

① 关于新闻报道中的刻板印象问题，有兴趣的读者可参阅下列文献：杨保军. 新闻真实论 [M]. 北京：中国人民大学出版社，2006：262-264.

② "图式"是指主体从事某种认识活动时，面对认识对象的"先存心灵状态"，或既有的"大脑主观状态"。图式概念反映的实质现象是，人们在从事任何认识活动之前，在面对任何认识对象时，其大脑都是"有准备的头脑"，而不是"白板"一块。在新闻活动中，记者面对事实（编辑面对稿件）时，其大脑同样不是白板，而是充满了各种各样的情感、意志和观念。正是凭借这些主观的东西，记者去认识事实、把握事实、评价事实，最终对报道什么事实、报道某一事实的什么信息做出选择。由此，我们把记者面对事实时大脑中具有的各种情感、意志、观念的统一体称为记者的新闻选择图式。（杨保军. 新闻理论教程 [M]. 北京：中国人民大学出版社，2005：138.）

业工作环境常常是不完全相同的,即使是记者与记者之间、编辑与编辑之间也常常是不相同的。总之,对于每一个职业新闻工作者来说,在更好地实现新闻精神的要求时,需要克服的困难、排除的障碍是有所不同的。

作为职业新闻工作者,要伴随新闻传播的发展,与时俱进,不断在学习中、在新闻实践中更新自己的新闻选择图式,消除新闻选择图式的惯性和惰性,以免其变成刻板印象,影响新闻选择的全面性和公正性。当记者、媒体所做的新闻报道是公正的、全面的时,自然能够为社会公众提供有益的服务。

新闻工作者需要提高自己的道德认知水平,提高自己的道德反思能力。新闻精神在一些新闻工作者身上得不到实现,主要原因不是他们不知道什么是对的、什么是错的,什么是正当的、什么是不正当的,而是他们明知故犯。这属于实现新闻精神的主体品质障碍。① 但也有个别现象是由新闻工作者道德认识模糊造成的。一些职业新闻工作者对什么行为是符合新闻精神的、什么行为是不符合新闻精神的,什么是应该的、什么是不应该的并没有清楚的认识。就当前情况来看,最突出的表现有两种:一是职业行为的中介化,二是职业上的越界行为。

所谓职业行为的中介化,是指一些新闻行为主体并不直接为自己的行为负责,在行为过程和行为结果之间插入其他力量(个人的或组织的),从而使行为主体和行为结果之间没有了直接的联系。职业行为的中介,主要有两种形式:第一,组织中介。一些人在为组织负责的名义下干尽错事

---

① 这种障碍不属于道德认识能力不足。作为人,任何人都有着最基本的道德直觉,这是人在社会化过程中的必然结果,并不是天生的结果。有些人知德而不讲德,知德而不践行德,甚至会把知德作为有意背德的策略。这是德性上的障碍。失去德性的人是不可能讲道德的。诚如陈力丹所说:"缺乏道德底线的传媒和记者是可怕的,因为他们具有传播非人性观念的很大能量,而且还能在市场逻辑的'道理'下说服人。"(陈力丹. 解析中国新闻传播学[M]. 上海:上海交通大学出版社,2006:139.)

甚至坏事，或者是在有组织承担责任的前提下（那是组织让干的）为所欲为甚至走向疯狂。不少新闻工作者认为只要是组织安排的，就一定是正确的，缺乏从职业自身要求出发的反思，忘记了作为专业人员应有的独立性。第二，技术中介。现代高科技为某些不道德的行为提供了可能。这里的意思是说高科技手段为一些不良道德动机的现实化提供了中介。如果没有一些技术手段，有些不良的道德动机就只能停留在动机阶段，无法转换成不道德的行为。进一步说，高科技在一定意义上成为刺激不道德动机产生和实施的外界环境因素，这正像外界的有些诱惑在一定程度上可能促成犯罪一样。职业新闻工作者在获取新闻信息的过程中，依赖传统的手段无法获取时，就会借助一些高科技手段。在这一过程中，有些手段的运用可能产生不道德的行为和不道德的后果。技术因素作为物的因素不是主动的，但由技术手段激发的不道德动机与行为是确实存在的。因此，技术道德意识是新闻工作者从事新闻活动时应该具备的。然而，不少新闻工作者常常利用各种各样的借口为自己的不当行为辩护，这说明他们对技术与道德之间的关系还没有充分的认识，他们的行为被技术牵制，而不是在遵循道德要求的前提下、在新闻精神的支配下进行新闻活动。

越界行为是指新闻工作者超越新闻职业行为正当权利范围，做了一些不应该做的、不能做的事情。其认识论根源是，一些职业新闻工作者对自己的职业权利范围并没有明确的认识，对新闻媒体、新闻传播、新闻的功能等没有明确的认识。一些新闻工作者不知道自己到底应该做什么。于是，各种各样的越界行为出现了：有些记者一副包打天下的气派，超越法律、行政等的合理约束界限进行新闻采访、报道；有些记者在新闻报道的名义下，进行着非新闻传播的行为，制造新闻、策划新闻，背离了新闻的本性；有些记者把新闻报道作为自己在"官道"上升迁晋级的手段，一篇一篇的新闻报道变成了一块一块的铺路石；有些记者更是把新闻自由权利作为为所欲为的资本,把权利变成了权力……更加可怕的是,如此行为的记者,往往觉得理所当然。职业意识、专业意识的培养,新闻精神的养成,对于中国新闻界确实还是任重道远的事情。

我们还能够找到其他一些阻碍新闻精神实现的认识论方面的障碍,但——罗列并没有多少必要,关键的问题是要明白存在着这样的障碍。无论存在什么样的主体品质障碍,新闻精神主体都是可培养、可塑造的。新闻精神是新闻活动主体创造的,但反过来说,新闻精神也可以创造新闻活动主体。这正像人创造了环境,环境也在创造人,人创造了文化,文化也在创造人一样。新闻精神并不是我们在理论研究中抽象出来的一种客观精神,而是就存在于、变化于、发展于新闻业的演变中、新闻媒体的运作中、新闻活动者的新闻行为中,就存在于令人多少有点难以把握的社会环境中,人人都能感受得到,特别是那些愿意感受、体验、学习、理解、内化、实践它的人,是完全可以成为新的新闻精神主体的。

主要参考书目

一、中文文献（著作类）

陈昌凤．中美新闻教育传承与流变［M］．北京：中国广播电视出版社，2006．

陈桂兰．新闻职业道德教程［M］．上海：复旦大学出版社，1997．

陈建云．中外新闻学名著导读［M］．杭州：浙江大学出版社，2005．

陈力丹．解析中国新闻传播学［M］．上海：上海交通大学出版社，2006．

陈力丹．马克思主义新闻观思想体系［M］．北京：中国人民大学出版社，2006．

陈力丹．马克思主义新闻思想概论［M］．上海：复旦大学出版社，2006．

陈力丹．世界新闻传播史［M］．上海：上海交通大学出版社，2002．

陈力丹．自由与责任：国际社会新闻自律研究［M］．开封：河南大学出版社，2006．

陈汝东．传播伦理学［M］．北京：北京大学出版社，2006．

成美，童兵．新闻理论教程［M］．北京：中国人民大学出版社，1993．

丁柏铨．中国当代理论新闻学［M］．上海：复旦大学出版社，2002．

方汉文．西方文化概论［M］．北京：中国人民大学出版社，2006．

风笑天．社会学研究方法［M］．北京：中国人民大学出版社，2001．

冯平．评价论［M］．北京：东方出版社，1995．

甘惜分. 新闻理论基础 [M]. 北京：中国人民大学出版社，1982.

高钢. 新闻写作精要 [M]. 北京：首都经济贸易大学出版社，2005.

高兆明. 耻感与自由能力 [M] //科学发展：率先·创新·和谐. 南京：江苏人民出版社，2006：95-100.

弓肇祥. 真理理论：对西方真理理论历史地批判地考察 [M]. 北京：社会科学文献出版社，1999.

龚群. 当代西方道义论与功利主义研究 [M]. 北京：中国人民大学出版社，2002.

顾潜. 中西方新闻传播：冲突·交融·共存 [M]. 上海：复旦大学出版社，2003.

郭继海. 真理符合论的困难及其解决 [M]. 北京：中国社会科学出版社，2003.

郭庆光. 传播学教程 [M]. 北京：中国人民大学出版社，1999.

何怀宏. 底线伦理 [M]. 沈阳：辽宁人民出版社，1998.

胡文龙. 中国新闻评论发展研究 [M]. 北京：中国人民大学出版社，2002.

黄旦. 新闻传播学：修订版 [M]. 杭州：浙江大学出版社，1997.

黄瑚. 新闻法规与职业道德教程 [M]. 上海：复旦大学出版社，2003.

黄天鹏. 新闻学论文集 [M]. 上海：光华书局，1930.

黄小寒. "自然之书"读解：科学诠释学 [M]. 上海：上海译文出版社，2002.

蒋亚平，官健文，林荣强. 新闻失实论：上册 [M]. 北京：中国新闻出版社，1986.

蒋亚平，官健文，林荣强. 新闻失实论：下册 [M]. 北京：中国新闻出版社，1986.

金岳霖. 知识论 [M]. 北京：商务印书馆，1983.

蓝鸿文. 新闻伦理学简明教程 [M]. 北京：中国人民大学出版社，2001.

李彬. 全球新闻传播史 [M]. 北京：清华大学出版社，2005.

李建新. 中国新闻教育史论 [M]. 北京：新华出版社，2003.

李良荣. 新闻学概论：修订本 [M]. 福州：福建人民出版社，1995.

李良荣. 新闻学概论 [M]. 2版. 上海：复旦大学出版社，2001.

李龙. 西方法学经典命题 [M]. 南昌：江西人民出版社，2006.

李幼蒸. 仁学解释学：孔孟伦理学结构分析 [M]. 北京：中国人民大学出版社，2004.

李瞻. 新闻学 [M]. 台北：三民书局，1972.

刘建明. 新闻学前沿：新闻学关注的11个焦点 [M]. 北京：清华大学出版社，2005.

刘明华，徐泓，张征．新闻写作教程［M］．北京：中国人民大学出版社，2002．

刘永富．胡塞尔现象学·海德格尔本是学引论：从所知学的角度重新解读胡塞尔和海德格尔［M］．西安：西北大学出版社，2000．

刘永富．真假论纲［M］．北京：中国社会科学出版社，2002．

陆扬，王毅．文化研究导论［M］．上海：复旦大学出版社，2006．

吕世伦，文正邦．法哲学论［M］．北京：中国人民大学出版社，1999．

罗国杰．马克思主义伦理学［M］．北京：人民出版社，1981．

罗以澄，秦志希．新闻与传播评论：2005年卷［M］．武汉：武汉出版社，2006．

马少华．新闻评论［M］．长沙：中南大学出版社，2005．

潘知常，林玮．传媒批判理论［M］．北京：新华出版社，2002．

沙莲香．社会心理学［M］．北京：中国人民大学出版社，1987．

舒炜光．科学认识论［M］．长春：吉林人民出版社，1990．

孙旭培．新闻学新论［M］．北京：社科文献出版社，1993．

童兵．比较新闻传播学［M］．北京：中国人民大学出版社，2002．

童兵．理论新闻传播学导论［M］．北京：中国人民大学出版社，2000．

童兵．马克思主义新闻思想史稿［M］．北京：中国人民大学出版社，1989．

童兵．童兵自选集：新闻科学：观察与思考［M］．上海：复旦大学出版社，2004．

涂光晋．时代之"声"：新时期中国新闻评论研究［M］．北京：中国人民大学出版社，2011．

王大珩，于光远．论科学精神［M］．北京：中央编译出版社，2001．

王海明．伦理学原理［M］．北京：北京大学出版社，2001．

王海明．新伦理学［M］．北京：商务印书馆，2001．

王庆节．解释学、海德格尔与儒道今释［M］．北京：中国人民大学出版社，2004．

王文章，侯样祥．中国学者心中的科学·人文：科学卷［M］．昆明：云南教育出版社，2002．

王玉樑．21世纪价值哲学：从自发到自觉［M］．北京：人民出版社，2006．

王玉樑．价值哲学新探［M］．西安：陕西人民教育出版社，1993．

王子琳．法律社会学［M］．长春：吉林大学出版社，1991．

魏永征．新闻法新论［M］．北京：中国海关出版社，2002．

夏甄陶．认识的主-客体相关原理［M］．武汉：湖北教育出版社，1996．

肖群忠．伦理与传统［M］．北京：人民出版社，2006．

徐宝璜．新闻学［M］．北京：中国人民大学出版社，1994．

徐耀魁．西方新闻理论评析［M］．北京：新华出版社，1998．

严存生．论法与正义［M］．西安：陕西人民出版社，1997．

杨保军．新闻活动论［M］．北京：中国人民大学出版社，2006．

杨保军．新闻价值论［M］．北京：中国人民大学出版社，2003．

杨保军．新闻理论教程［M］．北京：中国人民大学出版社，2005．

杨保军．新闻事实论［M］．北京：新华出版社，2001．

杨保军．新闻真实论［M］．北京：中国人民大学出版社，2006．

杨宇冠．人权法：《公民权利和政治权利国际公约》研究［M］．北京：中国人民公安大学出版社，2003．

姚新中．道德活动论［M］．北京：中国人民大学出版社，1990．

叶成群．记者档案之聚焦新闻大事件［M］．北京：中国青年出版社，2005．

俞可平．民主与陀螺［M］．北京：北京大学出版社，2006．

喻国明．解析传媒变局：来自中国传媒业第一现场的报告［M］．广州：南方日报出版社，2002．

喻国明．喻国明自选集·别无选择：一个传媒学人的理论告白［M］．上海：复旦大学出版社，2004．

袁贵仁．价值学引论［M］．北京：北京师范大学出版社，1991．

张隆栋，傅显明．外国新闻事业史简编［M］．北京：中国人民大学出版社，1988．

张千帆．宪法学导论：原理与应用［M］．北京：法律出版社，2004．

张穗华．媒介的变迁［M］．北京：中国对外翻译出版公司，2002．

张维义．当代"老新闻"［M］．北京：中国广播电视出版社，1994．

张玉堂．利益论：关于利益冲突与协调问题的研究［M］．武汉：武汉大学出版社，2001．

张征．新闻发现论纲［M］．北京：中国人民大学出版社，2006．

张中华．管理学通论［M］．北京：北京大学出版社，2005．

赵汀阳. 论可能生活：修订版［M］. 北京：中国人民大学出版社，2004.

郑保卫. 冲突·融合：新闻传播与社会发展［M］. 北京：新华出版社，2006.

郑保卫. 当代新闻理论［M］. 北京：新华出版社，2003.

郑保卫. 中国共产党新闻思想史［M］. 福州：福建人民出版社，2004.

郑杭生. 社会学概论新修［M］. 3版. 北京：中国人民大学出版社，2003.

郑兴东，陈仁风，蔡雯. 报纸编辑学教程［M］. 北京：中国人民大学出版社，2001.

钟新，周树华. 传媒镜鉴：国外权威解读新闻传播教育［M］. 北京：中国传媒大学出版社，2006.

周辅成. 从文艺复兴到十九世纪资产阶级哲学家政治思想家有关人道主义人性论言论选辑［M］. 北京：商务印书馆，1966.

周辅成. 西方伦理学名著选辑：上卷［M］. 北京：商务印书馆，1964.

周鸿书. 新闻伦理学论纲［M］. 北京：新华出版社，1995.

周文彰. 狡黠的心灵：主体认识图式概论［M］. 北京：中国人民大学出版社，1991.

二、中文文献（包括期刊论文、学位论文及报纸文章）

陈斌，贾亦凡，阿仁. 2003年十大假新闻［J］. 新闻记者，2004（1）：21-27.

陈力丹. 假新闻何以泛滥成灾？［J］. 新闻记者，2002（2）：22-23.

程晓鸿. 36篇假新闻使《纽约时报》蒙羞［N］. 珠海特区报，2003-05-25.

单波. 重建新闻客观性原理［J］. 现代传播（中国传媒大学学报），1999（1）：28-35.

郭可，钱进. 美国新闻教育评估体系对我国的启示及建议［J］. 国际新闻界，2006（12）：26-30.

郭镇之. "客观新闻学"［J］. 新闻与传播研究，1998（4）：58-66.

胡乔木. 致读者［N］. 人民日报，1956-07-01.

靳一. 中国大众媒介公信力影响因素分析［J］. 国际新闻界，2006（9）：57-61.

陆晔，俞卫东. 新闻教育与新闻专业化：二〇〇二上海新闻从业者调查报告之五［J］. 新闻记者，2003（5）：38-40.

唐师曾. 我师萧乾［J］. 北京文学，2006（9）：130-135.

屠忠俊. 中国新闻业技术改造的总体态势之八［J］. 当代传播，2000（2）：15-18.

王利明. 公共利益是否就等于"大家的利益"［N］. 解放日报，2006-09-04.

吴飞. 西方新闻报道方式变革的内在动力 [J]. 现代传播（中国传媒大学学报），1999（2）：5-10.

杨保军. 新闻传收（受）活动矛盾探究 [J]. 湖南大众传媒职业技术学院学报，2006（2）：5-9.

杨保军. 新闻形态论 [J]. 国际新闻界，2004（4）：61-65.

杨保军. 正效新闻·负效新闻·零效新闻：为解决老问题而提出的一组新概念 [J]. 今传媒，2006（8）：12-13.

杨保军. 姿态 结构 重心：关于新闻理论研究的几点思考 [J]. 国际新闻界，2006（9）：21-25.

昝爱宗. 恶棍抑或抢劫犯：也说《东周刊》[N]. 国际金融报，2002-11-22.

周俊. 媒介假事件的基本特征和规范 [D]. 北京：中国人民大学，2005.

三、中文文献（翻译类）

阿特休尔. 权力的媒介 [M]. 黄煜，裘志康，译. 北京：华夏出版社，1989.

埃默里 M，埃默里 E. 美国新闻史：大众传播媒介解释史：第 8 版 [M]. 展江，殷文，译. 北京：新华出版社，2001.

柏拉图. 法律篇 [M]. 张智仁，何勤华，译. 上海：上海人民出版社，2001.

班尼特. 新闻：政治的幻象：第 5 版 [M]. 杨晓红，王家全，译. 北京：当代中国出版社，2005.

鲍曼. 后现代伦理学 [M]. 张成岗，译. 南京：江苏人民出版社，2003.

宾默尔. 博弈论与社会契约：第 1 卷 [M]. 王小卫，钱勇，译. 上海：上海财经大学出版社，2003.

波普尔. 波普尔思想自述 [M]. 赵月瑟，译. 上海：上海译文出版社，1988.

博登海默. 法理学：法律哲学和方法 [M]. 张智仁，译. 上海：上海人民出版社，1992.

布赖恩特，汤普森. 传媒效果概论 [M]. 陆剑南，等译. 北京：中国传媒大学出版社，2006.

戴扬，卡茨. 媒介事件 [M]. 麻争旗，译. 北京：北京广播学院出版社，2000.

丹尼斯，梅里尔. 媒介论争：19 个重大问题的正反方辩论 [M]. 王纬，等译. 北京：

北京广播学院出版社，2004.

迪克．作为话语的新闻［M］．曾庆香，译．北京：华夏出版社，2003.

多戈夫，洛温伯格，哈林顿．社会工作伦理：实务工作指南［M］．隋玉杰，译．北京：中国人民大学出版社，2005.

方纳．美国自由的故事［M］．王希，译．北京：商务印书馆，2002.

费斯．言论自由的反讽［M］．刘擎，殷莹，译．北京：新星出版社，2005.

弗林特．报纸的良知：新闻事业的原则和问题案例讲义［M］．萧严，译．北京：中国人民大学出版社，2005.

富勒．信息时代的新闻价值观［M］．展江，译．北京：新华出版社，1999.

哈克特，赵月枝．维系民主？：西方政治与新闻客观性［M］．沈荟，周雨，译．北京：清华大学出版社，2005.

赫尔顿．美国新闻道德问题种种［M］．刘有源，译．北京：中国新闻出版社，1988.

亨廷顿，哈里森．文化的重要作用：价值观如何影响人类进步［M］．程克雄，译．北京：新华出版社，2002.

怀特海．科学与近代世界［M］．何钦，译．北京：商务印书馆，1959.

霍布豪斯．自由主义［M］．朱曾汶，译．北京：商务印书馆，1996.

霍尔姆斯．反自由主义剖析［M］．曦中，陈兴玛，彭俊军，译．北京：中国社会科学出版社，2002.

基恩．媒体与民主［M］．郤继红，刘士军，译．社会科学文献出版社，2003.

克莱斯特，汉尼斯，张咏．2000年：新闻与大众传播教育的使命与目标：一份来自美国新闻教育机构的报告［J］．国际新闻界，1998（2）：56-59.

肯尼．牛津西方哲学史［M］．韩东晖，译．北京：中国人民大学出版社，2006.

拉吉罗．欧洲自由主义史［M］．杨军，译．吉林：吉林人民出版社，2001.

勒鲁．论平等［M］．王允道，译．北京：商务印书馆，1988.

列宁．列宁全集：第19卷［M］．2版（增订版）．北京：人民出版社，2017.

列宁．列宁全集：第28卷［M］．2版（增订版）．北京：人民出版社，2017.

列宁．列宁全集：第33卷［M］．2版（增订版）．北京：人民出版社，2017.

列宁．列宁全集：第34卷［M］．2版（增订版）．北京：人民出版社，2017.

列宁．列宁全集：第6卷［M］．2版（增订版）．北京：人民出版社，2013.

卢梭．社会契约论［M］．2版．何兆武，译．北京：商务印书馆，1980.

罗蒂．哲学和自然之镜［M］．李幼蒸，译．北京：生活·读书·新知三联书店，1987.

罗尔斯．正义论［M］．何怀宏，何包钢，廖申白，译．北京：中国社会科学出版社，1988.

洛克．政府论：下篇［M］．叶启芳，瞿菊农，译．北京：商务印书馆，1964.

马克思，恩格斯．马克思恩格斯全集：第1卷［M］．北京：人民出版社，1956.

马克思，恩格斯．马克思恩格斯全集：第1卷［M］．2版．北京：人民出版社，1995.

马克思，恩格斯．马克思恩格斯全集：第29卷［M］．北京：人民出版社，1972.

马克思，恩格斯．马克思恩格斯全集：第30卷［M］．2版．北京：人民出版社，1995.

马克思，恩格斯．马克思恩格斯全集：第33卷［M］．北京：人民出版社，1973.

马克思，恩格斯．马克思恩格斯全集：第37卷［M］．北京：人民出版社，1971.

马克思，恩格斯．马克思恩格斯全集：第3卷［M］．2版．北京：人民出版社，2002.

马克思，恩格斯．马克思恩格斯全集：第42卷［M］．北京：人民出版社，1979.

马克思，恩格斯．马克思恩格斯全集：第42卷［M］．2版．北京：人民出版社，2016.

马克思，恩格斯．马克思恩格斯全集：第48卷［M］．北京：人民出版社，1985.

马克思，恩格斯．马克思恩格斯全集：第49卷［M］．2版．北京：人民出版社，2016.

马克思，恩格斯．马克思恩格斯文集：第1卷［M］．北京：人民出版社，2009.

马克思，恩格斯．马克思恩格斯文集：第3卷［M］．北京：人民出版社，2009.

马克思，恩格斯．马克思恩格斯文集：第8卷［M］．北京：人民出版社，2009.

马克思，恩格斯．马克思恩格斯文集：第10卷［M］．北京：人民出版社，2009.

马特拉．世界传播与文化霸权：思想与战略的历史［M］．陈卫星，译．北京：中央编译出版社，2001.

麦基．思想家［M］．周穗明，翁寒松，译．北京：生活·读书·新知三联书店，1987.

麦克奈尔．政治传播学引论：第2版［M］．殷祺，译．北京：新华出版社，2005.

美国新闻自由委员会．一个自由而负责的新闻界［M］．展江，王征，王涛，译．北京：中国人民大学出版社，2004.

门彻. 新闻报道与写作：第 9 版［M］. 展江，译. 北京：华夏出版社，2003.

弥尔顿. 论出版自由［M］. 吴之椿，译. 北京：商务印书馆，1958.

皮卡德. 媒介经济学：概念与问题［M］. 赵丽颖，译. 北京：中国人民大学出版社，2005.

齐林斯基. 媒体考古学［M］. 荣震华，译. 北京：商务印书馆，2006.

让纳内. 西方媒介史［M］. 段慧敏，译. 桂林：广西师范大学出版社，2005.

色诺芬. 回忆苏格拉底［M］. 吴永泉，译. 北京：商务印书馆，1984.

森. 以自由看待发展［M］. 任赜，于真，译. 北京：中国人民大学出版社，2002.

施拉姆，波特. 传播学概论［M］. 陈亮，周立方，李启，译. 北京：新华出版社，1984.

施瓦茨. 如何成为顶级记者［M］. 曹俊，王蕊，译. 北京：中央编译出版社，2003.

史密斯. 新闻道德评价［M］. 李青藜，译. 北京：新华出版社，2001.

舒德森. 探索新闻：美国报业社会史［M］. 何颖怡，译. 台北：台湾远流出版公司，1993.

斯宾诺莎. 神学政治论［M］. 温锡增，译. 北京：商务印书馆，1963.

斯拉姆，等. 报刊的四种理论［M］. 中国人民大学新闻系，译. 北京：新华出版社，1980.

斯特劳巴哈，拉罗斯. 今日媒介：信息时代的传播媒介［M］. 熊澄宇，等译. 北京：清华大学出版社，2002.

图加林诺夫. 论生活和文化的价值［M］. 北京：生活·读书·新知三联书店，1964.

瓦耶纳. 当代新闻学［M］. 丁雪英，连燕堂，译. 北京：新华出版社，1986.

韦伯. 文明的历史脚步：韦伯文集［M］. 黄宪起，张晓玲，译. 上海：上海三联书店，1988.

韦伯. 新教伦理与资本主义精神［M］. 于晓，陈维纲，等译. 西安：陕西师范大学出版社，2006.

小唐尼，凯泽. 美国人和他们的新闻［M］. 党生翠，金梅，郭青，译. 北京：中信出版社，2003.

后　记

这本《新闻精神论》，是我主持的教育部博士点项目"新闻职业精神研究"的最终成果。在成书之前，已经有不少的相关研究论文发表。拿出的这份最终"成果"，质量到底如何，"到底取得了几分成功，只好听凭他人去大加怀疑了"（马克斯·韦伯语）。

每每暂时完成一次阶段性研究、写作任务，我都会感到几丝满足、轻松和愉悦，但随即涌上心头的是惶恐、兴奋和渴望。这真是一些奇怪的感觉和体验。惶恐的是书中的一些论述还没有完全说服自己（又怎能说服他人），真害怕对不起读者；兴奋的是在著述过程中又发现了一些有意义的问题，为进一步的思考找到了对象；渴望的是尽快静下心来投入新的研究，创造新的成果。我想什么时候没有了这些感觉和体验，可能也就江郎才尽了。到那时，我倒可以心安理得地读点闲书、干点闲事了。

这一课题完成的背后，有过许多力量的支持，有过许多温暖双手的扶持，在此表示衷心感谢。

感谢我在博士学习阶段的导师童兵先生。每次前来北京，他都无一例外地打电话给我，询问我的教学、科研情况，询问我的生活情况，对我的关怀无微不至。如果时间允许，他总要和我面谈，而话题多半是学术问题。

感谢中国人民大学新闻学院的所有老师，他们共同营造了一个良好的人际关系氛围，创造了一个良好的教学科研环境，使包括我在内的所有人都分享了这个集体的智慧和力量。

特别感谢我的爱人成茹，她多年来一直默默地支持我，始终是我安心教学、进行科学研究工作的核心力量。

感谢所有帮助过我、关心着我的朋友们。

在已经出版的几本著作中，我总是利用后记简短的文字说一点自己的感受，感谢那些帮助我、支持我的师长、朋友、同事和亲人，这篇后记如大家所见，也这样做了，它表达了我的诚心和谢意。但与以往不同的是，我想在这篇后记中说几句另外的话。

有人认为我近些年的写作，过于学术化、理论化，距离实际有点远，和新闻学作为一门应用性很强的学科特点不相适应。我首先感谢这些善意的批评和意见。但对这样的批评和意见，我也想谈点看法。

各人有各人的学术风格和学术品性。我相信，自己可以给新闻学术研究做出富有个性的贡献。这是一种信念，也是一种追求，也许不是一种理由。但愿我的表白不被理解为狂妄，而是被看作坦然。

学术说到底是研究活动，是创造性的思想活动，不是简单的描述活动、发挥性的宣传活动，或是工作经验的总结活动（这些活动，对于一个社会的正常运转都是必要的）。学术研究永远离不开实际，但它需要和实际保持一定的距离；它永远不能脱离实际，但它需要研究者始终以审视的目光观察分析实际；它永远不能忽视实际，但它需要在一定程度上反思实际、超越实际。一些人把学术研究搞成了常识普及，这从本质上背离了学术作为科学研究的精神。普通学者，包括学术大师都有责任向社会普及本领域的研究成果，但研究本身一定不是大众性的、普及性的，而是创造性的、创新性的。学者们不应该以为社会服务、为大众服务为托词，做一些在常识范围内绕圈子的所谓学术研究。创造、创新，永远是科学研究、学术探讨的本质，自然科学如此，人文社会科学同样如此。

当下许多所谓的学术著述，在理论联系实际的幌子下，说一些轻飘飘的时髦话语。一些人到处联系实际，就是不深入研究问题。文章连篇累牍，著作翻来覆去，到处蜻蜓点水，一派浮躁景象。他们眼中其实没有大事，没有真正感兴趣的问题，有的只是自己的蝇头小利。一个人文社会科学领域的学者，是一个思想者、一个思想家，他需要关注社会实际，需要原创性的思考，需要用自己的智慧研究时代问题、反映时代精神，对"自以为是"的任何前提进行质疑。哲学家波普尔说得精到而惊人："社会如果躺在无人质疑的教条的温床上睡大觉，就有可能渐渐烂掉。"① 德国学者施本格勒说："我认为测验一个思想家的价值，在于他对他时代中重大事实的眼光。只有这一点才能决定，他是不是一个擅长定义与分析、设计体系和原则的聪明的建筑师，他的著作或者直觉是否表达了时代精神的呼声。一个不能同样领会和掌握现实的思想家绝不会是第一流的思想家。"② 我国文艺评论家雷达先生在一篇名为《当前文学创作症候分析》的文章中说："创作上的浮躁现象源于两个尖锐的几乎无法克服的矛盾：一个是出产要多的市场需求与作家'库存'不足的矛盾，另一个是市场要求的出手快与创作本身的要求慢、要求精的规律发生了激烈的矛盾。"③ 其实，这种矛盾不仅存在于文学创作领域，也存在于学术创作领域。

人们早已发现，在我们的研究队伍中，很多自称学者、知识分子的人，正在成为商业运作中的一个环节、一个分子，而不是带有一定超越性、具有一定社会良心的理性批判者和怀疑者；好多自称学者、知识分子的人，正在卷入大众文化的旋涡中自娱自乐（我毫无贬低大众文化的意思），并通过制造大众文化产品牟取私利，全然忘记了他们应该是知识的

---

① 麦基. 思想家 [M]. 周穗明，翁寒松，译. 北京：生活·读书·新知三联书店，1987：4.
② 喻国明. 喻国明自选集：别无选择：一个传媒学人的理论告白 [M]. 上海：复旦大学出版社，2004：5.
③ 雷达. 当前文学创作症候分析 [N]. 光明日报，2006-07-05.

传播者、智慧的创造者、真理的追求者，还有另一份责任需要承担；好多自称学者、知识分子的人，正在自动抹去精英的名衔，好来卸却身上的那份责任，将自己同质化为大众的一员……有人以为我要宣扬精英主义，其实错了，我们的社会正在失去精英人群和精英意识，我不是要制造不平等，而是要强调，一些应该承担更多社会责任的人（因为他们享受着更多的社会权利，拥有更多的社会资源——这是事实，不是想象），正在以各种各样的借口卸掉他们的责任和义务。

哲学家克尔恺郭尔说得极端，但也说得痛快淋漓："在我们的时代，著书立说已变得十分无聊，人们写出来的东西，他们根本没有真正思考过，更不必说亲身经历了。所以我决心只读死囚犯写的书，或者读以某种方式拿生命冒险的人写的书。"如今，有几人的著作是在痛苦的思想煎熬中锤炼的？我愿意这样去做，先不管它锤炼出来的是什么。

杨保军

2006年12月8日

图书在版编目（CIP）数据

新闻精神论：新修版 / 杨保军著. -- 2 版. --北京：中国人民大学出版社，2024.3
中国新闻传播学自主知识体系建设工程
ISBN 978-7-300-32512-5

Ⅰ.①新… Ⅱ.①杨… Ⅲ.①新闻学－研究 Ⅳ.①G210

中国国家版本馆CIP数据核字（2024）第029991号

中国新闻传播学自主知识体系建设工程
当代中国新闻理论研究

新闻精神论（新修版）

杨保军　著
Xinwen Jingshenlun

出版发行	中国人民大学出版社		
社　　址	北京中关村大街31号	邮政编码	100080
电　　话	010 - 62511242（总编室）	010 - 62511770（质管部）	
	010 - 82501766（邮购部）	010 - 62514148（门市部）	
	010 - 62515195（发行公司）	010 - 62515275（盗版举报）	
网　　址	http://www.crup.com.cn		
经　　销	新华书店		
印　　刷	中煤（北京）印务有限公司	版　次	2007年4月第1版
开　　本	720 mm×1000 mm　1/16		2024年3月第2版
印　　张	23.75 插页3	印　次	2024年8月第2次印刷
字　　数	305 000	定　价	109.00元

版权所有　　侵权必究　　印装差错　　负责调换